Guillaume Thomas Raynal

Anekdoten zur Lebensgeschichte berühmter französischer, deutscher, italienischer, holländischer und anderer Gelehrten

Guillaume Thomas Raynal

Anekdoten zur Lebensgeschichte berühmter französischer, deutscher, italienischer, holländischer und anderer Gelehrten

ISBN/EAN: 9783741171154

Hergestellt in Europa, USA, Kanada, Australien, Japan

Cover: Foto ©Andreas Hilbeck / pixelio.de

Manufactured and distributed by brebook publishing software (www.brebook.com)

Guillaume Thomas Raynal

Anekdoten zur Lebensgeschichte berühmter französischer, deutscher, italienischer, holländischer und anderer Gelehrten

Merkwürdigkeiten
zur
Geschichte
der
Gelehrten,
und besonders der
Streitigkeiten
derselben,
vom Homer an bis auf unsere Zeiten;
Aus dem Französischen übersetzt.
Dritter Theil,
oder der
Anecdoten
Fünfter Theil.

Leipzig,
in Lankischens Buchhandlung,
1763.

Merkwürdigkeiten
zur
Geschichte der Gelehrten,
und besonders
der Streitigkeiten
derselben.

Vierte Abtheilung.
Ueber die Wissenschaften.

1.
Ueber den Aristotelismus.

Diese Art von Bezauberung ist seit zwey tausend Jahren in ganz Europa gemein gewesen. Man behauptete nichts, als was Aristoteles behauptet hatte; an alles sollte er gedacht, alles sollte er gesagt haben. Gottesgelehrte, Sophisten, Naturkündiger, Aerzte,

Aerzte, Redner, Dichter, alle sahen ihn als die einzige Quelle an, aus welcher sie schöpfen müßten. Alle, die in jenen Jahrhunderten der Unwissenheit die gelehrtesten seyn wollten, waren die übertriebensten Anbeter dieses Gözen.

Wahrscheinlicher Weise hätte seine Verehrung mit dem Heydenthum zugleich fallen sollen: Allein man vereinigte die Begriffe der Religion mit den aristotelischen. Die Schriften des Weltweisen standen den göttlichen zur Seite. Sein Bildniß wurde mit gleicher Aufmerksamkeit betrachtet, als das Bildniß Jesu Christi. Man machte auf diese Art fast einen Gott aus dem, dessen Werke uns zweifelhaft machen, ob er selbst einen erkannt, ob er die Seele für unsterblich gehalten, und Strafen und Belohnungen in einem andern Leben zugegeben hat. Nie ist ein heiliger Aberglaube schwerer auszurotten gewesen.

Roger Baco, dieser so berühmte Mönch des dreyzehnten Jahrhunderts, dem man sonst auch die Erfindung des Pulvers zuschreibt, ist der erste, der muthig genung war, dieser Abgötterey zu entsagen, und den Gözen vom Altar zu stürzen. Er schrieb, alle Bücher des Aristoteles wären zu nichts nütze, als zum Verbrennen. Das war zu viel. Die Dichtkunst, Redekunst und seine Vernunftlehre sind gewiß Bücher, die ihn, der Scharfsinnigkeit, tiefen Einsicht und Ordnung wegen, die darinne herrscht, gewiß allein verewigen könnten. Allein man betrachtete dieses vortreffliche Genie nur als einen Naturlehrer; und in
diesem

Wiſſenſchaften.

dieſem Verſtande war es unſerm Roger nicht vor übel zu halten, daß er nicht viel auf ihn hielt. Unterdeſſen muß man doch nicht gleich alles ins Feuer werfen. Man erfindet itzt bisweilen Dinge, die man den Alten nicht glauben wollte, ſo lange wir ſie nicht wußten.

Weder Ariſtoteles, noch ſein Kunſtrichter, haben die wahre Naturlehre gekannt; erſt in unſern Zeiten hat man die nothwendigen Werkzeuge entdeckt, dieſe Goldgrube zu bearbeiten, die bisher die beſte Ausbeute von der Welt gegeben. Unterdeſſen war es doch gewiß viel, daß im dreyzehnten Jahrhunderte jemand ſich unterfieng, einzuſehen, daß die Vernunft verdunkelt ſey, und daß man ſagen konnte: Ariſtoteles gäbe zu Irrthümern Anlaß, er ſey ein blinder Leiter ſeiner Anhänger.

Roger Bacos Buch verurſachte, daß alle Welt ſchrie: Es ſey eine Gotteslåſterung. Die Scholaſtiker, die dazumal in ſo großem Anſehen ſtunden, bliesen lärm. Sie ſchrieben, ſie machten Cabalen, ſie ſuchten bey allen geiſtlichen und weltlichen Richterſtühlen Gerechtigkeit. Baco vertheidigte ſich, ſo gut er konnte. Er führte ſo gar Anfangs ſeinen Krieg mit Erfolg. Er bezwang einige Schriftſteller, die nicht ſo rüſtig, wie er, zu ſtreiten wußten: Allein endlich lag er unter, und wurde in Rom, als ein Zauberer und Läſterer des ariſtoteliſchen Namens ins Gefängniß geworfen.

In Frankreich fieng man erſt im ſechzehnten Jahrhundert an, ſich wider den Dienſt dieſer Gottheit aufzulehnen. Daß man ihn unterſuchte, und einen Zipfel von dem Schleyer, der der Wahrheit den Anblick verbarg, aufhub, geſchahe auf Veranlaſſung des Peter Ramus, oder la Ramée. Ihm allein gebühret dieſe Ehre, und außer ihm war auch niemand mehr im Stande eine Reformation in der Schule zu machen.

Mit einem muntern Geiſte gebohren, unternehmend und kühn, hatte er ſich, nach einer geringen Bedienung bey dem Collegio von Navarre, auf der Univerſität einen großen Namen gemacht. Mit einem bewundernswürdigen Gedächtniſſe verband er einen eben ſo großen Fleiß. Die Begierde, in allen Arten von Wiſſenſchaften einen ſchnellen Fortgang zu haben, machte, daß er eine Lebensart führte, die viele finſtere Anachoreten würde erſchreckt haben. Die Unbiegſamkeit ſeines Characters unterſchied beſonders dieſen piccardiſchen Dialectiker. Niemals wurde er ermüdet, ſondern durch die Schwierigkeiten ſelbſt, die ſich ihm zeigten, aufgemuntert, ſein Unternehmen durchzuſetzen; Streitigkeiten waren ſein Element. Kein Trugſchluß, kein ſcholaſtiſcher Schlupfwinkel war ihm unbekannt. Die Natur hatte ihm überdieß, bey allen Gaben des Geiſtes, eine vortreffliche Leibesbeſchaffenheit verliehen. Sein Blut wurde durch nichts aus ſeinem Gange gebracht. Zum wenigſten konnte er eben ſo gut mit Schimpfwörtern ſprudeln, als dergleichen einnehmen.

Wiſſenſchaften.

men. Er bewarb ſich um die Ehre, das Publicum zu unterhalten; und es glückte ihm auch.

Er war noch ganz jung, als er 1543. bey ſeinen Sätzen, die er vertheidigte, um die Magiſterwürde zu erhalten, in allen wider den Ariſtoteles war. Eine ſo unbeſonnene Aufführung eines Jüngers, der nicht hätte klüger ſeyn ſollen als ſein Meiſter, brachte die ganze Univerſität von Paris in große Bewegung. Man erklärte ſeine Sätze für ketzeriſch, ihn für einen Freygeiſt und Stöter der öffentlichen Ruhe.

Ramus wollte beweiſen daß er keins von beyden ſey, und daß er ſich mit Recht über ſo viel ariſtoteliſche Thorheiten aufgehalten hätte. In dieſer Abſicht ſtellte er ſeine dialectiſchen Anfangsgründe a) und ſeine critiſchen Anmerkungen über den Ariſtoteles b) ans Licht. Dieß benahm ihm vollends alle Achtung, auch bey Leuten, die nicht wider ihn eingenommen waren. Man konnte keine zureichende Beſtrafung erdenken, ſeine Schandthat auszuſöhnen. Alle Profeſſoren der Univerſität poſaunten, und brachten Volk und Obrigkeit wider ihn in Harniſch.

Die Sache machte ſo viel Lärm, daß ſie für ein Verbrechen angeſehen wurde. Das Parlament in Paris wollte darüber erkennen; allein die Univerſität beſorgte, es möchte ſich in die länge verziehen, und ſpielte ſie alſo in das geheime Rathscolle-

a) Inſtitutiones Dialecticæ.
b) Animadverſiones Ariſtotelicæ.

collegium des Königes, und forderte die baldigste, schärffste und exemplarischste Züchtigung.

Franz der erste regierte damals. Es war noch nicht die Zeit, da Prinzen sich mit ihrer Unwissenheit viel wußten. Man schrieb an einen König, um ihm dieselbe vorzurücken: *Wisse Ew. Königl. Majestät, daß ein ungelehrter König ein gekrönter Esel sey.* Franz der erste liebte die Wissenschaften und Künste: Er ist in Frankreich der Wiederhersteller und Vater derselben. a)

Die Feinde unsers Ramus malten ihn mit den häßlichsten Farben bey ihm ab. Sie stellten ihn als das größte Hinderniß wider die Aufnahme und den Fortgang der Wissenschaften und der Künste vor, als einen Mann, der sich nur damit beschäfftige, die Absicht seines Fürsten zu vereiteln, als einen Bösewicht, der die Ehrerbietung, die man nicht allein dem göttlichen Aristoteles, sondern auch dem Cicero, Virgil und Horaz, kurz allen großen Männern des Alterthums schuldig sey, ihnen entziehen und sich zuwenden wolle.

Diese Abschilderung, die man von dem armen Ramus machte, brachte den Monarchen auf, und man

---

a) Die Verse über die schöne Agnes sind bekannt:

 Plus de louange & honneur tu mérites,
 La Cause étant de France recouvrer,
 Que ce que peut, dedans un cloitre, ouvrer
 Close nonain, ou bien devot hermite.

man sagt, er hätte ihn auf die Galeeren schicken wollen. Allein er änderte seinen Entschluß, und ließ sich den Vorschlag, den man ihm that, wohlgefallen; nämlich in der Sorbonne eine ordentliche und öffentliche Versammlung anzusagen, in die man die geschicktesten Lehrer des Reichs einladen sollte, um den Ramus zu widerlegen.

Der Tag dieser großen Streitigkeit brach an. Alles in Paris, was gelehrt, neugierig und müßig genung war, eilte in die Sorbonne. Es waren Bevollmächtigte von dem Könige niedergesetzt, die als Richter den Streit entscheiden sollten. Einige sollten die Sache der Universität führen; andere des Ramus.

Antonius Govea, ein Portugiese, der größte Philosoph seiner Zeit, eröfnete die Session. Er griff den Antiperipateticus muthig an. Ramus vertheidigte sich mit einer unvergleichlichen Stärke der Vernunft und Gegenwart des Geistes. Einer nach dem andern von seinen Widersachern wurden überwunden. Man sammlete die Stimmen. Allein der größte Theil der Richter waren partheyisch. Sie verdammten ihn. Es wurde ihm untersagt, die Philosophie zu lehren. Alle seine Bücher wurden im ganzen Königreiche verbothen. Der Befehl des Königs brachte mit sich: „Ramus wäre verwegen und unverschämt, daß „er die Logic, und die gewöhnliche Art sie zu er„lernen, die doch bey allen Völkern gebräuchlich „und eingeführt sey, und die er selbst nicht ver„stünde, verworfen und verdammt hätte. Seine

„Unwissenheit wäre offenbar und weltkundig,
„weil er in den critischen Anmerkungen den Ari-
„stoteles getadelt habe.„

Dieses Opfer des Hasses so viel unwissender
Doctoren wurde in seinem Eifer die Wahrheit zu
entdecken, doch nicht erkältet Er liebte und suchte sie stets, und wurde von seinen Mitbrüdern, so
oft er sie lehrte, verfolgt. Selbst der sonst so all-
mächtige Schutz des Cardinals Lorraine konnte
ihn wider ihre Wuth nicht genung in Sicherheit
stellen. Ihre Raserey verdoppelte sich, so bald
man den Ramus wieder in seine Stelle einsetzte.

Nachdem man ihn sein ganzes Leben durch
verfolgt, und genöthigt hatte, stäts unstät und
flüchtig zu seyn sich immer zu verbergen, so brachten sie endlich ihr so abscheuliches Verfahren gegen
ihn zur Reife, und opferten ihn der Wirkung ihrer ungezähmten Eifersucht 1572 bey der parisischen
Bluthochzeit am Bartholomäustage auf. Er
hatte es wohl vermuthet, daß seine unversöhnli-
chen Feinde sich dieses blutigen Tages bedienen
würden, um seiner los zu werden. Er versteckte
sich daher in einen Keller. Aber ein gewisser
Charpentier, sein Mitwerber bey der Professur
der Mathematic, ließ ihn aus diesem unterirdi-
schen Aufenthalte herausziehen. Diese, nachdem
sie ihm alles Geld abgenommen und ihn todtge-
schlagen hatten, wurfen ihn durch das Fenster in
den Hof seines Hauses: „Man sahe, daß ihm
„durch diesen Fall die Eingeweide aus dem Leibe
„giengen, und die Schüler, durch die Gegenwart
„ihrer

Wissenschaften.

„ihrer Lehrer angefrischt, zogen sie auf der Gasse „herum, und schleppten seinen Körper fort, den „sie mit Ruthen peitschten." Wie unwürdig führten sich diese eifersüchtigen Lehrer, diese aristotelischen Meuchelmörder auf.

Die Schande, sich von einem Manne verdunkelt zu sehen, dem doch die Wissenschaften, die Künste, die Sorbonne und das königl. Collegium, wo er öffentlich die Mathematic lehrete, so viel schuldig waren, war die Ursache, die sie zu diesen Ausschweifungen brachte. Der Deckmantel seiner Ermordung war seine Neigung zum Calvinismus.

Die besondern Meynungen dieses Schriftstellers eröfneten in der Folge dem Pater Cossart ein großes Feld, seine Beredsamkeit zu zeigen. In seiner Rede, wider die Neuheit im Vortrage der Wissenschaften, sagt er, sie wären verfluchenswürdig. Die, denen das Andenken des Ramus theuer war, wollten ihn rächen, und mißhandelten den Jesuiten in andern öffentlichen Reden. Franz Dumonstier nennt ihn in einer der selbigen einen Verläumder und Schwärmer. Der donnernde Cossart rächte sich wieder in einer Zeit von vier und zwanzig Stunden. Er widerlegte seinen Gegner öffentlich, an eben dem Tage, da dieser seine Rede gehalten hatte. Allein die Blitze Cossarts hielten niemand ab, dem Ramus Gerechtigkeit wiederfahren zu lassen. Der antiperipatetische Geist erhielt sich noch lange Zeit nach seinem Absterben. Man machte auf der Universität zu Paris täglich neue Versuche, die Fin-
sternisse

sterniſſe der ariſtoteliſchen Philoſophie zu zerſtreuen, und an ihrer Statt gereinigtere und hellere Begriffe einer guten Naturlehre einzuführen.

Im Jahr 1624 behaupteten drey Profeſſoren dieſer nämlichen Univerſität Sätze wider den Ariſtoteles. Gleich entſtunden neue Unruhen, neue Parthenen, neue Verfolgungen auf derſelben. Sie konnte es kaum erwarten, dieſe aufrühriſchen Kinder aus ihrem Schooße zu werfen. Das Parlament legte ſich darzwiſchen. Die drey Profeſſoren wurden verdammt, von ihren Pfründen verjagt, ihre Sätze für ärgerlich und für ketzeriſch erklärt, und als ſolche im ganzen Königreiche unterſagt. Dieſes Verboth iſt eins von den Dingen, die den Pallaſt der Thorheit in dem neuen Gedichte vom *Mädchen von Orleans* am meiſten auspußen:

> Voyés-vous pas cet arret authentique
> Pour Ariſtote, & contre l'emetique.

Unterdeſſen hatte eines von den Genien, die gebohren zu ſeyn ſcheinen das Genie ganzer Nationen aufzumuntern, ſein Vaterland verlaſſen, um ſich nach Holland zu begeben. Entfernt von denen M das in Galakleidern, hatte er ſeine einſame Wohnung an einem ſtillen Orte in Nordholland aufgeſchlagen: Eine Freyſtatt der Ruhe und der Wahrheit. Nicht als wenn Descartes ſie allezeit gefunden. Seine Grundſätze der Phyſic ſind gewiß glänzender, als gründlich, und

Wissenschaften.

und jetzt werden sie verachtet. Verschiedene von seinen Schriften sind nur physicalische Romane. Man hat Ursache zu bedauern, daß die Meisterstücke verschiedener witzigen Köpfe a) von unserer Nation, cartesianische Sätze in sich fassen. Neuton ist der Philosoph, der Tag in der Physic gemacht hat; unterdessen bleibt Cartesius, dessen Fall jener verursacht hat, noch in seinem Falle bewundernswürdig.

In der That, Cartesius hat eben so viel Weg in der Physic, von dem Puncte an, da er sie angetroffen, zurücke gelegt, als Neuton nach ihm. Der französische Weltweise hat neue Länder entdeckt, und dadurch verursacht, daß noch viel beträchtlichere Entdeckungen durch andere Beobachter der physicalischen Welt sind gemacht worden.
Aber

a) Z. B. die Mehrheit der Welten vom Fontenelle, und der Antilucrez des Cardinal Polignacs: dieser unsterbliche Mann, noch größer auf der Seite des Witzes, als der Handlung, hat statt der Träume Lucrezens, cartesianische in seinem Gedichte untergelegt. Er bestreitet darinne die Entdeckungen Neutons; Wahrheiten, die, zum Unglück für diesen berühmten Cartesianer, noch heut zu Tage für erwiesen angenommen werden. Er behauptet darinne alte Meynungen, welche in seiner Jugend ganz Europa für wahr hielt. Unterdessen ist doch alles dieses in der schönsten Poesie gesagt. Er ist bilderreich, blühend, geschmückt, doch ungeschminkt, wie Virgil: selbst die Zärtlichkeit und den Wohlklang desselben hat er sich eigen gemacht.

14 Streitigkeit über die

Aber ohne diesen erfindsamen Geist hätten sie vielleicht nie etwas neues gefunden. b)

Kaum hatten sich diese Stralen in alle Climaten, die sie mit Bereitwilligkeit aufnahmen, verbreitet, so gieng ihre Zurückprallung bis nach Paris. Einige Personen, die mit einer unüberwindlichen Neigung zum Wahren gebohren waren, und die Träume des Aristoteles verwarfen, nahmen diese neue Philosophie an. Von dieser Anzahl waren zween Professoren; sie wurden Proselyten, und machten wieder neue. Unvermuthet wurde die ganze Universität cartesianisch: Die alten Subjecte murrten.

Sie verglichen die Universität der ganzen Welt, die erstaunt einsahe, daß sie arianisch war. Sie brachten ihre Klagen beym Parlament in Paris an, und ersuchten es um ein zwentes Verboth. Allein andere Zeiten, andere Sitten.

Ein Welser, ein Mann, der mit Eifer für das Wachsthum der Wissenschaften und der Vernunft sorgte, war dazumal das Haupt des Parlaments. Der berühmte Lamoignon wollte in dieser Sache sich nicht übereilen. Racine und Boileau, beyde seine Freunde, nahmen sich vor, die Anforderung der Universität lächerlich zu machen. Sie erdichteten

b) Das ist wohl zu viel. Viele Erfindungen nach dem Descartes haben mit seinen Grundsätzen gar keinen Zusammenhang.

Wissenschaften. 15

dichteten die so burlesque Appellation, welche sie beyde schmiedeten, in welcher Aristoteles sich beklagt: „Es hätte sich seit einiger Zeit eine „gewisse Unbekannte, die sich Vernunft „nenne, in den Schulen der besagten Uni„versität kecklich einschleichen wollen; und „zu dem Ende habe sie sich mit Hülfe gewisser auf„rührerischer quidams, die sich Gassendisten, Car„tesianer, Malebranchisten, und Purchotisten „nennten, Leute ohne Namen, im Stand gesetzt, „den besagten Aristoteles daraus zu vertreiben, „oder doch der alte und ruhige Besitzer besagter „Schulen sey, wider welchen dieselben und ihre „Consorten schon verschiedene Bücher, Abhand„lungen, Streitschriften und verunglimpfende „Raisonnements herausgegeben haben; um be„sagten Aristoteles dahin zu vermögen, daß er ein „Examen seiner Lehre ausstehe, welches doch schnur„stracks mit den Gesetzen und Gewohnheiten be„sagter Universität streite, als welche besagten Ari„stoteles allezeit als den obersten Richter in Sa„chen des Verstandes angesehen hätten, und der „von seinen Meynungen keine Rechnung an je„mand, und an keinem Orte, und zu keiner Zeit „abzulegen habe. „

Diese Appellation wurde zu andern Papieren gelegt, die der Oberpräsident zu siegeln hatte; aber er merkte den Spaß: Narrenspossen, sagte er lachend, und warf das Papier der Person an Kopf, die es ihm überreicht hatte: Das ist ein Stückchen vom Despreaux! Dieser

comi-

comische Streich hielt, wie es nachgehends dieser Herr selbst bekannte, ein sehr ernstliches Verboth zurück, das das Parlament hätte geben können.

Anletzt, da Gewalt und Ansehen die aristotelische Philosophie nicht mehr unterstützen, ist sie in die äußerste Verachtung gesunken. Sie ist heut zu Tage fast nur noch in den lächerlichen Schlußreden einiger Schulen der Theologie und Philosophie vorhanden, in jener zweifelhaften, barbarischen, räthselhaften Sprache, die nicht so wohl den Sinn einer zusammenhängenden Schrift zu entwickeln, Sachen in ein helleres Licht zu setzen, als sie zu verwirren, die einfachsten und verehrungswürdigsten Wahrheiten, die wichtigsten Stücke der Moral zu Aufgaben und Paradoxen zu machen sucht. Ergötten denn die Sachwalter im Verhör? Man hat Ursache zu zweifeln, ob die syllogistische Form jemals viel darzu beygetragen, den Sinn eines Gesetzes zu bestimmen, eines Stücks einer Gewohnheit oder eines Befehls, die verfänglichen Umwege einer Gegenparthey zu vermeiden. Sollte man auf den Gerichtsbänken nicht eben so sprechen, als anderswo? Wenn werden doch die Theologen und Philosophen endlich einmal von ihren concedo, nego, distinguo, von diesem Zwange, den sie sich anthun, nicht wie andre zu denken, ihre Gedanken vor baar Geld anzunehmen, oft nichts als leere Worte zu sagen, aufhören?

Die

Wissenschaften.

Die Vertheidiger der Schlußrede werden vielleicht dadurch aufgebracht werden. Sie werden sagen, nichts sey geschickter, junge Leute zur Genauigkeit, Bestimmung und Scharfsinnigkeit zu gewöhnen; die Beredsamkeit auf den Gerichtsbänken werde nicht an ihrem rechten Orte angebracht; daß, wenn die Schlußform auch zu tadeln wäre, so sey sie es doch nur in Ansehung des Gegenstandes, auf den sie angewendet werde, der sehr oft leider! unrichtig und kindisch sey. Sie mögen entschuldigen wie sie wollen, sie befördern dadurch selbst den Nutzen der Religion sehr schlecht. Hat ihr Grotius, a) Bossuet, Nicole und andere große Schriftsteller, deren deutliche, gründliche, ordentliche Werke man bewundert, nicht größere Dienste geleistet als der große Haufen Scholastiker, welche seit dem zwölften Jahrhundert in der Kirche aufgestanden sind, und die ihre Einbildungskraft nur mit unnützen Spitzfündigkeiten geübt, und ausschweifende Hypothesen vorgebracht, oder elende Wortstreite geführet haben?

Hat=

---

a) Allein Grotius war selbst der scholastischen Philosophie zugethan; eine Sache die seinem unsterblichen Werke de Iure B. & P. zur Last gelegt wird.

gel. Streit. III. Th.   B

Harduinismus.

Der Pater Berruyer war der Vorfechter; der Pater Turnemine der vornehmste Kämpfer. Wir wollen diese Streitigkeit nach Maasgebung der kostbaren Handschriften erzählen, die der Pater Turnemine selbst unter diesem Titel verlassen hat: Anmerkungen über die Geschichte des Volkes Gottes. a) Es sind interessante Stücke für das Publicum darinne enthalten. Aus dem Vorgange dieses bürgerlichen Krieges, den das Werk des Pater Berruyer bey den Jesuiten verursacht hat, und der noch nicht ganz gedämpft ist, wird man zugleich die Gewohnheiten der Jesuiten, ihre Gesinnung, ihr Betragen bey schlüpfrigen Vorfällen, die innerlichen Triebfedern ihrer Regierung einsehen.

Den Anfang wollen wir mit der Erklärung der seltsamen Systeme des Pater Harduins machen. Der Pater Berruyer hat dieses gelehrten Jesuiten Gedanken ausgeführt, und seine Historie darnach eingerichtet.

Wenn man dem Pater Harduin Glauben beymessen sollte, so wären alle Werke der Alten untergeschoben, die Vulgata, die Werke des Plinius, von der natürlichen Geschichte, des Hero-

a) Observations sur l'Histoire du Peuple de Dieu.

Wissenschaften.

Herodot, und einer kleinen Anzahl anderer Verfasser ausgenommen. Folglich kann man weder auf den hebräischen noch griechischen Text viel bauen. Kein Kirchenscribent ist älter als die tridentinische Kirchenversammlung. Das sind nur Märchen, was man von andern Kirchenversammlungen vor der tridentinischen sagt. Wenn das ist, mein Pater, sagte ehmal der Pater des Oratorii, le Brün, zum Pater Harduin, warum geben sie denn eine Geschichte der Kirchenversammlungen heraus? „Das weiß „niemand als Gott und ich,„ antwortete der Jesuite.

Er gieng noch weiter. Alles war Freygeist: der heilige Augustin, Cartesius, Mallebranche, Quesnel, Arnold, Nicole, Pascal nach ihnen. Der Beweis ist unwiderleglich. Nämlich wenn sie das oberste Wesen andeuten wollten, so brauchten sie bald das Concretum, bald das Abstractum: anstatt daß sie Gott sagen sollten, sagten sie zuweilen die Gottheit, die Wahrheit.

Nach dem Pater Harduin giebt es wenig ächte Münzen, und die, so authentisch sind, erklärt man sehr schön, wenn man jeden Buchstaben für ein ganzes Wort nimmt: durch dieses Mittel entdeckt man eine neue Ordnung von Dingen in der Geschichte. Man hat den Schlüssel zu allen denen, die bekannt gemacht worden sind; Namen der Könige, Eroberer, berühmter Schriftsteller sind wieder hergestellt worden. Man sieht deutlich, daß die Aeneis ohnmöglich vom Virgil herrühren

ren kann; sondern sie hat ihren Ursprung einem Mönch im dreyzehnten Jahrhundert zu danken, der die Reise des heiligen Petrus nach Rom allegorisch beschreiben wollte, welcher unterdessen, wie uns der Pater Harduin an einem andern Orte versichert, niemals daselbst gewesen ist. a)

Dieser so berühmte Jesuite, der gelehrteste Mann seiner Zeit, hat seine ganze Lebenszeit mit Aufbauung und Niederreissung gewisser Systeme zugebracht. Er starb 1729 in seinem 83 Jahre. Um seine Grundsätze zu widerlegen, hätte man seine Gelehrsamkeit besitzen müssen. Das ganze Alterthum hat, außer dem Origenes, keinen seines gleichen aufzuweisen. Er verstund eine große Anzahl Sprachen, und sahe am Ende seines Lebens alle Zeit für verlohren an, die er auf die Erlernung derselben verwendet hatte.

Seine Gesinnungen führen gerades Weges zum ausschweifendsten Pyrrhonismus und zum Un-

a) Seine Art Medaillen zu erklären, gab dem Herrn de Cleves zu einem Scherz Gelegenheit. In einer Gesellschaft behauptete dieser wider den Jesuiten, daß es keine einzige Medaille, so alt sie wäre, gäbe, die nicht von den Benedictinern wäre geschlagen worden, und bewies es ihm dadurch, daß er vorgab: Con., ob., müsse man nicht erklären Constantinopoli obsignatus, oder obsignatum, sondern es bedeute: Cusi omnes nummi officina Benedictina. Diese ironische Erklärung nahm der Pater Harduin sehr empfindlich auf. Er verließ die Gesellschaft, und wollte seinen Spötter nicht wieder sehen.

Wissenschaften.

Unglauben. Unterdessen war sein ganzes Leben Tugend und Religion. Mein Gott, rufte er zuweilen aus, man mag immer sagen ich glaube nichts: ich liebe dich doch von ganzem Herzen. Herr, ich danke dir, daß du mir den menschlichen Glauben genommen, und mir dafür den göttlichen gegeben. Außer seinen gedruckten Werken, deren wir eine beträchtliche Anzahl haben, sind noch viele Handschriften in der Verwahrung der königl. Bibliothec. a) Man machte ihm eine Grabschrift, die seinen Character ziemlich schildert:

Hier liegt,
in der Erwartung jenes großen Gerichtstags,
der paradoxeste unter den Sterblichen.
Ein Franzmann von Geburth, ein Catholik von Religion,
Ein Wunder von Gelehrsamkeit,

B 3   Ein

---

a) Der Cardinal Fleury ließ sie dahin bringen. Zuvor waren sie in den Händen des Herrn Abt Olivet, dem sie der Pater Harduin bey verschiedenen Vorfällen anzuvertrauen vor gut befunden hatte. Die Jesuiten forderten nach seinem Tode seine Schriften zurück. Der Herr Abt schlug es ihnen rund ab. Sie beklagten sich beym Cardinal darüber. Er entschied den Streit. Er entschädigte den Besitzer, und ließ sie in der königl. Bibliothec beylegen. Einige sind gedruckt. Das Buch Athei detecti, die entdeckten Freygeister, gehört unter diese Anzahl.

Ein Verehrer und Zerſtörer des ehrwür-
digen Alterthums,
Der gelehrte Wahnwitzige, welcher
Wachend tauſend Träume und unerhörte
Erdichtungen ans Licht gab;
Und fromm ein Zweifler,
An Leichtgläubigkeit ein Kind, an Vermeſſenheit
ein Jüngling,
An Wahnwitz ein Greiß war.

Die ſonderbaren Meynungen dieſes Jeſuiten
wurden anfänglich von den jungen Leuten in der
Geſellſchaft mit Entzückung angenommen. Einige theilten, nachdem ſie ihn verlaſſen, die Unterredungen, die ſie mit ihm gehalten, dem Publico
mit, ſtellten die Syſteme, die ſie ihn hatten vortragen hören, aus Licht, und ſuchten, nach ſeinem
Exempel, die verehrungswürdigſten Denkmäler
des Alterthums umzuſtürzen. Der Ex-Jeſuite,
la Hode, mißhandelte ſie vornehmlich in einer Geſchichte von Frankreich, die in Holland gedruckt wurde, wahin er geflüchtet war. Er verwirft alles, was vor Ludewig dem Heiligen geſchrieben iſt. Er zweifelt ſelbſt daran, ob ſein
Geſchichtſchreiber Joinville exiſtirt habe. Wenn
er davon redet, was ſich vor ſeiner Regierung zugetragen, wiederholt er nur oft die Worte: Man
ſagt; Es gieng die Rede u. ſ. w. Niemand
aber hat die Grundſätze des P. Harduins beſſer
aus einander geſetzt, als der P. Berruyer.

Die

Wissenschaften.

Die Geschichte des Volkes Gottes bezieht sich vom Anfang bis zu Ende darauf. Dieses Buch hatte, da es erschien, das Schicksal aller Thorheiten, die das Gepräge des Genies und der Verwegenheit haben. Es wurde begierig gelesen; gelehrte und witzige Köpfe, Männer und Weiber, Geistliche und Weltliche waren in gleichem Grade darauf erpicht. Alles stach ab, und sollte in diesem Werke abstechen; eine neue und verworfene Zeitrechnung, die man darinne befolgte; abgerissene Stücke, die man vereinigt und zu dem Körper der Geschichte setzt: eine gründliche und seichte Gelehrsamkeit, die man darinne mit Wahl vermischt; der Reichthum und die Anmuth der Schreibart: eine Verbindung des Glänzenden und Verführenden.

Der Verfasser wäre einer der größten Geschichtschreiber der Nation, wenn er weniger weitschweifig, vorsichtiger in seinem Ausdruck wäre; wenn er nicht so viel Redensarten, die er vor natürlich hielt, gebraucht hätte, die ihn der Gebrauch der Welt als unanständig hätte ansehen lassen sollen; wenn er weniger witzig und belustigend hätte seyn wollen; wenn sein Colorit stets der Würde der Materie gemäß gewesen wäre. a)

---

a) Man machte dieses Sinngedicht auf ihn:

Ton livre unit l'amusant à l'utile,
Point ne prétends en critiquer le stile,

Der P. Turnemine war der Antagonist des Pater Harduins gewesen. Von dem Augenblicke an, da er sahe, daß die Mennungen dieses letztern, die durch die Bischöffe mehr als einmal in den Bann gethan worden waren, sich vorthaten und in der Geschichte des Volkes Gottes neue Kräfte bekamen, erstaunte er ganz, und schrieb von neuem wider sie. Er verfolgte seinen alten Nebenbuhler in der Person seines noch berühmtern Schülers. Er brachte seine Beschwerden über die Geschichte des Pater Berruyer bey den Vorstehern der Gesellschaft an, die sie niemals hätten drucken lassen sollen. Er überreichte eine Vorstellung, und verlangte darinne, sie sollten sie unterdrücken, oder vielmehr, sie sollten sich durch das Aergerniß, das sie in der Welt verursachte, und von den gräulichen Mennungen, die man über die Lehre der Jesuiten fassen würde, aufwecken lassen.

Berruyer bekam von allem diesem seinen Vornehmen Nachricht. Er sahe das Ungewitter sich aufziehen; aber er erschrack darüber nicht. Er überließ seine Ehre einem seiner Freunde zur Vertheidigung. Der P. Dûpre nahm es auf sich, ihn zu rächen. Er widerlegte die Reden und Schrif-

> Et point ne veux en blasonner le plan;
> Mais, Berruyer, si tu voulois me croire,
> Il te faudroit, au beau titre d'histoire,
> Substituer le titre de Roman.

Schriften des P. Turnemine; ertheilte der Historie des Volkes Gottes und ihrem Verfasser die
übertriebensten Lobsprüche, und redete von seinem
Kunstrichter in unanständigen und verächtlichen
Ausdrücken. Turnemine war von Natur eitel,
stolz, hitzig und von sich ganz eingenommen.
Dieses rührte von seiner weitläuftigen Gelehrsamkeit und hohen Geburt her. Er beklagte sich zuweilen, daß man ihn mit einem gemeinen Geistlichen für einerley hielt. Er mußte zu seinem größten Verdruß sehen, wie unanständig man ihm
begegnete, daß man alle Gesetze des Wohlstan-
des aus den Augen setzte, um eine Geschichte zu
rechtfertigen, die durch die allgemeine Stimme
des Publicums verdammt war. Er antwortete
dem Vertheidiger des Buchs; dieser sagte: Turnemine will sich noch eine Labung holen. Während einer ziemlichen Zeit thaten sie nichts als
wechselsweise einander spotten, sich beklagen und
drohen.

Der P. Turnemine triumphirte in seinen Anmerkungen über die Geschichte des Volkes
Gottes, daß er die Prälaten, Doctoren, und Leute von einer reinen, ungeheuchelten und aufge-
klärten Gottesfurcht, und den General des Ordens selbst auf seiner Seite habe, der, weil dieses
Buch so viel Lärm in Frankreich verursachte, vier
jesuitische Geistliche ernannt hatte, es durchzusehen,
und ihm eine genaue Nachricht davon zu geben.
Er schrieb das Urtheil, das diese vier gelehrten
Recensenten von seiner Brüderschaft fällten, und

den

den Unwillen nieder, den sie empfunden hatten, da sie eine ganz außerordentliche Zeitrechnung, nämlich die porphyrische und marshamische an der Stelle der wahren erblickten; da sie sahen, daß man den Text der heil. Schrift sehr untreu erklärte, einen doppelten buchstäblichen Verstand, in den Prophezeyhungen, die den Heiland betreffen, annahm, und sich der Feyenmärchen Schreibart bey den ernsthaftesten und erhabensten Dingen bediente.

Er erzählt, daß der General, den Unterrichtungen zu folge, die sie ihm davon gaben, sich beynahe genöthigt fand, unverzüglich eine zwente Ausgabe des Werks zu besorgen, die von alle dem, was man in der ersten Anstößiges bemerkt hatte, gereinigt wäre, und in diesen Ausdrücken an den P. Bretonneau zu schreiben, der damals der Vorsteher des Profeßhauses in Paris war:

Hochehrwürdiger Pater,

Friede in Christo.

Ob ich gleich allezeit dafür gehalten, daß man in der Schrift des P. Berrüyer vieles ändern müsse, ehe sie wieder gedruckt würde, und ich schon angeordnet habe, daß man diese Zeitrechnung, die von uns schon als sonderbar und mit den

Pro-

Prophezeihungen, die unsern Heyland betreffen, (da diese Prophezeihungen nach dem Ausspruche der heil. Väter und Ausleger nicht anders verstanden werden könnnen,) wenig übereinstimmend ist erkannt und verworfen worden, nebst allen weit hergeholten, und der Würde des Gegenstandes wenig angemessenen Ausdrücken verdamme; so habe ich dem ohngeachtet die Vorsicht gebraucht, diese ganze Sache den Aufsehern der Gesellschaft zur Untersuchung zu geben. Ich billige ihr Urtheil sehr, das sie davon gefällt haben, und ich schicke ihnen ein Exemplar davon. Ew. Hochehrwürden werden es dem P. Desconseils und andern neuen Aufsehern, die ihm beygesetzt worden sind, mittheilen. Dieselben werden sie in meinem Namen befehligen, die neue Ausgabe darnach einzurichten. Ich habe dem P. Isaac schon geschrieben, bey der Censur gelehrig zu seyn; er soll alles ändern, bessern und abschneiden, was diese Aufseher in Absicht auf meine Willensmeynung für gut befinden werden. Sollte er unterdessen nicht folgsam genung seyn, (welches ich doch von einem Religiosen kaum glauben sollte, und welches in der Gesellschaft ohnmöglich ungestraft bleiben könnte,) so bitte ich in diesem Falle den P. Desconseils und die andern Jesuiten, denen die Sorge der Durchsicht aufgetragen worden ist, unserer Absicht ein Genüge zu thun; sich um die Gesellschaft verdient zu machen; unsere Unruhen dadurch zu endigen, daß so bald, als möglich, die erwartete Ausgabe erscheine. Sie werden meine Absicht

leicht

leicht aus der Censur und meinem Briefe einsehen.

Rom den 2 Junius 1729. a)

Nach

a) Hier ist er lateinisch, wie er eigentlich ist geschrieben worden:

Reuerende admodum pater
P. C.

Quamuis perpetuum habuerim, multa emen-
danda esse in libro patris Isaaci Berruyer, ante-
quam rursum in lucem prodiret, ac proinde
iam iusserim pseudo-elocutiones rerum digni-
tati ac maiestati minus consentaneas expurgari,
prophetias omnes iuxta communem Sanctorum
Patrum & interpretum sententiam de Messia
Christo Iesu tantum intelligi, ac deinde rejici
Chronologiam, quam iam vt singularem & pro-
phetiis de Christo non congruentem reiectam
voluimus; curaui tamen rem totam diligenter
examinari a reuisoribus societatis. Horum
vero sententiam probo, huius exemplum trans-
mitto reuerentiae vestrae, vt patri Stephano Desconseils huicque adiunctis nouis retractatoribus
tradat, iubeatque meo nomine ad illam accom-
modari omnino nouam operis editionem. Iam
scripsi patri Isaaco, vt nouorum recognitorum
censuram sequatur, illisque se docilem praebeat
ad emendandum, mutandum, recidendum, quod
visum illis fuerit & faciendum ex me intellexe-
rint. Quodsi ducilitate tamen careret ille, id
quod de viro religioso non credam, quodque in
societate non foret inultum, eo casu, rogo pa-
trem Stephanum Desconseils ipsique adiunctos
nouos recognitores, vt nostram ipsi sententiam
exequantur, utque de societate bene merendo
solli-

Wissenschaften.

Nach dieser Erzählung der innerlichen Unruhen der Gesellschaft, und die die Eilfertigkeit des Pater Turnemine rechtfertigen, mit der er sich wider die Geschichte des Volkes Gottes erklärt, beruft er sich auf die reinen Bewegungsgründe, die ihn zu diesem Schritte verleitet. Er sagt, der Eifer für seine Gesellschaft und für die Religion habe ihn angetrieben; er habe durch eine Privatwiderlegung der öffentlichen Verdammung, die gewiß sehr demüthigend für seinen Gegner hätte seyn müssen, zuvor kommen und die Blitze zurück halten wollen, die er bereit sahe, auf eine in dem Geschmack des Castalions im sechzehnten Jahrhundert verfertigte Uebersetzung der heiligen Schrift zu fallen; welche Uebersetzung die Catholicken so wohl als Protestanten beleidigt hätte; eine Uebersetzung, die in einer geblümten, gezwungenen, geschminkten, süßen Schreibart verfertigt wäre. Ja, spricht er zum P. Dupre und allen Vertheidigern des P. Berruier, ein Geschichtschreiber muß zwar seiner Einbildungskraft etwas erlauben, aber sie doch allezeit in seiner Gewalt haben. Ist es denn ein Privilegium für die Geschichte, von allen Regeln frey zu seyn, und sich in ein Werk der Er-

sollicitudini nostrae dent finem, festinando editionem, quae promissa est. Meam illi mentem intelligent ex censura transmissa hisque meis litteris.

Romae, secunda Iunii Aº. CIƆ. DCC. XXIX.

Erfindung und des bloßen Vergnügens zu verkleiden?

In diesen nämlichen Anmerkungen findet man auch eine ziemlich lebhafte Beurtheilung der unanständigen Gemälde, mit denen die Geschichte des Volkes Gottes angefüllet ist. Die Schilderungen der Liebesbegebenheiten der Patriarchen, der ausschweifenden Leidenschaft der Gemahlinn des Potiphars, der Coquetterie der Judith, der frechen Anmuthungen des Holofernes, des schrecklichen Verbrechens Onans, der Gefälligkeit, mit welcher Rahel ihren Jacob der Lea auf eine Nacht überläßt, sind so lebhaft, daß man sie als Felsen ansehen könnte, an denen Unschuld und Schamhaftigkeit scheitern.

Außer den schlüpfrigen Ausdrücken in dieser Geschichte, sind viele noch in anderer Betrachtung tadelhaft; zum Beyspiel diese: **Nach einer ganzen Ewigkeit erschuf Gott die Welt.** Als könnte eine Ewigkeit ein Ende haben. **An der Leichtigkeit, mit der Gott Wunder that, sahe man wohl, daß sie aus der Quelle kamen ... Das Böse nahm täglich mehr überhand, zur Schande Gottes des Herrn. Die Ebentheuer der Patriarchen ... nach einem solchen Ebentheuer ...** und tausend andere, die man in der ersten Ausgabe fand, und von denen der P. Turnemine nicht einmal redete. Er begnügt sich, diese Geschichte überhaupt das Werk eines Romanenschreibers zu nennen. Könnte man

Wissenschaften.

man wohl perſiſche Mährchen anders ſchreiben? a)

Die Jeſuiten wollten, bey der Verdammung dieſes Werks, ſich nicht allein auf das Urtheil ihrer Theologen beziehen: ſie befragten fremde Gelehrte, die alle Welt heftiger, als ſie, den Fluch über die Unternehmung des P. Berruyer ausſprachen; ſie nannten ihn einen läppiſchen, weibiſchen, ſchädlichen Schriftſteller; einen Verfälſcher der heil. Schrift; einen Schwärmer, der unſinnige Syſteme ſchmiede, einen ſtraffälligen Anhänger eines chronologiſchen Syſtems, das 1708 durch die Geſellſchaft verworfen, und beynahe eben ſo bald auf das Urtheil der Biſchöffe und Befehl des Königes unterdrücket worden, als heraus gekommen ſey, das Harduin endlich ſelbſt verlaſſen; ein lebendiges Zeughaus, wo die Ketzer, Böſewichter, Freygeiſter, Waffen zur Beſtürmung der Religion

a) Das iſt der groſe Vorwurf, den man dieſem Buche gemacht hat. Zu der Zeit, da man am meiſten davon ſprach, machte der P. Herant, Bruder des Policeylieutenants, bey der Herzoginn von Aig.** ſeine Aufwartung. Wie? ſagte ſie, ihr Herren, die ihr nicht haben wollt, daß ieder die heilige Schrift leſen ſoll, in was für Geſtalt habt ihr ſie der Welt in die Hände gegeben? Weil die Welt, antwortete er, es durchaus haben wollte, und weil man ſie nach ihrer Fähigkeit hat einrichten müſſen, damit ſie ihr nicht ſchädlich ſey. Aber, erwiederte ſie, nun wird ſie ihr noch weit mehr ſchaden, da ſie zum Roman geworden iſt.

llgich finden, um sie an dem Orte anzugreifen, wo sie am stärksten verschanzt war.

Der Pater Turnemine stützt sich noch auf den Ausspruch dieser Doctoren. In und außer der Gesellschaft glaubt er noch Stoff genung zu finden, die Enthusiasten dieser Geschichte beschämen zu können, vornehmlich den P. Düpre, der ihn einen Angeber, einen Großsprecher, einen sehr schlechten Critiker, einen mitleidenswürdigen Theologen nennt.

Er ist nirgends größer, nirgends nachdrücklicher, als wenn er vom Mißbrauche redet, den man mit einer Zweydeutigkeit des buchstäblichen Verstandes begehen kann; von dem Schaden, das auf den Propheten Daniel, aufs jüdische Volk, auf den Sohn Isai, auf den Kaiser August zu deuten, was man nur von Jesu Christo verstehen muß; von einer vorgegebenen Geschichte der Meder und Perser, die durch das ganze Alterthum widerlegt, und nur auf Chimären gegründet ist. Lasset uns, ruft er aus, lasset uns die Augen einer heiligen Tradition eröfnen; wir werden Jesum Christum und sein Reich durch die Propheten mit den ähnlichsten Zügen und dem eigentlichsten Colorit gemalt erkennen. Nur Jesum Christum werden wir sehen: wir werden ihn sehen, wie er auf eine wunderbare Weise gebohren wird, das abgöttische römische Reich schlägt und zerstöret, zu der Zeit, da es zwischen zween Herren getheilt war, die er mit dem Bande der Ehen verbunden hatte, und welche doch Feinde waren. Wir wer-

Wissenschaften.

werden diese Beherrscher der Welt im Sterben bekennen hören, daß Gott sie schlägt. Wir werden die Kirche gleichsam aus dem Grabe aufstehen sehen, und zwar nach der erschrecklichen Diocletianischen Verfolgung; aus der Asche von tausend Scheiterhaufen, die durch die Henker angezündet wurden, wird sie wieder aufleben; sie wird herrschen, herrschen wird sie im Angesicht Diocletians und Maximinians, die sich gerühmt hatten, in Aufschriften, die ietzt noch vorhanden sind, die Religion vernichtet zu haben: Gott wird ein Reich aufrichten. a) Wir werden sie unvermuthet als die Gebieterinn einer bezwungenen Welt auftreten sehen; nicht durch Streiten bezwungen, sondern durch Sterben; nicht durch Schwerdt und Waffen, sondern durch die Gnade. Wir werden einen Constantin, welcher den durch Daniel, den Propheten, verkündigten Felsen anbetet, ihm seine Person und sein Reich unterworfen sehen; er giebt zum siegreichen Panier das Creuz den römischen Heeren, er, der Ueberwinder aller seiner Nebenbuhler im Kriege, er, der selbst Ueberwundene, nicht durch Waffen, sondern durch die Kraft dessen, der der Stifter eines ewigen Reichs ist. Wir werden die Kirche sich auf der ganzen Erde auf eine wunderbare Weise ausbreiten sehen, überall dieselbige, überall so sichtbar, wie ein erhabner Berg über niedrigen Thälern. Wir werden Rom sehen, nach

der

a) Deus suscitabit regnum.

gel. Streit. III. Th.

der Zerstörung des Heydnischen das Christliche, das ganz Geistliche, weit über die Grenzen der vier vorher verkündigten Reiche ausgebreitet. Rom, das Haupt der Welt, besitzt durch die Religion, was es durch die Waffen nicht erlangen konnte. a)

Diese Stärke der Rede und dieser Geist ist mit einer dringenden Ermunterung an die Vorsteher der Gesellschaft gerichtet, daß sie den Lauf einer Lehre hemmen sollen, die viel schädlicher, als der Jansenismus ist; einer Lehre, die nicht nur einige Lehren, sondern die Grundlage der Religion selbst angreift; einer Lehre, welche die Treue und den Glauben der Jesuiten verdächtig mache, die fünfe davon verderbt hat, deren Unglauben mehr als zu bekannt sey, welcher eine Scheidung in der Gesellschaft verursachen könnte, (der Ausgang hat es genung gezeigt,) einer Lehre endlich, die alle große Genies so wohl unter den Heyden, als unter den Christen, für Freygeister hält, und die Atheisterey für lebenswürdig ausgiebt. Er redet in seinen Anmerkungen bald als Gelehrter, bald als Theologe, bald als Geistlicher, bald als Bürger, bald als Weiser. Dieß ist der Character des Turnemine. Die Redlichkeit war darinne sein Hauptzug: unterdessen hat man sie ihm wollen streitig machen. b)

Wie

a) Roma, caput mundi quidquid non possidet armis, Religione tenet. S. *Prosper.*
b) Man liest in den Anecdoten der Constitution Unigenitus

Wie würde es ihn geschmerzt haben, wenn er es noch erlebt hätte, daß der Harduinismus, dieses Ungeheuer, das er stets bestritt, ihn noch im Grabe trotzte, und in der Geschichte des neuen Testaments wieder zum Vorschein kam; ein Werk, welches dem erstern, dem Plane, den Hypothesen und der Verwegenheit nach, ähnlich war, weil es das Geheimniß der Menschwerdung Christi angriff; im übrigen aber sehr verschieden von dem vorigen, so wohl in Ansehung der Reize und Zierlichkeit, als auch des Schwungs und des Feuers der Schreibart war. Der Text ist in eine Hülle von alltäglichen Anmerkungen und einer frostigen Geschwätzigkeit gezwungen, nicht so wohl bunt, als affectirt. Die Jungfrau Maria ließ er sagen, daß es eine besondere Ehre vor sie wäre, zur Mutter eines Gottes bestimmt zu seyn; der Erlöser läßt sich mit der Samaritanerinn in einen Streit des Wißes ein, und auf beyden Seiten werden viele Einfälle gesagt. Das beste in dem Buche ist die Art, wie alles zur Ankunft des Messias vorbereitet wird. Unterdessen vermißt man den P. Berruyer darinne, und seine schöne und weise Einbildungskraft.

C 2 Sollte

genüns, daß er einen Brief eidlich bey einem Notar abschwur, den er an den Cardinal Noailles geschrieben hatte, um ihm Nachricht zu geben daß man eine Meuterey in der Gesellschaft wider den Regenten im Sinne hätte, daß sie sich mit Spanien verstünde. Man giebt vor, das Original dieses Briefs sey in den Händen des Cardinals Noailles.

Sollte dieser Mangel an Leben und Colorit von dem Alter herrühren, in welchem er diese Geschichte geschrieben hat? oder von seinem Gegenstande, den er zu bearbeiten hatte? Es ist freylich das Seltsame im alten Testamente von einer ganz andern Art, als im neuen: aber dieser andere Theil der Geschichte des Volkes Gottes, von der Geburth des Messias an bis zu Ende der Synagoge, wäre, er eher als der erste erschienen, würde das Publicum eben so in Bewegung gesetzt haben; weil er Harduinisch war.

Er hat auch alle Welt wider sich aufgebracht, so wohl die Geistlichen, die sich daran geärgert haben, als die Ungläubigen, die ihn für nicht kühn und schneidend genung hielten, als auch die Jesuiten, die ihn angegeben haben, nachdem sie ihn schon heraus hatten kommen lassen; und die Prälaten, a) die ihn censirt, und Benedict der XIV, der ihn durch ein Breve den 17 Febr. 1758 verdammt;

---

a) Ausgenommen der Cardinal Tenzin, welcher ein Harduinifte war. Auch erlaubte er, daß ihm der holländische Buchhändler, Dusauzer, die Harduinische Umschreibung des neuen Testaments zuschrieb. In einer Versammlung der Geistlichkeit, wo man das Werk des Pater Berruyer verdammte, hat dieser nämliche Cardinal die Votirenden, diesem Pater glimpflich zu begegnen. Einer von ihnen antwortete der Person, die Unterhandlung pflegen sollte, er wäre sehr verdrießlich, daß Ihro Eminenz sich so stark für diesen Autor erklärten, er hingegen würde nichts vergessen, ihn aufs feyerlichste verdammen zu lassen.

dammt, als ein Buch, darinne falsche, verwegene, ärgerliche und solche Säze enthalten wären, die der Kezerey günstig und ähnlich wären. Clemens der XIII selbst hat seine Blize in einem andern Breve darauf geschleudert. Ihro Heiligkeit sagt, *der Verfasser habe das Maas des Aergernisses voll gemacht.* a)

Der Pater Berruier unterschrieb selbst seine Verdammung. Er bezeugte namentlich, in einem Schreiben, welches er an diesen Prälaten den 21 December 1753 ergehen ließ, und welches bekannt gemacht wurde, daß er sich dem Befehle des Erzbischofs in Paris unterwürfe.

Ungeachtet dieser allgemeinen Verfolgung des Harduinismus, hat man doch nach der Zeit die Paulinischen Briefe unter dem Titel des dritten Theils der Geschichte des Volkes Gottes herausgegeben; allein dieser dritte Theil ist nicht besser als die beyden andern aufgenommen worden.

Ueber das System des Weltgebäudes.

Ich rede hier von dem System des Copernicus, welches der berühmte Galiläi annahm, und sich dadurch so viel Feinde machte; Dank sey es dem Jesuiten, dem P. Scheiner!

a) Scandali mensuram implevit.

Galiläi war zu Florenz, in dem Vaterlande der Medicis, der Künste und Wissenschaften gebohren. Man hielt ihn für einen natürlichen Sohn des Vincent Galiläi, eines florentinischen Edelmanns; seine Verdienste waren um so viel größer, je verdächtiger seine Geburth war. Der Großherzog von Toscana ernannte ihn zu seinem ersten Mathematicus. Die Academie degli Lincei rechnete es sich zu einer besondern Ehre ihn unter ihre Mitglieder zu zählen. Die Städte Padua, Pisa, Venedig waren es, wo er sich vorzüglich berühmt machte. Er las daselbst die Philosophie, die Mathematic und die Astronomie mit großem Beyfall. Diese tiefsinnigen Wissenschaften hielten ihn nicht ab, sich mit der Poesie, und am meisten mit der scherzhaften zu beschäftigen. Seine Entdeckungen in der Astronomie und in der Mechanic, machten ihn in ganz Italien bekannt; man hielt ihn überall für ein seltenes, kühnes und schöpferisches Genie. Alle berühmten Mathematiker von Europa bezeugten ihre Achtung gegen ihn.

Ein einziger war darunter, der nicht viel aus ihm machen wollte, und der den Götzen zu zerschlagen gedachte, dem so viel vernünftige Leute Weyhrauch streueten. Dieser Feind der Vernunft, und aller Lobsprüche, die man ihm nicht gab, war ein deutscher Jesuit, Namens Scheiner. Er hätte gern selbst die Rolle in der Welt gespielt, die Galiläi wirklich spielte.

Schei-

Scheiner rühmte sich, daß er der erste sey, der die Flecken der Sonne entdeckt habe; er wollte sie zuerst im Monat May des 1611 Jahres zu Ingolstadt wahrgenommen haben. Es scheint auch, als ob er sich nicht zu viel zugeeignet habe, wenn man die Sache ohne Vorurtheil überlegt. Galiläi, dieser sonderbare Kopf, er mochte nun diese Entdeckung entweder wirklich selbst gemacht haben, oder sich dieselbe nur zueignen wollen, da sie einem andern gehörte, und er mit den seinigen noch nicht zufrieden war, Galiläi machte öffentlich bekannt, daß es ihm aufbehalten gewesen sey, die Flecken der Sonne zuerst zu entdecken. Venedig und Padua, sagte er, sind die Oerter, wo ich die wichtigen Wahrnehmungen angestellt habe. Er berief sich dabey auf verschiedene Personen, mit denen er davon gesprochen haben wollte, die er aber nicht nannte.

Galiläi gab das Jahr 1610 zur Epoche seiner Entdeckung an, so wie sein Gegner das Jahr 1611. Ob sie nun gleich alle beyde diese Entdeckung konnten gemacht haben, ohne daß einer von dem andern darauf gebracht ward, so mußte sich Scheiner doch für einen Betrüger halten lassen; er machte daher allenthalben viel Geschrey, daß man ihm sehr Unrecht thäte.

Der Streit zwischen den beyden Astronomen ward nach und nach immer hitziger; es war aber die Zeit noch nicht gekommen den Galiläi zu stürzen, und ihn seine billige oder unbillige Verwegenheit entgelten zu lassen. Er erfuhr nicht eher, mit was für Feinden er es zu thun habe, als bis er das System des Copernicus annahm.

Von allen Systemen, die erdacht worden sind, ist dieses das vernünftigste und gemeinste. Wer es sich ietzt wollte einfallen lassen, es mit dem Ptolomäus oder dem Tycho Brahe zu halten, der würde von Anfängern in der Naturlehre ausgelacht werden. Copernicus setzt die Sonne in den Mittelpunct der Welt unbeweglich; die Erde hingegen läuft alle Jahre einmal um dieselbe herum. Dieses System hat den Vorzug, daß sich alle Phänomena und Bewegungen des Himmels sehr leicht daraus erklären lassen.

Es waren zwar vor dem Copernicus schon einige Philosophen darauf gefallen, daß die Sonne unbeweglich stehe, und die Erde um dieselbe herum laufe; aber dem ohngeachtet hat Copernicus die Ehre der Erfindung dieses Systems behalten, weil niemand vor ihm dasselbe so richtig, umständlich und vollkommen vorgetragen hat.

Galiläi hatte sich kaum ein wenig mit diesem System bekannt gemacht, als ihm dasselbe durchaus gefiel, und er es überall einzuführen beschloß. In dieser Absicht gab er geschwind ein Werk heraus, das in vier Unterredungen eingetheilt ist, und die Absicht hat, die philosophischen und natürlichen Gründe so wohl für die eine als die andere Meynung vorzutragen; er giebt aber darinne wirklich dem System des Copernicus vor allen andern den Vorzug, und kommt bey Gelegenheit auf den Jesuiten Scheiner, von welchem er sehr

ver-

Wiſſenſchaften.

verächtlich ſpricht, und ihn für einen Träumer ausgiebt, der Entdeckungen und Erfahrungen erdichtet, um ſie nach ſeinen Begriffen zu bequemen.

Scheiner ward darüber ſehr aufgebracht, und ſchwor ſeinem Feinde den Untergang. Die Rache war leicht; der Jeſuit hatte ſie ſelbſt in den Händen. Er durfte nur die vier Unterredungen des Galiläi vor das Inquiſitionsgericht bringen, und ſie für eine Vertheidigung einer Meynung, die der heil. Schrift zuwider wäre, ausgeben. So rächte ſich ehemals Ariſtarchus an dem Cleanthes von Samos, und gab ihn für einen Atheiſten aus.

Die Richter der Inquiſition, die öfters in Dingen, die vor ihr Gericht gehörten, ſich nicht zu helfen wußten, ſollten hier in einer Sache entſcheiden, die ihnen gar nichts angieng. „Der Eifer „für die Religion, ſagt ein gewiſſer Schriftſteller, „konnte hier ihr Bewegungsgrund nicht ſeyn. „Hätten ſie wenigſtens dabey nicht einſehen ſollen, „wie unvernünftig es ſey, die Irrthümer eines „Mannes mit der ſchrecklichen Strafe des Feuers „zu belegen, und dagegen die Altäre zu einer un„verletzlichen Freyſtadt für die Mörder zu ma„chen? Hätten ſie es nicht für unerlaubt halten „ſollen, grauſame Väter zur Verſtümmelung ih„rer Kinder zu ermuntern, um ſie in den Tem„peln, in den Concerten und auf den Schauplätzen, „zum Vergnügen verzärtelter Ohren, aufzuſtel„len?„ Sie erklärten ſich nur wider den Galiläi
und

und sein neues System, um sich wegen der Beleidigung zu rächen, die ihnen ein großer Geist wider seinen Willen anthat, der ihr Ansehen bey dem Volke um ein merkliches verringern konnte, da er die Einsichten der Menschen vermehrte, und mehr Gelehrsamkeit zeigte, als die Geistlichen besaßen. Ein gelehrter Prälat sagt, die heilige Schrift sey gegeben, um uns zu rechtschaffenen und frommen Leuten, nicht aber zu Philosophen, Astronomen und Naturkündigern zu machen.

Man glaubte also, daß der Anhänger des Copernicus wider die Unfehlbarkeit der heiligen Bücher sündigte. Es kam hauptsächlich auf die Worte an: Sonne stehe still! die Andächtler erschracken und glaubten, daß die ganze Religion über den Haufen geworfen würde; die Inquisition gab sich alle Mühe denen gefährlichen Folgen dieser neuen Lehre zuvor zu kommen. Sie stellte Berathschlagungen über Berathschlagungen an. Endlich ward im Jahr 1611 der Schluß gefaßt, daß man den Galiläi zum Widerruf seiner Meynung anhalten müsse, damit er die Erde in ihrer alten Ruhe lassen, und der Sonne ihre jährliche Bewegung wiedergeben möchte.

Dem Cardinal Bellarmin ward in einer Versammlung, die in Gegenwart des Pabsts gehalten ward, aufgetragen, diese Sache über sich zu nehmen, und die Ausführung des gegebenen Befehls zu beschleunigen. Dieser Cardinal, ein sonst gar gelehrter Mann, aber ein schlechter Astronome, stellte dem Galiläi vor, daß die Inquisition den Bann-

Bannstrahl wider ihn schon in der Hand habe, wenn er nicht seine Meynung widerrufte und Reue darüber bezeugte. Der arme Astronome besann sich eine Weile; da aber der Cardinal nicht nachließ, so ergab er sich endlich, versprach alles, was man nur verlangte; er hielt aber sein Wort nicht.

Er glaubte auch, daß er gar nicht dazu verbunden sey, da die Inquisition zwey Decrete, eins im Jahr 1616, und das andere 1620, herausgegeben hatte, die einander widersprachen. In dem erstern ward die Meynung des Copernicus, als der heiligen Schrift widersprechend, verworfen; und im andern wollte man dieselbe zwar nicht als eine bewiesene Wahrheit, sondern als eine simple Hypothese wohl erlauben. Galiläi hielt sich unter diesen beyden Aussprüchen an denjenigen, der ihm am besten gefiel. Er schlug alle Weltsysteme in Stücken, und vertheidigte dasjenige, welches er angenommen hatte, eifriger als iemals.

Nichts war ihm angenehmer, als die Freyheit zu denken, die er nun wieder erhalten zu haben glaubte; aber alle seine Reden, alle Schriften die er heraus gab, kamen vor die Inquisition, die beständig auf ihn Achtung gab, und gar wohl sahe, daß er sie nur zu hintergehen suche.

Galiläi that wirklich in verschiedenen Stellen seiner Werke, als ob er von der Meynung seiner Richter überzeugt wäre; eigentlich aber war alles zur Vertheidigung seiner Person und seiner Meynung eingerichtet. Sein Urtheil ward ihm nun end-

endlich gesprochen. Die Inquisition verdammte ihn, da er beynahe schon sechzig Jahre alt war, zu einer sechsjährigen Gefangenschaft, in welcher er als ein abgefallener und strafbarer Lehrer eines abgeschmackten philosophischen Systems, oder wenigstens als ein Irrgläubiger, die sieben Bußpsalmen alle Wochen einmal beten sollte.

Er erhielt seine Freyheit nicht anders wieder, als da er die Schwachheit begieng und seine Meynung abschwor. Er beschwor es über dem heil. Evangelio, daß er die Bewegung der Erde ferner nicht glauben wolle; und die Inquisitoren waren es selbst, die ihn diesen Eid ablegen ließen.

Man sagt, daß er in dem Augenblicke, da er seine Freyheit wieder erhielt, seiner Schwachheit sich geschämt, die Augen niedergeschlagen, mit dem Fuße gestampft und gesagt habe: Sie bewegt sich doch. a)

Wenn der P. Schelner das Vergnügen hatte, sich gerächt zu sehen, so mußte er dagegen auch mit Verdruß wahrnehmen, daß sich alle wahre Philosophen wider die Inquisition erklärten. Sie nahmen fast alle die Meynung an, daß sich die Erde bewege. Gassendi war einer von denen, der die Vertheidigung des Galiläi am eifrigsten über sich nahm. In einem Schreiben, das er über die Fortpflanzung der Bewegung heraus gab, behauptete er den Umlauf der Erde durch eine

Menge

a) E pur si muove.

Menge Erfahrungen. Es ließ sich kein Antico-
pernicaner mehr blicken, außer dem P. Cazre, einem Jesuiten, und dem königl. Professor der Mathematic, Morin, dem die Sterndeuterey den
Kopf schon halb verrückt hatte. Morin gab eine
Schrift heraus, unter dem Titel: Die umge-
stürzten Altäre der Erde, in welcher er ganze
Ströme von Schimpfreden wider den Gassendi
ausstieß, da er keine Gründe wider ihn vorzubringen wußte.

Das ganze gelehrte Europa richtete seine Augen auf den Cartesius, um zu sehen, zu welcher
Parthey er sich schlagen würde. Dieser wahre
Schöpfer der neuern Philosophie legte damals die
letzte Hand an sein Weltgebäude, und sein ganzes
System war nach dem Umlauf der Erde eingerichtet. Er überlegte zwar, ob er nicht lieber alle
seine Papiere verbrennen sollte, um nicht gleiches
Schicksal mit dem Galiläi zu haben; er verbrannte aber nur wenige davon, und glaubte sich endlich gesichert genung, da er die schöne Definition
von der Bewegung gab: Man kann eine Sache im vollkommensten Stande der Ruhe
glauben, ob sie gleich wirklich in der heftigsten Bewegung ist. a)

Die Zeit hat endlich das System des Coper-
nikus noch mehr bestätigt, und die Ehre des Mär-
tyrers dieses Systems mehr außer Streit gesetzt.
Die

---

a) Und das hält der Verfasser für eine Definition?
Höchstens ist sie nur eine à la françoise.

Die Erde, a) die ihren Lauf ungehindert fortsetzt, nimmt den Galiläi und seine Richter immer mit sich fort. Selbst in Italien denkt man nicht ohne Schauer an das Verfahren der Inquisition. Der Abt Benedetto Menzini redet, in einem gewissen italienischen Gedichte, das zu Florenz gedruckt ist, und öffentlich verkauft wird, die Richter, die den Philosophen verdammten, folgender gestalt an: „Wie blind waret ihr, als ihr auf eine „unverantwortliche Weise diesen großen Mann „in eure Gefängnisse schlepptet! Ist dieß der Geist „des Friedens, den euch der heil. Apostel empfiehlt, „der im Exilio zu Pathmos starb? Nein! ihr „seyd stets gegen seine Vermahnungen taub gewesen. Wir wollen alle verfolgen, die klüger „sind als wir; das ist euer Grundsatz. Ihr Aufgeblasenen unter einer äußerlich demüthigen Gestalt, die ihr aus einem so gelinden Tone sprecht, „und eure Hände mit Blute beflecket, welcher „böse Geist hat euch unter uns gebracht?"

Dieses System indessen, das anfänglich allgemein beliebt war, fängt an seinen Einsturz zu drohen. Bald verändert man daran, und bald will man es weiter ausdehnen. Einige, die man halbe Copernicaner nennt, nehmen nur die tägliche Bewegung der Erde um ihre Axe an, und überheben sie der Mühe eines jährlichen Umlaufs um die Sonne. Andere verlangen anstatt eines

auf

a) La terre cependant, à sa marche fidelle, Emporte Galilée & son juge avec elle.

auf Wahrscheinlichkeiten und Vermuthungen er
bauten Systems einen bestimmten und richtigen
Plan des Weltgebäudes, eine Topographie der
himmlischen Körper, ein ausführliches und durch
Erfahrungen bestätigtes System, welches die
Stellung der Gestirne eben so methodisch darstellt,
als eine geographische Karte die Eintheilung und
Grenzen eines Landes zeigt.

Ueber den Ursprung der Ideen.

Man stellt sich den berühmten Arnold insgemein
nur als einen fürchterlichen Fechter in dem
Streite von der Gnadenwahl vor; aber er war
nicht bloß ein Theologe. Seine Gelehrsamkeit
war erstaunend weitläuftig. Es ist fast keine
Gattung derselben, in welcher er sich nicht durch
Schriften gezeigt, oder hätte zeigen können. Er
sprach so gut Latein, als irgend einer von den
Neuern. Seine Briefe sind Beweise von seinem
vortrefflichen Genie. Man kann ihn einem Cartesius, Locke, Clarke, Cudworth und Mallebranche
an die Seite setzen, wenn er mit der Feder in der
Hand eine metaphysische Materie untersucht. Er
glaubte daher nicht sich zu beschimpfen, wenn er
sich mit dem letztern in einen Streit einließe.

Mallebranche ist einer von den tiefsinnigsten
Köpfen, die wir gehabt haben. Er las sehr
wenig,

wenig, und brachte sein Leben in beständigem Nach-
sinnen zu, weßwegen er auch die Vorhänge an
den Fenstern seiner Studierstube nie aufzog. Er
hat alles von sich selbst, was er geschrieben hat.
Anfänglich legte er sich auf die Kirchengeschichte
und auf die gelehrten Sprachen; da er sie aber endlich überdrüßig ward, so überließ er sich ganz den
philosophischen Betrachtungen. Da er von dem
Tractate über den Menschen, vom Cartesius,
gehört hatte, ward er sehr begierig ihn zu lesen,
und dieses Werk öfnete ihm die Augen. Damals lernte er erst sein Talent, und die Materie,
von welcher er schreiben sollte, kennen. Er hatte
alles Feuer zu einem Poeten, und weit mehr Ueberlegung, als nöthig ist, wenn man nichts abgeschmacktes sagen will. a)

Dieser Mann von so großem Genie, war im
Umgange bescheiden, aufrichtig, munter und gefällig. Er beobachtete selbst die geringsten Pflichten seines Standes aufs sorgfältigste. Ob seine
Gesundheit gleich nicht die beste war, so erreichte
er dennoch ein hohes Alter. Sein Cörper war
so ausgetrocknet, daß er fast durchsichtig geworden
war. Ich würde diese kleinen Nebenumstände
über-

a) Man kann ihm daher ohnmöglich folgende beyde
Verse im Ernst zuschreiben:

Il fait, en ce beau jour, le plus beau tems
du monde,
Pour aller à cheval sur la terre & sur
l'onde.

übergangen haben, wenn an einem großen Manne nicht alles merkwürdig wäre. Diesen Mann nun foderte Arnold zum Kampfe auf, und gewiß in einer ganz andern Absicht, als von ihm zu lernen. Der Vorwand zum Streite war die Meynung, die in dem Buche, Recherche de la vérité vorgetragen wird, daß man alles in Gott siehet.

Es giebt wenig Bücher, wo sich der menschliche Verstand so groß zeigt, als in diesem gründlichen und scharfsinnigen Werke. Mit welcher tiefen Einsicht, mit welcher seltenen Methode, mit welcher deutlichen und gedrungenen Schreibart, mit welcher starken und glänzenden Einbildungskraft entdeckt der Verfasser darinne die Irrthümer der Sinne, und eben dieser Einbildungskraft!

Er hat nicht allein in seiner Recherche de la vérité den Satz behauptet, daß alle unsere Begriffe aus dem Schooße der Gottheit selbst herkommen, sondern er hatte diese Meynung schon in dem Tractate über die Natur und Gnade vorgetragen. Er hatte Gott mit einem Spiegel verglichen, welcher alle Gegenstände darstellt, und in welchen wir beständig schauen.

Das System der angebohrnen Ideen, welches die Herren des Portroyal behaupteten, die alle Cartesianer waren, ist von diesem weit unterschieden. Sie sagen damit zwar nicht, daß alle Ideen vor uns erschaffen sind; sie räumen ein, daß die Seele, vermöge der Eindrücke, welche körperliche Gegenstände auf unsere Sinne machen,

gel. Streit. III. Th.   D   der-

dergleichen annimmt: sie wollen nur nicht zugeben, daß wir sie alle auf diese Art empfangen. Der Begriff von einem Gotte, von einem höchst vollkommenen Wesen scheint ihnen ein solcher angebohrner Begriff zu seyn. Diese Meynung hat auch nichts abgeschmacktes. Es ist gewiß, daß unsere Seele Begriffe haben kann, welche gar nicht von den Sinnen abhängen, und daß sie dergleichen einst im ewigen Leben haben wird. Wenn uns auch Cartesius bisweilen irre führt, so zweifele ich doch, daß er es hier thue, und daß uns Locke, dessen Meynungen heut zu Tage allein Mode sind, und welcher so gewiß der Schöpfer der Metaphysic ist, wie Newton der Physic, ich zweifele, sage ich, daß uns Locke mehr Licht über den Ursprung unserer Begriffe, und die Ursache, von welcher sie erzeugt werden, gegeben habe. Wir sind in diesem Stück noch nicht weiter gekommen, als wir zu den Zeiten des Cartesius waren.

Arnold ließ diesem Metaphysiker Gerechtigkeit wiederfahren, und verlangte, daß alle Welt sie ihm wiederfahren lassen sollte. Er hielt die Meynung von den angebohrnen Begriffen für sehr gründlich. Die Meynung aber, daß man nichts, außer in Gott sehe, schien ihm lächerlich und so gar unanständig. Er widerlegte sie in einem Buche unter dem Titel: Von den wahren und falschen Ideen.

Mallebranche zeigte in der Antwort auf alle Einwürfe einen Verstand, der sich in alles zu finden weiß. Arnold fuhr fort und schrieb zum zweytenmal wider den Mallebranche. Dieser antwortete wieder, und stellte seine Hypothese von der scheinbarsten, die cartesianische aber von der lächerlichsten Seite vor. Es kam in ihrem Streite hauptsächlich auf die Frage an, ob unsere Begriffe, als Modificationen der Seele, das Gegenbild der Gegenstände sind. Sie stritten lange darüber, und zeigten sich nie größer als damals. Man kann leicht einsehen, sagt Fontenelle, welche Stärke und Feinheit des Geistes diese Frage erforderte, da sich in Europa kaum zween fanden, die sich darauf einließen.

Der Herzog von Rochefoucault wirft in seinen moralischen Gedanken dem würdigen Gegner des Mallebranche vor, daß er ihn nicht verstanden habe. Dieser Vorwurf ist nicht ganz ohne Grund; und ein anderer, den man ihm mit noch weit mehrerm Rechte machen konnte, ist der, daß er in diesem Streite nicht eben so viel Bescheidenheit, Artigkeit und Aufrichtigkeit gezeigt habe, als Mallebranche.

Der beständige Einwurf den Arnold machte, wär der, daß man, wenn man alles in Gott sähe, auch Kröten und Läuse, und überhaupt alles ekelhafte, was sich in der Natur fände, in ihm sehen müsse; ein schlechter Einwurf, dessen Schwäche er selbst gar wohl einsahe, und den er nur vorbrachte, um seinen Gegner lächerlich zu machen.

Es gelang ihm aber damit eben so wenig, als den Herren des Portroyal zu der Zeit, da ein junger Mensch zu Chartres, welcher taub und stumm
gebohr-

gebohren war, in dem Vorhofe einer Kirche, beym
Geläute der Glocken an einem großen Festtage,
auf einmal sein Gehör wieder bekam. Unsere
großen Vertheidiger der angebohrnen Begriffe
begaben sich so gleich auf die erhaltene Nachricht
von dieser Begebenheit, nach Chartres, um den
jungen Menschen auszufragen, und einige ihrer
Meynung günstige Umstände von ihm zu erfah‑
ren; die Antworten desselben waren aber gar
nicht so, wie sie diese Herren haben wollten. Sie
erstaunten, da sie von ihm hörten, daß er in seinem
vorigen Zustande nicht den geringsten Begriff von
der Gottheit, von unsern Geheimnissen und von
der Religion gehabt habe; daß die Antworten,
die er durch Zeichen auf die vornehmsten Fragen
des Catechismus gegeben habe, eine bloße Ange‑
wohnheit und eine maschinenmäßige Bewegung
gewesen wären; daß er nur in die Messe gienge,
weil man ihn dahin führete; daß er auf die Knie
fiele, weil er andere auf den Knien liegen sähe.
Was sollen nun, bey einem so deutlichen Zeugnisse,
alle andern Beyspiele von taub und stumm gebohr‑
nen der Meynung von den angebohrnen Begriffen
für ein Gewicht geben? a)

Heut

a) Selbst der bekannte Stumme von Amiens ist hier
nicht auszunehmen. Er war der Sohn eines da‑
sigen Schatzmeisters. Sein Vater übergab ihn
den Händen eines Mannes, der es so weit mit
ihm brachte daß er in lateinischer und französischer
Sprache schreiben lernte. Als der Vater tod
war,

Heut zu Tage behauptet man durchgängig, daß unsere Begriffe von den Sinnen herkommen. Aber sind sie die Ursache, oder nur die Gelegenheit darzu? Ohne Zweifel nur die Gelegenheit. Man hat so wohl die Grundsätze des Cartesius, als des Mallebranche verlassen. Der Verfasser der Sentimens über die Critic der Gedanken des Pascals, und dreyer Briefe über die Natur unserer Seele, hat sich vergebens bemüht, den Streit über die angebohrnen Begriffe aufs neue rege zu machen. Vergebens hat er, als ein neuer Arnold den Cartesius vertheidigen, und die

Ehre

war, wollten ihm seine Anverwandten die Erbschaft nicht in die Hände kommen lassen. Er führte schriftlich seine Vertheidigung selbst, und ward für fähig erklärt sein Vermögen selbst zu verwalten.

Zu Paris hat eine Stumme den Grafen von Saint-Florentin becomplimentirt. Der Spanier, der sie unterrichtet hatte, kann es mit den Stummen so weit bringen, daß sie ihre Gedanken über die Geschichte, über die Geographie u. s. w. vortragen können. Man erstaunt über den besondern Gebrauch, den dieser Lehrmeister von den Fingern zu machen weiß.

Es ist nicht zu widersprechen, daß man eine Grammatic erdenken könne, die aus bloßen Zeichen besteht. Es ist nicht mehr Verhältniß zwischen einem Klange und einer Idee, als zwischen einer Idee und einem Zeichen. Man dürfte nur so viel Zeichen erfinden, als zu einer vollständigen Sprache gehören, und sich im gemeinen Leben darüber vergleichen.

Ehre der alten Metaphysic wieder herstellen wollen; es hat niemand auf ihn gehört. Man hat sich an des Abts Condillac Tractat von den Empfindungen gehalten.

Seine Art zu verfahren ist sinnreich und neu. Er belebt Stufenweise eine Statüe, die unsere Sinnen nur einen nach dem andern erhält. Er stellt uns alles vor, was in ihr vorgehen müsse, um uns dadurch begreiflich zu machen, was wirklich in uns vorgeht. Er legt uns die wahre Geschichte unserer Seele vor, zeigt uns, wie fälschlich wir uns einbilden, daß sie mit dem Saamen aller Begriffe gebohren werde, und bestätigt die Meynung des Locke, der nur den Ursprung aller unserer Kenntnisse den Sinnen zuschreibt.

Ueber die Differentialrechnung.

Alles ist in diesem Streite merkwürdig. Die beyden Schriftsteller, die ihn geführt haben, sind die beyden größten Philosophen ihrer Zeit, Newton und Leibnitz. Die ganze deutsche und englische Nation, von denen eine jede sich bemühete dem Genie ihres Landes die Ehre zu verschaffen, die dasselbe verdiente, waren die Hülfstruppen. Alle Gelehrte von Europa waren Zuschauer bey diesem Streite. Die berühmte Prinzessinn de Wallis, die hernach Königinn von Engeland ward, war die Person, die man zum Schiedsrichter

richter erwählte. Diese Entdeckung ist eine von den erstaunenswürtigsten, deren sich die Geometrie zu rühmen hat. Sie ist der Faden, der uns in dem Labyrinthe, und in dem Abgrunde des Unendlichen leitet. Durch sie unterwirft man das Unendliche der algebraischen Berechnung. Man mißt und berechnet sehr genau dasjenige, dessen Existenz man nicht einmal begreifen kann.

Willhelm Gottfried Leibnitz ward zu Leipzig den 23 Junius 1646 gebohren. Er war einer von denen sonderbaren Menschen, die keine Art von Wissenschaft hinter sich lassen, und die entferntesten Grenzen des menschlichen Verstandes überschreiten. Dichter, Redner, Geschichtschreiber, Rechtsgelehrter, Theologe, Philosoph, Mathematicus, kurz, ein Mann in allen Wissenschaften groß. Er sahe alles ein, und war öfters ein Zweifler.

Er arbeitete lange Zeit an den Journalen, die in Frankreich, Engeland, Holland, Leipzig, Hanover, und andern Orten Deutschlands heraus kamen. Es befinden sich in diesen Werken vollständige Auszüge, oder auch nur Nachrichten und Anmerkungen, die er an ihre Verfasser einschickte.

Die Regeln der Differentialrechnung, die im Jahr 1684 in die Acta eruditorum zu Leipzig eingerückt wurden, gaben zu seinem Streite mit Newton, oder vielmehr den Anhängern des Newtons, Gelegenheit. Denn Newton selbst war zu bescheiden. Er fürchtete nichts mehr, als die

Uneinigkeiten und Streitigkeiten der Schriftsteller. Un sich keinen Verdruß zu machen, hielt
er oft den Druck seiner besten Werke zurück: „Ich
„würde mir einen Vorwurf machen, pflegte er
„bisweilen zu sagen, wenn ich aus Unvorsichtig-
„keit eine Sache verliehren sollte, die so wirklich
„ist, als die Ruhe.„ Er nannte die Ruhe eine
ganz wesentliche Sache, a) und störte die seinige
nicht, indem er weder selbst, noch durch andere,
zu seiner Vertheidigung schrieb. Seine Bewunderer erhoben ihn eigenmächtig auf Unkosten des
Leibnitz.

Sie warfen diesem vor, daß er dem Newton
die Erfindung der Differentialrechnung abgeborgt
habe. Dieser Vorwurf war nicht leicht zu beweisen. Newton hatte erst im Jahr 1687 seine
mathematischen Anfangsgründe der natürlichen Philosophie heraus gegeben; ein
Werk, das von dem erfinderischen Genie des Verfassers zeigt, und auf den Calculus gegründet ist,
wie ihn Leibnitz angegeben hatte, dessen Demon-
strationen er aber geschickt zu verbergen wußte.

Es ließ sich niemand einfallen, den Newton
einen Plagiarius zu schelten; eben so wenig als
zu behaupten, Leibnitz sey durch Briefe oder auf
andere Weise hinter diese Entdeckung gekommen,
und habe sich dieselbe zugeeignet. Es glauben
vielmehr einige, daß diese beyden großen Männer,
da sie beyde ein sehr großes Genie und große
Eins

a) Rem prorsus substantialem.

Wissenschaften.

Einsichten hatten, ein ieder vor sich darauf gefallen und die Entdeckung gemacht haben.. Diese Meynung bestätigt sich um so viel mehr, wenn man sieht, daß sie nur in der Hauptsache mit einander überein kommen. Was der eine Fluxionen nennt, das nennt der andere Differenzen. Das unendlich kleine war beym Leibnitz bequemer und faßlicher angezeigt, als beym Newton.

Wenn man untersuchen wollte, welcher von beyden der Erfinder sey, so müßte man alles National- und Freundschaftsinteresse fahren lassen, wozu sich aber diejenigen noch nicht haben entschließen können, welche Richter in dieser Sache seyn wollten. Die Engeländer hielten sich für beleidigt, daß man den Newton und Leibnitz neben einander stellen wollte. Man weiß, daß sie aus ihrem Landsmanne den Hercules der Fabel machen, dem die Unwissenden alle Thaten anderer Helden zuschrieben.

Leibnitz hingegen sollte zufrieden seyn, wenn man ihm unter den Mathematikern den zweyten Platz anwiese; sein Plagium sollte, nach ihrer Meynung, allzu offenbar seyn. Er aber wollte beweisen, daß er weit größere Anfoderungen mit Recht machen könne. Er vertheidigte sich sehr hitzig in den Leipziger Journalen. Verschiedene Schriftsteller standen ihm mit ihren Federn, mit ihren Freunden, mit ihren Beschützern bey. Er hatte in kurzer Zeit eine Parthey auf seiner Seite, mit welcher er der Parthey des englischen Philosophen die Spitze bieten konnte. Leibnitz aber, der allen Feindseligkeiten ein Ende machen wollte, nahm zur königlichen Gesellschaft zu London seine Zuflucht.

Er beklagte sich gegen sie, daß eins ihrer Mitglieder, Namens Keil, ihm vorwürfe, daß er die vom Newton erfundene Berechnung der Fluxionen unter einem andern Namen und andern Caracteren bekannt gemacht habe. Niemand, sagte er, weiß besser, als Newton selbst, daß ich ihm nichts abgeborgt habe. Er verlangte daher als eine Ehrenerklärung vom Keil, daß er seine Schmähschriften öffentlich widerrufen solle.

Die königliche Gesellschaft ernannte Commissarien, welche diese Schriften untersuchen sollten. Diese rafften alles zusammen, was sie von alten Briefen gelehrter Mathematiker auftreiben konnten, und was sich auf diese Sache bezog. Die Untersuchung fiel für den deutschen Philosophen nicht allzu günstig aus. Die englischen Commissarien gaben ihrem Mitbürger alle Ehre der Entdeckung, und um ihr Urtheil zu rechtfertigen, ließen sie dasselbe mit allen Beweißthümern drucken, womit sie dasselbe belegten. a)

Diese Sammlung ward in ganz Europa herum zerstreut. Als Leibnitz erfuhr, daß er seinen Proceß verlohren habe, kränkte er sich darüber fast zu Tode. Er befand sich damals eben auf Reisen.

Das

---

a) Der Titel war: Commercium epistolicum de analysi promota.

Wissenschaften.

Das Urtheil der königlichen Gesellschaft brachte nicht allein den Leibniz, sondern auch die ganze deutsche Nation wider sie auf. Sie glaubte ihre Ehre beleidigt, da man das beste Genie unter derselben angriff. Sie appellirte geschwind wegen dieses ungerechten Ausspruchs, an alle andern Tribunale in Europa. Diese Nation, die auf ihre Vorzüge so stolz ist, schien nichts mit mehrerm Eifer zu suchen, als sich in dem langen Besitz des philosophischen Scepters zu erhalten, in welchem sie zu seyn glaubt. Sie verachtet heut zu Tage die kleine Anzahl ihrer angenehmen Schriftsteller, ob sie gleich ehemals die Frage des Bouhours mit Recht sehr übel nahm: „Kann ein Deutscher „wohl ein schöner Geist seyn?" Sie verlangt dagegen vor andern Nationen den Vorzug in der gründlichen Gelehrsamkeit, in der Rechtsgelahrtheit und in der Philosophie.

Sie behauptete mit Nachdruck, daß der Erfinder der Monaden und der prästabilirten Harmonie, es auch von der Differentialrechnung sey. Leibniß, sagte sie, ist so grosmüthig gewesen, daß er es auf das Urtheil seiner Feinde hat ankommen lassen, und diese sind sehr ungerecht gegen ihn verfahren. Wie kann man einem so schöpferischen Geiste ein Plagium Schuld geben? einem Manne, der diese Niederträchtigkeit an andern so sehr verabscheurte, und stets verlangte, daß man einem ieden die Ehre seiner Erfindungen lassen sollte; ja der bisweilen die seinigen Preiß gab, aus keinem andern Grunde, als weil er gern in dem Garten
eines

eines andern die Pflanzen wachsen sahe, wozu er den Saamen hergegeben hatte.

Während daß die Freunde und Landesleute des Leibnitz sich bestrebten ihn, und sich selbst, gegen ein Urtheil zu vertheidigen, das sie für ungerecht hielten, vergaß er sich selbst auch nicht. Er kam auf den Einfall, die besten Köpfe der Engeländer zu untersuchen, und zu zeigen, auf welche Irrwege sie gerathen wären. Er zeigte ihnen verschiedene Irrthümer, welche die ganze Nation für Wahrheiten angenommen hatte. Die Anmerkungen, die er dabey machte, waren für die Engeländer sehr demüthigend. Er hatte so gar die Dreustigkeit sie der Prinzessinn von Wallis a) zuzuschicken.

Leibnitz berichtete dieser erlauchten Prinzeßsinn, „daß so gar die natürliche Religion sich mit „dem wahren Geschmack der Wissenschaften zu „London zu verliehren schiene; daß verschiedene „da-

---

a) Sie war die Beschützerinn aller Gelehrten. Der P. Courayer hatte an ihr eine Stütze, so wie auch die beyden Töchter des Milton von ihr aus dem Elende gezogen wurden. Sie wagte es, ihren Kindern die Blattern inoculiren zu lassen, nachdem man, auf ihren Befehl, an vier Missethätern einen glücklichen Versuch damit gemacht hatte. Diesen herzhaften Entschluß hat nach ihr der erste Prinz vom Geblüt in Frankreich zum Glück der Seinigen gehabt; und doch will das gemeine Volk, das sonst seine Prinzen abgöttisch verehrt, und sich durch Beyspiele zu allem leiten läßt, noch nicht die Nothwendigkeit davon einsehen.

Wissenschaften.

„daselbst die Seele materiell, und andere selbst
„Gott zu einem körperlichen Wesen machten;
„daß Locke und seine Anhänger wenigstens zugä-
„ben, daß die Seelen materiell, und also dem We-
„sen nach vergänglich seyn könnten; daß, nach der
„Meynung des Newton, der Raum das Werk-
„zeug wäre, dessen sich Gott bediene, um alles
„darinne zu empfinden; sein Sensorium. „

Besonders spottet er über den Newton, der
in seiner Optic sagt: „Gott habe die Welt so er-
„schaffen, daß er sich oft genöthigt sähe, die Hand
„nochmals anzulegen, die Maschine aufzuziehen,
„und die Räder wieder in Ordnung zu bringen.„
Der Commentarius des Newton über die Offenbarung, gab noch eine gute Gelegenheit zu Spöttereyen; aber davon war hier die Frage gar
nicht.

Die Prinzeßinn von Wallis zeigte diese critischen Anmerkungen blos dem berühmten Pfarrer
zu St. James, dem Samuel Clarke. Dem
Newton aber wurden sie gar nicht gewiesen, weil
man zweifelte, daß er sich aus seiner philosophischen
Ruhe würde stören lassen, und Theil an diesem
Streite nehmen.

Clarke, der Freund, Schüler und Ausleger
dieses großen Mannes, nahm die Vertheidigung
desselben, so wie anderer englischen Genies, die
Leibnitz gemißhandelt hatte, über sich. Dieser antwortete, und ward nochmals widerlegt.

Es mengten sich noch andere Schriftsteller
von andern Nationen in diesen Streit. Sogar
Frauen-

Frauenzimmer ergriffen die Feder, und wollten über die Werke des Newton ein Urtheil fällen; sie tadelten seine Zeitrechnung, sein System des leeren Raums und der anziehenden Kraft. Ganz anders in diesem Stück, als eine gewisse Dame, die sehr für das System der anziehenden Kraft eingenommen war, und welche in einem scherzhoften Briefe alle Schönen auffodert gemeine Sache zu machen und dieses System zu vertheidigen:

a) „Newton, den die Klugen bewundern, „wird vom Neide verfolgt; man greift sei„ne Werke an, die der Unsterblichkeit ge„wiß sind. Rächet, ihr Schönen, das ihm „wiederfahrne Unrecht: Er hat die Natur, „die Zahlen und die Vernunft auf seiner „Seite. Aber, ohne andere Waffen zu „suchen, darf er nur eure Reize nehmen, um „die anziehende Kraft zu beweisen."

Ganz

a) Newton, qu'admirent les sages,
Par l'envie est insulté.
On attaque ses ouvrages,
Sûrs de l'immortalité.
Belles, vengez son injure:
Il a pour lui la nature,
Et le calcul & la raison.
Mais, sans chercher d'autres armes,
Il ne lui faut que vos charmes,
Pour prouver l'attraction.

Ganz Europa unterhielt sich lange Zeit mit diesen gelehrten Streitigkeiten.

Die Schriften des Clarke und Leibnitz giengen alle durch die Hände der Prinzeßinn von Wallis, als welche sie ihnen zuschickte, und sie in ihren Meynungen mit einander zu vereinigen suchte; sie konnte es aber nicht dahin bringen. Das Feuer der Zwietracht verlosch nicht eher, als mit dem Tode des Leibnitz, welcher ihn den 14 November im Jahr 1716 zu Hannover wegnahm, allwo sich damals der Hof von London aufhielt. Dieser ward zu seinem Leichenbegängnisse gebeten; es erschien aber niemand dabey.

Ganz anders führte man sich gegen den Newton auf, als derselbe im Jahr 1727 im Monat März starb. So bald der Hof seinen Tod erfuhr, ward der Befehl gegeben, daß sein Cörper auf ein Paradebette, wie Personen vom ersten Range, sollte gelegt, und hernach in der Abtey Westmünster begraben werden. Der Großcanzler von Engeland und drey Pairs giengen neben dem Sarge her. Man kann daraus abnehmen, daß die Anzahl vornehmer Personen nicht gering werde gewesen seyn, welche der Leiche folgten. Er ward gleich beym Eingange unter das Chor begraben. Man hat ihm nach der Zeit ein prächtiges Grabmal gesetzt, auf welchem ein schönes Epitaphium zu seinem Ruhme stehet, welches sich mit diesen Worten endigt: a) "Die Sterb-
„lichen

---

a) Sibi gratulentur mortales

„lichen können sich glücklich schätzen, daß ein sol-
„cher Mann unter ihnen gelebt, der ihrem Ge-
„schlecht so viel Ehre gemacht hat."

Es scheint heut zu Tage, daß man dem Newton die Entdeckung der Differentialrechnung eben so abgestritten habe, wie man die Entdeckung der Circulation des Bluts, des Safts in den Pflanzen, und der kleinen Würmer, aus welchen wir zusammen gesetzt sind, ihren wahren Erfindern abgestritten hat. Man muß aber zugleich mit dem Fontenelle gestehen, daß, wenn auch Leibniß diese Entdeckung von andern sollte genommen haben, ein solcher Raub dennoch viel Genie voraus setze, und ihn dem Prometheus ähnlich mache, welcher das Feuer vom Himmel stahl, um es den Menschen mitzutheilen.

Ueber die Frage,
Ob die Wissenschaften die Sitten verbessern.

Welchen Krieg hat nicht die Krönung der Schrift des berühmten Bürgers zu Genf, durch die Academie zu Dijon erregt?

Sehet

Tale tantumque extitisse
Humani generis decus.

Wissenschaften.

Sehet ihn nicht an, sagte Plato, als sich Diogenes unter eine Dachrinne gesetzt hatte, und sich da beregnen ließ, um den Athenienſern ein Vergnügen zu machen; ſehet ihn nicht an, er würde zu eitel und zu ſtolz darüber werden; ein vortrefflicher Rath, deſſen Anwendung hier ſehr leicht iſt. Das enthuſiaſtiſche Publicum wird faſt immer von denen bey der Naſe herum geführt, die gern von ſich reden laſſen. Wenn man ſich an dem Genfer Diogenes rächen, ihn zum Schweigen bringen, und ſeine, der Menſchheit ſo ſchimpflichen Sätze, widerlegen wollte, ſo ſollte man ſich weniger mit ihm, mit ſeiner Einſiedeley, mit ſeinem Geſchmack und Kleidung, mit ſeiner außerordentlichen Lebensart, und wie er Perſonen zu empfangen pflegt, die ihm den Glanz der Städte verachten, und ſtolz ſeines Ruhms genießen zu ſehen zu ihm kommen, beſchäfftigen. Das empfindlichſte, was man ihm anthun könnte, wäre, wenn man weniger von ſeinen Werken ſpräche, von ſeinem Drama, das er ſelbſt componirt hat, von ſeinem *Briefe über die franzöſiſche Muſic*, von ſeiner *Julie oder neuen Heloiſe*, von ſeiner *Abhandlung über die Ungleichheit der Menſchen*; ein Werk, in welchem man überhaupt mehr Beredſamkeit als wahre Philoſophie, mehr Trugſchlüſſe als geſunde Vernunft, mehr Farben als Zeichnung, und weniger großes Genie, als Spitzfindigkeit im Kleinen antrifft; ein Werk, welches Schluß auf Schluß die Menſchen ſo weit bringen würde, daß ſie einander ſelbſt auffräßen.

gel. Streit. III. Th.   E   Doch

Doch hat unter allen Werken dieses berühmten Genfers keins mehr Aergerniß gestiftet, als die berüchtigte Abhandlung, die zu Dijon den Preiß erhielt.

Die Academie daselbst hatte im Jahr 1750 die Frage aufgegeben: Ob die Wiederherstellung der Künste und Wissenschaften etwas zur Verbesserung der Sitten beygetragen habe? Es wäre ein Schimpf für diese Academie, und für alle andern gewesen, wenn sie daran iemals gezweifelt hätte. Es glaubten daher alle, die um den Preiß stritten, daß die Frage nicht im Ernst gemeynt sey, und bejaheten dieselbe, den einzigen Rousseau ausgenommen. a) Er ergriff diese Gelegenheit, um sich bekannt zu machen, und schrieb wider die Künste und Wissenschaften eine heftigere und gefährlichere Schmähschrift als Cornelius Agrippa, dieser paradoxe Kopf, und Feind der Wissenschaften, die er unter die menschlichen Plagen zählte, vor ihm geschrieben hatte.

Diese

---

a) Wenn er die Frage nicht verneint hätte, so würde kein Mensch wider die Academie zu Dijon geschrien haben; wie man denn auch kein Wort sagte, als die Frage aufs Tapet kam, ob sie gleich sehr unüberlegt war. Man wird nun zwar dem Rousseau niemals beypflichten; aber er konnte doch sagen: Warum fragt man, wenn man die Frage nicht eben sowohl verneinen als bejahen darf?

Wissenschaften. 67

Diese Rede oder Abhandlung bestehet aus zween Theilen; im ersten will der Verfasser aus der Erfahrung beweisen, daß die Künste und Wissenschaften der gefährlichste Gift für die Sitten sind; und im zweyten sucht er dieses durch Vernunftschlüsse zu bestätigen. Erfahrung und Gründe sind es also, worauf er seine Meynung baut.

Er geht anfänglich die Geschichte der gesittesten Nationen durch, der Chineser, Egypter, Griechen, Römer, und derer, die nichts weiter kannten als ihre Eroberungen und ihre Freyheit, als der Perser, Scythen, Deutschen, Lacedämonier, und selbst der Römer in den ersten Zeiten der Republic. Er findet die Tugend stets nur bey den Unwissenden, und die Laster im Gefolge der Künste und Wissenschaften. Er vergleicht die einfältigen Sitten unserer Vorfahren mit den unsrigen. Wie stark sind fast alle diese Gemälde!

Man urtheile nach dem, wo Fabricius wieder vom Tode auferweckt vorgestellt wird, wo er Rom in Rom sucht, und voll Erstaunen ausruft: „Götter! wo sind diese Strohdächer hin, und diese „ländlichen Hütten, welche Mäßigkeit und Tu„gend bewohnten? Welch ein gefährlicher Glanz „ist an die Stelle der römischen Einfalt gekom„men? Was ist das für eine fremde Sprache? „Was sind das für weibische Sitten? Was be„deuten diese Bildsäulen, diese Gemälde, diese Ge„bäude? Ihr Thoren, was habt ihr vorgenom„men? Ihr Völkerbezwinger, ihr habt euch zu

E 3 „Scla

„Sclaven der Ueberwundenen gemacht? Rheto„ren beherrschen euch? Habt ihr Griechenland „und Asien nur deswegen mit eurem Blute be„netzt, damit ihr Baumeister, Maler, Bildhauer „und Comödianten bereichern könnt? Ihr erobert „Carthago, und gebt die Beute einem Flötenspie„ler? Auf, ihr Römer, reißt diese Amphitheater „nieder, zerschlagt diese Marmorsäulen, zerbrecht „diese Gemälde, verjagt diese Sclaven, die euch „unters Joch bringen, und deren schädliche Künste „euch verderben! laßt andere Hände sich durch „neue Talente hervor thun! Das einzige für Rom „rühmliche Talent ist, wenn man der Tugend dar„inne die Herrschaft verschaft u. s. w.„

Wenn der Verfasser im zweyten Theile auf die Vernunftgründe kommt, so findet er die Wissenschaften schlimmer, als die Büchse der Pandora. Er beschreibt sie als die gewöhnliche und unglückliche Quelle des Müßigganges, der Religionsverachtung, der Schwelgerey, und folglich aller Laster und alles Unglücks.

Er stellt sich die Unschuld der ersten Zeiten als ein schönes Ufer vor, blos von der Hand der Natur geschmückt, gegen welches man ohn Unterlaß seine Augen zurück kehrt, und von welchem man sich nicht ohne Betrübniß entfernt. „Die Un„schuldigen und Tugendhaften, setzt er hinzu, er„freut, daß sie die Götter zu Zeugen ihrer guten „Handlungen haben sollten, wohnten mit ihnen „in einerley Hütten beysammen. Da sie aber „bald anfiengen boshafter zu werden, so wurden

„ihnen

Wissenschaften.

„ihnen auch diese Zuschauer immer mehr und
„mehr zur last, so daß sie dieselben endlich in
„prächtige Tempel verwiesen. Auch hieraus ver-
„trieben sie sie wieder, um sich selbst hinein zu se-
„ßen; wenigstens war zwischen den Tempeln der
„Götter und den Häusern der Bürger kein großer
„Unterschied mehr. Das Verderben stieg da-
„mals auf den höchsten Gipfel, und die Laster wur-
„den nie weiter getrieben, als da man sie, so zu sa-
„gen, an den Thüren der Palläste auf Marmor-
„säulen gestellt, und an corinthischen Capitälern
„ausgehauen sahe.„

Aus dieser Abhandlung des Rousseau kann
man sehen, wie ein großer Verstand bisweilen
gemißbraucht werden könne. Man könnte ihn
mit dem griechischen Weltweisen Carneades vergleichen, dessen sophistische Beredsamkeit zu Rom
für so gefährlich gehalten ward, daß Cato, der
Censor, der Meynung war, man sollte ihn je eher
je lieber aus der Stadt verweisen, und dadurch
der schädlichen Verwirrung, die er zwischen dem
Wahren und Falschen verursachen könnte, zuvor
zu kommen suchen. Die Academie zu Dijon
trug kein Bedenken, dem Rousseau vor allen
seinen Mitwerbern den Vorzug zu geben. Sie
ließ sich durch die Stärke seiner Beredsamkeit hinreißen, und krönte ihn zu ihrem eigenen
Schaden.

Die academischen Kronen werden sonst kaum
gegeben, als sie schon wieder vergessen sind; diese
aber war von ganz anderer Wirkung. Es folgte

ein

ein allgemeiner Krieg in der gelehrten Welt darauf. Man machte Parthenen auf allen Seiten, aus Furcht, daß man alle bisherigen Begriffe verbannen wollte.

Der Nestor unter den Königen, und der größte unter den Menschen war einer von denen, welcher sich die Vertheidigung der Künste und Wissenschaften am eifrigsten angelegen seyn ließ. Er ließ sich mit dem Feinde derselben wie ein Schriftsteller mit dem andern ein. Dieser große Beschützer der Gelehrten sagt, daß man mit Unrecht die Schuld der falschen Politic, die man in der Welt antrifft, und hinter welche sich das Laster verbirgt, auf sie schiebe. „Man kann fein „seyn, ohne sich zu verstellen, und man kann bey„des zugleich seyn, ohne gelehrt zu seyn, und noch „öfterer kann man gelehrt seyn, ohne deßwegen „sehr fein zu seyn." Er sieht nicht, wie die Schriftsteller Ursache an der Schwelgerey seyn können, da die meisten vom Glück sehr schlecht begünstiget sind. Er behauptet den Nutzen der Wissenschaften, besonders in Absicht auf die Religion, um so wohl die Grundsätze derselben in den Schulen gründlich zu lehren, als auch dieselben auf der Canzel anständig vorzutragen. Rousseau, sagt er, verwirft das, was ihm die meiste Ehre macht, und schlägt auf diese Weise seine eigene Mutter.

Die Argumente dieses Prinzen schienen unwidersprechlich; und dennoch wurden sie widerlegt. Welche Ehre für einen Republicaner, sich mit einem

einem solchen Gegner zu messen! Der Genfer Bürger vertheidigte seine Meynung als einer, der davon überzeugt ist. Die Widersprüche gaben seinem Genie einen neuen Schwung. Ohne wider die Achtung zu verstoßen, die er einem gecrönten Haupte, das sich wider seine Meynung erklärte, schuldig war, antwortete er so gar mit fein untermengten Lobsprüchen, auf alles, was dasselbe ihm einzuwenden für gut befunden hatte. Er unterstützte seinen sonderbaren Satz mit neuen Gründen und neuen Beweisen.

In Ansehung des Widerspruchs zwischen seinen Grundsätzen und seiner Aufführung, ingleichen des Vorwurfs, daß er sich zum Apostel der Unwissenheit aufwerfe, da er doch selbst gelehrt sey, vertheidigt er sich nicht damit, daß man ihn zum Studiren gezwungen habe, sondern er verschwört den Augenblick alle Wissenschaften, und will nicht ferner geschehen lassen, daß sie den Saamen des Verderbens in seine Seele streuen sollen; er sagt sich von einem „betrügerischen Handwerke „los, wo man viel für die Weisheit zu thun glaubt, „und alles nur für die Eitelkeit thut."

Es gab noch ein Mitglied der königlichen Gesellschaft der schönen Wissenschaften zu Nancy eine lange und scharfsinnige Abhandlung zur Vertheidigung der Wissenschaften heraus. Es ward dem Feinde derselben nicht besser darinne begegnet, als er ihnen selbst begegnet war. Dieser aber, nachdem er die Ehre gehabt hatte, mit dem Könige gestritten zu haben, war zu stolz sich mit einem andern einzulassen. Nur in einem Schreiben an Herrn Grimm, diesen zweyten Tadler unserer Gebräuche und unsers Geschmacks, antwortete er auf die vornehmsten Puncte, die ihm dieses Academische Mitglied vorgeworfen hatte.

Ich will hier mit zweyerley Schrift die Ausfälle des einen, und die geschickten Gegenwendungen des andern vorstellen: Wer sollte sich nicht beleidigt finden, wenn er den Herrn Rousseau sagen hört, daß wir nur den Schein der Tugenden haben, ohne eine einzige wirklich zu besitzen? Ich gestehe, daß es noch ein wenig Schmeichelen ist, zu sagen, daß wir den Schein der Tugenden haben; Herr Gautier hätte mir dieses, vor allen andern, zu gute halten sollen. Ey! man höre doch, warum wir gar keine Tugenden besitzen: die Ursache ist, daß wir uns auf die schönen Wissenschaften und freyen Künste legen. Ja, ja, das ist die wahre Ursache. Wenn man ungeschliffen, grob, unwissend, ein Göthe, Hunne oder Vandale wäre, so würde man die Lobsprüche des Rousseau verdienen. Warum nicht? ist unter diesen Benennungen eine, mit welcher die Tugend nicht bestehen könnte? Wird man denn nie aufhören auf die Menschen zu schmähen? Werden denn die Menschen nie aufhören boshaft zu seyn? Wird man immerfort glauben sie tugendhaft zu machen, wenn man ihnen sagt, daß sie gar keine Tugenden haben?

Wird

Wissenschaften.

Wird man immerfort glauben sie zu bessern, wenn man sie beredet, daß sie keiner Verbesserung bedürfen? Ist es erlaubt, unter dem Vorwande die Sitten zu reinigen, die Stützen derselben umzuwerfen? Ist es erlaubt, unter dem Vorwande den Verstand aufzuklären, die Sitten zu verderben? Die **Wissenschaften,** die **Logic,** die **Metaphysic,** die **Physic,** die **Mathematic,** sind demnach, ihrer Meynung zu Folge, unfruchtbare Speculationen? Unfruchtbar, nach der gemeinen Meynung; nach der meinigen aber sehr fruchtbar an unnützen Dingen.

Die Ehre aller Gelehrten und Künstler, ja selbst der Unterhalt der meisten, war bey diesem sonderbaren Streite in Gefahr. Wenn die Arbeiten der einen und der andern eben so gefährlich seyn sollten, als der Gesang der Syrenen, oder der Zaubertrank der Circe, so sollte man alles vernichten, Bibliotheken, Universitäten, Academien, Meisterstücke der Alten und Neuern. Diese Parthey müßte man ergreifen, und ie eher, ie lieber; Rousseau mag dagegen sagen was er will, indem er nicht geschehen lassen will, daß man diese Folge daraus ziehe. Was für eine Ursache kann ihn antreiben eine Sache in einem Staate zu verehren, die er für schädlich hält?

Die französische Academie setzte zwar bald hernach auf die Bejahung der nemlichen Frage, die von der Academie zu Dijon aufgegeben war, einen Preiß: aber wer sollte verwegen genug seyn, es mit einem der größten Schriftsteller seiner Zeit aufzunehmen? Der Eindruck, den seine Abhandlung in Frankreich gemacht hatte, pflanzte sich bis nach Spanien fort. Der Panegyrist der Gothen und Heruler fand daselbst Anhänger, und so gleich entstanden neue Unruhen, neue Zänkereyen, neue Klagen. Ein Dominicaner daselbst widersetzte sich den Vertheidigern des Genfers. Die Inquisition sahe eine gefährliche Spaltung voraus, und war schon im Begriff Blut zu vergießen, als der Hof zu Madrid diese Streitigkeit noch zu gutem Glück unterdrückte. Es kam ein königliches Edict heraus, in welchem alles Streiten über diese Frage gänzlich untersagt ward.

Rousseau hatte alle diese Folgen von seiner Meynung voraus gesehen, und wußte wohl, wie heftig darwider würde geschrien werden. Er glaubte diesem Geschrey nicht besser Einhalt thun zu können, als wenn er noch heftiger schrie; er machte sich einen gegen alle Pfeile bewährten Schild aus den zwey großen Worten, die er alle Augenblicke im Munde führte: *Tugend, Wahrheit! Wahrheit, Tugend!*

Verschiedene Schriftsteller haben, so wie er, bey ihrer Nation den Ton eines Gebieters und Gesetzgebers angenommen; keiner aber hat sich so begeistert, und vielleicht mit so viel Genie gezeigt, als der Bürger von Genf. Seine Begriffe sind kühn, seine Gedanken stark und nicht selten neu. Er ist sich an Feuer und Stärke der Schreibart fast immer gleich. Gute Sitten und Tugend,

das

Wissenschaften.

das ist es, was er denen Menschen prediget. Selbst wenn seine Meynung übertrieben ist, sagt er noch gute Sachen, von denen zu wünschen wäre, daß die Menschen sich dieselben zu Nuße machten. Seine Träume könnten mit denen des Abts Saint. Pierre und des Marquis d'Argenson, a) in eine Classe gesetzt werden, wenn sie mehr Zusammenhang hätten, und richtigere Folgen daraus zu ziehen wären. Man muß glauben, daß er eben so viel Aufrichtigkeit habe, als jene, und es ihm weniger um den Ruhm, als um das gemeine Beste zu thun sey. Seine feurige Einbildungskraft, und die Verwegenheit sich denen durchgängig angenom-

a) Ein zu wenig bekannter und geachteter Mann, der aber vortreffliche Einsichten in die Regierung hatte, und ein wahrer Philosoph am Hofe war. Er hat Handschriften hinterlassen, die seinem Verstande und Herzen Ehre machen; sie verdienten gedruckt zu werden. Seine Democratie, die er bisweilen guten Freunden vorlas, würde vom Publico sehr wohl aufgenommen werden. Er sucht in diesem Werke die unumschränkte Gewalt der Monarchie mit der Freyheit des Volks zu vereinigen, und die Mittel ausfündig zu machen, wie beyder Vortheil könne befördert werden. Ist dieses nicht der Stein der Weisen in der Politic? Er hat zur Aufschrift folgende beyden Verse vorgesetzt:

Que dans le cours heureux d'un regne florissant,

Rome soit toujours libre, & le roi tout puissant.

genommenen Begriffen zu widersetzen, würden
ihn zu einem gefährlichen Menschen gemacht haben, wenn er in den Zeiten der Unwissenheit gelebt hätte. Es ist hieraus, um es im Vorberge-
hen zu sagen, ein Beweiß wider sein eigenes System zu nehmen, daß nemlich die durchgängig angenommenen Begriffe den Menschen vielmehr
nützlich als schädlich sind, sollten sie auch nur
die ansteckende Seuche der Schwärmerey verhindern.

Das, womit sich der unversöhnliche Feind der
Wissenschaften ein wenig tröstet, wenn er sie heut
zu Tage in ganz Europa geehrt und geachtet siehet, ist, daß sie es nicht immer seyn werden. Er
siehet in der Zukunft eine für die Unwissenheit glückliche Veränderung voraus. Es wird, wie er
glaubt, über kurz oder über lang, eine zweyte Ue-
berschwemmung der nordischen Völker erfolgen,
die noch gefährlicher als die erste werden soll.
Deutschland, Frankreich, Spanien, Italien und
Engeland werden unter das Joch gebracht werden;
die Gelehrten, von einem Lande ins andere getrieben, werden sich endlich genöthigt sehen mit den
Wissenschaften und Künsten sich aus Europa nach
America zu wenden; so wie die gelehrten Griechen
sich, nach der Eroberung von Constantinopel, nach
Florenz wandten.

Diese sonderbare Vermuthung schickt sich für
den Genfer Bürger sehr wohl. Ein anderer, der
eben so dachte, machte, vor nicht gar langer Zeit,
seine Meynung dem Herrn Rousseau bekannt, ohne

zu

zu wissen, daß es die seinige ebenfalls sey. Dieser schien außerordentlich erfreut darüber, und zeigte ihm den Augenblick ein Stück von seiner Schrift, mit den Worten: Lesen Sie, mein Herr, das ist gerade meine Meynung.. Wenn aber auch das Uebel so groß wäre, als sich Rousseau dasselbe vorstellt, wäre nicht das Mittel dawider noch weit schlimmer?

Vierte Abtheilung.
Streitigkeiten
über die
schönen Künste.

Ueber die Bouffons, a)
oder
Streitigkeit über die Music.

Ehe die Bouffons nach Paris kamen, war man über die italienische Music daselbst sehr uneinig. Sie gab im Jahr 1704 die erste Gelegenheit

a) Ein Name, den man in Italien den Intermezsängern beylegt.

heit zum Streite, da die Vergleichung der Italiener und Franzosen, in Absicht auf die Music und die Oper, herauskam. Dieses Werk des Abts Raguenet, der sich sonst durch seine Geschichte des Cromwel, und des Marschalls von Türenne bekannt gemacht hat, war durch seine in Italien gethanen Reisen veranlaßt worden, und folglich eine übertriebene Lobeserhebung der Music dieser Nation, ein Tribut der Erkenntlichkeit, für alle Ehre, die er bey ihr genossen hatte. Man hatte ihn besonders zu Rom mit dem Titel eines römischen Bürgers beehrt.

Er hält die italienische Music in allen Stücken für besser, als die unsrige; erstlich in Ansehung der Sprache, als in welcher alle Sylben deutlich ausgesprochen werden; zweytens in Ansehung des Feuers und der Kühnheit ihrer Componisten, der bezaubernden Schönheit ihrer Symphonien, des Gesanges ihrer Castraten, und der Erfindung der Maschinen. Er glaubt, daß nur die Italiener alle erforderliche Geschicklichkeit zur Music besitzen. „Die Sänger auf dem Platze „Navona zu Rom, und auf der Brücke Rialto zu „Venedig, welche eben so viel bedeuten als unsere „Sänger auf der neuen Brücke, setzen sich drey „oder vier zusammen, um gewisse musicalische Stü„cke aufzuführen, und man hat in Frankreich Con„certe, die nicht besser sind."

Er gesteht indeß, daß die Italiener uns in Ansehung der Texte weichen müssen, und daß unsere

unsere Opern eben so angenehm sind als die ihrigen platt, ohne Verbindung und Absicht. Er giebt auch noch unsern Opern in Ansehung der Chöre, der Divertissements, der Instrumentspieler, der Tänzer und der Kleidungen den Vorzug. Alles übrige dieser Vergleichung ist eine heftige Critic unsers Geschmacks, und eine Satyre auf unsere größten Musiker.

Man weiß, wie viel Frankreich dem Lully schuldig ist. Ob er gleich ein Florentiner war, so rechnen wir ihn doch mit Recht unter unsere großen Männer. Unter uns hat sich sein Genie entwickelt.

Er kam in einem Alter von zehn oder zwölf Jahren nach Paris, und machte sich daselbst bald durch die gute Art, mit welcher er auf der Violine zu spielen wußte, bekannt. Die Prinzeßinn von Montpensier nahm ihn in ihre Dienste, schickte ihn aber wieder fort, als er einige Verse über eben die Materie, die in der Comödie, der galante Mercurius, in ein Räthsel gebracht ist, in Noten gesetzt hatte. Er kam hierauf in die königliche Capelle, ward Surintendant der Music, und bekam im Jahr 1672 das Privilegium über die Opern. Sein Gesang ist natürlich, melodisch, angenehm und leicht; man kann ihn sehr leicht behalten.

Die Angriffe, die der Abt Raguenet zugleich auf den Vater der französischen Music that, brachten alle Liebhaber wider ihn auf. Sie setzten den Lully den besten italienischen Meistern entgegen,

zogen

zogen ihn selbst einem Bassani, Corelli, Buononcini vor, und schätzten ihn allemal den berühmtesten Männern aus der neapolitanischen Schule gleich, welche damals die berühmteste und fruchtbarste in der Music war.

Frenuse, ein angenehmer und galanter Schriftsteller, widerlegte geschwind diese Vergleichung, um den schädlichen Wirkungen zuvor zu kommen, die sie im Publico haben konnte, und die Ausländer zu warnen, daß sie sich keine falschen Begriffe von der französischen Music machen möchten, wenn sie selbst einen Franzosen so falsch davon urtheilen sähen. Er gab seinem Werke den Titel: **Vergleichung der italienischen Music mit der französischen.** a)

Frenuse zeigt darinne so gleich, wie die Schriftsteller oft eine Sache übertreiben, mehr um Aufsehen zu machen, als ihre Leser zu belehren. Er untersucht hernach den Geschmack beyder Nationen in der Music, und entscheidet die Sache zu unserm Vortheile.

Der Abt Raguenet behauptete anderweit, was er einmal von den Italienern gesagt hatte. Er gab eine **Vertheidigung seiner Vergleichung** heraus. Frenuse schrieb aufs neue, und beyde führen mit Feindseligkeiten einige Zeit gegen einander fort.

Ver-

---

a) Dieses und das vorher genannte Werk haben viel Aehnlichkeit in Ansehung des Titels; jener braucht das Wort Parallele, und dieser Comparaison.

schönen Künste.

Verschiedene Liebhaber mengten sich in diesen Streit, unter andern der Arzt Andry und Fontenelle. Die italienische Music ward von ihnen sehr erhoben. Frenuse, gant in Verzweifelung, daß nicht alle seiner Meynung beyfielen, und versichert, daß dieser Geschmack nicht lange dauern würde, ließ sich einfallen, einen Propheten vorzustellen, und zu sagen, daß binnen zehn Jahren man die italienische Music in Frankreich eben so ansehen würde, als die Acrostichen und Anagrammata.

Er starb zu seinem Glück im Jahr 1707 in der Blüte seines Alters; sonst würde er von der Falschheit seiner Prophezeihung überführt worden seyn, als im Jahr 1752 die Bouffons nach Paris kamen, und ungemeinen Beyfall fanden; ein merkwürdiges Jahr für die Music, in welchem man, so wie in dem Schleuderkriege, Bürger gegen Bürger aufgebracht, einander verfolgen, und, wenn es möglich gewesen wäre, erwürgen sahe.

Diese italienische Intermezsänger hatten in verschiedenen deutschen Städten gesungen, ehe sie nach Paris kamen; sie hatten aber hirgends grossen Vortheil gehabt. Das beste, was sie hatten, war ein Sänger und eine Sängerinn, die eben nicht die vorzüglichsten wären, aber dem ohngeachtet gefielen; der erste, Manelli, durch die Minen, die er machte, und die sehr comisch wären, und denn durch die Richtigkeit und Gewißheit in seiner Kunst; die andere aber, Mademoiselle Tonelli, durch ihre Jugend und ihr gutes Ansehen, durch die Leichtigkeit, Klarheit und bewundernswürdige Reinigkeit ihrer Stimme.

Sie machten auf dem Operntheater den Versuch, und stellten die besten italienischen Zwischenspiele vor, um zu sehen, ob sie den Zuschauern gefielen. Es wurden alle Stücke sehr wohl aufgenommen, und besonders la Serva Padrona von dem vortrefflichen Pergolesi. Die ganze Nation war damals von der italienischen Music bezaubert, und es würde sehr zur Unzeit gewesen seyn, wenn man dieselbe hätte verächtlich machen wollen. Die Verblendung verschwand aber nach und nach von selbst; man überlegte, untersuchte, verglich; viele Liebhaber kamen wieder zu unserer Music zurück, andere aber blieben bey der italienischen. Es entstanden also zwey Partheyen, die Bouffonisten und Antibouffonisten.

Man erinnert sich hieben an den lächerlichen Streit im Monde, wovon uns Cyrano de Bergerac Nachricht giebt, und an die beyden Factionen, die lunarische und antilunarische, welche daselbst entstanden. Die Bouffonisten und Antibouffonisten hatten zwey oder drey Personen zu Anführern, denen zu Gefallen sie alles, entweder für göttlich und bezaubernd, oder für platt und abscheulich ausgaben. Jede Parthey hatte ihren abgesonderten Platz im Parterre der Oper. Die einen, das ist die Philosophen und schönen Geister, oder die sich wenigstens so nannten, setzten sich neben die Loge der Königinn; die andern,

dern, oder die Lullisten aber, neben die Loge des Königes.

Aus diesen beyden Winkeln nun, die man für zwey feindliche einander entgegen stehende Lager ansehen kann, gab man auf einander Achtung, und führete einen der sonderbarsten Kriege. Der erste Angriff (denn ich rechne den Brief über die Omphale für nichts) geschahe mit einer lebhaften und lustigen kleinen Schrift, unter dem Namen des kleinen Propheten von Böhmischbroda; eine unverschämte Nachahmung der geheiligten Schreibart der Propheten. Diese Critic erstreckt sich auf alle Theile der französischen Oper; auf das Theater, die Auszierungen, die Erleuchtung, das Orchester, die Music, die Poesie, die Sänger und Sängerinnen, Tänzer und Tänzerinnen, ohne Zahl und ohne Ende.

Der Verfasser läßt dem Geliot, dem Marlvaur des Gesanges, wie sich ein witziger Kopf ausdrückt, Gerechtigkeit wiederfahren; er lobt die leichte und helle Stimme der Mademoiselle Fel, die Geschicklichkeit des Dupré im Tanzen, das Genie des vornehmsten französischen Componisten; alles andere aber macht er lächerlich.

Seine Einbildungskraft stellt ihm einen Holzhacker an der Spitze der Oper vor; Zimmerleute, welche die Chöre in den Gang bringen; Sängerinnen, vor deren unsinnigem Geschrey, aufgeschwollenen Adern und purpurrothem Gesicht man erschrickt; Sänger, welche meckern und gurgeln, anstatt zu singen, und in einem Alter von sechzig

Jahren noch den Jüngling vorstellen. Er findet in den Compositionen des Lully eine unerträgliche Monotonie, die ihm weit elender vorkommt, als der a) widerwärtige Gesang in den Kirchen der Deutschen; überall etwas Abgeschmacktes und Widersinnisches in den Opern und Tänzen, in den Schatten, Feyen und Geistern derselben; Ungeheuer, die alle aus dem Gehirn unserer neumodischen Dichter entspringen; in den kindischen Vorstellungen des Donners, des Blitzes und der Stürme; endlich eine ununterbrochene Reihe von Ausschweifungen seit achtzig Jahren.

Der kleine Prophet von Böhmischbroda sieht sich unvermuthet aus einer dunkeln und kalten Scheune in einen erleuchteten Saal versetzt, wo alles von Stimmen und Instrumenten widerschallt. Er verstand sich auf die Music, und war selbst Componist. Die Music, die er da hört, kommt ihm abscheulich vor; er kündigt daher, von Seiten des Gottes, der ihn zu einem

von

a) Ich weiß nicht, was der Autor unter dem 'maussade chant des églises d'Allemagne eigentlich versteht. Meynt er den Gesang des Priesters am Altare? dieser ist zwar monotonisch, aber nicht widerwärtig, wenn nicht der Sänger daran Schuld ist; meynt er unsere geistlichen Lieder, so muß er in der That nicht verstehen, was harmonisch und melodisch sey; trifft sein Tadel aber unsere Kirchenmusiken, so müssen wir freylich wohl gestehen, daß sie öfters in großen Städten schlecht genug, in kleinen Städten aber noch schlechter seyn.

von Natur artigen und aufgeräumten Volke schickt, demselben an, daß dasselbe diese abscheuliche Cacophonie abzuschaffen, eine gute Music einzuführen, und ohne Aufschub die göttliche Sendung des Dieners Manelli zu erkennen habe, in dessen Ermangelung, und wenn man sich halsstarrig bezeugt, die Strafe nicht ausbleiben wird. Der Opernsaal wird wieder zum Ballhause, und die geschicktesten Leute werden zu Dummköpfen werden; sie werden so verhärtete Ohren haben, wie das Horn eines Auerochsens, und nichts schön finden, als die Leclüses, die Ratons und die Bänkelsänger auf den Märkten.

Da auf diese Weise Propheten neben der Loge der Königinn entstanden, so durfte es nothwendig der Loge des Königs auch nicht an solchen fehlen. Es stand demnach gegen den kleinen Propheten der große Prophet Monet auf. Dieser verwünschte und verbannete den andern, vergötterte den Lully, Compra, Destouches. Er warnte alle Welt, sich vor dem Diener Manelli und der Signora Tonelli in Acht zu nehmen, und bewieß die Verwerfung der französischen Nation dadurch, daß sie die elendesten italiänischen Banden mit so viel Beyfall aufgenommen habe.

Die Bouffons spielten unterdessen wechselsweise mit unsern Acteuren. Die einen stellten la finta Cameraria, la Donna superba, la scaltra Governatrice vor; und die andern Acis und Galathea, Arethusa und das Ballet zu Tempe. Die Vergleichung gereichte der italiä-

zösischen Musik zum Vortheil. Die Freunde der
lustigen waren niedergeschlagen; sie sahen sich
aber durch die Oper Titan und Aurora wieder gerochen. Die Poesie war vom Abt de
la Marre, a) und Mondonville hatte sie in Musik gesetzt.

Die Neigung zu den Bouffons fieng nun
auch an abzunehmen. Die neue Oper war ein
schrecklicher Streich für den Winkel an der loge
der Königinn, deren Bewohner sich nun allenthalben, selbst auf den Treppen herum zerstreueten.
Man verglich die merkwürdigsten Stellen der comischen Oper mit den neuen und rührenden Schönheiten der Oper Titan und Aurora, und fand
in jenen nichts, als italienischen Unsinn; z. E. die
Ungedult des Manelli, weil man ihm seine Cho-
colade noch nicht bringt; den klugen Einfall des
Menschen, der seinen Verstand verlohren hat,
den er in der Tasche sucht, und an dessen Statt
Sperlinge in derselben findet; das Quatuor von
den vier Sylben ti, te, ta, to; das nachgeahmte
Geräusch einer Uhr, eines Topfs der am Feuer
steht, oder der oft wiederholten Stöße eines
Mörsels.

Ein

a) Er starb zu Prag, allwo er in einem hitzigen Fie-
ber von einem Fenster im zweyten Stockwerk herunter sprang, und dabey sagte: In diesem
Lande sind die zweyten Etagen ziemlich
hoch.

schönen Künste.

Ein Bouffonnist, der seine zerstreute Schaar wieder zusammen bringen wollte, gab geschwind eine Schrift unter dem Titel heraus: **Ausspruch des Amphitheaters der Oper in dem Streite der beyden Logenwinkel.** Dieser Ausspruch war sehr ungerecht: Der Verfasser sprach den Antibouffonnisten Witz, Geschmack, Verstand, und alles ab, und räumte dagegen nur der Gegenparthey alle diese Eigenschaften ein. Er vermahnte die letztern, ihren Eifer zu verdoppeln, so viel Proselyten zu machen, als sie könnten, die Schildwache zu verachten, die ihr aufrührerisches Gemurmel nicht leiden wollte, und zu einem gewissen Abte von dieser Parthey sagte: „Reden sie sachte, Herr Abt! . . . Aber, Herr „Abt, reden sie doch nicht so laut, sie glauben vielleicht, daß sie in der Kirche sind."

Nichts war im Stande, die Bouffons wieder in Ansehen zu bringen. Alle diejenigen, von beyden Geschlechtern, die im Besitz waren Moden empor zu bringen und zu verbannen, giengen nicht mehr in ihre Vorstellungen. Die Einnahme der italienischen Intermezzen fieng daher an sehr abzunehmen; dagegen nahm sie bey der französischen Oper alle Tage zu. Da also den italienischen Sängern das Geld zu fehlen anfieng, so bliesen sie zum Abzuge und kehrten wieder zurück nach Deutschland. Ihr Anhang behauptete zwar, daß sie sich noch länger hätten halten können; man habe sie aber fortschicken müssen, so wie ehemals

mals Titus seine Maitresse fortschicken mußte, um nemlich die Römer zu besänftigen.

Es haben sich nach diesem noch andere Intermezsänger auf dem Italienischen Comödientheater gezeigt, und der Beyfall, den beyde Sänger, Herr und Demoiselle Deainici, fanden, gab zu der Besorgniß Anlaß, daß der Krieg wieder vom neuen angehen möchte. Aber alles, was diese letzte Gährung hervor brachte, war nichts, als die letzten Flammen eines ausgeleerten feuerspeyenden Berges.

Der Abzug der ersten italienischen Sänger ward mit einem schrecklichen Stoße für die französische Music, mit dem bekannten Briefe des Rousseau über diese Music begleitet. Dieser tugendhafte Misantrop, dieser sonderbare Philosoph trat auf, um das Verdienst derjenigen Sänger zu zeigen, die man jetzt verlohren hatte. Er zog heftig wider die Nation los, welche Personen wieder fortschickte, die allein Besitzer des guten Geschmacks im Singen wären. Er wollte zugleich beweisen, daß wir weder eine gute Music hätten, noch haben könnten.

Die Ursache findet er in unserer Sprache, als welche nicht so sanft, klingend, harmonisch und freyer Wendungen fähig ist, wie die italienische. Er kommt hierauf auf das Rauhe und Harte gewisser Stücke in der Poesie. Das Zusammenstoßen unserer Consonanten, fährt er fort, und besonders unserer stummen e, verursacht zu öftere Cadenzen, oder falsche und ungeschickte

Modu-

schönen Künste.

Modulationen. Unsere Componisten haben noch nicht die Freyheit, welche die italienischen haben, sich vom Sinn der Worte zu entfernen, um mit einer Bewegung, wie sie ihnen gefällt, alle Empfindungen auszudrücken, und alle Caractere zu malen. Unsere Sprache endlich hat keine Prosodie, unsere Music kann daher keine festgesetzte tactmäßige Bewegung haben.

Die unangenehmen und harten Dinge, die dieser Bouffonist vorbrachte, waren in Ansehung der Art, mit welcher er sie sagte, noch beleidigender. Alles ward gegen ihn aufgebracht, und das Geschrey verdoppelte sich. Spöttereyen, anzügliche Reden, satyrische Kupferstiche, Liederchen, alles, wodurch man einen lächerlich machen kann, ward hervor gesucht. Man hörte überall den Johann Jacob erwähnen.

Man trieb ein Gespötte mit seiner Armuth, mit seiner Wohnung unter dem Dache, mit seinen alten Kleidern, mit seinen Hemden ohne Manchetten, mit seiner Gewohnheit ohne Degen zu gehen, mit seiner Verachtung des Geldes, mit seinen musicalischen Compositionen, die er zum Verkauf machte. Man stellte ihn so gar auf dem französischen Theater, in dem Stücke, die Feyen, vor. Er war selbst dabey gegenwärtig, zeigte sich, als ein neuer Socrates, allen Zuschauern, und gab zu allen Spöttereyen über ihn, seinen Beyfall. Die Operisten ließen ihn nicht mehr frey hinein gehen, ohne an seinen Devin de village zu gedenken, welcher den größten Beyfall gehabt hatte.

Sie trieben ihre Rache noch weiter: sie hiengen ihn, wie man sagt, im Bildniß über dem Orchestre auf. Er selbst schien den Augenblick zu sehen, wo man ihn ums Leben bringen würde. Der Policeylieutenant mußte, bey der Vorstellung einer gewissen Oper, immer auf ihn Achtung geben lassen. Man war so wider den Rousseau aufgebracht, daß man ihn mit der Nachteule verglich, die man mitten in dem Bassin der Fontaine, am Eingange des Labyrinths zu Versailles sieht. Auf diesen Vogel, der durch seinen Gesang und seine Federn den andern Vögeln verhaßt geworden ist, lassen die andern, die auf hohen Zweigen sitzen, Wasser auf hunderterley Art herunter fallen.

Persönlichkeiten aber sind keine Gründe. Man sehe demnach, wie man es anfieng, um zu beweisen, daß wir eine gute Music haben. Die beste Music, sagte man, ist diejenige, welche am besten ausdrückt und mahlt. Alle Theile der Music, die Melodie oder der Gesang, die Harmonie oder das Accompagnement, die Bewegung oder der Tact, müssen die Nachahmung der Natur zur Absicht haben: welche Music erreicht nun diese Absicht besser, als die unsrige?

Man wollte nichts von der Music der Alten erwähnen, von welcher uns einige Gelehrte so viel Wunderdinge erzählen. Sie versichern uns, daß ein Componist ehemals alle Leidenschaften habe rege machen können; daß er einen Menschen sanftmüthig oder rasend, witzig oder dumm, keusch oder unver-

schönen Künste. 91

unverschämt gemacht habe. Man blieb blos bey der italienischen Music stehen, die man weniger ausdrückend, weniger malerisch, weniger mit grossen und schönen Bildern erfüllt fand, als die unsrige. Man hielt ihre Componisten für eben das in der Music, was Seneca und Plinius in der Beredsamkeit waren. Die französische Music ward unter dem Bilde einer Frau vorgestellt, an welcher man überall eine edle Einfalt, Anständigkeit, Ueberlegung und Annehmlichkeiten gewahr wird; die italienische hingegen ward mit einem Frauenzimmer verglichen, das lebhaft, muthwillig, eigensinnig und affectirt ist.

Von der wirklichen Existenz einer guten französischen Music kamen die Antibouffonnisten nun auf die Möglichkeit derselben. Ihrer Meynung nach sollte sich jede Sprache zum Singen schicken, die deutsche so wohl, als die tartarische und iroquoische. Der Gesang, sagten sie, hängt von dem Genie des Componisten, nicht aber vom Genie der Sprache ab. Die Worte dienen nur den Gegenstand zu bezeichnen, den der Componist hat malen wollen, oder die Empfindung zu nennen, die derselbe hat erregen wollen. Sie sind nur die Auslegung eines Gemäldes, und ein gutes Gemälde würde immer noch ein gutes Gemälde seyn, wenn gleich die Auslegung fehlerhaft wäre.

Mit eben so grosser Hitze widerlegte man auch die Vorschläge, die Rousseau zur Verbesserung des Accompagnements, der Symphonien, der Duetten,

ten, der Chöre, der Monologen, der Stimmen der Sänger, der Compositionen und der Gedichte überhaupt gethan hatte.

Aber alle Künste, sagten die Freunde der italienischen Music, sind in Italien zur Vollkommenheit gelangt; die Kunst zu singen ist daher bey ihnen zu gleichem Grade der Vollkommenheit gebracht worden; die italienische Music schickt sich für alle Länder, sie schickt sich daher auch für das unsrige. Man antwortete hierauf folgendes: Alle Künste blüheten unter Ludewig XIV; wie sollte denn die Music allein ohne Verbesserung geblieben seyn? Wir haben, des Beyspiels unserer Nachbarn ungeachtet, die italienische Music verworfen; sie muß demnach etwas haben, das sich mit unserm Geschmacke und Genie nicht verträgt. Wenn auch endlich unsere Music offenbar schlecht seyn sollte, so müßten wir uns doch bedenken, ehe wir eine andere annähmen; aus eben dem Grunde, aus welchem die Engeländer, nachdem sie sich von dem ächten dramatischen Geschmacke entfernt haben, bey ihrem eigenthümlichen Geschmacke bleiben, und den Shakespear allen andern vorziehen. Eine schlechte Ursache, die ich mit Stillschweigen übergangen haben würde, wenn ich nicht Beweiß und Gegenbeweiß getreulich anzeigen müßte.

Dieser musicalische Streit, und die dadurch veranlaßten Schriften, waren beynahe vergessen, das Feuer war gelöscht, und die Aufmerksamkeit der parisischen Müßiggänger hatte sich zu denen wichtigern europäischen Staatsbegebenheiten gewendet,

wendet, als der Herr d'Alembert sich diese Augenblicke zu Nutze machte, um die vorgeschlagene Veränderung einzuführen. Er hat der Music diejenige Freyheit zu verschaffen gesucht, die so viel andere durch ihre Schriften der Handlung, denen Heyrathen, der Presse und der gemalten Leinwand versichert haben.

Ob er nun gleich wider einen alten eingewurzelten Aberglauben, wider die Thorheit, uns zu Sclaven unserer Vergnügungen zu machen, eifert so geht er doch nicht so gar weit, als der Genfer Sittenrichter, den alle für einen Störer der öffentlichen Ruhe ansahen. Er behauptet nicht, daß wir keine Music haben, noch haben können. D'Alembert sagt nur, daß wir keine haben, aber sehr leicht eine haben könnten.

In Ansehung des ersten Puncts gründet er sich auf den Mangel des Ausdrucks in unserer Music. Er führt dabey eine Stelle aus der Encyclopädie an, wo gesagt wird, daß der Gesäng der Medusa im Perseus sich eben so gut zu einem ganz entgegen gesetzten Caracter schicken würde. Das kann wohl seyn, hat man ihm darauf geantwortet; aber die italienische Music hat eben diesen Fehler. Eine pathetische Arie, die ursprünglich für einen dem Orestes an Wuth ähnlichen Caracter gesetzt war, ist nach diesem in einem Intermez zur Vorstellung der boshaften Freude eines Kammermädchens gebraucht worden.

Den

Den zweyten Punct betreffend, schlägt der Herr d'Alembert gleich ein Hülfsmittel wider das Uebel vor. Um eine gute Music zu haben, sagt er, dürfen wir nur die italienische nach unserer Sprache bequemen. Ein geschickter Musicus hat schon einen glücklichen Versuch gemacht; er hat ihn aber mit einem sehr schlechten Stück, mit abgeschmackten und niedrigen Worten gemacht. Der Herr d'Alembert wünscht, daß man mit der italienischen Music einen edlern Gebrauch machen; und ihre Reichthümer besser zu nutzen wissen möchte.

Wenn man sie zu einer niedrigen Sprache braucht, sagt er, so verfehlt sie ihren Endzweck, und macht nicht den gehörigen Eindruck. Dagegen behaupten wieder andere, daß sie sich gar nicht an die Worte binde, und auf keine Weise sich nach dem Poeten richte; ihre Feinde nehmen daher Gelegenheit zu verlangen, daß ihr Partheygänger sich wenigstens erst über die Wirkungen, die sie hervor zu bringen fähig ist, vergleichen müßten, ehe man dieselbe annehmen könnte.

Alle diese wider den Rath des Herrn d'Alembert gemachten Einwürfe, haben nicht verhindert, daß man denselben nicht seit kurzem in Italien, auf dem Theater zu Parma, ausgeführt hätte. Man hat die französische Oper mit der italienischen vereinigt, welche seit hundert Jahren nichts weiter als ein Concert war, auf welches niemand achtete. Man hat beyde Arten in eine zusammen genom-

genommen, und die Parmesaner haben ein grosses Vergnügen dabey empfunden. Der Urheber dieser neuen Gattung ist der berühmte Abt Frugoni. Er hat zwey Versuche heraus gegeben, den Hippolytus und Aricie, hernach den Castor und Pollux. Man schmeichelt sich durch dieses Mittel, durch diese Vereinigung des Erhabenen in der italienischen Music mit dem Angenehmen und Wunderbaren, aus welchem das französische Drama besteht, der wahren Vollkommenheit in dieser Kunst am nächsten zu kommen.

Wir mögen nun in der Music den guten oder den schlechten Geschmack gehabt haben, so hat doch der Auftritt der italienischen Sänger in Paris denen Componisten nicht anders als nützlich seyn können. Die Kunst selbst konnte eben so viel gewinnen, als die Nation Vergnügen davon hatte. Lully gestand bey seinem Tode, daß er viel weiter sähe, als er es gebracht habe. Vielleicht sieht bald ein neues und glücklicheres Genie noch über die Grenzen der heutigen Music hinaus.

Diese Vermuthung gereicht dem Herrn Rameau nicht zur Schande; man muß ihm Gerechtigkeit wiederfahren lassen. Wer zweifelt daran, daß er nicht mehr gethan, als zu thun übrig gelassen haben sollte? Er macht seinen Zeiten Ehre. Man muß ihn in seiner Art für einen eben so grossen Mann halten, als den Cartesius und Newton in der ihrigen. Wo sahe vor ihm ein Musicus seine Kunst mit philosophischen Augen an? Er hat

hat die physicalischen Grundsätze derselben untersucht. Welche Harmonie! Was für Annehmlichkeiten in seinem Gesange! Nichts hat der Ehre dieses schöpferischen a) und an Fruchtbarkeit dem Lully gleichen Genie gefehlt. Wie vielen Verfolgungen und Cabalen ist er nicht ausgesetzt gewesen! b)

a) Rameau giebt sich blos mit Sachen des Genies und der Erfindung ab. Als er einst mit verschiedenen Gelehrten in Gesellschaft speiste, kam man über die Geschichte zu reden. Rameau, der keine stumme Person dabey vorstellen wollte, machte einen abscheulichen Anachronismus. Als man nun darüber lachte, sagte er: „Meine Herren, ist es „denn eine so große Ehre, eine geschehene Sache „zu wissen? Man darf ja nur die Nase in ein Buch „stecken: Aber worinne besteht das wahre Ver„dienst? In der Einbildungskraft, und in der so „seltenen Eigenschaft, Schöpfer zu seyn.„

b) Folgende Verse müssen in der äußersten Hitze und Wuth gemacht seyn:

Si le difficile est le beau,

C'est un grand homme que Rameau;

Mais si le beau, par avanture

N'étoit que la pure nature,

Dont l'art est l'unique tableau,

C'est un sot homme que Rameau.

„Wenn das Schwere schön ist, so ist Rameau „ein großer Mann; wenn aber das Schöne, „wie es wohl seyn kann, die bloße Natur, und „die Kunst der getreue Abdruck derselben wäre, „so ist Rameau ein Schöps.„

Ueber die Malerey
und
Bildhauerkunst.

Die Malerey und Bildhauerkunst sind ein Paar Schwestern, die oft aus Eifersucht sich mit einander entzweyet haben. Sie haben einander ehemals den Vortritt streitig gemacht, und stretten sich noch bis auf den heutigen Tag darüber.

Jede rühmt ihr Alterthum; den Grad der Vollkommenheit, zu welchem sie gelangt ist; die großen Männer, die sie hervor gebracht hat.

Das Alterthum ist der erste Punct, worüber sie sich streiten. Die Bildhauerkunst reicht in die entferntesten Zeiten hinaus. Sie ist bey den ältesten und witzigsten Völkern des Erdbodens in Ehren gehalten worden. Die Aegypter, welche das Andenken ihrer guten Könige gern auf die Nachwelt brachten, richteten zwey große Statüen auf, eine dem Könige Möris, und die andere der Königinn seiner Gemahlinn. Bey den Israeliten ist die Erbauung der Bundeslade ein Beweiß davon. Bey den Griechen machte Dädalus die ersten Grundsätze derselben bekannt, und bereicherte sein Vaterland mit den Entdeckungen, die er in Aegypten gemacht hatte. Die Römer, die sie sonst beständig vernachläßiget hatten, beschäftigten

tigten sich mit ihr zu den Zeiten der Republic, und brachten sie unter dem Augustus zur Vollkommenheit, sahen sie hernach unter dem Tiberius, Cajus Caligula, und Claudius wieder abnehmen, und unter dem Nero ihren vorigen Glanz wieder bekommen.

Die Malerey setzt ihren Ursprung unter eben diese Völker. Sie machte in Aegypten nicht große Progressen, aber sie ward in den berühmten Schulen Griechenlandes auf den höchsten Gipfel gebracht. Sie blühete zu Rom gegen das Ende der Republic, und unter den Kaysern; sie gerieth hernach mit dem römischen Reiche zugleich in Verfall, blieb lange Zeit im Occident in der Vergessenheit, bis sie in die Morgenländer flüchtete; aber sie befand sich hier immer auf schwachen Füßen; endlich weckte sie im Jahr 1250 Cimabue zu Florenz wieder auf.

Wir haben verschiedene Stücke von alten Malereyen. Das beträchtlichste ist zu Rom, auf dem aldobrandinischen Weinberge, und stellt eine Hochzeit vor. Dieses alte Stück ist vortreflich in der Zeichnung, aber schlecht schattirt und groupirt.

Es ist mit der Malerey und Bildhauerkunst wie mit allen nachahmenden Künsten. Sie haben ein sehr hohes Alter, weil man sehr zeitig auf dieselben, als blos sinnliche Künste, hat fallen können. Was ist aber an der Zeit ihres Ursprungs gelegen? Wir wollen es denen Gelehrten überlassen, daß sie die Epoche der Erfindung dieser Künste bestim-

bestimmen, und einer oder der andern den Vorzug des Alterthums bestätigen. Wir wissen so viel, daß man die Erfindung beyder Künste der Liebe zuzuschreiben habe. Ein junges griechisches Mädchen, welches bey dem Schein einer Lampe den Schatten ihres Geliebten an der Mauer sahe, und denselben darauf abzeichnete, hat die erste Anlage dazu gemacht.

Der zweyte Streit betrifft die Frage, welche von beyden Künsten am meisten zur Vollkommenheit gebracht sey.

Die Malerey ist im Anfange sehr unförmlich gewesen, bis sie nach und nach immer mehr zur Vollkommenheit gebracht worden ist. Anfänglich malte man nur auf Kalk und mit Wasserfarben. Dabey blieb es lange, bis ein holländischer Maler, Namens Johann Van-Eyck, die Oelmalerey erfand, die weit feiner und dauerhafter ist, als die vorhergehende. Die Art, mit trockenen Farben zu malen, ist eine weit neuere Erfindung. Außerdem giebt es noch eine Menge von Arten zu malen. Man hat auf weissem Marmor mit besondern darnach eingerichteten Farben Versuche gemacht, mit Farben, die sich hinein ziehen; man malt auch mit Wolle oder Seide, Tapeten und Zeuge, entweder mit der Nadel oder auf dem Weberstuhle. Noch eine Art der Malerey ist, weisse seidene oder baumwollene Zeuge mit Farben zu drucken, die sich in dieselben hinein ziehen.

Die Bildhauerkunst ist eben diesen Weg gegangen; sie ist nur nach und nach zur Vollkommenheit geblieben. Anfänglich machte man nur Bilder aus Thon oder Wachs, welche Materien weicher und leichter zu bearbeiten sind, als Holz und Steine. Hernach hat man Holz zu den Statüen genommen, und zwar solches, das der Fäulniß und den Würmern nicht so sehr unterworfen war, als der Citronen-Cypressen-Palm-Olivenbaum, das Ebenholz und der Weinstock. Endlich wurden die Metalle, das Elfenbein, die härtesten Steine, darzu gebraucht. Der Marmor ward besonders als die schönste und kostbarste Materie zu diesen Arbeiten gewählt.

Die wenigsten Schriftsteller haben sich auf die Entscheidung eingelassen, welche von beyden Künsten den höchsten Grad der Vollkommenheit erreicht habe. Rollin ist selbst einer von diesen. Er hat genung zu sagen geglaubt, wenn er sie von der Seite des Angenehmen und Nützlichen anpriese. Der Abt Desfontaines sagt, daß die Maler und Bildhauer einander wechselsweise den Vorzug zugestanden, nachdem etwan eine Kunst sich vor der andern zu gewissen Zeiten hervor gethan hat, und daß die Gleichheit zwischen ihnen den Augenblick wieder hergestellt gewesen, wenn sich geschickte Meister in beyden Künsten gefunden haben.

Die geschicktesten Maler entscheiden selbst diese Frage. Viele unter ihnen gestehen, daß die Bildhauerkunst fast zu allen Zeiten weiter gewesen sey als die Malerey; und man wird diesen Unterschied heut zu Tage weit mehr gewahr, als iemals. Die
Schuld

schönen Künste.

Schuld liegt aber nicht an den Malern, sondern an der Kunst selbst; sie ist weit schwerer als die Bildhauerkunst.

Ein Maler muß nicht allein ein guter Zeichner seyn, und sehr viel Einbildungskraft haben, um gut zu erfinden und geschickt zusammen zu setzen, sondern er muß auch noch die Farben verstehen, welche, wenn sie nicht gut aufgetragen werden, alles vorhergehende verderben, wenn es auch noch so regelmäßig seyn sollte. Die Ausführung, das Runde, die Vertiefung, und überhaupt das Perspectivische machen diese Kunst überaus schwer.

Die Malerey und Bildhauerkunst haben zur Kupferstecherkunst Gelegenheit gegeben. Diese Kunst giebt den beyden andern an Vollkommenheit und Schönheit nichts nach. Die Alten haben die Kunst in Holz zu schneiden sehr weit getrieben; aber von dem Gebrauch der Kupferplatten haben sie nichts gewußt. Diese Entdeckung ist neu, und wir haben dieselbe einem Goldschmiede zu Florenz zu danken.

Aber welche Kunst hat die größten Männer hervor gebracht, die Malerey oder die Bildhauerkunst? Dieß ist die dritte Streitfrage.

Die Maler finden in den schönsten Tagen Griechenlands einen Apelles, Zeuxis und Parrhasius. Der erste ist nicht so wohl durch sein Talent, welches ihn zum ersten Maler gemacht, bekannt, als durch die ihm wiederfahrne Ehre, daß er allein die Erlaubniß hatte Alexandern zu malen. Dieser große Weltbezwinger schätzte und liebte

liebte ihn so sehr, daß er ihn öfters, als einer seines gleichen, in seiner Werkstatt besuchte. Apelles war durch eine besondere Feinheit und Zierlichkeit des Pinsels so kenntlich, daß Protogenes, ein Maler zu Syracus, da er einige außerordentlich feine Striche auf eine Leinwand gemalt bey sich fand, so gleich ausrief: Apelles ist hier gewesen, ob er ihn gleich im geringsten nicht vermuthet hatte, noch wußte, daß er da wäre. Nach dem Tode Alexanders wäre dieser berühmte Maler bald seinen Feinden zum Raube geworden, die ihn anklagten, als ob er dem Könige Ptolomäus in Aegypten nach dem Leben trachtete. Er entgieng der Gefahr, begab sich nach Ephesus, und verfertigte daselbst das vortreffliche Gemälde, die Verläumdung.

Zeuxis traf die Natur so vollkommen, daß, als er einst Trauben in einem Korbe gemalt hatte, die Vögel betrogen wurden, und hinzu geflogen kamen, um davon zu fressen.

Niemand aber hat die Kunst zu zeichnen und die Leidenschaften der Seele auszudrücken besser verstanden, als Parrhasius. Er brachte sich durch seine Abschilderung des athenienfischen Volks in ungemeinen Ruf. Diese liebenswürdige und widerwärtige, furchtsame und verwegene, sanftmüthige und stürmische, menschenfreundliche und ungerechte, standhafte und wankelmüthige Nation ward von ihm mit allen ihren Caracter ausdrückenden Zügen gemalt.

Zeuxis

schönen Künste.

Zeuxis und Parrhasius suchten es einander zuvor zu thun, und foderten sich zu einem Wettstreite heraus. Der erste brachte sein Gemälde, welches Trauben vorstellte; der andere hatte einen Vorhang gemalt, und Zeuxis rief, da er ihn sahe: **Ziehe doch den Vorhang weg.** Zeuxis gestand, daß er überwunden sey, weil er nur Vögel, Parrhasius aber ihn selber betrogen habe.

Die Bildhauer setzen diesen einen Phidias, Lysippus und Praxiteles entgegen.

Phidias hat sich durch seine Kenntniß der Optik sehr berühmt gemacht. Seine Minerva mißfiel allen, die sie in der Nähe sahen, und ward bewundert, als man sie dahin setzte, wo sie hin kommen sollte. Sein olympischer Jupiter ward für das größte Meisterstück gehalten. Man sagte, daß man von der Gottheit selbst begeistert seyn müßte, um eine Gottheit so glücklich vorzustellen. Nach der Schlacht bey Marathon machte er aus einem großen Stücke Marmor, welches die Perser mitgebracht hatten, um nach erhaltenem Siege ein Siegeszeichen daraus zu machen, eine Nemesis, welche die Hochmüthigen demüthigt.

Lysippus war der Bildhauer des Alexanders, mit welchem er zu gleicher Zeit lebte. Er allein war fähig, so wie Apelles, diesen flüchtigen Weltbezwinger vorzustellen. Sein schönstes Stück, welches ein Mann ist, der aus dem Bade steigt, war die vornehmste Zierde der Bäder, die Agrippa zu Rom bauen ließ. Tiberius, der es zu Ausjierung seines Pallasts hatte wegnehmen lassen, ward gezwungen, es dem Volke wieder zu geben, als welches sich nicht um dieses Meisterstück wollte bringen lassen.

Alles bekam unter dem Meißel des Praxiteles Leben und Schönheit. Er stellte in Marmor die Gratien, den Cupido und seine Mutter vor. Man hatte auch zwo Bildsäulen der Venus von ihm, und die Einwohner zu Gnidus waren Besitzer von der einen, welche vorzüglich schön war. Die Alten haben auch viel Rühmens von der Bildsäule der Phryne gemacht. Man wußte nicht, welchem von diesen Werken man den Vorzug geben sollte. Da man der Phryne die Erlaubniß gegeben hatte, das schönste Stück darunter für sich auszulesen, so bediente sie sich einer besondern List, um zu erfahren, welches das schönste sey. Sie ließ dem Künstler die Nachricht bringen, daß seine Werkstatt im Feuer stünde, und dieser, für Schrecken ganz außer sich, rief: Ich bin verlohren, wenn die Flammen meinen Satyr und meinen Cupido nicht geschont haben. Phryne, die auf diese Weise hinter das Geheimniß des Praxiteles gekommen war, sagte ihm, daß das Feuer nur erdichtet sey, und bat sich dafür seinen Cupido aus.

Die Maler zu den Zeiten des Augustus haben eben keinen Vorzug über ihre Nebenbuhler der Zahl nach. Wenn man die Malerey in ihrem völligen Glanz, und vielleicht alles vorhergehende übertreffen sehen will, so muß man bis auf die Zeiten derer von Medicis fortgehen. Angelo, Raphael,

schönen Künste.

Raphael, Correggio, Titian, was sind das für große Männer!

Die Art des erstern ist kühn und schrecklich; er opferte alles der Stärke und dem Ausdrucke auf. Man hat ihm auf eine lächerliche Weise Schuld gegeben, daß er einen Menschen ans Creuz geschlagen und getödtet habe, um den sterbenden Heyland desto natürlicher vorzustellen.

Raphael hat sich durch sein Gemälde von der Verwandelung, welches zu Rom ist, und durch die Gallerie des Vaticans, unsterblich gemacht. Man erkennt die Hand dieses großen Meisters an der Kühnheit, an der ungezwungenen Stellung seiner Figuren, an dem feinen und guten Geschmacke, den er in allen seinen Werken beobachtete. Er starb in seinem sieben und dreyßigsten Jahre, da er seinen Cörper durch Ausschweifungen beym Frauenzimmer geschwächt hatte, und ungeschickten Aerzten in die Hände fiel, die den Grund seiner Krankheit nicht einsahen.

Dem Correggio gaben die Gratien selbst den Pinsel in die Hand, und standen ihm bey Verfertigung seiner Werke bey. Die Natur ist bey ihm überall anzutreffen. Er kannte weder die Kunst, noch das alte oder das neue Rom, weder Venedig, noch ein ander Land, als Modena sein Vaterland. Er hatte alles, seine schönen Zusammensetzungen, seinen guten Geschmack im Zeichnen, seine bezaubernden Farben, seinen zärtlichen und markichten Pinsel, von sich selbst und seinem eigenen Genie. Er kannte sein Talent nicht eher, als da er ein

Gemälde vom Raphael sahe, welches er untersuchte, und dabey ausrief: Ed io anche sono pittore; Und ich bin auch ein Maler! Er lebte von dem wenigen, was er mit seinen Gemälden verdiente; und noch gab er vieles davon seinen armen Anverwandten und andern Nothleidenden. Er starb an einer Brustentzündung, da er sich in einem heißen Sommer mit einer Reise zu Fuße erhitzt hatte, weil er seiner armen Familie geschwind eine Summe von zweyhundert Livres überbringen wollte, die er mit seinen Arbeiten verdient hatte.

Titian ist in dem Colorit vortrefflich, und ein guter Landschaftmaler. Man kann ihn aus der Zahl der mehrentheils armen Künstler ausnehmen. Er hatte Vermögen, und wußte es zu nutzen, indem er Gesellschaft mit vornehmen Leuten suchte, und sie oft bey sich zur Tafel hatte. Sein gefälliger und freundschaftlicher Caracter verschafte ihm auch wahre Freunde. Er lebte bis in das neun und neunzigste Jahr, stets vergnügt und munter, da er nichts von Verdrießlichkeiten wußte, welche die Seele niederschlagen, oder von Krankheiten, welche den Cörper schwächen.

Die mit diesen großen Meistern zu gleicher Zeit lebenden Bildhauer, sind nicht so zahlreich, ob man gleich verschiedene findet, welche ihrer Kunst Ehre gemacht haben; wenn man auch nur den Michel-Angelo, diesen großen Maler, noch größern Bildhauer und verständigen Baumeister anführen wollte.

Unter der Regierung Ludewigs XIV mußte die Bildhauerkunst ebenfalls noch ihrer Nebenbuhlerinn,

rinn, der Malerey, weichen; wenn man einen Pu-
get, Girardon und noch einige andere ausnimmt, die
man dem Pouſſin, le Brün, le Sueur, Jouvenet,
Mignard, Boulogne, van der Meulen, und jener
Menge vortrefflicher Meiſter entgegen ſetzen kann,
die zu derſelben Zeit lebten.

Es wäre eine Thorheit, wenn man nach jenen
vier Jahrhunderten, nach jenen glücklichen Zeiten,
noch von unſern Zeiten reden wollte. In welchem
Verfalle befinden ſich ietzt die Schulen der Maler,
die römiſche, florentiniſche, lombardiſche, venetiani-
ſche, deutſche, flandriſche, holländiſche? die unſrige
wirft noch einigen Glanz von ſich: aber iſt ſie nicht
ſelbſt ihrer Abnahme einen Theil dieſes Glanzes, den
Vorzug, den ſie vor allen europäiſchen Schulen hat,
und die Ehre, die unſern Künſtlern von auswärtigen Prinzen wiederfährt, ſchuldig?

Was ich hier von unſern Malern ſage, läßt ſich
mit noch mehrerm Grunde von unſern Bildhauern
ſagen. Die einen verdienen eben ſo viel Lob, als die
andern. Ob ſie gleich einander das Gleichgewicht
nicht halten, ſo kann man ſie doch einander entgegen
ſtellen, einen Bouchardon, Pigale, Adam, Falco-
net, Vaſſe, denen Malern Vanloo, Boucher, de la
Tour, Tocque, von denen ein ieder in ſeiner Art vortrefflich iſt, und uns wegen des Verluſts des Largi-
liere, le Moine, de Troy und Rigaud tröſten, an
die Seite ſetzen.

Die Kupferſtecker geben den andern Künſtlern
nichts nach. Wir haben würdige Nachfolger eines Audran, Chereau und Drevet.

Die

Die Künstler würden besser thun, wenn sie, nach dem Muster der Alten, die Maler- und Bildhauerkunst für eine Kunst ansähen, anstatt sich über den Vorzug derselben zu streiten. Diese Vereinigung würde den Augen ein angenehmes Schauspiel liefern, und den Werth beyder Künste erhöhen. Es würde weniger Professionsneid unter ihnen seyn. Die Bildhauer würden ihre Werke nicht anders hochschätzen, als weil Maler daran mit gearbeitet hätten. Man sagt in der That, daß man vor Alters eine Bildsäule von einer geschickten Hand mit Firniß und Farben habe überstreichen lassen, um ihr mehr Glanz und ein recht natürliches Ansehen zu geben.

So eifersüchtig indessen die Maler und Bildhauer bisweilen auf einander gewesen sind; so neidisch ein Maler gegen den andern, ein Bildhauer gegen den andern gewesen ist, so hat man doch öffentlich keine so gar lebhaften Auftritte davon gesehen; wenn man den großen Haß des Michel-Angelo gegen den Raphael, und des le Brün gegen den le Süeur ausnimmt. Wenn sie geübter mit der Feder wären, so würden sie uns vielleicht eben so oft und eben so sonderbar mit ihren Streitschriften belustigen, als so viele Gelehrten bisher gethan haben. Die Maler, die Bildhauer und Kupferstecher machen zusammen eine Academie aus; das Verdienst allein öfnet ihnen den Eingang, und sie ist nicht etwan eine Gesellschaft träger Müßiggänger und unnützer Schwätzer.

Streitigkeiten

verschiedener

Gesellschaften.

Streitigkeiten
verschiedener
Gesellschaften.

Ich verstehe darunter nicht allein die geistlichen Orden, sondern alle andern gelehrten Gesellschaften. Bald hat eine Gesellschaft mit der andern, bald eine einzelne Person mit einer ganzen Gesellschaft Streit gehabt. Ich mache daher zwo Abtheilungen, von denen die erste die Streitigkeiten von der erstern Art, die zweyte aber die von der zweyten Art enthalten wird.

Erste Abtheilung.
Streitigkeiten
Einer Gesellschaft
mit der andern.

Die Universität zu Paris
und
die Bettelmönche.

Man muß diesen Streit in das Jahr 1228 unter die Minderjährigkeit des heiligen Ludewigs, und die Regierung der Königin Blanca setzen. Diese Mönche wollten mit
Gewalt

Gewalt einen theologischen Lehrstuhl haben, die Universität aber hatte nicht Lust ihnen denselben einzuräumen, und die Anzahl der Professoren zu vermehren. Die Bettelmönche hüteten sich zwar offenbare Gewalt gegen eine Gesellschaft zu gebrauchen, welche sich für ihnen fürchtete, und sie haßte: sie wußten sich aber die Umstände geschickt zu Nuße zu machen, um zu ihrem Endzwecke zu gelangen.

Sie wählten dazu die Zeit, da die Universität aus einander gegangen war, und sich in verschiedene Städte des Königreichs zerstreuet hatte, woran das Mißvergnügen über die Regierung Schuld war, als welche ihr, wegen des von den Soldaten an einigen ihrer Schüler begangenen Mordes, nicht Gerechtigkeit hatte wiederfahren lassen. Die Schüler führten damals eine sehr ausschweifende Lebensart; sie zankten und schlugen sich; traten Geseße, Sitten und Wohlanständigkeit mit Füßen; lagen stets den Bürgern oder der Wache in den Haaren, und wurden durch ihre Privilegia in diesen Unordnungen noch mehr bestärkt; a) es

waren

---

a) Man kann aus der Art, wie sich die Schüler an einem Stadtvogte zu Paris rächten, sehen, wie fürchterlich sie waren. Dieser Prevot hatte einen Schüler aufhängen lassen, und mußte, auf Befehl des Hofes, ihnen Abbitte thun, und nach Rom gehen, um daselbst Absolution zu holen. Der Official zu Paris hatte durch einen Umlauf allen Pfarrern ansagen lassen, daß sie, mit dem Volke, in Procession vor das Haus des Prevots gehen,

waren auch schon ziemlich erwachsene Leute unter ihnen, und in einem Alter, wo man heut zu Tage schon den wichtigsten Aemtern vorsteht, saß man damals noch auf den Schulbänken. Die Nothwendigkeit erfoderte demnach, daß man einmal diesem Unwesen zu steuern suchte; welches denn Ursache war, daß die Universität mit ihren Klagen nicht gehöret ward.

Besonders ließen sichs die Dominicaner angelegen seyn, aus der Zerstreuung der Universität Vortheil zu ziehen. So bald sie dieselbe theils zu Reims, theils zu Angers sahen, meldeten sie sich zu öffentlichen Lehrern, und erhielten einen theologischen Lehrstuhl. Sie blieben nicht allein im Besitz desselben, als die Universität nach vier Jahren wieder hergestellt ward, sondern wollten auch noch einen dazu haben. Die Universität suchte es durch ein Decret zu hintertreiben, in welchem sie verordnete, daß kein Closter von Regularen in ihrer Gesellschaft zween öffentliche Lehrstühle haben sollte, ohne daß man sich iemals darauf berufen könnte, wie es ihnen erlaubt sey, ihren Ordens-

gehen, mit Steinen an dasselbe werfen, und babey sagen sollten: "Entferne dich, verdammter Sa= "tanas, erkenne deine Gottlosigkeit; schaffe der "Kirche, unserer Mutter, Genugthuung, deren "Freyheit du verletzet hast: widrigenfalls sollt dein "Theil seyn mit Dathan und Abiram, welche die "Erde lebendig verschlang." Fleury Kirchengeschichte t. 19. p. 84.

gel. Streit. III.Th.   H

Ordensbrüdern so viel Lectionen zu lesen, als es ihnen beliebte.

Die Dominicaner waren mit dieser Verordnung sehr schlecht zufrieden. Die Universität aber machte indeß noch eine andere, vermöge welcher keiner zum öffentlichen Lehrer sollte angenommen werden, der nicht zuvor ihre gemachten Verordnungen beschworen hätte. Dieß war für die Dominicaner eine neue Gelegenheit, sich widerspenstig zu bezeugen. Man fieng an sich zusammen zu rotten, zu schmähen und zu schimpfen. Die Universität jagte endlich alle Dominicaner aus, und machte ihre Ausschließung öffentlich kund.

Das Decret ward, nach Gewohnheit, in allen Schulen bekannt gemacht. Die Pedelle, die es den Predigermönchen vorlesen sollten, geriethen in große Gefahr. Sie hatten kaum die Ursache ihrer Ankunft gemeldet, als alle Mönche, die in großer Anzahl da waren, mit erschrecklichem Geschrey und Schimpfen über sie herfielen, dem, der lesen wollte, das Papier aus den Händen rissen, und den andern blutrünstig schlugen. Der Rector gieng endlich, nebst drey Magistern, in eigener Person zu ihnen; er ward aber nicht besser empfangen, und kehrte unverrichteter Sachen wieder zurück. a)

Die Dominicaner dachten indeß auf Rache, und machten der Universität allerhand Vorwürfe, als ob sie die Religion und den Staat untergrübe;

Statu-

---

a) Fleury Kirchengesch. 17. 499.

Statuten wider Gott und die allgemeine christliche Kirche gemacht, und sich wider die Ehre des Königs und des Königreichs verschworen habe. Aber bey allen diesen schimpflichen und schrecklichen Vorwürfen verlohr sich dennoch bey ihnen die Begierde nicht, in eben die Gesellschaft aufgenommen zu werden, die sie so verlästerten.

Sie wendeten sich deßwegen an den Grafen von Poitiers, an die Königinn Blanca, und hauptsächlich an den Pabst. Sie erhielten vom Pabst Innocentius IV ein Commissionsdecret an den Bischof zu Evreux, welcher die Ausführung der Sache einem Canonicus zu Paris auftrug. Dieser Canonicus, Namens Lucas, war ein grosser Anbeter dieser Mönche, und diente ihnen auf eine sehr seltsame und ungestüme Weise. Ohne jemand vorzuladen, ohne die Vertheidigung der Universität zu hören, oder sich nach der Gestalt der Sache zu erkundigen, untersagte er allen Lehrern der Theologie, der Rechte und der Medicin, ihre Vorlesungen, und den Schülern dieselben zu hören. Dieses Verbot ließ er in allen Kirchspielen zu Paris bekannt machen.

Die Universität ließ, zu ihrer Vertheidigung, häufige Abschriften von dem Decret wider die Dominicaner machen, und allenthalben austheilen. Sie ließ im Jahr 1253 ein Circularschreiben an alle Bischöffe herum gehen, in welchem sie dieselben um ihren Beystand in den gegenwärtigen Umständen ersuchte.

Es hatten sich schon Prinzen, verschiedene Bischöffe, und der Pabst selbst wider dieselbe erklärt. Die Predigermönche und Minoriten wünschten nichts so sehr, als sie gedemüthigt zu sehen: aber es wiederfuhr ihnen, mitten unter ihrem Triumphe, ein sehr empfindlicher Streich. Eben der Pabst, Innocentius IV, der bisher den Regularen so günstig gewesen war, ward ihnen auf einmal zuwider. Man hatte ihm ihr verstelltes, stolzes und interessirtes Verfahren offenbart. Er setzte daher, durch ein Decretale, ihren Anfoderungen Schranken; er verbot den Regularen, an Sonn- und Feyertagen Pfarrkinder in ihre Kirchen kommen zu lassen; ihnen das Sacrament der Buße, ohne Erlaubniß des Pfarrers, zu geben; in ihren Kirchen zu der Zeit zu predigen, wenn in der Pfarrkirche geprediget würde; oder selbst in den Pfarrkirchen zu predigen, wenn sie nicht von dem Pfarrer darzu berufen würden; und endlich keine von den geistlichen Verrichtungen zu übernehmen, die nur einem Pfarrer zukommen.

Niemand erschrack mehr darüber als die Dominicaner; ihr General ordnete in allen Kirchen Gebete an. Man erzählt, daß in einer ihrer Kirchen zu Rom ein Mönch, indem die andern sehr andächtig die Litaney sangen, bemerkte, wie die heil. Jungfrau, die mit dem Kinde Jesus auf dem Altare stand, verschiedenemal zu ihm sagte: *Mein Sohn, erhöre sie doch!* Der Pabst starb bald darauf, und man hat daher ein Sprich-
wort

wort am römischen Hofe: *Für der Litaney der Predigermönche, behüt uns lieber Herre Gott!*

Die Jacobiner wurden durch das Decret Innocentius IV ein wenig schüchterner gemacht, daß sie auf ihre Wiederherstellung bey der Universität nicht so eifrig drangen. Nicht eher als unter dem Pabste Alexander dem vierten fiengen sie wieder an Ernst zu brauchen. Dieser Pabst widerrief das Decretale seines Vorfahren. Er gab Bullen über Bullen, um die Herrschaft der Regularen immer weiter auszubreiten: aber er fand in Frankreich von Seiten der Universität stets Widerstand.

Sie konnte nicht einmal den Namen Dominicaner, Franciscaner, Bettelmönche u. s. w. nennen hören. Da sie alle diese Orden, ohne Unterschied, aus ihrer Gesellschaft verbannt wissen wollte, trug sie ihre Sache dem Willhelm de Saint-Amour, einem eben so sonderbaren als berühmten Manne seiner Zeit, auf. Dieser widerstand nicht allein beherzt allen Orden, sondern auch dem Pabste selbst.

Willhelm de Saint-Amour war aus einem Dorfe dieses Namens in der Grafschaft Burgund. Ein Canonicat zu Beauvais war sein ganzes Glück. Seine Feder, und seine beständige Bemühung die Mönche zu entlarven, war sein vornehmstes Verdienst. Er ist einer von den leiblichsten Schriftstellern des dreyzehnten Jahrhunderts. Wir haben von ihm drey Werke wider die Bettelmönche. Das erste ist betitelt: Der Pharisäer und der Zöllner; das zweyte: Von den Gefahren der letzten Zeiten; und das dritte: Sammlungen aus der heil. Schrift.

Das Buch, von den Gefahren der letzten Zeiten, machte am meisten Lärm, und ist mit vieler Geschicklichkeit geschrieben. Der Verfasser bittet gleich anfänglich, daß man auf niemand die Anwendung damit machen solle; er versichert, daß es gar nicht seine Absicht sey, irgend einen Orden, der von der Kirche gebilliget wird, verdächtig zu machen: aber diese Versicherung ist eine List, ein Mittel, wodurch er den Bettelmönchen die zugedachten Stöße um so viel sicherer zu versetzen gedenkt.

Unter andern merkwürdigen Sätzen dieses Buchs finden sich auch folgende: „Alle diejenigen, welche predigen, ohne dazu verordnet zu „seyn, sind falsche Propheten, und wenn sie sogar „Wunder thun könnten. Nur die Bischöffe und „Pfarrer haben in der Kirche einen rechtmäßigen „Beruf zu predigen; die Bischöffe sind an die „Stelle der Apostel, und die Prediger an die „Stelle der zwen und siebzig Jünger getreten. „Man wird sagen, daß man zum Predigen nur „ein gewisses Ansehen haben müsse; aber der „Pabst würde sich selbst Schaden thun, wenn er „seine Brüder, die Bischöffe, nicht bey ihren Rech„ten schützte. Das einzige Mittel, das Predigen „der falschen Apostel zu hintertreiben, ist, daß „man

„man ihnen keine Einkünfte davon zuläßt; wenn „diese wegfallen, so werden sie schon von selbſt „aufhören. Wenn man mich fragt, was es ſcha„det, ſeinen Unterhalt zu erbetteln, ſo antworte ich: „Alle diejenigen, die ſich vom Betteln nähren, „werden Schmeichler, Verläumter, Lügner. „Wenn man weiter mir ſagt, daß es eine Voll„kommenheit ſey, alles um Jeſu Chriſti willen zu „verlaſſen und betteln zu gehen, ſo behaupte ich „dagegen, daß nur darinne die Vollkommenheit „beſtehe, wenn man alles verläßt, und Jeſu Chri„ſto in der Ausübung guter Werke nachfolgt, „das iſt, wenn man arbeitet, und nicht betteln „geht. Man findet nirgends, daß der Herland, „oder ſeine Jünger, gebettelt hätten; ſie arbeite„ten vielmehr mit ihren Händen, um ihren Un„terhalt zu verdienen. Selbſt die menſchlichen „Geſetze ſind allen geſunden Bettlern zuwider. „Warum will man das in der Kirche geſtatten, „was im Policeyweſen unterſagt iſt? Die lächer„liche und ſchimpfliche Menge der Bettelmönchs„klöſter muß nothwendig den Städten zur Laſt „fallen. Man heiligt dadurch den Müßiggang, „und dieſer, nebſt einer phariſäiſchen Schein„heiligkeit, und einer guten Gabe zu prahlen, „ſetzt die Einfältigen im Volk in Contribution."

Der Verfaſſer glaubt durch dieſe Züge alle geiſtlichen Orden, die Bettelmönche, Carmeliter, Jacobiner, Franciſcaner, Auguſtiner, (denn die andern, als Capuciner, Jeſuiten, Barfüßer, Minimen, waren noch nicht geſtiftet,) geſchildert zu

H 4 haben.

haben. „Sie stellen sich, sagt er, als ob ihnen
„das Heil der Seelen weit mehr am Herzen läge,
„als denen verordneten Hirten. Sie rühmen
„sich, der Kirche große Dienste geleistet zu haben.
„Sie schmeicheln denen Menschen mit großen
„Vortheilen, und schleichen sich gern an den Hö=
„fen der Fürsten ein. Sie bedienen sich aller=
„hand Kunstgriffe, um zeitliche Güter an sich zu
„reißen. Die Wahrheiten, die ihnen mißfallen,
„werden von ihnen verfolgt und als verwerflich
„vorgestellt. Sie reden so lange zu, bis man sie
„aufnimmt; sie wollen aber nichts erdulden, und
„werden bald böse, wenn man ihnen nicht immer
„eine köstliche Tafel zubereitet. Wehe dem, der
„es sich gelüsten läßt, etwas genauer auf sie Ach=
„tung zu geben: sie wissen bald den weltlichen
„Arm wider ihn zu bewafnen! Ob sie gleich, ih=
„rem Stande nach, von aller Welt abgesondert
„sind, so mengen sie sich doch in alles, und schal=
„ten mit geistlichen Pfründen und Würden nach
„ihrem Gefallen.„

Ob dieses gleich eine heftige Satyre wider die
Bettelmönche ist, so ist es doch eben auch keine
Schutzschrift für die andern wohlbegüterten Mön=
che, die durch das Gelübbe des Gehorsams die
größten Despoten geworden, und durch ihr Ge=
lübde der Armuth zu ansehnlichen Einkünften ge=
langt sind.

Der heil. Thomas von Aquino, und der heil.
Bonaventura nahmen ein ieder die Vertheidigung
seines Ordens über sich. Sie gaben eine Schutz=
schrift

schelft für den freywilligen Bettelstand heraus, und behaupteten, daß er einer von den evangelischen Tugenden sey; daß diejenigen, die sich in denselben begäben, da sie gesund wären, und folglich das Mittel wider die Armuth in den Händen hätten, allen andern Armen vorzuziehen wären; daß die Bettelmönche erschrecklich verläumdet würden; daß sie dem gemeinen Wesen gar nicht zur Last seyn könnten, indem sie dasselbe durch Lehren und Predigen ohne Unterlaß erbaueten.

Bonaventura indeß läßt sich über den letzten Punct nicht sehr heraus; er beklagt sich so gar in seinem Buche, *von der Armuth Jesu Christi, nebst einer Vertheidigung der Armen,* darüber, daß zu seiner Zeit die Minoritenbrüder ganz aus der Art geschlagen wären. Er wirft ihnen vor, daß sie sich zu sehr in weltliche Händel mischten; daß sie sich gern bey Sterbefällen brauchen ließen, und in die Testamenter einschlichen, wodurch sie sich den Haß der Pfarrer auf den Hals zögen; daß sie mit großen Kosten prächtige Gebäude aufführten; daß sie eben so sehr auf listige Streiche als dem Guten nachsönnen; daß sie durch eine unverschämte Aufführung gegen die, die sie beherbergen, sich bey ihnen verhaßt machten; daß sie mit einer so gebieterischen und beschwerlichen Art Almosen foderten, daß man sich daher eben so sehr fürchtete einem Franciscaner als einem Räuber zu begegnen.

Der Abt Fleury macht dabey die sehr vernünftige Anmerkung, „daß der größte Schade

„dieſer Vertheidigung der Bettelmönche der ſey, „daß ihnen dadurch die Handarbeit verhaßt ge„macht, und dagegen das Betteln als eine ſehr „rühmliche Sache vorgeſtellt würde." So hat man dieſen Dingen eine ganz andere Geſtalt gegeben. Ein Dichter ſagt daher in einem Briefe über den Ackerbau:

n) „Der heil. Benedictus gefällt mir „ziemlich wohl; er behauptet wenigſtens, „daß ſeine beſchornen Kinder zu leben ver„dienten, wenn ſie eine nützliche Handthie„rung trieben; wenn ſie pflügten, Bäume „zu Kähnen aushölten, oder wüſte Felder „fruchtbar machten. Aber mit dem ehr„lichen

s) J'aime aſſez ſaint Bénoit, il prétendit du moins,
Que ſes enfans tondus, chargés d'utiles ſoins,
Méritaſſent de vivre en guidant la charrue,
En creuſant des canots, en défrichant des bois:
Mais je ſuis peu content du bon homme François;
Il crut, qu'un vrai chrétien doit gueuſer dans la rue,
Et voulut, que ſes fils, robuſtes faihéans,
Fiſſent ſerment à Dieu de vivre à nos dépens.

„lichen Franciscus bin ich sehr wenig zufrie-
„den; er glaubte, ein wahrer Christ müsse
„auf den Straßen herum betteln gehen,
„und wollte, daß die gesunden und starken
„Müßiggänger, seine Söhne, durch einen
„Eid angeloben sollten, auf unsere Kosten
„zu leben."

Indessen muß man diesen Mönchen die Gerechtigkeit wiederfahren lassen, daß sie nicht alle aus Noth betteln gehen. Einige von ihnen suchen, nach der Anmerkung des Verfassers der *historischen Versuche*, nur deßwegen von Haus zu Hause Almosen, um sich ihres Reichthums nicht zu überheben.

Die Predigermönche und Minoriten waren übrigens mit dieser Widerlegung der Schriften des Saint-Amour noch nicht zufrieden, sondern suchten auch seine Person bey allen europäischen Mächten verdächtig zu machen. Sie sahen wohl, daß er ihrer Aufnahme in die Universität das wichtigste Hinderniß in den Weg legen konnte: sie beschuldigten ihn demnach, daß er Schmähschriften wider den Pabst verfertigt habe, und glaubten dadurch seinen Untergang zu befördern.

So falsch diese Beschuldigungen auch waren, so ward doch Saint-Amour deßwegen zur Rede gesetzt, und mußte sich so wohl bey dem Bischoffe zu Paris, als auch in einer Rede, die er in der Kirche des heil. Innocentius hielt, und endlich vor denen versammelten Bischöffen der Diöcesen Sens und Reims vertheidigen.

Die

Die Universität selbst nahm sich seiner wider die Verfolgungen der Bettelmönche an. Sie hätte ihn hauptsächlich gern mit dem römischen Hofe wieder ausgesöhnt. Sie schickte einige Doctoren aus ihrem Mittel, unter denen sich Saint-Amour selbst mit befand, nach Rom, welche verhindern sollten, daß er und seine Schriften nicht verdammt würden.

Diese Abgeordnete hatten zweyerley zu thun: erstlich zu verhüten, daß der Tractat von den Gefahren der letzten Zeiten nicht verdammt werden möchte; und dann zweytens, daß das Verdammungsurtheil über das ewige Evangelium des Johann von Parma, der damals General der Minoriten war, ausgesprochen würde. Dieses Buch, das voller ausschweifenden Träume war, verdiente mehr verachtet als untersucht zu werden.

Die Dominicaner aber kamen dieser Deputation durch eine andere von ihrer Seite zuvor. Sie legten dem Pabste das Buch von den Gefahren der letzten Zeiten vor, und das Verdammungsurtheil war darüber schon gefällt, ehe noch die Deputirten der Universität zu Rom ankamen. Es war als ein gottloses, strafbares und abscheuliches Buch verworfen; die Abgeordneten setzten aber ihre Reise dem ohngeachtet fort. Der Pabst befand sich damals in der kleinen Stadt Agnania, und als die Deputirten daselbst ankamen, unterschrieben sie alle das Verdammungsurtheil, den Saint-Amour allein ausgenommen,

als

als welcher sich so wohl vertheidigte, daß man ihn ungehindert wieder fortließ.

Kaum aber war er wieder auf dem Wege nach Paris, als er einen Brief vom Pabste erhielt, worinne ihm untersagt ward Frankreich ie wieder zu betreten, und daselbst zu lehren oder zu predigen. Ein anderer Brief war zu gleicher Zeit an den König Ludewig den heiligen abgegangen, worinne er ersucht ward, zur Ausführung des päbstlichen Willens hülfliche Hand zu leisten. Der Doctor sahe das Ungewitter allenthalben aufgezogen, und begab sich nach seinem Geburtsorte Saint-Amour. Johann von Meun nahm daher Gelegenheit in seinem Roman von der Rose zu sagen:

a) „Aus diesem Königreiche verbannt zu „werden, mit Unrecht, wie Meister Wil-„helm von Saint-Amour, den die Heu-„chelen aus großem Neide ins Elend „trieb."

Der Pabst, der diesen Feind derer auf ihren Stand hochmüthigen Bettelmönche, und diese würdige Stütze der Universität verdammte, war der den Mönchen ganz und gar ergebene Alexander

a) Etre banni de ce royaume,
   A tort, comme fut maitre Guillaume
   De Saint-Amour, qu' hypocrisie
   Fit exiler par grande envie.

der IV, der, um ihre Rechte entweder zu schützen, oder weiter auszudehnen, nie müde ward, mit Bullen, als mit Blitzen, um sich herum zu schleudern; der ohne Unterschied Professoren, Schüler und Pedelle in den Bann that, die sich unterstanden die Rechte ihrer Gesellschaften zu vertheidigen; der alle erlaubte Repressalien, alle Vertheidigungsschriften, alle Wahrheiten, wenn sie vielleicht ein wenig zu hart vorgetragen wurden, für Schmähschriften hielt.

Endlich brachte er es durch Drohungen und Censuren so weit, daß die Bettelmönche bey der Universität aufgenommen wurden; sie wurden aber unter keiner andern Bedingung durch das Decret vom 21 Februar 1259 aufgenommen, als daß sie allzeit in den Versammlungen und Unterschriften den letzten Platz behalten sollten.

Die Dominicaner
und
Franciscaner.

Diese beyden Orden haben einander stets in den Haaren gelegen. Man hat Altäre gegen Altäre, Schulen gegen Schulen angelegt.

Und wie sollte man auch etwas anders vermuthen können, da beyde Orden auf einerley Vorzüge

züge Anspruch machten. Sie wollten beyde die Direction über die Gewissen unserer Könige, und der Kayser aus dem österreichischen Hause haben, zum großen Verdruß der Völker, die es nicht gern sahen, daß Mönche Beichtväter ihrer Regenten waren, und sich über diese Gewohnheit öfters beschwerten, wie man noch aus verschiedenen hier und da verborgenen Handschriften sehen kann, die wir von diesen Zeiten haben. Sie stritten sich um den Titel der Inquisitoren, und die geheiligte Barbarey, unschuldige Opfer verbrennen zu lassen. Sie wollten beyde Rathgeber der Großen seyn, und das blinde Vertrauen des gemeinen Volks haben; ein Orden wollte mehrere Clöster, mehr auf den Universitäten zu befehlen, berühmtere Prediger haben, als der andere, und die vornehmsten geistlichen Würden, der Bischöffe, Cardinäle, ja des Pabsts selbst, allein besitzen. Diese ihre Mißgunst gegen einander gab zu allen Zänkereyen Anlaß, die sich zwischen ihnen zugetragen haben.

Die beyden Partheyen der Scotisten und Thomisten, die einander stets in den Haaren lagen, brauchten alle Arten von Sophistereyen, von unverständlichen Geschwätzen, von Schimpf-und Schmähreden gegen einander, und was diese nicht vermochten, das ward durch Schläge ausgerichtet. Ein Haufen unnützer Fragen wurden alle Augenblicke von ihnen auf die Bahn gebracht, die ich hier nicht berühren mag, weil sie zu meinem Vorhaben nicht gehören. Ich überlasse es Köpfen, die

die sich gern mit Lappereyen beschäftigen, daß sie uns ihre quidditates, ihr universale der Sachen, und ihr universale der Gedanken begreiflich machen.

Eine von den beträchtlichsten Streitigkeiten, die entstanden sind, betrifft die unbefleckte Empfängniß der Jungfrau Maria. Ein Dominicaner, Namens Johann von Monson, Doctor und Professor der Theologie, ein unruhiger und stürmischer Geist, der sich mit seiner Schulgelehrsamkeit einen großen Namen machen wollte, vertheidigte im Jahr 1387 zu Paris, in dem Saale des heil. Thomas, öffentlich eine Disputation, in welcher sich vierzehn Sätze befanden, die man für irrig erklärte, und von denen drey oder viere der Lehre von der unbefleckten Empfängniß zuwider waren.

Dieser Doctor behauptete nicht allein, daß die Jungfrau Maria in der Erbsünde empfangen und gebohren sey, sondern auch, daß es ein Irrthum wider die Glaubenslehren sey, wenn man das Gegentheil behaupten wollte. Diese Meynung war der Lehre der Franciscaner Schnur gerade entgegen. Sie lehrten, mit dem Johann Scotus, daß die Jungfrau Maria ohne Erbsünde gewesen sey. Man sehe, wie der Doctor subtilis seine Meynung zu behaupten pflegte: „Gott, sagte „er, hat die Maria ganz ohne Erbsünde zur Welt „kommen lassen können; oder er hat sie nur einen „Augenblick in derselben lassen können; oder er „hat sie auch eine Zeit lang darinne lassen, und

„sie

„sie hernach davon reinigen können.“ Diese drey möglichen Fälle unterstützte er mit Gründen, und schloß weiter also: „Gott weiß, welches von diesen dreyen Mitteln er gebraucht hat; es scheint aber billig, dasjenige von der Maria zu behaupten, was ihrer Ehre am vortheilhaftesten ist, in so fern es nicht wider die heil. Schrift, und die Lehren der Kirche läuft.“

Die Franciscaner nun, die über die Verwegenheit des hitzigen Dominicaners aufgebracht waren, widerlegten die Sätze seiner Disputation, hetzten die Universität wider ihn auf, und wollten seine Meynung der strengsten Censur unterworfen haben. Monson sollte einen Widerruf thun; aber Monson that ihn nicht. Die Universität verdammte ihn hierauf, und erklärte seine Sätze für verwegen, ärgerlich, und dem Gewissen der Gläubigen schädlich.

Auf der andern Seite that der Bischof zu Paris den Dominicaner in den Bann, und befahl, daß er gefangen genommen, und den weltlichen Richtern übergeben werden sollte. Man machte sich nemlich Hofnung, daß die Inquisition am ersten zugreifen würde; aber der Inquisitor war ein Dominicaner, und das war ein Glück für seinen Mitbruder. Monson bekam unterdessen Anhänger, und die Verfolgung nahm mit Ihnen zu. Einige mußten auf die schimpflichste Weise widerrufen; andere wurden ins Gefängniß geworfen; die meisten aber entgiengen ihrer Strafe durch die Flucht. Den Bischof zu Evreux,

gel. Streit. III. Th.   J   und

und Beichtvater Carls des vierten, konnte selbst seine hohe Würde nicht gegen alle Widerwärtigkeiten schützen.

Die Universität, welche besorgte, die Meynungen des Monson möchten die Oberhand behalten, schloß durch ein Decret alle die von ihrer Gesellschaft aus, die nicht durch einen Eidschwur sich von den Säzen dieses Dominicaners lossagen würden, und machte zugleich die Verordnung, daß eben dieser Eid mußte geleistet werden, wenn jemand künftig zu den academischen Würden gelangen wollte. Die Thomisten wollten sich diesen Eid nicht aufbürden lassen, weil sie diese Censur als eine Verlezung ihrer Lehren ansahen. Die Dominicaner mußten sich darüber aus der Facultät vertreiben lassen, und wurden nicht eher als im Jahr 1401, durch Vermittelung des Königs, und unter der Bedingung, daß sie sich dem Decret unterwürfen, in selbige wieder aufgenommen.

Monson, den eben diese Facultät, und der Bischof zu Paris verdammt hatten, appellirte an den Stuhl zu Rom. Clemens VII ernannte Commissarien; da aber der Dominicaner sahe, daß ihm diese nicht günstig waren, gieng er selbst wieder von ihnen ab, und unterwarf seine Sache dem Ausspruch des Urbanus. Diesem fürchterlichen Mitwerber des Clemens diente der aufrührische Mönch, von dieser Zeit an, mit seiner an Schmähschriften fruchtbaren Feder, und ließ seine ganze Wuth an der Gegenparthey aus.

Der

Der Streit über die unbefleckte Empfängniß ist nachher verschiedenemal wieder erneuert worden. Es sind darüber auf den Universitäten, am römischen Hofe, und auf verschiedenen Kirchenversammlungen große Unruhen entstanden. Jede Parthey ergriff die Umstände, die sie für die vortheilhaftesten hielt; aber die Verordnungen, die über diese so oft bestrittene Materie gemacht worden, haben die Sache dennoch unentschieden gelassen.

Ob sich gleich, auf einer Seite, das Concilium zu Basel für die unbefleckte Empfängniß erklärt, und darüber ein Decret abgefaßt hat, so hat doch, auf der andern, das Concilium zu Trident keinen Ausspruch in der Sache zu thun gewagt. Dieses Concilium läßt einem ieden die Freyheit zu glauben, was er will, und sagt nur, daß es die Jungfrau Maria von dem allgemeinen Fluche der Erbsünde ausnähme, und daß man sich darüber an die Constitutionen Sixtus des vierten halten solle. Sixtus IV aber, ob er gleich ein Franciscaner, und daher ein Feind der Thomisten war, hat mit seinem Banne zurück gehalten, und es der christlichen Kirche frey gestellt, die unbefleckte Empfängniß der Maria zu glauben, oder nicht zu glauben.

Gegen das Ende des sechzehnten Jahrhunderts wollte ein Jesuit, Namens Malbonat, diesen Streit als ein Problema, die Universität zu Paris aber als einen Glaubensartickel angesehen haben. Es traten einige Bischöffe auf die Seite des Jesuiten; der zu Paris, mit Namen Peter de Gondi, that. den Syndicus und den Dechant der Facultät in den Bann. Diese beyden Doctoren sahen dieses für einen Mißbrauch der bischöflichen Gewalt an, und appellirten ans Parlament. Die Sache ward in Gegenwart des Bischofs untersucht, und das Parlament sprach die beyden Doctoren ad cautelam los, ließ sich aber weiter auf nichts ein. Der Pabst, Gregorius XIII, bestätigte indeß den Ausspruch des Bischofs zu Paris.

Die Gottesgelehrten behaupten heut zu Tage insgemein die unbefleckte Empfängniß der Maria; sie vertheidigen dieselbe aber nur als eine fromme Meynung, nicht aber als einen Glaubensarticlel. Weder die heil. Schrift, noch die Kirchenväter, haben die Maria von dem wider alle Menschen gegebenen Gesetze ausgenommen.

Die Wundenmäler des heil. Franciscus sind außerdem noch eine Gelegenheit zum Streit zwischen den Dominicanern und Franciscanern gewesen. Die letztern halten sie für das größte und wahrhafteste Wunderwerk. Ihr Patriarch, sagen sie, stets in tiefe Betrachtungen versenkt, von Fasten und Wachen ganz ausgetrocknet, und von der Liebe der Seiden erhitzt, sahe schnell einen Seraph mit sechs brennenden und glänzenden Flügeln aus dem Himmel herab kommen. Zwischen seinen Flügeln hatte er einen ans Creuz geheftetem Menschen, mit ausgestreckten Händen und Füßen. Zween Flügel erhoben sich über das

Ange-

Angeſicht des Seraphs, mit zween flog er, und mit den zween übrigen bedeckte er ſeinen Côrper. Fünf Strahlen giengen aus den fünf Wunden des Gecreuzigten, und berührten mit ihren Spitzen die nemlichen fünf Theile an dem Cörper des heil. Franciſcus. Das Geſicht verſchwand, und der Heilige behielt an ſeinen Händen und Füßen die Zeichen der Nägel, ſo wie er ſie an dem Bilde des Gecreuzigten geſehen hatte. Mitten durch ſeine Hände und Füße ſchienen Nägel gegangen zu ſeyn, ſo daß man in dem Inwendigen der Hände und oben auf den Füßen die Eindrücke der Nägelkoppen, auf der andern Seite aber die Spitzen, und wie ſie durch das Fleiſch gegangen waren, ganz deutlich ſehen konnte. In ſeiner rechten Seite ward man eine Wunde, einem Lanzenſtiche ähnlich, gewahr, welche öfters Blut laufen ließ.

So ſorgfältig auch Franciſcus dieſe Maalzeichen zu verbergen ſuchte, ſo konnte er doch nicht hindern, daß man ſie an ſeinen Händen und Füßen nicht bemerkt hätte; aber die Seitenwunde blieb lange Zeit verborgen. Nur drey Brüder, die es liſtig genung anzufangen wußten, kamen endlich dahinter. Bruder Leo ſahe ſie beſonders ſehr deutlich. „Dieſer Menſch, von einer wun„derbaren Einfalt, und der beſtändige Begleiter „des Heiligen, kam mit der Hand, da er ihm zum „öftern die Schultern ſtreichen mußte, weil er im„mer Schmerzen daran empfand, von ohngefehr „auf die Wunde, welches dem heil. Manne einen „großen

„großen Schmerz verursachte. Von dieser Zeit „an trug er Beinkleider, die bis an die Schultern „herauf giengen, und also diese Wunde bedeckten; „aber die Brüder, die seine Nachthosen wuschen, „oder seinen Oberrock ausklopften, fanden immer „Blut daran kleben. Nach seinem Tode end- „lich ward diese Wunde eben so offenbar, als die „andern."

Die Dominicaner wagten es nicht einen Umstand zu bestreiten, der so unwidersprechlich schien. Sie wollten daher lieber mit ihren Nebenbuhlern eine Ehre theilen, die sie ihnen nicht rauben konnten. Sie brachten eine Heilige aus ihrem Orden vor, Namens Catharina von Siena, und behaupteten, daß sie eben so wohl mit Wundenmälern beehrt werden sey, als der heil. Franciscus.

Man bilde sich nicht ein, daß sie wegen des Beweises zu ihrem Vorgeben, in großer Verlegenheit gewesen wären. Sie hatten zwar weiter keinen, als von der Heiligen selbst und von ihrem Beichtvater. Sie schrieb an ihn: „Sie wissen, „ehrwürdiger Vater, daß ich die Maalzeichen des „Herrn Jesu an meinem Leibe trage, durch seine „Barmherzigkeit.... Ich habe den Herrn „am Creuze mit großem Glanze auf mich herab „kommen gesehen; und durch die Ungeduld mei„ner Seele, die ihrem Schöpfer entgegen eilen „wollte, ist mein kleiner Cörper gezwungen wor„den, sich in die Höhe zu schwingen; so gleich „habe ich von den fünf Narben seiner geheiligten „Wunden fünf Blutstrahlen auf mich herab fallen „gese-

mit der andern. 135

„gesehen, welche auf meine Hände, meine Füße
„und mein Herz trafen."

Dieses Vorgeben der Dominicaner verdroß
den Orden der Franciscaner; sie wollten durchaus
keine Theilnehmung an der Ehre zulassen, und
schrieben heftig, um ihren Gegnern zu beweisen,
daß das Privilegium ihres Stifters ein ausschlies-
sendes Privilegium sey. Die Franciscaner wandten sich an den Pabst, um wegen der Beleidigung, die ihnen, ihrer Meynung nach, von den
Dominicanern wiederfahren war, Genugthuung
zu erhalten.

Der damals lebende Pabst, Sixtus IV, war
einer von ihrem Orden. Er nahm sich daher
ihrer Sache an, und entschied, daß es nur dem
heil. Franciscus gebühre mit Wundenmälern bezeichnet zu seyn; und daß Catharina von Siena
diese wunderbaren Eindrücke auf ihren Cörper
nicht gehabt habe. Er verbot zu gleicher Zeit,
bey sehr harter Strafe, diese Heilige mit besagten
Maalzeichen zu malen.

Die Franciscaner, die auf diese Weise den
Sieg davon getragen hatten, vergaßen sie von
der Zeit an nicht leicht auf den Bildnissen ihres
Patriarchen. Man findet überall über den Thüren, und in dem Innern ihrer Häuser, diesen
Heiligen mit diesen glorreichen Vorzugszeichen
vorgestellt.

Die Franciscaner, sagt ein gewisser Autor,
hätten ihres Stifters wegen weniger streiten, und
ihn fleißiger nachahmen sollen. Gott allein kann

J 4 einem

einem Heiligen vor dem andern einen Vorzug geben, und sonst muß niemand den seinigen über einen andern wegsetzen.

Allenthalben und in allen Stücken sind die Predigermönche und die Minoriten einander entgegen gewesen. Ihre gegenseitige Eifersucht hat so gar bisweilen Blut vergossen. Zum Beweise kann die grausame Begebenheit mit dem Savanarola zu Florenz dienen. Nur die Franciscaner, welche die ganze Stadt wider diesen Dominicaner aufhetzten, in ihren Predigten wider ihn loszogen, und in seiner Person seinen ganzen Orden verfolgten, brachten es so weit, daß er verbrannt ward. Man sahe damals Thomisten und Scotisten, die sich erboten, zum Beweise der Vortrefflichkeit ihrer Lehre, ins Feuer zu laufen, und sich rühmten, daß sie Wunder thun wollten.

Diese Hitze hat sich nun nach und nach gelegt, so daß man heut zu Tage nichts mehr von diesen Streitigkeiten hört.

Die Universität
und
das königliche Collegium.

Dieses Collegium ist zu allen Zeiten für die Universität ein verhaßter Gegenstand gewesen. Sie

Sie hat sich bey allen Gelegenheiten dem Vortheile und der Ehre dieser Schule widersetzt. Gleich bey der Stiftung derselben, durch Franz den erſten, machte die Univerſität große Augen.

Dieſer Monarch, der ſeiner neuen Stiftung allen nur möglichen Glanz geben wollte, zog die berühmteſten Gelehrten in Europa nach Paris, und ſetzte ſie an dieſes Collegium. Seine Abſicht war, die franzöſiſche Jugend zu eben ſo großen Gelehrten, und aus Paris ein zweytes Athen zu machen.

Es war ihm beſonders um die Verbeſſerung des böſen Geſchmacks der vorigen Jahrhunderte zu thun. Man weiß, wie damals die Wiſſenſchaften bey der Univerſität ausſahen, welch barbariſches Gewäſche man da trieb, mit was für elenden Pedantereyen und lächerlichen Dingen man die Köpfe junger Leute anfüllte, und was für falſche Begriffe man ihnen beybrachte. Dieſer verworrene Unterricht war in der That ſchlimmer als die Unwiſſenheit ſelbſt. Man mußte überdem die Lehrer übertheuer bezahlen, von denen man doch weiter nichts als die erſten Anfangsgründe der Sprachen und Wiſſenſchaften ſtammeln lernte.

Es mußten auf der Univerſität ſo gar die öffentlichen Lectionen bezahlt werden. Franz der erſte ſtiftete daher das königliche Collegium, um dieſen Dingen eine andere Geſtalt zu geben. Die Claſſen, die zuerſt geſtiftet wurden, waren für die Sprachen. Die gelehrten Männer, die man zu

J 5 Lehrern

lehrern ernannte, mußten die hebräischen, griechischen und lateinischen Schriftsteller umsonst erklären.

Die Nachfolger dieses Monarchen, der den Wissenschaften in Frankreich aufhalf, haben fast alle etwas zur Verherrlichung dieser Stiftung hinzu gethan. Dieses Collegium, welches anfänglich nur zween Professoren hatte, zählt deren heut zu Tage bis auf neunzehn: zween lehren das Hebräische; zween das Griechische; zween die Mathematic; zween die griechische und lateinische Philosophie; zween die Beredsamkeit; viere die Arzeneykunst, die Chirurgie, die Pharmacevtic und die Botanic; zween die arabische Sprache; zween das canonische Recht, und einer die syrische Sprache.

Je nöthiger es war, daß Männer von Genie die Nation unterrichteten, die Jugend denken, urtheilen, und das Schöne bey guten Schriftstellern empfinden lehrten, desto fester hielten die Stützen der Universität über ihren alten Gewohnheiten, und suchten es zu verhindern, daß man ihre Unwissenheit und den Unsinn ihrer Mitbrüder nicht an den Tag brächte.

Es verdroß sie aufs äußerste, öffentliche Schulen von Fremden angelegt, die ihrige verlassen, ihre Einkünfte verringert, und ihren bisherigen Ruhm ihnen entzogen zu sehen. Da war kein Mittel, keine List, deren sie sich nicht bedienten, um diese neue Stiftung in ihrer Geburt zu ersticken. Da sie aber dieselbe beständig vom Könige

unter-

unterstützt sahen, so änderten sie allmählich ihr Betragen. Sie ließen es sich gefallen, daß die königlichen Professoren Unterricht gaben; aber sie verlangten, daß das königliche Collegium nicht als von den andern abgesondert angesehen würde, sondern daß es mit denen alten einen Cörper zusammen ausmachen, einerley Gebräuchen, einerley Regeln, und einerley Statuten unterworfen seyn sollte.

Das war aber die Absicht des Königs gar nicht, als welcher deutlich zu erkennen gegeben hatte, daß sein Collegium nichts mit der Universität gemein haben solle. Dem ohngeachtet blieb die Universität bey ihren Foderungen.

Den ersten Schritt wider das königliche Collegium, um, wenn es möglich gewesen wäre, daßelbe um seine Vorrechte und unter das Joch zu bringen, wagte sie im Jahr 1533. Sie gab eine Bittschrift beym Parlamente ein, welche dahin abzielte, daß es den königlichen Professoren untersagt werden möchte die Bibel zu erklären, ehe und bevor sie sich nicht bey der Universität gemeldet und um Erlaubniß angesucht hätten. Sie wurde hierauf, nebst dem Syndicus der theologischen Facultät, Noel Beda, zu einem Vorbescheide eingeladen.

Der Syndicus führte das Wort für die Universität, und brauchte das gemeine Beste, den Eifer für die Religion, und die Verachtung, in welche die Vulgata fallen würde, zum Vorwande der Beschwerden, die sie wider die königlichen

Pro-

Profeſſoren führte; indem dieſe alle Augenblicke den hebräiſchen Text anführten, ſich dabey noch der Ueberſetzung der septuaginta virorum bedienten, und Editionen zu ihrem Gebrauche wählten, die mehrentheils in Deutſchland von Juden oder Lutheranern beſorgt worden, und daher ſehr geſchickt wären den Originaltext zu verfälſchen.

Nachdem der Syndicus ausgeredet hatte, fieng der Advocat der königlichen Profeſſoren an zu zeigen, wie lächerlich es ſey, ſolche Männer der Religion wegen verdächtig zu machen, denen man bisher gar nichts über dieſen Punct habe vorwerfen können; einen Proceß wider ſie zu erheben, nicht weil ſie Schaden thun, ſondern weil ſie Schaden thun könnten; ſie vor einen unter dem Könige ſtehenden Richterſtuhl zu fodern, nachdem ſie von dem Könige ſelbſt wären gebilligt worden; von ihnen zu verlangen, daß ſie die Bedeutung der hebräiſchen und griechiſchen Wörter und Redensarten von Männern erlernen ſollten, die ganz und gar nichts davon verſtünden, und zum Theil die gelehrten Sprachen für Zauberey hielten.

Man weiß nicht eigentlich, was das Parlament für einen Ausſpruch gethan hat. Aber die königlichen Profeſſoren fuhren mit ihren Uebungen, unabhängig von der Univerſität und unter dem unmittelbaren Schutze des Königs, fort.

Im folgenden Jahre, als ein Deutſcher zum Profeſſor der lateiniſchen Beredſamkeit ernennet ward, fieng die Univerſität ihre Klagen wieder von vorne

vorne an. Die Vorsteher oder Obermeister dieser Schule hielten diese Wahl für ungeziemend, und wollten einen Franzosen an seine Stelle haben. Latomus, oder le Masson, (so hieß dieser a) Deutsche,) schrieb daher an den berühmten Erasmus: „Die Vorsteher verschiedener Schulen ärgern sich über das Lehramt, das ich bekleide; „ihr Neid ist so groß, daß derselbe auch den fleißigsten Arbeiter abschrecken würde. Ich habe „mich indeß ziemlich fühllos angestellt, und bin „bis diesen Tag glücklich durchgekommen. Ich „schmeichle mir, daß die Stiftung des königlichen „Collegiums selbst der Universität zu großem Nu„tzen gereichen soll, da dasselbe so geschickte Leute „in Sprachen und Wissenschaften zieht." Erasmus, dieses große Genie, welches Franz der erste gern an sich gezogen und zum Vorsteher seines Collegiums gemacht hätte, und auch die andern königlichen Professoren, die mit dem Erasmus in Briefwechsel standen, sprachen ihm Muth zu.

Unter Heinrich II glaubte die Universität den glücklichen Augenblick erlebt zu haben, wo sie das Werk des Königs, seines Vorfahren, über den Haufen werfen könnte. Es war ein Zank zwischen den Schülern entstanden, der bis zum Aufruhr gieng. Sie versammelten sich auf einer Wiese, um sich da mit einander zu schlagen; der Pöbel

a) Er war von Cambron in Hennegau gebürtig.

Pöbel gesellte sich darzu, und die Partheyen zerstreueten sich hernach in den Quartieren der Stadt herum, so daß ein großer Unfug daraus entstand. Die Universität freuete sich darüber, und schob die ganze Schuld auf die königlichen Professoren.

Sie warf ihnen vor, daß sie diesen Aufruhr angestiftet, oder doch wenigstens unterhalten hätten, und daß man beständig dergleichen Unfug haben würde, so lange sie nicht unter der Aufsicht der Universität stünden. Um nun die Professoren unter ihre Verordnungen zu zwingen, gab sie ein Bittschreiben an den König ein; der Cardinal von Lothringen aber, der ein Beschützer des Ramus und der Verdienste war, brachte es so weit, daß die ganze Bittschrift verworfen wurde. Die Universität, die sich dadurch beleidigt fand, brachte hierauf ihre Klagen beym Parlamente an.

Das Parlament wollte die Sache untersuchen. Da aber zu befürchten war, daß dieser Schülerzank, zumal da einige unter ihnen hier und da Pasquille anschlugen, verdrüßlichere Folgen haben möchte, so befahl dasselbe, daß sich die Schüler nicht Truppweise beysammen sollten finden lassen; daß alle öffentliche Schulen, so wohl bey der Universität, als bey den königlichen Professoren, geschlossen werden sollten. Dieser Befehl war für jene weit beschwerlicher, als für diese. Die königlichen Professoren wurden vom Könige besoldet; die bey der Universität aber verlohren alles, wenn sie keine Schüler hatten. Sie schickten daher geschwind eine Deputation an den König,

und

und ließen die Versicherung thun, daß weder sie, noch die königlichen Professoren, an den Meutereyen Schuld wären, und daß dieser Zank unter den Schülern sie fast zur Verzweifelung brächte. Der König nahm die Deputirten sehr gnädig auf, und erkannte sie für gute und getreue Unterthanen. Die Universität, die sich wieder in Gnaden sahe, feyerte diese Begebenheit durch eine solenne Procession und lateinische Reden.

Im Jahr 1568 wagte sie noch verschiedenes wider die königlichen Professoren. Da sie stets besorgte, daß ein Mensch, der viel Griechisch und Hebräisch verstünde, ein Ketzer, oder etwas noch ärgeres wäre, so setzte sie ein Glaubensbekenntniß auf, um es von den Professoren unterschreiben zu lassen; wodurch sie der Ketzerey einen Damm entgegen zu stellen glaubte. Die Universität ist dabey wenigstens in Ansehung der guten Absicht zu entschuldigen; sie überschritt aber die Grenzen ihrer Gewalt, indem sie verlangte, daß die königlichen Professoren, zu Folge dieser Unterschrift, auch ihren Gesetzen, Verordnungen und Statuten sich unterwerfen müßten.

Doch blieb es noch nicht dabey, sondern die Schüler sollten eben dieses Glaubensbekänntniß mit unterschreiben. Nichts ist lächerlicher, als eine solche Foderung.

Das dritte, was die Universität begehrte, war, daß die königlichen Professoren ihren Processionen mit beywohnen sollten. Sie ließ ihnen ansagen, daß sie sich an einem darzu bestimmten Tage bey den

den Mathurinern einfinden sollten. Die Professoren kamen, protestirten aber wider eine solche
Neuerung, und sagten, daß sie blos aus Achtung
gegen den König und den Cardinal von Lothringen gekommen wären. Es setzte bey der Procession einige Rangstreitigkeiten. Ob sie sich nun
gleich alles gefallen ließen, so setzten sie doch die
Bedingung hinzu, daß es ihren Rechten und den
Freyheiten ihres Collegiums keinen Eintrag bringen solle.

Die Universität, die alles dieses bestätigt haben wollte, suchte so gleich beym Parlament um
ein Decret an. Sie erhielt auch eins den 21 August eben dieses 1568 Jahres, welches sehr nach
ihren Absichten war. Diesem Decret zu Folge
sollten alle, welche Unterricht ertheilen, oder künftig ertheilen würden, so wohl in öffentlichen als
Privatschulen, selbst die königlichen Professoren,
Vorsteher, Regenten, Präceptoren, Lehrmeister,
Aufwärter, und was zu besagter Universität gehört, der apostolisch-römisch-catholischen Religion
zugethan seyn, und denen Gesetzen, Statuten und
Verordnungen besagter Universität Gehorsam leisten, so wohl im Leben und in den Sitten, als in der
Art sich anständig zu kleiden, und dem Rector
bey allen christlichen und catholischen Handlungen
beystehen; und wenn sich einer gefunden hätte,
oder noch fände, der oben besagtes nicht beobachtete oder hielte, so sollte es dem Rector besagter Universität, und andern, vor die es gebracht werden
könnte, erlaubt und vergönnt seyn, andere Personen

an

an ihre Stelle zu setzen, welche die obgemeldeten Eigenschaften haben.

Man las dieses Decret in der Versammlung der Universität vor, mitten unter einem großen Freudengeschrey. Aber diese Freude war von kurzer Dauer. Man findet nirgends, daß dieses Decret in der folgenden Zeit von einiger Wirkung gewesen sey, und daß die königlichen Professoren der Universität unterwürfig gewesen wären.

Die Universität suchte im Jahr 1625 nochmals ihre Herrschaft zu behaupten. Sie machte sich den Unfug zu Nuße, der in dem königlichen Collegio vorgefallen war, als sich zween Candidaten um den Lehrstuhl des Ramus stritten. Der Rector begab sich selbst in das Collegium, um diesen Streit zu untersuchen. Man begegnete ihm aber daselbst sehr übel; er, der sich beleidigt zu seyn glaubte, brachte sogleich seine Klage beym Parlamente an.

Er foderte Ehrenerklärung und Abbitte; stellte vor, wie nöthig es sey, daß man die königlichen Professoren der Universität einverleibe, sie verhindere, mit ihren Lehrstühlen zu handeln, und allen gleiches Recht anzuhaken gäbe. In Ansehung der beyden Competenten, die sich um den Lehrstuhl des Ramus stritten, schloß die Universität den einen gänzlich aus, weil er nicht von ihrer Gesellschaft war, und bat sich bey dem Parlamente die Bestätigung darüber aus. Alle diese Puncte wurden ihr durch ein Decret vom Monat August 1626 eingeräumt.

In diesem Decrete befiehlt das Parlament benannten Professoren des Königs, die Gesetze, Statuten und Verordnungen besagter Universität zu halten; dem Rector bey Disputationen und andern Handlungen die Achtung und Ehrerbietung zu erweisen, die seiner Würde zukommt; den Processionen, Versammlungen und andern academischen Handlungen beyzuwohnen, wenn sie von besagtem Rector darzu gefodert werden; es befiehlt weiter, daß man den Generalprocurator, auf beschehenes Befragen, von allen Entgegenhandlungen benachrichtigen solle.

Die königlichen Professoren, die gar wohl wußten, daß ihnen das Parlament iederzeit entgegen gewesen wäre, versahen sich auch bey dieser neuen Chicane, die ihnen gespielt ward, zu nichts anderem, als daß sie den kürzern ziehen würden. Sie brachten daher den geheimden Rath auf ihre Seite. Dieser kam mit einem Decret vom 18 Merz 1633 darzwischen, welches nach der Zeit stets scheint beobachtet worden zu seyn. Es wird darinne den königlichen Lehrern und Professoren befohlen, daß sie den Großalmosenier für ihren Superior erkennen sollen; der Universität und dem Rector derselben wird auferlegt, ihn in dieser Würde ungestört zu lassen; doch wird es eben dieser Universität und dem Rector derselben frey gelassen, im Fall die königlichen Professoren etwas wider die Religion und den Staat lehren sollten, an den König davon Bericht zu erstatten.

Die

Die Direction des königlichen Collegii ist nach der Zeit in die Hände des Staatssecretairs gekommen, der die ganzen Angelegenheiten des königl. Hauses zu seinem Departement hat. Der Großalmosenier von Frankreich hat heut zu Tage mit den Professoren nichts weiter zu thun, als daß er sie, ehe sie ihre Stelle antreten, schwören läßt, wobey sie zugleich den Titel der königlichen Räthe erhalten. Der Cardinal und Großalmosenier, Barberin, ist Schuld an dieser Veränderung, indem er bey Besetzung der Stellen bey dem königlichen Collegio immer eine so schlechte Wahl traf, daß daher das ganze Collegium vieles von seiner Achtung verlohr.

Das Decret des geheimden Raths vom Jahr 1633 hat diesen Streitigkeiten ein so glückliches Ende gemacht, daß man, selbst in den Acten der Universität, nicht das geringste findet, woraus man beweisen könnte, daß dieselbe seit der Zeit die geringste Gewalt über die königlichen Professoren gehabt, oder sie zu ihren Processionen gerufen hätte. Sie machen einen von jenem ganz abgesonderten Cörper aus.

Unter dem Ministerio des Herrn de Maurepas waren die Umstände der Universität einmal so günstig, daß sie ihre alten Ansprüche wieder hervor suchte. Der gelehrte Couture, der Professor des königlichen Collegii und zugleich Rector der Universität war, gab dem erstern einmal einen Feyertag, als die Universität eine Procession zu halten hatte. Diese machte daraus so gleich ein Recht, und ließ in ihre Register eintragen, daß alle ihre Schüler, nebst denen vom königlichen Collegio Urlaub von ihr erhalten hätten.

Die königlichen Professoren beschwerten sich darüber beym Herrn de Maurepas. Dieser ließ so gleich die Stelle, die ihnen anstößig war, auskratzen, und auf dem Rande hinzu schreiben, daß es unter den Augen des Ministers geschehen sey. Der Geschichtschreiber des königlichen Collegii hätte diese Anecdote nicht auslassen sollen.

Es ist zum Erstaunen, daß die königlichen Professoren, der Vorsorge des Hofes ungeachtet, dennoch nicht eher, als unter der Regierung Ludewigs des dreyzehnten, in ein Haus zusammen gebracht worden, um ihre Lectionen darinne zu geben. Sie hatten ehemals ihre Schulen an verschiedenen Orten aufgeschlagen.

Heinrich IV war Willens ihnen ein prächtiges Gebäude aufführen zu lassen. Der Platz war schon ausgesucht, und zwar wo jetzt das treguierische und cambraische Collegium stehet. Das Haus sollte große Säle zu den öffentlichen Vorlesungen, bequeme Wohnungen für die Professoren, einen Hof, achtzehen Ruthen lang und zwölfe breit, nebst einer Fontaine in der Mitte, und dann noch ein anderes eben so langes und geraumes Gebäude zur Bibliothec haben. Es waren zu diesem Hause dreyßig tausend Livres bestimmt. Dieses Vorhaben war in der That sehr schön, und würde, wenn es ausgeführt worden wäre, manchen Klagen der königlichen Professoren zuvor

gekom-

gekommen seyn. Der unglückliche Tod dieses guten Königs aber beraubte sie eines Vaters. Sein Nachfolger bauete zwar auf dem bestimmten Plaße, und legte den 28 August im Jahr 1510 den ersten Grundstein; das Gebäude ist aber nicht fertig geworden.

Man wollte hierauf den königlichen Professoren das Hotel de Nevers, wo itzt die königliche Bibliothec ist, einräumen. Sie sollten darinne freye Wohnung und höhere Besoldungen erhalten. Aber viele von ihnen waren selbst mit dieser Umquartierung nicht zufrieden, und man ließ die Sachen in ihrer vorigen Gestalt.

Ludewig XIV, dieser gegen französische und selbst gegen ausländische Gelehrte sonst so freygebige und großmüthige Monarch, hat dem königlichen Collegio und den Professoren desselben zum Besten gar nichts gethan.

Ludewig XV hat ihnen zum Vortheil ein Privilegium über den Druck ihrer Werke wieder erneuert: es ist eben dasselbe, welches die drey Academien auch haben.

Man fragt bisweilen, wozu gewisse Professionen am königlichen Collegio nüße sind, weil die Professoren öfters gar keine Schüler haben. Es ist schon viel, wenn iedes Jahr vier oder fünfe heraus kommen, welche die hebräische, syrische oder arabische Sprache gelernt haben. Aber einer Hauptstadt kann alles nüßlich seyn, wenn auch der Nußen nicht so gar beträchtlich seyn sollte. Die arabische und syrische

Sprache kann die Handlung mit der Levante a) erleichtern.

Man lehrt auf andern Schulen ohne Zweifel auch die lateinische Sprache und Beredsamkeit; die königlichen Professoren aber, die eben dieses thun, haben mit jenen nicht einerley Endzweck. Ihre Absicht ist, junge Leute zu Schülern zu haben, die schon aus den niedern Schulen heraus kommen; sie bilden alsdenn den Verstand und den Geschmack bey ihnen, wenn sie schon fäßig genung sind zu empfinden und zu urtheilen; so wie man ehemals zu Athen in den Academien verfuhr. Zum Unglück sind die Hörsäle des königlichen Collegii mehrentheils sehr leer.

Ob man gleich heut zu Tage an den Sprachen nicht mehr so viel Geschmack findet, so könnte man doch, ihres großen Nutzens wegen, wieder darauf fallen. Die Stiftung des königlichen Colle-

---

a) Man erzählt, daß ein Professor der arabischen Sprache, Petit de la Croix, Frankreich im Jahr 1685 von einem betrügerischen Bündnisse abgehalten habe, welches die Tripolitaner mit ihm schliessen wollten. Sie suchten ihn zu bestechen, und boten ihm eine ansehnliche Summe, wenn er in den Tractat tripolitanische Thaler anstatt französischer Thaler setzen wollte. Dieses hätte einen Unterschied von mehr als hundert tausend Livres gemacht. Ein Umstand, der diesem königlichen Professor um so viel mehr Ehre macht, da man die Betrügerey wohl niemals würde entdeckt haben.

Collegii, die durch so viel Reden, durch so viel Gedichte, und durch so viel allegorische Gemälde gefeyert worden ist, verdient daher mit allem Ernst unterstützt zu werden.

Die Franciscaner
und
Capuciner.

Die Gestalt einer Kappe und eines Barts hat zu diesem seraphischen Streite Gelegenheit gegeben. Ganz Italien hat an demselben Theil genommen: Päbste, Cardinäle, Prinzen, und am meisten Prinzessinnen, die durch ihre Frömmigkeit und Schönheit berühmt waren.

Der P. Zacharias Bowerius, ein Capuciner, hat Jahrbücher von diesem wahren bürgerlichen Kriege in dem Orden des heil. Franciscus herausgegeben. Diesem Geschichtschreiber, der sich völlig außer Verdacht, die Sachen übertrieben zu haben, glaubt, ist der protestantische Verfasser des seraphischen Krieges in allen Stücken gefolgt. Ich mag in der That nicht für die Wahrheit aller dieser Begebenheiten Bürge seyn; ich werde vielmehr suchen, die Galle, die er darunter gemengt hat, ein wenig abzutreiben.

Ein Franciscaner, Matthäus de Vassy, ein sehr frommer, aber kurzsichtiger Mann, unterredete sich eines Tages mit einigen seiner Mitbrüder von dem großen Heiligen, Franciscus. Der eine zog ihn selbst dem Heylande vor, weil er mehr Blinde sehend, mehr lahme, so wohl unter Menschen, als Vieh, gehend gemacht, mehr Teufel ausgetrieben, und mehr Todte auferweckt hätte. Der andere versicherte, daß der heil. Franciscus den ältesten Sohn eines Arztes ums Leben gebracht, damit er die Ehre und das Vergnügen haben möchte, ihn wieder vom Tode zu erwecken. Der dritte erzählte, daß Bruder Benedict von Arezzo, als er von den Bootsknechten in die See geworfen ward, vom heil. Franciscus wieder sey heraus gezogen, in das irrdische Paradies versetzt, daselbst vom Elias und Enoch bewirthet, und dann wieder in das Schiff gebracht worden, denen zum Trotz, die ihn zuvor heraus geworfen hatten. Der vierte brachte endlich als eine große Heimlichkeit vor, daß der Bruder, Johann des Vallees, durch eine außerordentliche Gnade des heil. Franciscus, in einer Entfernung von vierzig Meilen, die Ankunft des Bruders Juniperus riechen könne, dessen größtes Vergnügen darinne bestehe, sich mit einem Kinde auf einer langen Stange zu schauckeln. Man vergaß dabey eben so wenig der weissen Leiter, die der heil. Franciscus seinen Kindern soll angegeben haben, und auf welcher sie gerade zu in den Himmel steigen können, als des besondern Vorrechts aller Franciscaner,

daß

daß ihnen kein böser Geist etwas anhaben kann. a)

Ein einziger von diesen Franciscanern schwieg ganz stille. Man fragte ihn endlich um die Ursache, und er ließ mit Seufzen diese Worte vernehmen: Kann man mit gutem Gewissen ein Franciscaner seyn, und das Kleid dieses Ordens tragen? So ernsthaft man bisher gewesen war, so konnte man sich doch anjetzt des Lachens nicht enthalten. Unser Franciscaner aber ließ sich nichts anfechten; er wiederholte diese Worte nochmals, und sie machten nunmehr Eindruck.

Er erzählte, wie die Kleidung der Franciscaner gar nicht diejenige wäre, die der heil. Franciscus getragen hätte, und führte zum Beweise viele Bildnisse von diesem Heiligen an; besonders seinen heiligen Habit, den man noch zu Assiso aufhübe. Die Kleidung der Franciscaner, fuhr er fort, ist nichts als ein von den Päbsten geduldeter Habit. Ein ieder wollte ihm Einwürfe machen, als die Stunde des Stillschweigens schlug.

K 5 Bru-

a) Dieses Vorrecht ist so unstreitig, daß, als der Minister Creg, der davon wußte, einst in eine Kohlgrube fiel, und den Augenblick von einer Legion Teufel, unter der Gestalt berußter Cyclopen, umringt ward, er sich glücklich von ihnen befreyete, indem er rief: Ego sum Franciscanus, domini diaboli, ego sum Franciscanus. D. i. Ich bin ein Franciscaner, ihr Herren Teufel, ich bin ein Franciscaner. Man merke, daß man mit den Teufeln lateinisch reden muß.

Bruder Matthäus de Baſſy, der noch ein ärgerer Phantaſt war, als die andern alle, war von dem, was er gehört hatte, am meiſten gerührt worden. Es lag ihm Tag und Nacht in den Gedanken. Sein Geiſt ward nicht eher ruhig, als bis man ihm die wahre Geſtalt des Habits, wie ihn Franciſcus getragen haben ſollte, vorgezeichnet hatte. Man malte ihm eine Art von Kutte vor, an welcher eine lange und ſpitzige Kappe hieng. Als Bruder Matthäus dieſen Riß ſahe, fühlte er ſich ganz entflammt. Der heil. Franciſcus ermangelte auch nicht, ihm die folgende Nacht in einer ſolchen ſpitzigen Kappe zu erſcheinen. Dieſe Erſcheinung war für den Bruder Matthäus eine Urſache mehr, die ſeinige ie eher ie lieber abzulegen: aber wie ſollte er es mit dieſer Verwechſelung angreifen, damit ſie glücklich ablieſe?

Er fand in ſeiner Zelle eine alte und ſchmutzige Kutte; dieſe nahm er, heftete eine lange und ſpitzige Kappe daran, zog ſich dieſe Kleidung an, band ſie mit einem ſtarken Stricke über einander, ſchlich ſich, ſo ſachte als er konnte, an die Mauern ſeines Cloſters, Monte-Falcone, und war mit einem einzigen Sprunge über dieſelben. Mit einem hölzernen Creuze in der Hand, machte er ſich nun auf den Weg nach Rom, in der gewiſſen Hofnung, daß ihm der Pabſt nun das zugeſtehen werde, was er zu bitten nicht gewagt hätte, nemlich die Erlaubniß, eine zugeſpitzte Kappe zu tragen.

Zum

mit der andern.

Zum Unglück für den guten Bruder Matthäus schien dieselbe Nacht, da er aus dem Closter entsprungen war, der Mond sehr helle. Die Bauern, die ihn gewahr wurden, sahen ihn für einen Landstreicher an. Sie dachten an ihre Hünerställe, und schrien: Halt auf! halt auf! ein Räuber, ein Hünerdieb! Das ganze Dorf lief mit Prügeln, Ofengabeln, Flegeln und dergleichen Waffen zusammen; man hielt den armen Bruder fest, und band ihm Hände und Füße zusammen. Da aber einige Bauern auf die Gedanken geriethen, daß es wohl ein frommer Einsiedler seyn könnte, der sich verirrt hätte; da auch seine Geduld und sein hölzernes Creuz diese Vermuthung zu bestätigen schienen, so ließ man den Bruder Matthäus wieder laufen.

Dieser Zufall machte ihn indeß nicht schüchtern. Er sahe wohl, daß der Teufel mit im Spiele sey, und das Gute, das die zugespitzten Kappen einst stiften würden, gern verhindern wollte. Er setzte seine Reise nach Rom getrost fort. Als er daselbst ankam, warf er sich dem Pabst, Clemens VII, zu Füßen, und redete ihn also an: „Heiliger „Vater, ich bin ein Priester, obgleich ein unwür„diger, vom Orden der Minoritenbrüder. Mein „größtes Verlangen ist, die Regel unsers seraphi„schen Patriarchen nach dem Buchstaben zu be„obachten; aber kann ich dieses? Es ist durch die „alten Denkmäler des Ordens erwiesen, daß der „hell. Franciscus blos eine schlechte Kutte, mit „einer daran festgemachten Kappe, in Pyramiden„gestalt,

„gestalt, ohne ein Scapulare, getragen hät; so
„wie Eure Heiligkeit mich gegenwärtig gekleidet
„siehet. Eure Heiligkeit wolle mir demnach er-
„lauben, eine solche Kleidung zu tragen, als ein
„Pilgrim zu leben, und das Wort Gottes in aller
„Welt zu predigen.„

Clemens VII gewährte ihn seiner Bitte, doch mit der Bedingung, daß er sich alle Jahre einmal seinem Provincial zeigen sollte, wenn die Minoritenbrüder ihre Zusammenkunft hielten. Diese Erlaubniß des Pabstes war zwar nur mündlich; aber Bruder Matthäus wollte nicht lange auf ein Breve warten, welches er sonst leicht würde bekommen haben, weil es gelassen hätte, als ob er kein Vertrauen zur Vorsehung habe.

Er dachte nun, da ihn der Pabst selbst für einen reformirten Franciscaner erkannt hatte, weiter an nichts, als seiner Sendung Genüge zu leisten. Die Mark Ancona ward zum Schauplatz seines Eifers erwählt. Er predigte allenthalben herum wider den Habit der Franciscaner. Anfänglich hielt man ihn für einen Narren. Die kleinen Kinder hatten ihren Spott mit ihm: einige warfen ihn mit Koth oder mit Steinen; andere zupften an seiner Kappe, und zogen sie bald hin, bald her.

Der Bruder Matthäus war indeß voll brennender Begierde, nach Assiso zu gehen, und daselbst die Kappe des heil. Franciscus im Originale zu sehen. Ein Vergnügen, welches ihm niemand wehrte. Er kam, und sahe statt einer einzigen
Kappe,

Kappe, ein ganzes Heer von Kappen, die theils vom heil. Franciscus, theils von seinen Begleitern waren, und die er alle mit tiefer Demuth verehrte. Da er in diesem Augenblicke der Begeisterung seine Augen allenthalben hatte, so bemerkte er, daß diese Kappen noch ein wenig von der seinigen unterschieden waren; er verbesserte daher diese sogleich nach jenen Mustern.

Die Zeit war gekommen, daß die Franciscaner ihr Capitel hielten, und Bruder Matthäus gieng, sich nach dem Befehle des Pabsts, seinem Provincial zu zeigen; aber Bruder Matthäus begieng einen einfältigen Streich. Sein Provincial, der schon lange nach ihm geforscht hatte, sahe ihn kaum in seiner Gewalt, als er ihn in ein hartes Gefängniß, bey Wasser und Brod, einsperren ließ und noch außerdem befahl, ihn mit discipliniren nicht zu schonen.

Dieses harte Verfahren gieng einem andern Franciscaner sehr zu Herzen. Er benachrichtigte die Herzoginn von Camerino b) davon, die sich des guten Bruders Matthäus sehr annahm. Einige fromme Handlungen, die sie von ihm gesehen hatte, hatten ihm ihre Hochachtung erworben. Sie hatte Mitleiden mit seinen elenden Umständen,

---

b) Diese Herzoginn von Camerino, die eigentlich Catharina Cibo hieß, war die Nichte Leo des zehnten. Ob sie gleich sehr andächtig war, so liebte sie doch die Wissenschaften nicht weniger als ihr Oukel.

ten, bat bey ihrem Anverwandten, dem Pabste, um seine Befreyung, und erhielt sie endlich nach langem Bitten.

Als er aus dem Gefängnisse heraus kam, gieng er so gleich zu seiner Fürsprecherinn, die man zugleich für die Mutter und Stifterinn des Ordens der Capuciner ansehen kann. Diese sonderbare Beschützung der Herzoginn, und der Ruf, in welchen sich der neue Reformirte gesetzt hatte, verschaften ihm bald einige Proselyten.

Einer von seinen alten Freunden, Ludewig von Fossombrone, ehemals ein Soldat, itzt aber ein berühmter Capuciner, der ein heftiges Verlangen nach einer spitzigen Kappe trug, ließ sich eine sehr künstlich gearbeitete an eine Kutte von grobem Tuche nähen. Mit dieser schönen Kleidung verließ er sein Closter, um den andern geistlichen Paladin zu finden, der ihn auch mit großem Vergnügen aufnahm.

Der Beytritt dieses Ludewigs von Fossombrone war in der That auch der glücklichste Zufall für die spitzigen Kappen, und ohne ihn würde diese schöne Verbesserung nie sehr angenommen worden seyn. Er hatte die hohe Mine eines Helden, den Muth, das Vertrauen, den an Erfindungen fruchtbaren Geist, und alle die seltenen Eigenschaften beysammen, welche erfodert werden, große Dinge zu ersinnen und auszuführen.

Der Provincial der Franciscaner sahe wohl ein, wie groß der Verlust sey, den er erlitten habe. Er schwor, daß er den Ueberläufer todt oder lebendig

dig wieder haben müsse. Er stellte sich selbst an die Spitze eines Trupps Soldaten, und marschirte mit ihnen auf die Gegend los, wo er wußte, daß sich Fossombrone aufhielt.

Dieser erschrack bey der Annäherung seiner Feinde nicht im geringsten. Er stellte sich, als ob er ein gleiches Corps Soldaten unter seinem Commando hätte, und als General sie anführte. Er machte in einer großen Kammer, in welcher er sich befand, ein gräßliches Gelärme; indem er mit lauter Stimme die Glieder ordnete, Posten anwieß, hier einige an die Thüren, dort andere an die Fenster stellte, und dabey allen befahl, sich brav zu halten, und alle unbarmherzig tod zu schlagen, die sich ihnen widersetzen würden, oder sie von ihren Posten vertreiben wollten.

Der Provincial gerieth darüber in Furcht, kroch hinter seine Soldaten, und befahl ihnen, getrost zu avanciren. Der Officier aber, der dabey war, sagte zum Provincial: „Wir würden gewiß „keine Gefahr scheuen, wenn die Sache der Mühe „werth wäre; sollen wir uns aber einer Mönchs„tänkerey wegen tod schlagen lassen? Würde man „uns nicht auslachen?„

Eine ähnliche Begebenheit trug sich ein andermal zu, als der Bruder Fossombrone mit dem Bruder Matthäus, und noch zween Proselyten zu Ilsche saß. Die Soldaten kamen, um sie zu überfallen, und die vier Capuciner fiengen aus allen Kräften an zu schreyen: Krieg! Krieg! Die Sol-

Soldaten hörten das Geschrey, hörten das Geräusch der eingebildeten Waffen, erschracken und machten Halte. „Wehe dem, schrien die Capu„ciner, der sich näher wagt! Er sey Soldat oder „Mönch; wir geben keinen Pardon.,, Diese Worte waren ein Donnerschlag für den Feind. Ehrwürdige Väter, sagte der Capitain mit Zittern zu den Franciscanern, die er bey sich hatte, und die noch mehr erschrocken waren, „ehrwür„dige Väter, wohin führet ihr uns? auf die „Schlachtbank! Ihr gabt uns die Versicherung, „daß wir nur mit zween Capucinern zu thun haben „würden, und wir sollen uns nun mit einer gan„zen Legion Soldaten herum schlagen. Erlau„bet, daß wir uns zurück ziehen.,, Ihr Zurückzug geschahe mit der äußersten Unordnung. Der Annalist, Bowerius, vergleicht diese Flucht mit der Flucht der Syrer, die Samaria belagerten, und von Gott durch ein schreckliches Geräusch von Wagen, Pferden und einer großen Armee, in ihrem Lager erschreckt wurden.

Man würde nicht fertig werden, wenn man alle diese Gasconnaden erzählen wollte. Ein andermal, als Fossombrone erfuhr, daß sein Provincial einen Trupp Franciscaner, welche insgesamt starke Leute, und mit einem mit Eisen beschlagenen Stocke bewafnet waren, nach ihm in ein Closter auf dem apenninischen Gebirge, in welchem er damals war, ausgeschickt habe, setzte er sich in die Verfassung, sie wohl zu empfangen. Kaum waren sie auf der Spitze eines gewissen Felsens ange-

angelangt, wo er auf sie wartete, als er ihnen eine solche Furcht einjagte, daß sie alle halb tod wieder herunter fielen. Diese Furcht kam von einer großen Menge rauchender Bränder her, die der Alexander, der Cäsar, der Hannibal unter den Capucinern, geschickt überall herum gestreuet hatte. Die Franciscaner konnten sich dabey nichts anderes vorstellen, als daß sie alle lebendig würden verbrannt werden.

Ein seltenes Verdienst, welches Fossombroné hatte, ist dieses, daß er auf seine Siege nicht stolz war. Er ermangelte niemals, ein Te Deum auf dem Wahlplatze zu singen.

Alle diese Schlachten wurden nicht anders, als nach vielen vorhergegangenen Unterhandlungen geliefert. Diese Unterhandlungen wurden auch noch nach denselben fortgesetzt. Ganz Italien nahm an diesen Streitigkeiten Theil. Man bediente sich der vornehmsten und geschicktesten Personen zu Unterhändlern, von welchen die Herzoglan von Camerino stets das Haupt war. Nach vielen Unterredungen ward endlich die Sache dahin verglichen, daß beyde Partheyen, in Gegenwart gewisser Zeugen, einander ihre Meynung erklären sollten.

Die Franciscaner trugen ihre Beschwerden zuerst vor. Ihr Provincial stellte die Reformatoren als Abtrünnige, Landstreicher, und Bösewichter vor. Die Capuciner antworteten dagegen, daß er sie sehr schlecht kennen müsse; daß sie die Reformation gar nicht aus Verlangen nach einer freyern Lebensart, sondern blos zum Heil' ihrer Seelen unternommen hätten; daß man ohne eine spitzige Kappe nicht selig werden könne; daß der heil. Franciscus sie eben so getragen habe; daß seine ältern Kinder von dieser Regel gänzlich abgewichen wären; und daß endlich die Brüder, die sich Observantiner nennten, sich lieber Nonobservantiner nennen sollten.

Da man sich bey dieser freundschaftlichen Unterredung so derber Ausdrücke bediente, wäre es beynahe zu Schlägen gekommen. Das, was die Reformatoren besonders aufgeblasen machte, war die Approbation, die ihre Kappe und ihre Art zu leben beym Pabste gefunden hatte; sie bestand, wie ich schon gesagt habe, zwar nur in Worten: aber sie ward hernach den 13 Julius im Jahr 1528 durch eine förmliche Bulle bestätigt.

Diese Bulle war von Clemens dem siebenden, und gab unter andern den neuen Franciscanern die Erlaubniß, als Pilgrime zu leben; an allen Orten Almosen zu sammlen; und welches ihnen das angenehmste war, einen langen Bart, und eine große spitzige Kappe zu tragen. Die Bulle ward zu Camerino mit großen Feyerlichkeiten bekannt gemacht.

Die Capuciner rechnen demnach den Anfang ihres Ordens vom Jahr 1528 an; weil die vier Reformatoren nur von der Zeit an sich öffentlich durften sehen lassen. Es trug sich dabey zu, daß die Kinder, da sie diese Kappenträger das erstemal öffentlich sahen, riefen: Capuciner, Capuciner! und

und diesen Namen haben sie auch hernach beständig behalten.

Diese ehrwürdigen Väter schlichen sich nach und nach in ganz Italien ein. Es liefen von allen Orden Mönche haufenweise zu, am meisten aber von dem Orden der Minoriten. a) Ein ganzes ***es Closter in Calabrien, gieng nebst seinem Guardian zu den spitzigen Mützen über.

---

a) Ein Name, den, wie der Verfasser des seraphischen Krieges anmerkt, der heil. Franciscus seinen Kindern gab. Es sind aber andere Mönche aufgestanden, die es noch besser machen wollten, und den Namen Minoriten noch nicht für demüthig genung hielten; sie nannten sich daher Minimen, d. i. die sehr Kleinen, oder die Kleinsten unter den Kleinen. Diese, fährt genannter Autor fort, haben außer ihrem demüthigern Namen, auch noch diesen Vorzug vor den Minoriten, daß sie zu denen gewöhnlichen Gelübden noch ein viertes hinzu gesetzt haben, nemlich die Enthaltung von Fleisch, Eyern, Milch und Butter. Alle ihre Speisen müssen mit Oel gemacht seyn. So bald sie aber krank werden, bringt man sie in die Krankenstube, und giebt ihnen da, was ihnen schmeckt. Eine Nonne sprach darüber einst mit einem Minimenbruder in einem sehr scherzhaften Tone: „Man hat mir versichert, sagte sie, daß „man, wenn sie krank werden, ihnen gute Fleisch„suppen und gebratene Hüner zu essen giebt, ob sie „gleich das Gelübde der Enthaltung vom Fleische „gethan haben. Wenn nun unser Gelübde der „Keuschheit und eine Krankheit zuziehen sollte, „warum sollten wir dasselbe nicht auch brechen „dürfen?„

Es entstand darüber ein gräulicher Lärm, und der Provincial der Observantiner, der dieses Beyspiel für gefährlich hielt, und seinen ganzen Orden zu verliehren fürchtete, brachte seine Klagen bey allen Gerichten an. Die Observantiner, die sich zuletzt noch spitzige Kappen zugelegt hatten, mußten sich, um sicher zu seyn, unter den Schutz des Herzogs von Nocera, aus dem Hause Caraffa, begeben. Dieser Herzog von Nocera war der Sohn der berüchtigten Lucretia Borgia, a) der lüderlichen Tochter des lüderlichen Pabst Alexanders des sechsten.

Er war in der Denkungsart von seiner Mutter sehr unterschieden: sie hatte die Mönche verabscheut; er aber war ihr Beschützer. Er glaubte, so wie seine Gemalinn, die auch eine gar andächtige Frau war, daß man sich ein Gewissen zu machen habe, wenn man den neuen Capicinern nicht wider ihre Verfolger beystehen wollte. Er nahm sie daher so gar in seinem Pallaste auf.

Die

---

a) Wir haben auf sie eine lateinische Grabschrift von dem Poeten Sannazar, die wir lateinisch und französisch hieher setzen wollen:

Hoc jacet in tumulo, Lucretia nomine, sed re
Thais, Alexandri filia, sponsa, nurus.

Sous le nom de chaste Lucrèce
Ici gît une autre Thaïs,
La fille, la bru, la maitresse
Du fameux Alexandre Six.

Die Herzoginn war für Freuden ganz außer sich, daß sie solche heilige Männer bey sich sahe, und that alles mögliche, um ihnen ihre Ehrerbietung zu bezeugen. Da sie ihre Kappen nicht so fand, wie sie sich die Einbildung davon machte, so ließ sie sich ein Stück grobes Tuch bringen, welches sie selbst zurecht schneiden und zusammen nähen wollte, um daraus eine unvergleichliche Kappe zu machen. Ihre Aufwartefrauen mußten auf ihren Befehl in diesem Geschmack noch eine Menge Kappen machen.

Wem hätte diese Sorgfalt einer Herzoginn nicht ein Vergnügen machen sollen! Unsere Capuciner bewunderten die Wege der Vorsehung. Da es ihnen aber einfiel, daß sich ihre prächtige Wohnung nicht mit der Armuth ihres Standes vertrüge, so verließen sie den Pallast der Herzoginn, um in Capucinerclöstern zu wohnen; denn sie hatten schon dergleichen, so sehr sich auch die Franciscaner widersetzten.

Der Provincial der Observantiner, der wider die entlaufenen Mönche des Closters in Calabrien den Bann ergehen zu laßen Erlaubniß hatte, glaubte, daß er sie vielleicht alle nach und nach wieder bekommen könnte. Er trug demnach vierzigen der verwegensten Franciscaner auf, sie überall aufzusuchen. So oft diese aber die Hände an einen legen wollten, so oft half ihm der heil. Franciscus durch, indem er die seraphischen Häscher in Verwirrung brachte. Alle Mühe, die sie sich gaben, half ihnen weiter nichts, als daß sie bisweilen einige

nige furchtsame Capuciner von der Mahlzeit verjagten, und ihre schlechten Speisen wegnehmen konnten.

Als man endlich auf beyden Theilen des Krieges müde war, so versuchte man wieder durch Tractaten auseinander zu kommen. Die Unterhandlungen wurden in Gegenwart des Herzogs von Nocera und des Pabsts selbst getrieben. Die Capuciner warfen den Franciscanern beständig ihr ärgerliches Leben vor; diese aber gaben zur Antwort: *Wartet erst, bis eure Feueressen so viel geraucht haben, als die unsrigen, und dann werdet ihr sehen, daß ihr nicht um ein Haar besser seyd, als wir.* Die Entscheidung fiel endlich dahin aus, daß die Franciscaner die Capuciner künftig in nichts weiter beunruhigen sollten. Es gefiel dem Pabste, es also zu befehlen, und zu gleicher Zeit den wider die letztern ergangenen Bann zu widerrufen.

Nun hätte man glauben sollen, alles sey zu Ende gebracht; aber es war es noch nicht. Man bestellte keine Messen bey den Franciscanern mehr; ihre Beichtstühle waren leer; das Betteln gieng auch nicht mehr. Der lange Bart und die spitzige Kappe verrückten allen andächtigen Männern und Weibern in Italien den Kopf. Der General der Franciscaner sahe mit Zittern den Untergang seines ganzen Ordens voraus; und um ihn zu verhüten, wandte er sich an den Pabst. Er that Seiner Heiligkeit den Vorschlag, daß Sie die aufrührisch gewordene Unterthanen doch wieder einem

einem einzigen Haupte unterwerfen möchten; welches aber nicht, wie die Capuciner verlangten, der General der Conventualen, sondern der General der Franciscaner wäre. Die Capuciner hatten sich nemlich, um gegen ihre Feinde besto mehr gesichert zu seyn, zu der Parthey der Conventualen, (ein anderer ansehnlicher Zweig des Franciscanerordens) geschlagen.

Eben dieser General der Franciscaner unterstand sich, gegen den Pabst von der spitzigen Kappe der Capuciner mit der äußersten Verachtung zu sprechen: er nannte sie eine Pfefferdüte, und behauptete, daß es ohnmöglich die Kappe des heil. Franciscus seyn könne; daß wenigstens dieser große Patriarch keine dergleichen könne getragen haben, als er sich in Gegenwart des Bischofs von Assiso mit einem Regenmantel oder einer Kappe, deren sich die Hirten bedienen, bedeckte.

Die Klagen des Generals hatten bey dem Pabste Eindruck gemacht, zumal da einige Cardinäle dieselben unterstützten; die Capuciner aber, die noch zu rechter Zeit von dem, was vorgieng, benachrichtiget wurden, hielten die schlimmen Folgen davon auf. Sie versicherten Seine Heiligkeit, daß sie, da sie sich eine andere Kleidung gewählt hätten, gar nicht Willens wären jemanden zu hintergehen, oder ihre Almosen zu vermehren. Sie führten gegen den Pabst eine so uneigennützige Sprache, daß so gar einige Franciscaner, die dabey standen, ihnen Beyfall gaben.

Nach

168 Streitigkeit einer Gesellschaft

Nach dem Ausdrucke des Verfassers vom seraphischen Kriege, dem ich zwar überall, aber mit mehr Bescheidenheit, nacherzähle, hatten beyde Theile bisher über ihre Demuth aus Stolz gestritten, und diesesmal stritten sie über ihre Uneigennützigkeit aus Geiz. Die Observantiner führten jene Zeiten a) an, wo sie so unstreitige Beweise von der ihrigen gegeben hatten. Da sie aber damit nichts ausrichteten; da der Pabst nichts ihrentwegen that; da die Almosen alle Tage abnah-

a) Unter dem Pontificate Nicolaus IV, Clemens V, und Benedict XII, wollten die Franciscaner mit Gewalt das Eigenthum von dem Gebrauch der Güter unterschieden wissen. Sie behielten nur das letztere für sich, und überließen das erstere dem Pabste. Johann XXII, der an diesem Geschenke nichts sonderliches fand, that so wohl in seinem Namen, als im Namen der römischen Kirche, auf das Eigenthum, das sie ihm an ihrem Brodte, an ihrem Weine, und andern dergleichen Vorrathe, geben wollten, Verzicht. Er that dieses um so viel lieber, sagt der Verfasser des seraphischen Krieges, da die Franciscaner sich nicht weniger in dem Weine, den sie in ihrem Keller hatten, betranken, als wenn sie das volle und gänzliche Eigenthumsrecht darüber gehabt hätten. Johann XXII sagte ihnen endlich, daß in Sachen, die durch den Gebrauch verzehrt würden, das Eigenthum nicht vom Gebrauche könne geschieden werden; die Franciscaner wollten dieses nicht glauben. Sie hielten den Pabst für einen Ketzer, suchten das Volk wider ihn zu erregen, und trieben es so lange, bis sie zu Marseille lebendig verbrannt wurden.

abnahmen; da die Capuciner Eroberungen über Eroberungen machten, indem die berühmtesten Observantiner, die Asti, Jesi, Odvins, zu ihnen übergegangen waren, so sann der zur Verzweifelung gebrachte General derselben auf Rache.

Er wußte, daß Ludewig de Fossombrone die Seele des ganzen neuen Ordens war; er ließ ihn daher zu sich bitten, um alles mit ihm beyzulegen. So bald er ihn aber in seiner Gewalt hatte, ließ er ihn, wider alle Treue und Glauben, ins Gefängniß werfen. Zwanzig darzu bestellte und versteckt gehaltene Observantiner, mußten den unglücklichen Fossombrone überfallen. Sie rissen ihm mit Ungestüm die Kappe vom Kopfe. Der General selbst ergriff sie in der Raserey, warf sie auf die Erde, und verfluchte und vermaledeyete sie. „Man binde, schrie er, und wieß auf den Fossom„brone, man binde diesen Abtrünnigen; man „werfe ihn in das finsterste Gefängniß, und „lasse ihn da den Rest seiner Tage im Elende zu„bringen."

Ein vornehmer Italiener, dem Fossombrone erzählt hatte, daß er den General der Franciscaner besuchen sollte, und der ihn seit einigen Tagen nicht mehr gesehen hatte, fiel darauf, daß eine Untreue darunter verborgen sey. Er geht demnach so gleich zum General, und drohet ihm so lange, bis er die würdigste Zierde der Capuciner wieder herstellt.

Der General aber gab noch nicht alle Hofnung auf. Da er sahe, daß die großen Patrone, die sie sich gemacht hatten, alle seine Unternehmungen vereiteln würden, so war er bedacht, ihnen noch größere Patrone entgegen zu stellen. Er schrieb an alle europäische Potentaten, um sie zu bereden, daß sie sich einer Sache annehmen möchten, welcher an Wichtigkeit keine andere gleich käme.

Der Pabst erhielt, zu eben der Zeit, Ansuchungsschreiben von allen diesen Regenten, daß er den neuen Orden zerstören möchte. „Was hat „aber, sagte der Pabst, als er die Depeschen las, „dieser Orden allen diesen Majestäten und Hohei„ten gethan? Sie können sich von den Capucinern „nicht einmal eine Vorstellung machen; denn sie „haben sie ja noch nie gesehen."

Obgleich der Pabst die Capuciner liebte, so wagte er es doch nicht, sie länger zu unterstützen; er verbannte sie sogar aus Rom. Beynahe wäre darüber ein Aufruhr entstanden, als sie die Stadt verließen. Ein Pilgrim, dessen glänzende Tugenden bey dem Volke viel Eindruck gemacht hatten, lief auf allen Straßen der Stadt herum, und schrie: „Rom beherberget und ernährt Wol„lüstlinge, Ehebrecher, Wucherer, Räuber, Mör„der, allerley Arten von lüderlichem Gesindel, und „jagt die aus der Stadt, die ihr zum Beyspiel „dienen sollten. Wehe dir, Rom, daß du solche „Männer verwirfst, und Hunde in deinem „Schooße ernährst! Wehe dir, thörichtes Volk, „daß du die Capuciner verachtest, und Bildsäulen „göttlich verehrst!"

Die

mit der andern.

Die Capuciner wurden geschwind wieder zurück gerufen. Der Achtung des ganzen Volks versichert, Ueberwinder der Franciscanercabale, schien es, daß sie nun ihr Glück in Ruhe genießen sollten: aber ach! der Krieg war ihnen seit langer Zeit so sehr zur Gewohnheit geworden, daß sie nun einander selbst in die Haare geriethen, da sie von außen keinen Feind mehr zu bekämpfen hatten. Wer sollte es wohl glauben? eben der Fossombrone, der kriegerische Capuciner, der dem Ansehen nach so demüthige, so bescheidene Held, war der hochmüthigste Mensch von der Welt.

Er war schon alle Stufen seines Ordens durchgegangen, und seine Verzweifelung stieg aufs äuserste, da man ihn nicht zum General der Capuciner gemacht hatte. Dieser Mensch, der so lange Zeit, mit so vielem Glück für die spitzige Kappe und den langen Bart gestritten hatte, ließ sich die Niederträchtigkeit einfallen, beydes zu vernichten, und sein eigenes Werk wieder zu zerstören. Er machte darüber kein Geheimniß, sondern in der Versammlung seiner Brüder erklärte er sich einst folgender Gestalt: „Höret mich, meine Brüder! „Ich bin Ludewig von Fossombrone; ich bin Lu„dewig a) Tenaglia. Ich habe mancherley un„ternommen und ausgeführt; ich kann auch noch „größere Dinge unternehmen: Zittert, Undank„bare, zittert!„

Alle

a) Das war sein Familienname.

Alle seine Drohungen liefen dahin aus, daß er sich von ihnen trennen wolle. Nie ist ein Orden mit seinen großen Männern so unglücklich gewesen. Matthäus de Bassy, der zuerst die Kappe der Capuciner reformirte, blieb nicht bey ihnen. Ihr berühmter General, Ochin, verließ sie, ihren heiligen Habit, und selbst seine Religion, mit großem Aergernis, indem er nach Genf flohe, allwo er sich in ein Weibsbild verliebt hatte. Er oferte diesem Frauenzimmer seinen Platz des vornehmsten Capuciners auf der Welt, seinen Geruch der Heiligkeit, und den Ruhm, der größte Prediger in Italien zu seyn, ohne Bedenken auf. Er ward hierauf der Apostel der Vielweiberey.

Alle diese Begebenheiten wurden öffentlich ruchtbar. Die Franciscaner freueten sich darüber, und riefen, wo sie nur einen Capuciner antrafen: „Heuchler! Ketzer! Capuciner! wie lange wollet „ihr die ganze Welt betrügen? Aber ihr betrügt „sie nun nicht mehr; die Masque ist euch abgezogen; es ist um euch, um euern Bart, um eure „spitzige Kappe geschehen." Die Capuciner, wenn sie es hörten, schlugen die Augen nieder, rückten die Kappe ins Gesicht, und machten, daß sie fortkamen.

Der Pabst selbst, welches nicht mehr Clemens VII, sondern Paul III war, beschloß ihren Untergang, aus Furcht, daß es vielleicht lauter Ochins, lauter Anhänger der Ketzerey wären. Als er bey einem ihrer Clöster vorbey gieng, sagte
er:

er: „In kurzem soll weder der Capuciner, noch „ihrer Clöster, mehr gedacht werden." Er ließ hierauf verschiedene Cardinäle zusammen berufen, die alle seiner Meynung waren, den Cardinal Antonius San-Severini ausgenommen, als welcher ein großer Freund der Capuciner war.

Dieser stellte vor, wie ungerecht es wäre, so viel Unschuldige mit den Schuldigen zu verdammen. Er setzte noch hinzu, daß es für den Ochsen zu viel Ehre seyn würde, wenn man seinetwegen einen ganzen Orden abschaffte, der für die Kirche ein Pfeiler mehr werden könnte. Dieser letzte Grund brachte den Pabst auf andere Gedanken. Die Capuciner hatten schon alles erfahren, was der Pabst wider sie gesprochen hatte; das Publicum erwartete, nebst ihnen, ihre Aufhebung, als Seine Heiligkeit sie ins Vatican beschied.

Sie vermutheten gar nichts anders, als daß sie da alle zusammen in den Bann würden gethan werden. Die Franciscaner zweifelten noch weniger daran, und ließen von ihren Ordenskleidern so viele, als sie konnten, ins Vatican tragen, um die Capuciner einzukleiden, so bald als das Urtheil über sie würde gesprochen seyn. Die Capuciner unterließen auch nicht, am bestimmten Tage im Vatican zu erscheinen.

Der Pabst ließ sie einige Stunden warten, ehe er ihnen Audienz gab. Endlich wurden sie, mehr tod als lebendig, in den Audienzsaal geführt: sie fielen dem Pabste zu Füßen, mit thränenden Augen, und auf der Erde liegendem Angesichte.

Der

Der Pabst hielt ihnen, mit sehr harten Worten, die Verlassung des Ochin, und eine unverschämte Schrift desselben wider den heil. Stuhl vor. „Urtheilet selbst, sagte er, was dergleichen abscheu„liche Verbrechen wohl für Strafen verdienen! „Ist es zu viel, wenn wir alle eure Privilegia a) „widerrufen, und befehlen, daß ihr euch wieder „unter die Observanz begebt?„ Hier fiel der General der Capuciner, Franz de Jesi, indem er sich auf seine Knie aufrichtete, dem Pabste ins Wort: „Ach! mit Erlaubniß, heiliger Vater, „war nicht selbst unter denen Aposteln ein Verrä„ther Judas, dessen Verbrechen dennoch der gan„zen Gesellschaft der Apostel nicht zum Verder„ben gereichte?„ „Schweig, Aufgeblasener, ant„wortete ihm der Pabst mit einer Art von Zorn, „wer erlaubt dir, dich zu vertheidigen und mir ins „Wort zu fallen?„ Da er hierauf eine etwas freundlichere Mine annahm, fuhr er fort: „Ich „hatte beschlossen, euch zu strafen; aber ich fühle „mich entwafnet. Der heil. Franciscus streitet „sichtbarlich für euch. Ihr hattet erst an mir ei„nen fürchterlichen Richter, nun habt ihr nur ei„nen gütigen Vater. Genießet ferner aller Gna„de, die euch der heilige Stuhl hat wiederfahren „lassen. Seyd, mit einem Worte, würdige Ca„puciner, und vergeßt nie, was ihr seyd.„

Dieser Tag, der für die Capuciner ein Tag des Schreckens seyn sollte, ward für sie der Tag ihres

a) Wir haben dergleichen, sagte einst ein Capuciner, daß einem die Haare zu Berge stehen möchten.

ihres schönsten Triumphs. Die Franciscaner schämten sich, und trugen ihre Kleidungen wieder fort, wie sie dieselben hergebracht hatten. Die Capuciner, mit Ehren geschmückt, sahen wohl, daß man nicht anders glücklich wird, als durch Widerwärtigkeiten. Sie priesen die Vorsehung, und hofften von nun an erst recht empor zu kommen. Sie glichen dem Aeneas, der mit einer Handvoll Trojanern nach Italien kam, und daselbst, allen Hindernissen zum Troß, ein großes Reich stiftete.

Nur eins verlangte der Pabst von den Capucinern, um von ihrer Lehre versichert zu seyn; daß sie nemlich einige theologische Artickel unterschreiben sollten. Die guten Leute unterschrieben sie auch alle mit dem standhaftesten Köhlerglauben.

Da nun also die Flecken, die ihren Glanz bisher verbunkelt hatten, einmal abgewischt waren, so leuchteten sie auch nunmehr desto mehr. Ein ieder von ihnen war eine Sonne, deren helle Stralen den Augen der Franciscaner unerträglich waren. Man höre, was diese thaten, um sich eine solche Last vom Halse zu schaffen. Der Pabst, Pius IV, hatte aufs neue ein allgemeines Concilium nach Trident ausgeschrieben; an dieses Concilium wandten sie sich, und wollten wegen der ihnen wiederfahrnen empfindlichen Beschimpfung, Genugthuung haben.

Da sie aber bey dem allen besürchten mußten, daß die gute Sache allein ihnen nicht zum Recht verhelfen möchte, so nahmen sie ihre Zuflucht zur List.

list. Der General der Observantiner hielt bey dem Concilio darum an, daß der General der Conventualen, welcher selbst gegenwärtig war, ihm subordinirt würde. Denn da die Capuciner sich diesem freywillig unterworfen hatten, so wären sie dadurch nothwendiger Weise nunmehr dem andern unterworfen worden, und so wäre es aus mit ihnen gewesen. Der General der Observantiner würde, als Monarch über alle, nur einerley Regel und einerley Habit bey allen geduldet haben. Der Streich war derb; aber man mußte ihm auszuweichen.

Der General der Conventualen stand hitzig auf, und stritt, in voller Versammlung, dem General der Observantiner so wohl das Primat in der Generalswürde, als auch das Siegel des ganzen Ordens des heil. Franciscus ab. „Erlauchteste und ehrwürdigste Väter, sprach er, wenn „diese Sache nach dem Alter des Ordens ent„schieden wird, so gehört das Siegel uns zu; wir „sind älter, als die Observantiner. Wenn man „aber die Sache nach der Observanz der Regel „selbst entscheiden will, so haben weder sie, noch „wir, ein Recht zu dem Siegel, sondern es gehört „den Capucinern."

Die Väter des Concilii warfen so gleich die Augen auf den General dieses reformirten Ordens: aber er wollte eine so große Ehre nicht annehmen; alles, was er verlangte, bestand darinne, daß man die Capuciner für wahre Kinder des heil. Franciscus und der römischen Kirche erken-

erkennen möchte. Ehe nun darüber die versam̃-
melten Väter einen Schluß faßten, thaten sie zuvor diese Frage an ihn: „Was bewegt euch, diese
„Kleidung zu tragen, die ihr gegenwärtig tragt?„
So gleich zog er ein Bildniß des heil. Franciscus
nach dem Originale, welches die Großherzoge von
Toscana in ihrem Pallaste zu Florenz haben, aus
der Tasche.

Die Aehnlichkeit des Habits der Capuciner
mit dem Habit des Patriarchen, fiel allen in die
Augen. Der General der Franciscaner schwieg
den Augenblick stille, der zuvor noch nicht aufge-
hört hatte über den langen Bart und die spitzige
Kappe zu plappern.

Da es auf diese Weise nun bewiesen war,
daß die Capucinerkappe die beste unter allen wäre, so kam es nun darauf an, wer unter den andern Kindern des heil. Franciscus ihnen am meisten nachahmen würde. Die Barfüßermönche
waren unter allen die kühnsten; sie machten die
Spitze ihrer Kappe nach und nach immer länger.
Die Capuciner wurden es gewahr, und beschwerten sich darüber. Es währte nicht lange, so kam
es unter ihnen zum Wortwechsel. Der Capuciner sagte zum Barfüßer: „Du willst uns an Hei-
„ligkeit gleich seyn; du trägst aus Stolz eine der
„unsrigen ähnliche Kappe, damit man dich für ei-
„nen Capuciner halten soll.„ Der Barfüßer
gab denn darauf zur Antwort: „Du suchst also
„die Heiligkeit in der langen Pfefferdüte, die du
„auf dem Kopfe trägst. Ihr guten Capuciner,

gel. Streit. III. Th.   M   „man

„man sieht, wie heilig ihr seyd, wenn ihr acht Ta=
„ge vor euren Fasten Taschenspieler abgebt, und
„Purzelbäume macht." a)

Es wurden indeß ☞ dem Pabst, Urban VIII,
Klagen über die Verwegenheit der Barfüßer an=
gebracht. Der Pabst befahl ihnen auch, die Spi=
tzen an ihren Kappen kürzer zu machen; sie woll=
ten es aber nicht thun. Alles, was man von ih=
nen erhielt, war, daß sie dieselben nicht noch län=
ger machten.

Die Picpussen b) haben gleichfalls den Ca=
pucinern manchen boshaften Streich gespielt, und
machen es ihnen auch jetzt noch nicht besser. Sie
tragen, so wie diese, einen Strick um den Leib, ei=
ne spitzige Kappe, einen Bart und an die Füße
gebundene Sandalen. Einfältige Weiber haben
sie oft mit einander verwechselt, und dem Bett=
ler der Picpussen das gegeben, was für den Bett=
ler der Capuciner aufgehoben war. Doch ist
die Uneinigkeit zwischen ihnen nie so groß gewe=
sen, als zwischen den Observantinern und Capu=
cinern.

Die

a) Man könnte zu diesen Künsten der Capuciner
noch andere Spielwerke setzen, die bey ihnen im
Gebrauch sind. Man sehe darüber die Oper der
Mönche, und ein Buch, unter dem Titel: Zeit=
vertreib der Capuciner, nach.

b) Les Picpusses. Ich gestehe aufrichtig, daß ich
nichts von ihnen weiß. Wer will auch alle Narren
in der Welt kennen?

Die Franciscaner ergriffen endlich die rechte Parthey, und lachten über den Bart und die zugespitzte Kappe, die sie allenthalben Mode werden sahen. Sie meynten, daß man jene Kappe gar nicht mit ihrer vergleichen müsse. Unsere Kappe ist rund, sagten sie, und nach dem Muster einer Kinderkappe gemacht; sie ist daher den Worten des Heylandes am meisten gemäß: Wenn ihr nicht werdet wie die Kinder, so werdet ihr nicht in das Himmelreich kommen.

Der Geschichtschreiber des seraphischen Krieges schließt sein Werk mit einer Stelle aus dem heil. Hieronymus: „Es giebt Leute, die sich mit „einem härenen Kleide bedecken, Kappen tragen, „um den Kindern ähnlich zu seyn; sie sehen aber „aus wie Uhue und Nachteulen . . . . Fliehe „diejenigen, die du mit einem langen Ziegenbarte, „einem schwarzen Mantel und bloßen Füßen, ge„gen die Kälte abgehärtet, sehen wirst. Alle „diese Dinge sind Kennzeichen des Teufels." Es ist aber ein abtrünniger Mönch, welcher redet.

Die Carmeliter
und
die Jesuiten.

Flandern, der Schauplatz so vieler blutigen Kriege, ist es gleichfalls von diesem lächerlichen Streite gewesen. Der Ursprung der Carmeliter gab darzu die Gelegenheit. Einige unter ihnen setzen ihn in die Zeiten Enochs, lange vor der Sündfluth. Die meisten aber wagen sich nicht weiter als bis auf den Elias.

Die Carmeliter stammen, ihrem Vorgeben nach, von diesem Propheten in gerader Linie ab; er selbst soll sie auf dem Berge Carmel gestiftet haben. Der Adel unterstützt öfters das Alterthum seines Hauses durch eine Menge Fabeln; und die Carmeliter glauben weit mehr Ursache zu haben, auf den Ruhm so vieler Jahrhunderte stolz zu seyn.

Die Jesuiten zu Anvers, die den Bollandus fortsetzten, machten dieses Vorgeben der Carmeliter lächerlich. Man weiß schon, womit sich diese gelehrten Mönche am meisten zu beschäfftigen pflegen: sie suchen alles zusammen, was zur Lebensgeschichte der Heiligen gehört, und preisen ihre rühmlichen Thaten der Welt an. Wenn die Legende von so viel abgeschmackten Dingen, die sich

mit der andern.

sich darinne finden, wird gereiniget seyn; wenn in den Geschichten nichts mehr wird erzählt werden, als was wahr ist; wenn die Chronologie festgesetzt seyn wird, so wird der Unglaube schweigen müssen, und die Religion wird triumphiren.

Da die Bollandisten mit ihren Untersuchungen auf den Ursprung der Carmeliter kamen, liessen sie sich durch keine Fabeln verführen, sondern setzten denselben ins zwölfte Jahrhundert. Sie folgten dem Baronius und Bellarmin, und gaben den Berthold als den ersten General dieses Ordens an. Doch nahmen sie sich in Acht, daß sie nichts schrieben, was die Carmeliter beleidigen konnte; über deren Ursprung sie so gar nicht allzu viel sagen wollten, weil man nicht gern mit einem Vater von den Fehlern seiner Kinder, oder mit einem Advocaten von der Zweydeutigkeit seiner Sache spricht.

Diese Bescheidenheit war leicht zu bemerken. Aber wenn man gewisse Anfoderungen hat, so glaubt man immer nicht, daß die andern genung für uns thun. Die Carmeliter wurden also böse, und foderten von ganz Flandern die zwanzig Jahrhunderte ihres Alterthums zurück, die man ihnen rauben wollte. Ganz Europa erscholl von ihren Klagen über die Verfälschung ihrer Zeitrechnung. Sie führten die Patriarchen, die Propheten, die griechischen Weltweisen, die Priester der Gallier, und überhaupt alle berühmten Männer des Alterthums an, die, ihrem Vorgeben nach, alle mit einan-

einander Carmeliter gewesen waren. Sie überschwemmten die Niederlande mit schrecklichen Schmähschriften wider alle Jesuiten, und insbesondere wider den P. Papebroch, der das Haupt der Bollandisten war.

So wie ein deutscher Landjunker gegen seine Bauern, in eben dem stolzen und verächtlichen Tone sprachen die Carmeliter. Der P. Franz, a) verwegener als alle die andern, nahm es allein auf sich, die Beleidigung zu rächen, die seinem ganzen Orden wiederfahren seyn sollte. Er schrieb Tag und Nacht, und ließ eine so große Menge Schmähschriften wider die Bollandisten drucken, daß er sich im Jahr 1677 schon zu Tode gearbeitet hatte, und Nachfolger bekam, die noch hitziger waren, als er.

Während daß die Carmeliter in Flandern so tapfer für das Alterthum ihres Ursprungs, gleich als pro aris & focis fochten, vergaßen sich die Carmeliter in Frankreich auch nicht. Die Stadt Bezlers war Zeuge von einem Auftritte, welcher das ganze Königreich belustigte.

Die Carmeliter hielten im Jahr 1682 ein Provincialcapitel daselbst. Einer ihrer jungen Mönche wollte dabey ein Aufsehen machen, und wählte zur Materie seiner Disputation den Ursprung des Ordens selbst. Er hatte die ganze Fortpflanzung des Ordens, vom Elias an, so richtig in seinem Kopfe, und zweifelte so wenig an der

---

a) Eigentlich François de Bonne Esperance.

der Gewißheit derselben, daß er einem ieben Troß bot, der ihn des geringsten Irrthums überführen würde. Es ward ihm hierauf erlaubt seine Disputation öffentlich zu vertheidigen, und nie hat man so außerordentliche Dinge auf den Catheder gebracht.

Seinen Sätzen nach war Elias ein gebohrner Carmeliter. Der Vater desselben sahe ihn schon in der Gestalt eines Carmeliters, ehe er noch auf die Welt gebracht war; Männer und Weiber in Carmeliterkleidung kamen und verehrten das Kind, windelten und säugten es, nicht mit Milch, sondern mit lebendigem Feuer. Dem Elias ward weiter das Geheimniß der unbefleckten Empfängniß der Maria anvertrauet; er stiftete verschiedene Carmeliterclöster auf dem Berge Carmel, zu Bethel, zu Jericho, und an andern Orten. Elisa ward von ihm zum General des Ordens gemacht. Die Zeit zwischen der Auferstehung Jesu Christi und der Himmelfahrt desselben wandte der Heyland zu öftern Besuchen an, die er dem Enoch und Elias gab, um sie zu unterrichten, wie sie einst den Antichrist bestreiten sollten. In Ansehung der Nothwendigkeit, daß alle Menschen getauft würden, wovon selbst die heil. Jungfrau nicht ausgenommen gewesen ist, hat sich Elias entweder vom Heylande selbst, oder von einem Engel, oder auch vom Enoch taufen lassen; und er, nachdem er selbst getauft war, hat wiederum andere getauft. Es ist wahrscheinlich, daß Elias auch das heil. Abendmahl empfangen habe;

daß er zum Priester, und zu andern geistlichen Aemtern, sey eingeweihet worden, entweder von Christo selbst, oder von einem Engel. Alle Propheten im jüdischen Lande, alle berühmten Druiden der alten Gallier, alle großen Philosophen Griechenlands, und namentlich Pythagoras, sind Carmeliter gewesen. So großen Veränderungen auch das Regiment des jüdischen Volks unterworfen gewesen, so hat sich doch der Orden der Carmeliter nie verändert. Die Kinder des Elias haben sich in einer ununterbrochenen Reihe fortgepflanzt, unter dem Namen der Rechabiten, der Essenier, der Assidäer, der Nazaräer, bis auf die Zeit Johannis des Täufers, der nebst allen seinen Schülern ihre Regel annahm. Endlich sind alle berühmte Clöster, jene fürchterlichen Gräber in den Wüsteneyen des gelobten Landes, Aegyptens und Thebais, Carmeliterclöster gewesen; alle Orden, die sich in Orient und Occident so sehr vermehrt haben, sind nach dem Muster der Regel des Elias gestiftet. Ein Schriftsteller, a) den eine so glänzende Abstammung zur Ehrerbietung hätte bewegen können, wenn er nicht ein Calvinist gewesen wäre, hat dieselbe sehr comisch gefunden, und theilt boshafter Weise die Carmeliter in zwo Classen, in die großen, die Schuhe und Strümpfe tragen, und in die kleinen, die barfuß laufen müssen. Das ärgste ist, daß er die einen so lächerlich macht, als die andern.

Der

a) Der Verfasser des seraphischen Krieges.

Der junge Carmelit, der so viel Träume in der öffentlichen Provincialversammlung zu vertheidigen das Herz hatte, schloß mit einem Complimente für die Versammlung. „Weil der Carmeliterorden, sagte er, so über die Zeiten triumphirt hat, so ist es sehr wahrscheinlich, daß er auch über seine Feinde triumphiren, und sich von Geschlecht zu Geschlecht bis ans Ende der Zeiten fortpflanzen werde.„ Der Vertheidiger der Ewigkeit des Ordens im weissen und schwarzen Mantel, gründete dieselbe auf die Kraft des heil. Scapulars, und auf alle von der heil. Jungfrau dem wohlseligen Simon Stock ertheilten Privilegien.

Diese Theses wurden indeß dem römischen Hofe hinterbracht, welcher sie im Jahr 1684 verdammte. Außer diesem Auftritte nun, haben die Carmeliter in Frankreich sich nichts weiter zu schaffen gemacht, sondern es denen in den Niederlanden überlassen, einen Streit zu Ende zu bringen, den sie angefangen hatten, zufrieden, daß sie dabey ungestört Zuschauer abgeben durften.

In Flandern kamen von Seiten der Carmeliter unaufhörlich ganze Bände heraus. So elend dieselben auch waren, so wurden sie doch von ihnen für lauter Canonen und Mörser gehalten; welche Titel sie ihnen auch zum öftern gaben. Ueberall häuften sie große Worte auf große Worte. Der neue Ismael, der zu Pulver verbrannte Jesuit, und andere dergleichen witzige Geburten, gaben den Lesern genung zu lachen.

Die Bollandisten, die sich so scharf angegriffen sahen, vertheidigten sich mit Stillschweigen. Sie fuhren fort ihre Acta Sanctorum heraus zu geben, und sich um die gelehrte Welt verdient zu machen.

Der berühmte Ducange schrieb darüber etwas an einen seiner Freunde, das mir sehr vernünftig scheint. „Ich glaube, daß es eine vor „Gott erlaubte Art der Rache ist, seinen Feind zu „verachten, und ihm nichts zu antworten, wenn er „uns mit Schmähreden angreift.„ Dieser Brief kam den Carmelitern in die Hände, und hätte dem Ducange beynahe Verdrüßlichkeiten zugezogen. Es stand noch weiter darinne: „Diese „guten Väter sollten sich vielmehr an die Wahr„heit halten, und nicht fabelhafte Abstammungen „erdenken, wie die Griechen und Römer thaten, „wenn sie den Ursprung ihrer Städte und Pro„vinzen untersuchten.„ Ducange beschwerte sich, daß man es wagte, seinen Brief ans Tageslicht zu bringen, und sagte, daß er als eine Antwort auf einen andern geschrieben sey, in welchem man ihm eine Poesie von einem Benedictiner zu St. Lambert in Steyermark zugeschickt hätte. Der Inhalt dieses Gedichts war der Zorn der Carmeliter über die Beleidigung, die ihnen, ihrer Meynung nach, wiederfahren seyn sollte. Man sagte, der Verfasser habe ihren Zorn so besungen, wie Homer den Zorn des Achilles.

Diese

Diese vorgegebenen Abkömmlinge des Elias hätten aus dem Stillschweigen, welches man gegen sie beobachtete, ihr Unrecht erkennen sollen; sie schrieben aber dieses Stillschweigen der Unmöglichkeit ihnen zu antworten zu. Sie glaubten ihre Feinde gedemüthigt zu haben, und zweifelten gar nicht, den vollkommensten Sieg über sie davon zu tragen. Im Jahr 1690 verklagten sie den P. Papebroch beym Pabst Innocenz XII, als ob er die vierzehn Bände der Acta Sanctorum, über denen sein Name stand, mit groben Irrthümern angefüllt habe.

Der Pabst hörte ihre Klagen an, und verschob die Sache bis auf die Versammlung des Index: die Carmeliter aber waren damit nicht zufrieden, sondern wollten ihr Urtheil gleich haben. Da ihnen das Verfahren des römischen Hofes zu langweilig schien, und sie sich auch überhaupt nicht viel von ihm versprachen, so glaubten sie in Spanien mehr Gehör zu finden. Sie zeigten demnach im Jahr 1691 gemeldete vierzehn Bände bey der Inquisition zu Madrid an.

Der P. Sebastian von St. Paul, ihr Provincial, ein sehr verschlagner und politischer Mann, hielt einen ganzen Band wider die Jesuiten in Bereitschaft, wodurch er sie, seiner Einbildung nach, vollends zu Boden schlagen wollte. Die Sache war kaum bey der Inquisition angebracht, als er denselben ans Licht treten ließ; es war ein großer Foliante. Nach dem Vorgeben des Autors war es nur ein kurzer Auszug der Irrthü-

mer,

mer, die er in den Actis Sanctorum gefunden
hatte.

Und worinne bestanden diese Irrthümer?
Man lese folgende Artickel: Jesus Christus hat
nicht eher in der evangelischen Armuth gelebt, als
bis er sie gelehrt hatte; die Taufe Constantins,
durch den Pabst Sylvester, ist eine Fabel; die
Schenkungen eben dieses Kaysers an die römische
Kirche, sind ebenfalls erdichtet; es ist nicht gewiß,
ob das Angesicht des Heylandes auf dem Schnupf-
tuche der heil. Veronica abgedrückt gewesen, da es
nicht einmal gewiß ist, ob eine Heilige dieses Namens gelebt hat; der heil. Petrus ist nur funfzehn
Jahr zu Rom gewesen; die Kirche zu Anvers zeigt
die Vorhaut des Heylandes: aber weiß diese Kirche auch gewiß, daß es dieselbe ist? Jesus Christus hat auf Erden sieben und dreyßig Jahr gelebt; die Churfürsten haben das Recht einen Kayser zu wählen nicht vom Pabste; der Berg Carmel ist vor Alters kein heiliger Ort gewesen, wohin man wallfahrten gegangen wäre; Elias ist
auch keinesweges der Stifter des Carmeliterordens gewesen. Die andern Artickel wären
nicht irriger, als diese; der Pater Sebastian
aber zählte doch bis auf zweytausend solcher Irrthümer.

Er sahe es bey dem P. Papebroch als ein
Hauptverbrechen an, daß er in gewissen Stücken
es mit dem Gerhard Vossius und Claudius Sal-
masius hielt; daß er in seinem Vestibulo das
Jahr des Drucks ausgelassen; und daß er es den
Carme-

mit der andern.

Carmeliten abstreiten wollte, daß sie sich, vom Jahr 448 an, bey allen Kirchenversammlungen befunden, und vor dem vierzehnten Jahrhunderte Clöster in Europa besessen hätten.

Ein gewisser Schriftsteller kann sich nicht enthalten zu sagen: „Man kann sich von Mönchen „keine so große Unverschämtheit einbilden, welche „die stolzen Abkömmlinge der Propheten Elias „und Elisa, während diesem Streite, nicht sollten „begangen haben; wir wollen hoffen, daß sie ih„nen einst in der Ewigkeit gleich seyn werden.„ Der Streit der Carmeliter hat ihnen mehr Schaden gethan, als ein bewiesenes Alterthum von zehn mal zehn Jahrhunderten ihnen Vortheil würde gebracht haben.

Das ganze gelehrte Europa wartete mit Ungeduld auf den Ausspruch von Rom oder Madrid. Die Inquisition von Spanien verdammte endlich durch ein Decret vom 14 November 1695 die vierzehn Bände der Acta Sanctorum, als die „da viele irrige, ketzerische, nach der Ketzerey „schmeckende, dem Glauben gefährliche, ärgerli„che, gottlose, fromme Ohren beleidigende, schis„matische, aufrührische, verwegene, kühne, vielen „Päbsten schimpfliche, dem heiligen Stuhle, der „heiligen Congregation der Gebräuche, dem rö„mischen Breviario und Martyrologio, dem Ruh„me einiger Heiligen und vieler berühmten Schrift„steller, den heiligen Vätern und vielen andern „angesehenen Männern nachtheilige, überhaupt „aber wider den ganzen Staat der Kirche, und

„ins-

„insbesondere wider den Orden der Carmeliter sa„tyrische Sätze enthielten."

Ihr Triumph konnte nicht größer seyn; aber hier ist etwas, das sie wieder demüthigte. Ein Mönch von der Congregation Saint-Jean de Dieu, Namens Bruder Paul von St. Sebastian, der auf ihren Ruhm eifersüchtig war, foderte sie aufs neue auf, und machte ihnen ihr Alterthum streitig. Er hatte tüchtige Beweise wider die Carmeliter in den Händen, und schrieb im Jahr 1696, aus dem Hospital zu Antiquera, an seinen General in Spanien, daß, wenn man alles genau untersuchte, so wäre der Orden der barmherzigen Brüder neunhundert Jahre älter als der Orden der Carmeliter.

Die Beweise waren eben nicht weit gesucht. Abraham, hieß es, ist der erste General der barmherzigen Brüder gewesen; dieser große Patriarch stiftete diesen Orden in dem Hayne zu Mamre, indem er aus seinem Hause ein Hospital machte. Nach seinem Tode legte er das zweyte Hospital im Bezirk der Väter (in limbo patrum) an, um darinne die Kinder aufzunehmen, die ohne Taufe sterben.

Der Bruder Paul foderte alle Christen auf, daß sie ihn eines Irrthums überführen, und ihm eine Bulle oder ein Concilium entgegen setzen sollten.

Dieser Stoß, den die barmherzigen Brüder den Carmelitern versetzten, machte den Jesuiten eben keine große Freude. Die Bollandisten

waren

waren einmal bey der Inquisition verdächtig gemacht, und sie wollten doch gern diesen Verdacht nicht auf sich behalten. Sie griffen es auf allerhand Art an, und zogen so wohl Gelehrte, als auch verschiedene große Herren auf ihre Seite. Der Kayser Leopold beschwerte sich so wohl beym Pabst, als beym Könige in Spanien, über das harte Verfahren gegen die Bollandisten, indem man sie verdammte, ehe man sie noch gehört hatte. Endlich ward ihnen erlaubt, sich vor dem Inquisitionsgerichte zu rechtfertigen. Die Patres Papebroch, Janning und Baert vertheidigten demnach Artickel für Artickel, alle Sätze, die man in ihren Actis Sanctorum verworfen hatte.

Die Carmeliter stritten gleichfalls für ihre Sache, und das, von der Inquisition erhaltene Decret mit neuer Lebhaftigkeit. Sie hatten bisher nur den P. Papebroch allein angeklagt: aber ietzt verklagten sie den Beschützer der Bollandisten, den Kayser Leopold selbst. Sie schickten der Inquisition den Brief dieses Monarchen an den König von Spanien; und nannten ihn einen Ketzer und Schismatiker. Doch wollten sie, zur Ehre Seiner kayserlichen Majestät, lieber behaupten, daß dieser Brief nicht von derselben wäre.

Rom wachte über so vielem Lärm endlich auf, und untersuchte selbst die Acta Sanctorum. Sie wurden überall gebilligt, ausgenommen das Propyleum, oder die chronologische Geschichte der Päbste.

Diese

Diese aufgehabene Censur war indeß noch
kein entscheidendes Urtheil, und man erwartete
doch dergleichen so wohl vom Stuhle zu Rom,
als auch von der Inquisition. Die Inquisition
aber wollte nichts entscheiden, sondern verbot nur
die für und dawider herausgekommenen Schriften. Das versammlete Concilium machte es
eben so; es gab im Jahr 1698 ein Decret, und
verbot unter den härtesten Strafen, über die Stiftung des Carmeliterordens durch die Prophetin
Elias und Elisa, und die ununterbrochene Fortpflanzung desselben zu streiten. Der Pabst bestätigte dieses Decret durch ein Breve.

Die Universität zu Paris
und
die Jesuiten.

Dieser Proceß hat zweyhundert Jahre gedauert.
Er ist hitzig angefangen, unterbrochen, wie-
der angefangen, aber nie geendiget worden. Die
Erzählung desselben enthält viel Angenehmes.

Die Jesuiten, die so gleich nach ihrer Stif-
tung in den meisten europäischen Reichen mit Ei-
fer aufgenommen wurden, ließen sich kaum in
Frankreich blicken, als sie schon alles wider sich in
Aufruhr brachten. Das Vorurtheil wider diese
Väter

mit der andern.

Väter war so allgemein, daß man ihre Einführung der guten Verfassung eines Staats gerade entgegen glaubte. Sie mußten sich zu Paris hier und da nur in den Häusern versteckt halten; aber endlich fand sich einer, der, gegen das Geschrey der Nation taub, über die gemeinen Vorurtheile hinweg seyn wollte, und den Jesuiten eine Zuflucht bey sich gestattete. Der Bischof zu Clermont, Willhelm Düprat, war es, der sie im Jahr 1550 in seinen Pallast aufnahm, und ihnen sehr beträchtliche Güter gab.

Es war aber damit noch nicht ausgerichtet, daß man diese Wohnung und diese Güter besaß, man mußte sich auch derselben bedienen dürfen. Nun war aber die Einführung der Jesuiten im Königreiche noch nicht gebilligt. Der König Heinrich II gab sich, auf Anregen des Cardinals von Lothringen, alle Mühe, um von dem Parlamente die Patentbriefe, die er dieser Gesellschaft ertheilt hatte, registriren zu lassen. Das Parlament aber übereilte sich nicht, weil es noch keine Jesuiten im Reiche haben wollte. Der Bischof zu Paris, Eustachius du Bellai, bekümmerte sich eben so wenig darum, und alle Stände der Stadt waren mit ihm von gleicher Gesinnung. Die Ursache war, daß man ohnedem schon Mönche genug in Frankreich hatte.

Eigentlich aber steckte die Universität dahinter. Sie hörte von allen Orten her, daß die Jesuiten die Oberhand haben wollten. Man führte die deutschen und lothringischen Universitäten zum

Beweise an, als welche es schon erfahren hätten. Die Universität zu Paris hatte nun ohnedem schon viel von ihrem Ansehen a) verlohren, und befürchtete den kleinen Ueberrest davon vollends zu verliehren, wenn sie denselben mit den Jesuiten theilen sollte. Sie war also den Jesuiten äußerst zuwider, als welche sie sich nicht gern zu Herren wollte setzen lassen.

Sie weigerte sich nicht allein Jesuiten unter ihre Gesellschaft aufzunehmen, sondern gab auch im Jahr 1554 das berüchtigte Decret, in welchem sie mit so viel patriotischem Eifer die Gründe vorlegt, warum sie keinen von der Gesellschaft Jesu unter ihrer Gesellschaft zulassen könne. Die Universität erklärt diese Gesellschaft für gefährlich in Sachen des Glaubens; für eine Stöhrerinn des Friedens in der Kirche und dem Staate; für eine Gesellschaft, welche eher das Verderben der Gläubigen als ihre Erbauung befördern würde.

Die theologische Facultät war eben so sehr aufgebracht als die andern. Man kann sich von

diesem

---

a) Sie schreibt ihre Stiftung Carln dem grossen zu. Unter der Regierung Carls VII stand sie im größten Ansehen; sie hatte ihren Einfluß in alle Rathsversammlungen der Könige und Päbste, in alle Kirchenversammlungen, in alle Kriegs- Friedens- Finanz- Regierungs- und Policeygeschäfte: Nunc seges est, ubi Troja fuit. Man kann übrigens diesen Verfall der Universität in nichts anderem suchen, als in den vielen andern Schulen und gelehrten Gesellschaften, die nach der Zeit entstanden sind.

diesem allgemeinen Haße gegen die Jesuiten keinen beßern Begriff machen, als wenn man auf das Achtung giebt, was sich seit der Zeit zugetragen hat. Das gemeine Volk selbst, das sonst am wenigsten aufgelegt ist über dergleichen Streitigkeiten zu urtheilen, nahm eben diese Meynung an, und betrachtete die Jesuiten als Ungeheuer. Der Hof dachte indeß ganz anders, und die Jesuiten fanden mächtige Patrone an demselben. Diese brachten es endlich so weit, daß sie im Jahr 1562 in Frankreich aufgenommen wurden.

Sie waren so gleich bedacht sich in Paris bekannt zu machen. Vor allen Dingen kauften sie aus der Verlassenschaft des Bischofs Düprat ein großes Haus in der St. Jacobsstraße, welches der Hof von Langres genennt ward. Sie machten daraus eine Schule, unter dem Namen, das clermontische Jesuitercollegium.

Zum Glück für die Jesuiten war der damalige Rector der Universität, Julianus von St. Germain, den die Eröfnung eines solchen Collegii hätte beunruhigen sollen, der allersorgloseste Mann von der Welt. Die Jesuiten wandten sich an ihn; und er zog darüber keine Facultät zu Rathe; es fiel ihm nicht einmal ein, daß es eine Sache von Folgen seyn könnte. Er nahm alles auf sich, und gab den Jesuiten ein Immatriculationsschreiben, unter dem Privatsiegel des Rectors. Diese eröfneten hierauf ihr Collegium, und fiengen den ersten October 1564 ihre öffentlichen Lectionen an.

Maldonat lehrte die Philosophie, und Vanege die Humaniora.

Die Universität bekam indeß einen andern Rector. Der geschworne Feind der Jesuiten, Johann Prevot, trat noch in eben dem Monate an die Stelle des friedfertigen Julians von St. Germain. Das erste, was dieser neue Rector vornahm, war, daß er den Jesuiten die Freyheit zu lehren verbot, bis sie ihr Recht dazu gehörig dargethan hätten. Diese giengen mit einer Bittschrift ans Parlament; dieses aber hob das Verbot nicht auf. Es befahl vielmehr, daß der Rector, Johann Prevot, die Jesuiten darüber förmlich vernehmen sollte.

Prevot, der nun selbst zum Richter in der Sache ernennt war, verhörte die Jesuiten mit der äußersten Schärfe. Fragen und Antworten sind gleich merkwürdig. *Seyd ihr weltliche Gelehrte, oder regulirte Mönche?* fragte der Rector. „Wir sind in Frankreich das, was uns „der Hof zu seyn geheißen hat, nemlich das cler„montische Collegium." *Seyd ihr aber Mönche, oder weltliche Gelehrte?* „Es „ist hier der Ort nicht, uns darum zu fragen." *Aber, ich frage noch einmal, seyd ihr Mönche, oder was seyd ihr?* „Wir haben „es schon gesagt, daß wir das sind, was uns der „Hof erlaubt hat."

Es verdroß den Rector eben so sehr, als es ihn befremdete, daß sie mit der Sprache nicht heraus wollten. Die Universität erklärte demnach die

die Jesuiten für verdächtige Leute, und bestärkte sich in dem Vorsatze sie nicht in ihre Gesellschaft aufzunehmen. Sie verbot den Schülern bey ihnen in die Schule zu gehen, und ernannte Deputirte, welche die Sache weiter verfolgen sollten.

Die berühmtesten Advocaten hatten Lust in dieser Sache zu dienen. Die Wahl fiel aber auf den Versoris, der in der That ein sehr mittelmäßiger Advocat war, und auf den berühmten Stephan Pasquier, einen der besten Köpfe seiner Zeit. Der erste vertheidigte die Sache der Jesuiten, der andere aber die Sache der Universität.

Ganz Paris war auf der Seite der letztern. Die Pfarren, der Bürgermeister und die Rathsverwandten, selbst die Vorsteher der Hospitäler mengten sich in diesen Streit. Man glaubte, daß es um die Ruhe des Staats geschehen sey, wenn die Jesuiten ihn gewönnen. Man hielt es zwar für gut, daß junge Leute ein wenig Griechisch und Lateinisch lerneten; aber man fürchtete stets, daß die Unterweisung der Jesuiten eben diesen jungen Leuten, wenn sie mit der Zeit zu wichtigen Aemtern befördert würden, schädlich seyn könnte. Es kommt bey der künftigen Aufführung der meisten Menschen insgemein auf die ersten Eindrücke an, die sie in ihrer Jugend erhalten haben. Nur wenige große Geister haben weiter keinen Führer nöthig, als sich selbst.

Versoris führte für die Jesuiten das Wort. Es war an dem dazu bestimmten Tage eine große

Menge Volks zugegen. Der Advocat verschwatz̈te viel Zeit. Seine Rede enthielt Vergleichungen, die alle nichts sagten, große Lobsprüche auf den heil. Ignatius, die beträchtliche Anzahl der Clöster und Schulen, die von diesem Orden schon gestiftet waren, die Willfährigkeit der Jesuiten sich aller Würden zu begeben, auf welche Ordensleute, ohne lächerlich zu werden, keinen Anspruch zu machen haben. Der beste Einfall, den Versoris hatte, war der, daß er behauptete, die Jesuiten müßten große Verdienste haben, weil sie so viel Feinde hätten. Er machte daraus den Schluß, daß man die Unterweisung der Jugend solchen geschickten Männern um so viel lieber anvertrauen könne.

Stephan Pasquier machte zuförderst die Schwatzhaftigkeit des Advocaten lächerlich. Die Gesellschaft ward nach diesem in Betrachtung gezogen, und auch ihr ward eben so wenig geschenkt. Man höre, welchen Lobspruch ihr Pasquier macht:
„Diese Gesellschaft, sagt er, giebt vor, daß sie die
„Jugend umsonst unterrichten wolle: in der That
„aber sucht sie nichts als ihren eigenen Vortheil
„darunter. Sie macht ganze Familien arm, in„dem sie ihnen Testamente abzwingt; sie zieht
„die Jugend durch einen äußerlichen Schein der
„Frömmigkeit an sich, und sinnt Tag und Nacht
„darauf, wie sie Unfug und Aufruhr im Reiche
„stiften will. Das schöne Gelübde, das sie dem
„Pabste thut, hat ihr von demselben mancherley
„Privilegien zuwege gebracht, welche machen,
„daß

„daß man ihr nicht trauen kann, und daß man „wegen der Freyheit der französischen Kirche, we„gen der Sicherheit unserer Könige und der kö„niglichen Gewalt, eben so sehr in Sorgen seyn „muß, als wegen der Ruhe eines jedweden Un„terthans.„ Er machte daher den Schluß, „daß „diese neue Gesellschaft von Ordensbrüdern, wel„che sich die Gesellschaft Jesu nennt, der Univer„sität nicht allein nicht einverleibt werden könne, „sondern aus Frankreich ganz und gar verbannt, „verjagt und ausgerottet werden müsse.„ Pasquier war vielleicht ein wenig zu sehr wider sie eingenommen, und überschritt daher die Grenzen der Mäßigung. Er ist es, von dem wir den Catechismus der Jesuiten haben. Sie haben ihm dagegen wieder allen Schimpf angethan, und schonen noch jetzt sein Andenken nicht. Sie haben ihn mehr als einmal einen Lügner gescholten. Er pflegte öfters zu sagen: *Ich will mich scheeren lassen, wenn ich eine Unwahrheit sage,* und der P. Garasse, dessen plumpe und kurzweilige Schreibart nicht unbekannt ist, antwortete ihm darauf: *Ja, Sie sollen geschoren werden, und ich will selbst der Barbier seyn.* Es ist lustig, den Stephan Pasquier zum Narren gemacht zu sehen. Der Jesuit nennt ihn gerade zu „einen Narren von Natur, einen Narren par „becquare, einen Narren par bemole, einen Nar„ren à la plus haute gamme, a) einen doppelt

N 4 „ver-

a) Wir Deutschen haben nicht so vielerley Narren; ich

„versoßten Narren, einen zweymal gefärbten „Narren, einen carmoisinfarbigen Narren, einen „Narren in allen Arten der Narrheit.„ Eine andere schöne Stelle des P. Garasse ist sein Abschiedscompliment an den Pasquier, als er gestorben war; „Adieu, Meister Pasquier; adieu, un= „jüglicher Schriftsteller; adieu, gewissenloser Ad= „vocat; adieu, eigenliebiger Mensch ohne Ge= „hirn; adieu, Mensch ohne Menschlichkeit; adieu, „Christ ohne Religion; adieu, unversöhnlicher „Feind des heil. römischen Stuhls; adieu, aus „der Art geschlagener Sohn der Kirche, der du „deiner Mutter allen Schimpf und Schande an= „thust; adieu, bis zu jenen Donnerschlägen, die „dich unter andern Bergen begraben werden, als „unter deinen Parnaß; adieu, bis zu jenem großen „Parlamente, wo du nicht mehr die Sache der „Universität vertheidigen wirst.„

Da nun die beyden Advocaten Versoris und Pasquier ausgeredet hatten, so nahm der Generalprocurater, Johann Baptista du Menil, die Entscheidung der Sache vor. Die Bitte der Jesuiten ward verworfen, in Ansehung der bedenklichen Folgen, wenn man Leuten, die mehrentheils Ausländer

ich habe ihnen daher ihre französische Benennung gelassen. La game oder gamme ist das, was wir in der Music den musicalischen Schlüssel nennen, oder auch die Tonleiter selbst. Ein Narr als im Discant, oder wenn man lieber will, im Violinzeichen, ist bey uns Deutschen nichts anderes, als ein Erznarr.

länder wären, die wichtigste Sache im Staate auftrüge. In Ansehung der Stiftung des Bischofs von Clermont, fand Dù Menil für gut, daß man sie in den gegenwärtigen Umständen stets unter dem Namen des clermontischen Collegli lassen sollte; man solle aber einen rechtschaffenen Mann, der zu keinem geistlichen Orden, am wenigstens aber zu den Jesuiten gehörte, zum Vorsteher dabey machen.

Der Advocat der Jesuiten hatte ihre Sache schlecht vertheidigt, das Parlament war ihnen nicht gewogen, die Entscheidung des Generalprocurators fiel wider sie aus, und sie hatten daher alles Böse zu befürchten. Sie glaubten indeß ihren Proceß gewonnen zu haben, da sie ihn nur nicht ganz verlohren hatten. Die Partheyen wurden also zu Anfange des Aprils im Jahr 1565 so auseinander gesetzt, daß die Jesuiten zwar nicht der Universität einverleibt wurden, aber doch die Freyheit behielten öffentlich die Jugend zu unterrichten.

Sie traten also ihre Verrichtungen so gleich wieder an; fast der ganze französische Adel gieng in ihre Schule, und dieß war für die Universität eine neue Ursache zum Mißvergnügen. Frankreich war damals, zur Zeit der Ligue, wider Frankreich in den Waffen. Die Jesuiten hatten dem Könige, Heinrich dem vierten, den Eid der Treue nicht leisten wollen, und dieses war die beste Gelegenheit wider sie loszubrechen. Die Universität versäumte sie auch nicht. Ihre vier

Facultäten versammelten sich, gaben eine Bittschrift beym Parlamente ein, und baten, wegen aller Eingriffe der Jesuiten, um Satisfaction. Dieß geschah im Jahr 1594.

Die Jesuiten wählten den Claudius Düret zu ihrem Advocaten; die Universität aber hatte den Anton Arnold, eben den Arnold, der weniger durch seine großen Talente, als durch die Talente seiner Kinder, und durch den Erbhaß der ganzen Familie gegen die Jesuiten, bekannt ist. Claudius Düret vertheidigte ihre Vortheile, so gut er konnte; er ward aber von seinen Mitbrüdern sehr getadelt, daß er sich einer solchen Sache unterzogen hatte. Anton Arnold, der schon voraus versichert war, daß er Beyfall finden würde, malte die Gesellschaft mit den abscheulichsten Farben ab. Die Anhänger der Jesuiten, deren Anzahl aber nicht groß war, wollten gar keine Aehnlichkeit in diesem Gemälde finden.

Diese gehässigen Vorstellungen, mit denen zusammen genommen, welche Ludewig Dolle, ein Advocat der gegenseitigen Partheyen, von den Jesuiten machte, erregten allenthalben in Frankreich ein Geschrey wider dieselben. Je mehr sie gehaßt wurden, destomehr Beschützer hatten sie nöthig. Der Herzog von Nevers, der Baron de Rosni, der Cardinal von Bourbon unterstützten sie. Sie erhielten sich auch noch in ihren bisherigen Geschäften, dem Ausspruche des Generalprocurators zu Folge, für welchen Anton Segvier das Wort führte.

Unter-

mit der andern.

Unterdessen ward das Ungewitter, das sich wider einen der besten und größten Könige, die je in Frankreich regiert haben, aufgezogen hatte, immer fürchterlicher. Heinrich IV ward ums Leben gebracht, und die Jesuiten wurden beschuldigt, daß sie die Anstifter gewesen wären.

Dieser Monarch hatte ihnen viele Gefälligkeiten erwiesen. Er hatte die berüchtigte Pyramide, die im Jahr 1595 vor dem Pallaste war aufgerichtet worden, und auf welcher allerhand ehrenrührige Aufschriften wider die Jesuiten standen, niederreissen lassen. Er gab ihnen das Collegium zu la Fleche ein. Der P. Coton war sein Vertrauter. Was konnte sie also bewegen, sagt man, einen ihrer Wohlthäter aus der Welt zu schaffen? Das Volk aber gab nur seinem Hasse Gehör, und sahe die Jesuiten nicht anders, als mit dem Dolche in der Hand. Man mußte sie also dem Geschrey der Nation aufopfern, und sie alle mit einander aus Frankreich verbannen.

Es schien, daß sie nimmer wieder würden zurück gerufen werden; das Parlament wollte gar nichts davon hören. Daher kommen die so lebhaften Vorstellungen dieses Collegii an den König, und die so weisen Antworten des Königs auf dieselben. Der Monarch, der gegen das Parlament nichts ausrichten konnte, welches wegen seiner geheiligten Person in Sorgen war, rufte die Jesuiten eigenmächtig wieder zurück. Aber so gut gesinnt er auch gegen sie war, so viel Herzhaftigkeit er dabey zeigte, so wagte er es doch nicht,

sie

sie in alle ihre Rechte in der Hauptstadt wieder einzusetzen. Sie durften nicht weiter im clermontischen Collegio öffentlich lehren. Es ist dieses eine Genugthuung, welche er der Universität geben wollte, die mit ihnen schon seit so langer Zeit im Streite lag.

Ob aber gleich ihr Collegium zu Paris verschlossen war, so stand doch das zu la Fleche offen. Was sie also an Schülern in einer Stadt verlohren, das gewonnen sie in einer andern wieder. Viel junge Leute aus den vornehmsten französischen Häusern verließen Paris, und giengen alle nach la Fleche.

Die Jesuiten aber waren damit noch nicht zufrieden. Sie wollten ein Collegium in der Hauptstadt haben. Heinrich IV lebte nicht mehr. Die Regentinn hatte noch viel Achtung vor dem P. Coton; an diese wandte er sich, um die Aufhebung des Verbots zu bewirken, das wider den Willen des vorigen Königs gegeben war. Es gelung auch dem Jesuiten, indem deßwegen ein Befehl ans Parlament gegeben ward. Das Parlament willigte in die Oefnung des clermontischen Collegii, mit der Bedingung, daß die Jesuiten suchen sollten, binnen einer Zeit von sechs Monaten der Universität einverleibt zu werden. Wenn man weiß, wie sie mit dieser Gesellschaft standen, so wiederfuhr ihnen dadurch eben keine große Gnade; es konnte aber unter gewissen Umständen noch eine vortheilhafte Sache für sie werden.

Die

Die Universität war mit sich selbst nicht einig. Der berühmte Syndicus, Edmund Richer, suchte alles wider die Jesuiten aufzuhetzen. Sie haben wenig so gefährliche Feinde gehabt, zumal da dieser gar keine Schonung kannte. Außer der Hartnäckigkeit, die Leuten von seinem Stande gemein ist, besaß er noch eine gantz eigene Unbiegsamkeit. Er war einer von denen, die unter dem Schutz der Chicane in den Gerichtsstuben alt und grau geworden waren, die von Jugend auf an eine elende und dürftige Lebensart gewohnt, und für den Hof sehr beschwerliche Leute sind, weil sie ihn um nichts zu bitten haben. Von den Vorurtheilen der Schule war am wenigsten an ihm kleben geblieben; er schrieb für die Freyheiten der französischen Kirche, und wider die Ansprüche der Päbste; er änderte beständig an den Statuten der Universität, wenn er darzu die Gewalt in den Händen hatte. Nachdem er bis zum Syndicus alle Stufen durchgegangen war, und jene Gewalt erhalten hatte, die uns Muth und Unerschrockenheit über die Gemüther geben, glaubte er nur seinem Eifer folgen zu dürfen; welches ihm viel Anhänger, aber auch viel Feinde machte. Sein Andenken ist noch bey vielen erhabenen und republicanischen Seelen in Ehren. Er brachte es so weit, daß die Universität wider die Registrirung der den Jesuiten ertheilten Patente protestirte.

Um sie bey der Sorbonne noch verhaßter zu machen, legte er ihr ein Werk eines Jesuiten vor. Es war eine französische Uebersetzung dreyer Reden

ben aus dem Spanischen, die bey der Canonisation des Ignatius von Lojola waren gehalten worden. Die Uebersetzung war vom P. Sollier. Es ward darinne gesagt, „daß Ignatius mit sei„nem auf einen Zettel geschriebenen Namen mehr „Wunder, als Moses mit seinem Stabe und im „Namen Gottes gethan habe; daß die Heiligkeit „des Ignatius so groß sey, selbst in Ansehung der „Auserwählten und der himmlischen Geister, daß „nur einige Päbste, als der heil. Petrus, einige „Kayserinnen, als die Mutter Gottes, einige Mo„narchen, als Gott der Vater und Gott der Sohn „ihm gleich zu achten wären; daß die andern „Stifter geistlicher Orden zwar zum Dienst der „Kirche gesandt gewesen wären, daß aber Gott in „diesen letzten Tagen durch seinen Sohn Ignatius „zu uns geredet, und ihn zum Erben über alle „Dinge gemacht habe; daß endlich Ignatius den „Pabst zu Rom vorzüglich begünstige, indem er „ihn als den rechtmäßigen Nachfolger Jesu Chri„sti, und als seinen Vicarium auf Erden betrach„te:„ alles übertriebene, falsche und lächerliche Lobsprüche. Aber welcher geistliche Orden sieht nicht seinen Stifter als das helleste Licht an, welches über ihn aufgegangen ist?

Edmund Richer hatte nicht mit undankbaren Leuten zu thun. Die Jesuiten ließen sichs angelegen seyn, ihm alles Böse wieder zu vergelten, was er ihnen anthun wollte. Ihre größte Bemühung gieng dahin, ihn um sein Syndicat zu bringen; da dieses aber nicht gelingen wollte, so

thaten

thaten sie ihm indeß allen möglichen Verdruß an. Der Kanzler nahm sie gegen ihn in Schutz. Dieser wollte diese Stritigkeiten je eher je lieber beygelegt wissen; er war schon im Begriff die Jesuiten durch ein Patent der Universität, wider ihren Willen, einzuverleiben, als der Syndicus noch zu rechter Zeit in den Weg kam. Richer appellirte ans Parlament. Das Parlament hatte auf die Aufführung der Jesuiten ein eben so wachsames Auge, als die Universität. Seit der Protestation der Universität wider die den Jesuiten ertheilten Patente, war im Jahr 1611 ein neuer Befohl gegeben worden, daß sich beyde Partheyen stellen sollten. Es mußten aufs neue Advocaten gewählt werden. Montholon war es auf Seiten der Jesuiten, und la Marteliere auf Seiten der Universität. Der erste war von guter Herkunft, aber ein schlechter Advocat; der andere hingegen stand seiner Geschicklichkeit wegen in großem Rufe. Das Schicksal der Jesuiten war demnach beständig für große Männer gehalten zu werden, und stets nur mittelmäßige zu finden, die sie vertheidigten.

Pasquier und Arnold schienen die Satyre wider den Orden erschöpft zu haben; aber Marteliere zeigte, daß man ihm noch genung übrig gelassen hatte. Er nannte die Jesuiten falsche, hochmüthige, listige, rachgierige Menschen, Königsmörder, Verderber der Sitten, Störer der Staaten Venedig, Engeland, Schweitz, Hungarn, Siebenbürgen, Polen, Schweden, und der ganzen Welt.

Welt. „Wir werden nie, sagt er in einer der
„schrecklichsten Reden die man kennt, Ruhe haben,
„so lange wir mit Feinden von einer ganz neuen
„Art umgeben seyn werden. Weder wir, noch
„unsere Kinder, noch unsere Könige werden in
„Sicherheit seyn. Gleich bey ihrer Geburt ward
„an eben dem Orte, wo ich ietzt rede, uns ihr ab-
„scheuliches Project, göttliche und menschliche Ge-
„setze über den Haufen zu werfen, prophezeiht.
„Sie haben seit dreyßig Jahren noch nicht aufge-
„hört die Fackel der Zwietracht in ganz Frank-
„reich aufzustecken, und ein Feuer anzuzünden,
„das dem Scheine nach nie verlöschen sollte."
Er stellte zugleich die Universität vor, wie sie den
Tod ihres Königs beweint, da indeß die Jesuiten
mit großen Kosten ein prächtiges Gebäude in der
Vorstadt Saint Germain aufführten; die eine
ihrem Könige und Vaterlande getreu, und die andern dem römischen Hofe und dem Hause Oester-
reich verkauft. Er malte alle Jesuiten als eitel
Chatels und Barrieres ab. Ihren P. Gulg-
nard läßt er in folgendem Tone von seinem Herrn,
Heinrich III, reden: „Wenn man ihn ohne Krieg
„nicht absetzen kann, so fange man Krieg an;
„und wenn man dieses nicht kann, so ermorde
„man ihn."

La Martellere fand sehr leicht Beyfall; das
Parlament war der Meynung, daß man die Jesuiten nochmals verjagen müsse. Eben den Beyfall fand auch die Rede, als sie gedruckt ward.
Man

Man verglich sie mit den philippischen Reden des Demosthenes und Cicero.

Montholon redete hernach; er gab alles für Verläumdungen aus, und führte Gründe über Gründe, Begebenheiten über Begebenheiten an; alles dieses war noch mit anzähligen Vergleichungen ohne Wahl und Ordnung begleitet. Montholon ward also mit seiner Vertheidigung eben so schlecht aufgenommen, als la Marteliere, der die Jesuiten mit den heßlichsten Farben malte, wohl aufgenommen worden war.

Man erwartete die Schlüsse des Generaladvocaten Servin mit Ungeduld. Dieser Mann stand beym Parlament in großer Achtung; er hatte sich durch seine großen Talente und durch seine nicht geringern Einsichten sehr hervor gethan. Man kannte ihn außerdem als einen abgesagten Feind der Jesuiten. Servin übertrieb die Gemälde, die la Marteliere von ihnen gemacht hatte, noch mehr, und entschied zum Vortheil der Universität. Er verlangte, daß man folgende vier Artickel von den Jesuiten solle unterschreiben lassen: 1) Das Concilium ist über den Pabst; 2) der Pabst hat über die weltliche Macht der Könige keine Gewalt, und er kann ihnen dieselbe nicht rauben, wenn er sie in den Bann thut; 3) ein Priester, der im Beichtstuhl erfährt, daß etwas wider den König und den Staat beschlossen worden, ist gehalten es der Obrigkeit zu offenbaren; 4) die Geistlichen sind Unterthanen der regierenden Fürsten und überhaupt der weltlichen Obrigkeit.

Die Sorbonne, wenn man ihr damals diese Sätze zur Unterschreibung vorgelegt hätte, würde in eben so großer Verlegenheit gewesen seyn, als die Jesuiten. Der Präsident von Verdün, auf dessen Schutz sie große Rechnung machten, fragte einige dieser Väter, ob sie Lust hätten die vier Artickel des Servin zu unterschreiben, und sie von ihrem General unterschreiben zu lassen? Ihre Antwort war, daß, so bald als sie zur Sorbonne gehören würden, sie auch einerley Grundsätze mit derselben haben würden; daß sie darüber eine ausdrückliche Regel hätten; und daß sie, was ihren General beträfe, an ihn schreiben wollten. Die Richter waren damit nicht zufrieden. Das Parlament gab noch in eben dem Jahre ein Decret, worinne den Jesuiten verboten ward, sich der Erziehung der Jugend entweder selbst, oder durch untergeschobene Personen, zu unterziehen.

Der Pabst hatte unter allen diesen Unruhen sich in nichts eingelassen; endlich aber brach er los. Der französische Hof, der bey seiner damaligen Minorennität ein wenig säuberlich gegen den römischen verfahren mußte, suchte es allen Partheyen recht zu machen. Das Ungewitter, das den Jesuiten drohete, fieng an sich zu verziehen. Eben der Präsident von Verdün brachte es dahin, daß man die Jesuiten zur Unterschreibung nicht zwingen sollte, wenn sie sich nur denen in Frankreich angenommenen Artickeln gemäß bezeigten: doch
ward

ward ihnen noch nicht erlaubt in ihrem Collegio öffentlich zu lehren.

Der Verlust ihres Processes ward durchgängig ihrem großen Feinde Servin zugeschrieben, welcher, da er einige Zeit darnach an den Hof kam, alle Arten von Spöttereyen und Ungezogenheiten, selbst in Gegenwart der Regentinn, sich von den Hofleuten mußte gefallen lassen, als welche den Jesuiten anhiengen.

Endlich ward den 15 Februar 1618 ihr clermontisches Collegium eröfnet, da schon im Jahr 1614 von dem Adel und der Geistlichkeit bey dem Könige darum war gebeten worden. Die Universität, die weiter nichts thun konnte, als daß sie ihren Verdruß verbarg, so gut sie konnte, fand dem ohngeachtet ein Mittel sich an ihren Nebenbuhlern zu rächen. Sie gab ein Decret, Kraft dessen alle, die bey den Jesuiten die Philosophie studiren, auf so lange Zeit von den academischen Graden ausgeschlossen werden, wenn sie auch gleich bey den Professoren der Universität Collegia besuchen. Das clermontische Collegium also, das heut zu Tage den Namen Ludewigs des großen führt, und durch die Menge seiner Schüler, wie auch der geschickten Lehrer, die aus demselben hergekommen sind, berühmt ist, war benen Urhebern dieses Decrets verdächtiger, als selbst die verdächtigsten Häuser. Die Jesuiten haben übrigens wegen dieser sehr merklichen Partheylichkeit keine besondere Klage geführt. Haben sie es vielleicht aus Bescheidenheit oder aus Furcht nicht gethan?

Vielleicht sind sie einer solchen Ausschließung wegen weniger in Verlegenheit, als wenn man sie mit andern Mönchen in eine Classe setzen wollte.

Dieses Decret gilt noch bis auf diese Stunde, und man kann daraus schließen, ob diese beyden auf einander neidischen Gesellschaften sich je mit einander vereinigen werden. Ihre Meynungen, ihre Gebräuche, ihre Art zu lehren, sind so von einander unterschieden, daß immer eine vor der andern den Vorzug haben will. „Sollte ich „denn niemals die stolze Sorbonne demüthigen „können?„ sagte der Pater Doucin. Die Jesuiten und ihre Widersacher ergreifen daher auch alle Gelegenheiten, wo sie einander lächerlich machen können.

Bey denen bisher so critischen Umständen der Jesuiten, sahen ihre Feinde alle Augenblicke, wenn die Universität wieder aufwachen, und das Parlament sie unterstützen würde. Der geringste Hauch hätte leicht wieder ein Feuer anblasen können, das noch unter der Asche glimmt.

Die

Die Dominicaner
und
Jesuiten.

Die Dominicaner sind zu den Zeiten der Walbenser gestiftet worden, um sich diesen Ketzern a) zu widersetzen, und die Jesuiten im sechzehnten Jahrhunderte, um den Fortgang des Lutherthums und des Calvinismus zu hindern; beyde sind also, ihrer Einsetzung nach, verbunden, an der Wiederherstellung des Friedens in der Kirche zu arbeiten. Sie haben sich auch in der That sehr viel Mühe deßwegen gegeben: aber anstatt eine traurige Uneinigkeit zu heben, haben sie ein entsetzliches Kriegsfeuer angezündet.

Die Geschichte der Congregationen de auxiliis ist vielleicht schimpflicher für das menschliche Geschlecht, als alle Ketzereyen in der Welt. Man hat in diesen berüchtigten Streitigkeiten mehr List und Bosheit gezeigt als alle Secticer, die daher weit weniger zu fürchten sind. Hier ist diese Geschichte des Betrugs, des Hasses, der List und der Verstellung ins Kurze gebracht.

a) Dieß ist der Ehrenname, den die Catholicken allen denen geben, die klüger sind, als sie. Ich habe ihn also den Waldensern gelassen.

Der bekannte P. Aquaviva, der im Jahr 1581 zum General des Jesuiterordens erwählt ward, und eine geraume Zeit unumschränkter Gebieter seines Ordens war, wollte die durchgängig verdächtigen Lehrsätze der Jesuiten in bessere Achtung bringen. Er ließ daher von denen geschicktesten Männern seines Ordens ein so genanntes Directorium, wie die Wissenschaften gelehret werden sollten, verfertigen. Als dieses Directorium fertig war, ließ er es zu Rom drucken, und an die ganze Gesellschaft austheilen, damit sie sich nach demselben richten möchte.

Die Lehren des heil. Thomas waren nach der Absicht des heil. Ignatius sehr darinne angepriesen. Uebrigens war darinne nichts bestimmt, ob man dem Engel der Schule in dem Capitel von der Prädestination folgen solle oder nicht. a)

Ein Jesuit zu Salamanca, Namens Prudentius de Montemajor, richtete sich darnach, und vertheidigte öffentlich eine Disputation, welche das Gegentheil von der Lehre der Dominicaner war, oder zu seyn schien. Der spanische Jesuit bestritt die physicalische Vorherbestimmung, und suchte dagegen das Vorherwissen Gottes in künftigen, bedingungsweise zufälligen Dingen, von einer vorherbestimmten Nothwendigkeit unabhängig, zu behaup-

---

a) Man entschuldige den Uebersetzer, wenn er im folgenden mit denen Patribus obscuritatis & ignorantiæ bisweilen im Finstern tappt; der Verfasser hat sich selbst nicht besser zu helfen gewußt.

behaupten. Es ist nicht leicht auszumachen, wer zuerst die physicalische Vorherbestimmung in Zweifel gezogen habe. Die Jesuiten geben sie für eine neue Lehre aus, wenigstens wie man sie damals lehrte, und nach der Zeit gelehret hat. Die Dominicaner schreiben sie dem heil. Thomas zu: aber es mag nun ein untergeschobenes Kind seyn, oder nicht; die Untersuchung ist allemal unnütz.

Als Prudentius diese Disputation zu Salamanca vertheidigte, hielt sich eben ein Dominicaner, Bagnes, in dieser Stadt auf. Dieser, da er von der Disputation Nachricht erhielt, eilt in das Collegium der Jesuiten, und widerlegt den Satz, der ihm anstößig war. Der Streit ward so hitzig, daß Montemajor und Bagnes tapfer auf einander schimpften, und dieser in voller Wuth davon lief.

Doch ließ er die Hofnung, sich an dem Jesuiten zu rächen, nicht fahren; er arbeitete vielmehr Tag und Nacht an der Widerlegung seiner Disputation. Er setzte eine lange und ausführliche Censur darwider auf, und schickte sie an die Inquisition zu Valladolid. Diese Censur enthielt sechzehn Sätze, welche Bagnes für abscheulich hielt, und dem P. de Montemajor zuschrieb. In der That waren auch diese Sätze sehr irrig; aber zum Unglück waren es ganz andere, als die in der Disputation standen.

Die Meynungen des Jesuiten erhielten dadurch nur noch mehr Beyfall, und Bagnes wollte darüber fast rasend werden. Seine Feinde beschreischreiben ihn als einen Scholastiker, der von Stolz, niederträchtiger Eifersucht und Heucheley noch mehr an sich habe, als von Gelehrsamkeit und Probanterey. Seine Verzweifelung verdoppelte sich, als er erfuhr, daß ein anderer berühmter Jesuit, Ludewig Molina, ein Werk verfertigt habe, um die Art zu erklären, wie Gott auf die Creaturen wirkt, und wie diese ihm widerstehen.

Dieser Molina war in der That ein sehr sonderbarer Mann; ein wahrer Christoph Columbus in der theologischen Welt. In diesem holprichten Lande, wo die Erfindungen eine so gefährliche Sache sind, gieng er stets auf neue Entdeckungen aus. Er richtete seine Grundsäße nach dem Unterschiede ein, den er zwischen der natürlichen und übernatürlichen Anordnung, zwischen der Vorherbestimmung zur Gnade und der Vorherbestimmung zur Herrlichkeit, zwischen der vorhergehenden und der mitwirkenden Gnade machte. Wir haben ihm zween seltene Begriffe zu danken, die begleitende Mitwirkung (concours concomitant) und die mittelbare Vorhersehung (science moyenne.) Suarez ist der Vater des Systems der Congruität.

Gott erforscht, vermöge seiner mittelbaren Vorhersehung, unsern Willen, um zu sehen, was wir thun werden, wenn wir seine Gnade empfangen haben. Er trifft hierauf, Kraft der Congruität, und wenn er sieht, was für einen Gebrauch der freye Wille von seiner Gnade machen wird, solche Veranstaltungen, daß wir Gutes thun, und selbst

bis

bis an den Tod darinne beharren, ohne uns jedoch mit Gewalt und durch seine Allmacht dazu zu zwingen. Es ist von Seiten Gottes eine große Geschicklichkeit, dem Willen des Menschen seine Freyheit zu lassen, so wie etwan ein geschickter Minister dem Willen seines Herrn nachzugeben scheint, und ihn doch leitet, wohin er will. Gott, der alle Umstände voraus siehet, in denen wir uns befinden werden, sieht auch zu gleicher Zeit voraus, ob wir, wenn er uns eine gewisse Gnade wiederfahren läßt, dieselbe annehmen werden, oder nicht. Er beschließt, uns sie zu erweisen, und das ist die übereinstimmende Gnade, (la grace congrue.) Die Lehren des Molina schienen zu hart, und um sie zu mildern, ward das System der Congruität erdacht.

Das Buch des Molina war betitelt: Uebereinstimmung der Gnade und des freyen Willens. Es ist ein dem spanischen Clima sehr gemäßes Werk, als wo sich gute Schriftsteller sehr selten, scholastische aber in großer Menge finden. Der Cardinal Baronius vergleicht diesen jesuitischen Theologen mit einer Schlange, die den Händen durch allerley Wendungen entgeht, und mit Versicherungen der catholischen Rechtgläubigkeit sich allenthalben durchhilft.

So bald dieses Buch heraus kam, vergaßen Bagnes und seine Mitbrüder (denn er hatte schon sich einen großen Anhang bey seinem Orden gemacht) die Disputation des Montemajor. Sie fielen nun alle über den Molina her. Sein Buch schien

schien ihnen weit fürchterlicher als die Disputation. Sie schrien insgesammt, daß man nichts so abscheuliches gesehen habe; daß die mittelbare Vorhersehung bey weitem so vernünftig nicht sey, als die physicalische Vorherbestimmung; daß wenigstens eine vor der andern weit mehr Deutlichkeit voraus habe. Sie setzten den Gedanken des Molina andere entgegen, die ihnen weit richtiger und begreiflicher schienen. Ihr ganzes System gründet sich auf die Worte, die aus verschiedenen Stellen des heil. Augustinus zusammen gezogen sind. „Die Wirksamkeit der Gnade beruhet auf „der Allmacht Gottes, und auf der unumschränk„ten Gewalt, die er über den Willen der Menschen, „so wie über alle Creaturen hat."

Bagnes, der für seine Meynung eingenommen war, und der Meynung des Jesuiten spottete, schrieb, um das lächerliche derselben zu zeigen. Molina aber fand die Vorherbestimmung nicht weniger lächerlich, und antwortete sehr hitzig. Die Jesuiten unterstützten ihren Mitbruder, und die Dominicaner den ihrigen. Eine Parthey verketzerte die andere. Die Dominicaner nannten die Jesuiten Pelagianer, und diese schalten wieder die Dominicaner Calvinisten. Alle Mönche, alle Universitäten in Spanien nahmen an diesem Streite Antheil.

Die Sache gelangte endlich vor die Inquisition. Hier stritten nun erst die Partheyen mit allem möglichen Eifer vor ihr Recht; iede von ihnen

ihnen wollte beweisen, daß ihre Lehre keine andere, als die Lehre der Väter und der Kirche sey.

Der Ruf brachte die Nachricht von dieser Streitigkeit von Valladolid nach Rom. Es war nicht möglich, daß der Pabst so gleich ein Urtheil darüber hätte fällen sollen. Die Berichte, die er von da und dorther bekam, waren insgesammt sehr ungetreu. Rom ersahe aber doch so viel daraus, als hinreichend war, daßelbe zu beunruhigen; es gebot demnach beyden Partheyen ein Stillschweigen, das weder von der einen, noch der andern beobachtet ward.

Die Dominicaner waren unwillig, daß die Lehre des heil. Thomas, eine Lehre, die seit so langer Zeit in allen Schulen gebilligt war, mit einigen neuen und unerhörten Sätzen ins Gedränge kommen sollte; das aber, was diese ehrwürdigen Väter am meisten verdroß, (denn man muß auf den wahren Ursprung des Streits zurück gehen,) war das große Ansehen, das die Jesuiten in Spanien und anderwerts, zum Nachtheil ihres Ordens, welcher alle Tage abnahm, erhielten. Ihre theologischen Lehrstühle hatten sich vermindert; sie waren nicht mehr Prediger oder Gewissensräthe nach der Mode; die Könige, und die Kayser des österreichischen Hauses nahmen nicht mehr die Beichtväter aus ihrem Orden; und es scheint, daß sie schon seit den ersten Jahren der Bekehrung des Ignatius voraus gesehen haben, wie nachtheilig ihnen einst seine Stiftung seyn werde. Was für Zänkereyen thaten sich nicht zwischen ihnen

ihnen und denen eifrigen Anhängern dieses verschlagenen Stifters a) hervor? Sie sind der Saame zu den Uneinigkeiten gewesen, von denen ich ietzt rede.

Alle Länder erschallten von dem Geschrey der Dominicaner. Sie gaben das Buch des Molina für den Vorläufer des Antichrists aus. Der berühmte Melchior Canus schrieb darüber folgender Gestalt an den Hof nach Madrid: „Gott „gebe, daß es mir nicht eben so gehe, wie dem Cas„sander, dem man nicht eher glaubte, als bis Tro„ja erobert war. Wenn man den Jesuiten er„laubt, so fortzufahren, wie sie angefangen haben, „so bitte ich Gott, daß nicht eine Zeit komme, „wo ihnen die Könige gern widerstehen wollten, „aber nicht können."

Ein anderer Dominicaner, Alphonsus Vindano, gieng in allen spanischen Städten herum, und schrie auf allen Kanzeln, daß die Jesuiten, ihr Vater Ignatius, und alle seine Gefährten des Teufels wären; daß man es ihm aufs Wort glauben könne, weil er vom Himmel abgeschickt wäre, um es den Menschen zu offenbaren. Lanuza selbst, den man so gern unter die Heiligen versetzt wissen wollte, glaubte, als Provincial der
Domi-

a) Wenn die Dominicaner ihm auch anfänglich einige Dienste leisteten, so behielten sie ihn hernach, nebst seinen Jüngern, zwey und zwanzig Tage zu Salamanca im Gefängnisse, weil diese neuen Begeisterten eben so wohl den Catechismus lehren und Gewissensräthe abgeben wollten, als sie.

Dominicaner, sich in seinem Gewissen verbunden, Philipp dem zweyten die für die Jesuiten so schimpfliche Bittschrift zu übergeben, in welcher man sich folgendermaßen ausdrückt: „Sie ziehen einen „großen Schwarm von jungen Leuten in ihren „Schulen an sich, indem sie ihnen weiß machen, „daß sie, durch ihre Vermittelung, alles erhalten „sollen, was sie nur begehren werden. Sie wollen denen Geistlichen zu Pfründen, denen Advo„caten zu Clienten, jungen Gelehrten zu geistli„chen Orden, jungen Doctoren zu theologischen „Lehrstühlen, und kurz, einem jeden, nach dem „Maaß der Ergebenheit, das er gegen sie bezeigen „wird, zu Vortheilen verhelfen.„

Lanuza bat den Monarchen weiter, daß er das Verbot des Pabsts über die mittelbare Vorhersehung und über die physicalische Vorherbestimmung nicht zu streiten, aufheben sollte, bis Seine Heiligkeit darüber selbst einen Ausspruch gethan hätte. Philippus II aber, der mit Staatsangelegenheiten genung beschäfftigt war, wollte sich in dieses Schulgezänke nicht mengen.

Die Richter wurden indeß ernannt, die das Buch des Molina untersuchen sollten. Sie waren aber alle, wenn man einem gewissen Geschichtschreiber glauben will, partheyisch, bis auf zween, welche die Dominicaner nicht gewinnen konnten. Diese Väter, die an dem römischen Hofe in grossem Ansehen standen, hatten alle, die Seine Heiligkeit umgaben, zu ihrem Vortheil einzunehmen gewußt. Die beyden Cardinäle, Alexandrino

und

und d'Ascoll, die selbst von ihrem Orden waren, und noch große Neigung vor denselben hatten, waren ihre vornehmsten Stützen.

Der Bericht, den die Richter von dem Buche des Molina abstatteten, war demselben sehr nachtheilig. Clemens VIII konnte darnach den Ausspruch thun; er liebte ohnedem die Jesuiten nicht, und dieß wäre eine Ursache mehr gewesen, um ihnen diesen Druck zu geben: aber er wollte auch noch andere darüber hören. Der General, Claudius Aquaviva, stellte dem Pabste die bösen Absichten der Richter vor, und versicherte ihn, daß man das für Irrthümer ausgegeben habe, was unwidersprechliche Wahrheiten wären. Der P. d'Avrigni sagt in seinen chronologischen und dogmatischen Denkwürdigkeiten, daß verschiedene von ihnen das Buch nicht einmal gelesen gehabt. Dergleichen Vorwürfe schaden einer Sache mehr, als sie ihr nutzen. Die neuen Vorstellungen des Generals, die von dem Robert Bellarmin, der seit kurzem Cardinal geworden war, unterstützt wurden, und der Tod des Cardinals Alexandrino, brachten den Pabst endlich auf den Entschluß, die Richter über alles, was sie gethan hatten, zur Rede zu setzen.

Sie waren ihrer Sachen so gewiß, daß sie von ein und sechzig Sätzen, die sie in dem Buche des Molina getadelt hatten, mit sich bis auf neun und vierzig, hernach bis auf ein und vierzig, und endlich bis auf zwanzig handeln ließen. Der Pabst konnte sein Erstaunen den Richtern nicht bergen,

bergen, und um nichts wider die Religion und wider die strengste Gerechtigkeit geschehen zu lassen,
befahl er, öffentliche Disputationen darüber anzustellen, wobey er selbst zugegen seyn wollte.

Clemens VIII war gelehrt genung, um selbst
über die Sache urtheilen zu können. Es ward
ieder Gesellschaft frey gestellt, zur Vertheidigung
ihrer gemeinschaftlichen Sache einen Theologen
nach ihrem Gefallen zu wählen. Die Dominicaner wählten den Alvarez, und die Jesuiten den
Valentia.

Der zwanzigste Merz im Jahr 1602 war der
Tag, an welchem die erste Zusammenkunft gehalten ward, die man, wie alle folgende, de auxiliis
nannte; weil dieser Streit den Beystand betraf,
den Gott dem schwachen Willen der Menschen lei-
stet, um ihn zum Guten zu lenken.

Diese Zusammenkunft ward auf einem Saale
im Vatican gehalten. Der Pabst, der in Person dabey war, hatte zween Cardinäle, den Pom-
pejus Perigonius und den Camillus Borghese
auf beyden Seiten neben sich sitzen. Die Richter, welches stets Mönche sind, saßen auf etwas
niedrigern Stühlen. Die beyden Ordensgene-
rale fanden sich auch dabey ein, um gleichsam ihre
Fechter zum Streite aufzumuntern.

Der Pabst stellte, ehe man anfieng, die Wichtigkeit der Sache vor, und was für große Aufmerksamkeit sie verdiene. Man sagt, daß seine
Rede eine sehr lebhafte Schmährede wider die Jesuiten gewesen sey, und daß er sie mit diesen Worten

ten angeredet habe: „Was verlangt ihr noch? „Erschrecket ihr nicht, daß ihr lieber die Lehre des „Pelagius in der Kirche Gottes einführen, als die „Vortheile des Molina verlassen wollt? Ueberlegt, „ich bitte euch, welchen Gefahren ihr die Christen- „heit durch eure Streitigkeiten aussetzt. Ziehet „eure Privatvortheile nicht dem gemeinen Besten „und der öffentlichen Wohlfarth vor! Gebet „den heiligen Vätern, gebet der Wahrheit Ge- „hör!„

Als die Rede des Pabsts zu Ende war, fieng der Theologe der Jesuiten an die mittelbare Vorhersehung zu vertheidigen; der Dominicaner behauptete darauf die physicalische Vorherbestimmung. Beyde kramten ihre ganze Gelehrsamkeit mit allen Spitzfündigkeiten des Verstandes dabey aus. Alvarez war nicht so reichlich damit versehen, als sein Gegner. Der Jesuit Valentia, der ein geschickter Theologe war, warf den Dominicaner bald über den Haufen.

Der General der Dominicaner, der für die Ehre seines Ordens in Sorgen war, schickte diesem schwachen Klopffechter einen fürchterlichen Kämpfer, den ehrwürdigen Pater, Thomas Lemos, zu Hülfe. Man hat von diesem würdigen Theologen eine sehr lächerliche Abbildung gemacht. a) Lemos wird als ein Mann vorgestellt, der sich zum Streiten und Kämpfen am besten schickt, indem man

---

a) Chronologische und dogmatische Denkwürdigkeiten. 1. 82.

man ihm ein heroisches Ansehen, einen festen und
dauerhaften Cörper, starre und drohende Augen,
eine starke Brust, eine donnernde Stimme, viel
Einbildung von sich, und sehr wenig Wissenschaft
beylegt; man kann aber diese Abbildung mit seinen Werken, mit seinem Rufe, den er in Italien
und Spanien hatte, widerlegen. Seine Bewunderer versichern, daß er den Cardinalshut ausge-
schlagen habe, einige kleine Prälaturen ungerech-
net, die man ihm vorher schon angeboten hatte.

Valentia hatte weiter nichts vor sich, als einen großen Namen. Diesem Jesuiten, dessen
Gesundheit schwach war, und den die vielen Congregationen, denen er beygewohnt hatte, ganz mit-
genommen hatten, ward einst, in Gegenwart seiner Heiligkeit, schlimm, so daß Sie ihm sich nie-
derzusetzen befahlen. Diese Ehrenbezeugung war
sehr schmeichelhaft für den Jesuiten, dessen große
Talente der Pabst hochschätzte; der Dominicaner
aber nahm diese Sache ganz anders auf. Lemos
hielt seine Gründe für so stark, daß Valentia davon in Ohnmacht gesunken und zu Boden gefallen
wäre. Die Gesundheit des Jesuiten ward immer
schwächer, und er starb einige Zeit darnach zu
Neapolis, ohne daß er seinen Streit zu Ende bringen konnte.

Lemos wußte sich sehr verdammt, daß er seinen
Gegner zur Verfälschung einer Stelle des heil.
Augustinus verleitet hatte. Die Anführung des
Jesuiten befand sich auch in der That falsch, und
der Dominicaner überführte ihn davon. Man

gel. Streit. III. Th. P ver-

verändert oft eine Stelle, ohne betrügen zu wollen, und öfterer noch, um zu einem Irrthume zu verführen. Der Anschein war sehr wider den Valentia; man nennt ihn daher a) „einen neuen „Ananias, der in Gegenwart des Nachfolgers „Petri, in einer Sache, woran der ganzen Kirche „gelegen war, und welche die Rechte des heiligen „Geistes über das menschliche Herz betraf, gelo„gen hätte.„ Man versichert, daß der Pabst, wegen der Verfälschung dieser Stelle, den Valentia einen Lügner, Betrüger und Bösewicht gescholten habe; er soll auch, als er den Tod dieses Jesuiten erfuhr, gesagt haben: „Wenn er keine „andere Gnade gekannt hat, als die, die er ver„theidigt hat, so wird er wohl nicht ins Paradies „gekommen seyn.„

Man hatte übrigens diese Zusammenkunft angestellt, um die Sachen auseinander zu setzen, und sie waren letzt verwirrter, als zuvor. Ein Jesuit, Achilles Gaillard, schlug damals dem Pabste ein sicheres Mittel vor, wie man den Streit zu jedermanns Vergnügen beylegen könnte, wenn nur ein jeder ein wenig von seinen Rechten nachlassen wollte. Die Dominicaner nemlich sollten die mittelbare Vorhersehung, und die Jesuiten die freywillige Vorherbestimmung (prédestination gratuite) annehmen. Er versprach, beyde Systeme auf eine vernünftige Weise mit einander zu vereinigen; und aus Furcht, daß man ihn im Verdacht haben möchte, als ob er von seinen Mitbrüdern zu diesem Schritte sey verleitet worden,
ließ

a) Abr. de l'hist. eccl. t. X. 104.

mit der andern. 227

ließ er sich sehr angelegen seyn, zu beweisen, daß er ihn aus eigener Bewegung gethan habe.

Diese freywillige Vorherbestimmung, d. i. ob Gott die Zahl derer, die selig werden sollen, vorher festsetze, ehe er ihren Lebenswandel in Betrachtung ziehe, war nicht nach dem Geschmack der Dominicaner. Sie wollten sich zu dem vom Achilles Gaillard gethanen Vergleiche nicht verstehen. Wie thöricht wäre es auch, wenn man von Theologen verlangen wollte, daß sie sich nie unter einander ferner streiten sollten!

Die Zusammenkünfte dauerten immer noch fort, obgleich Molina, der dazu Gelegenheit gegeben hatte, zu Madrid im Jahr 1601 gestorben war; zu spät vielleicht für die Ruhe der theologischen Welt; zu bald aber, wenn er ein Zeuge der traurigen Folgen seines sonderbaren Werks hätte seyn sollen.

Der Jesuit, Peter Arrubal, kam an die Stelle des P. Valentia. Arrubal aber konnte es ebenfalls nicht lange gegen die Lunge des nicht zu ermüdenden Lemos aushalten, welcher, außer denen Talenten, die ihm der Urheber der Natur gegeben, noch die ganze himmlische Hofstatt auf seine Seite gezogen hatte. Lemos, so oft und so lange er disputirte, war stets mit einem Scheine in Gestalt einer Crone umgeben, und selbst die Augen der Cardinäle wurden davon geblendet. Der P. Chouquet, ein Dominicaner, versichert uns dieses Wunderwerk in seinem seltsamen Buche: Von der mütterlichen Barmherzigkeit der heil.

P 2   Jung-

Jungfrau gegen den Orden der Predigermönche.

Auf Peter Arrubaln folgte La Baſtide. Nur durch Schreyen und Schimpfen gegen einander brachten es endlich die Jeſuiten ſo weit, daß dem unbezwinglichen Lemos ebenfalls ſchlimm ward, und er ſich einige Zeit entfernen mußte.

Während daß man auf einer Seite diſputirte, ſo negocirte man auf der andern. Die meiſten europäiſchen Mächte nahmen an dieſem Streite Theil. Der ſpaniſche Hof, mißvergnügt über die Jeſuiten, welche den Frieden zwiſchen Heinrich IV und dem römiſchen Hofe zu Stande gebracht hatten, foderte für die Dominicaner ein entſcheidendes Urtheil. Der franzöſiſche Hof ſetzte ſich dawider, und die Jeſuiten gaben ſich alle Mühe ihn zu unterſtützen. Die Cardinäle Bellarmin und Düperron, die ihnen gänzlich ergeben waren, wünſchten ein allgemeines Concilium; ſie fanden aber damit kein Gehör. Die Jeſuiten, die die Umſtände nicht allzu günſtig für ſich ſahen, ſuchten weiter nichts, als die Entſcheidung der Sache zu verzögern. Sie ſprachen darüber mit Heinrich IV, welcher dem Cardinal Düperron auftrug, daß er dieſe Gnade vom Pabſt zu erlangen ſuchen ſollte.

Düperron war ein eben ſo geſchickter Hofmann und Unterhändler als Gelehrter. Man kennet ihn ſehr ſchlecht, wenn man ihn zu Heinrich IV, der über eins ſeiner Geſpräche wider die Atheiſten entzückt war, ſagen läßt: „Sire, wenn

„Ew.

„Ew. Majeſtät mich hören will, so will ich die „Atheiſterey noch nachdrücklicher vertheidigen.„ Er diente den Jeſuiten, die ihm bey dem Monarchen wieder dienen konnten. Clemens dem achten ſagte er, daß, im Fall man die Vorherbeſtimmung durch ein Decret beſtätigte, er daſſelbe von allen Proteſtanten, in Europa wollte unterſchreiben laſſen.

Clemens VIII hieng ſehr auf die Seite der Dominicaner; doch hatte er nicht Luſt das Buch des Molina zu verdammen. Man ſagt, daß er ſchon eine Bulle wider daſſelbe in Bereitſchaft gehabt habe: man will ſo gar den Tag wiſſen, an welchem ſie ſollte publicirt werden; es war der Tag vor Pfingſten. Alle dieſe Umſtände ſagen viel, und können der einen Parthey ſehr vortheilhaft ſeyn. Das gewiſſeſte iſt, daß ſich Clemens VIII viel Mühe gab, die ſtreitigen Fragen recht einzuſehen, und daß ſie ſeinen Tod verurſachten. Leo XI folgte ihm, aber nur auf kurze Zeit, nach. Unter Paul V ward dieſer Streit erſt wieder recht rege, ſo viel Mühe ſich auch, wie man ſagt, die Jeſuiten gaben, daß ſich der neue Pabſt nicht darein mengen, ſondern beyden Partheyen Freyheit laſſen ſollte, in ihren Meynungen zu beharren, in ſo fern ſie nicht wider die Glaubenslehren liefen.

Niemand konnte über dieſe Materie beſſer einen Ausſpruch thun, als Paul V. Er war als Cardinal, Camillus Borgheſe, bey allen Congregationen geweſen, und die, die er nun anſtellte, bestanden aus eben den Prälaten und Richtern, die Clemens VIII darzu ernannt hatte.

La Bastide und Perez waren die Theologen von Seiten der Jesuiten. Lemos übernahm das Commando auf der andern Seite wieder, er hatte sich nur auf einige Zeit verborgen gehalten, um mit desto größerm Glanze iezt wieder zum Vorschein zu kommen. Die Dominicaner brauchten noch diese Vorsicht, da der Streit vom neuen angehen sollte, daß sie dem Lemos einen Secundanten gaben, den P. Alvarez. Man merkt von diesem an, daß er sehr wenig geredet habe, aus Achtung gegen seinen Mitbruder, den er allein wollte glänzen lassen.

Die Jesuiten waren in allen Versammlungen unter Clemens VIII blos defensive gegangen; die Dominicaner hatten keins von den Argumenten öffentlich bekannt gemacht, welche man wider die mittelbare Vorhersehung hätte vorbringen können. Paul V wollte nun, daß die Jesuiten angreifen, und die schwache Seite der physicalischen Vorherbestimmung zeigen sollten. Dieser Befehl ward vollkommen erfüllt.

Als Alvarez und der große Lemos nun sahen, daß man mit Argumenten wider sie stritt, die zwar sehr leicht, aber sehr überzeugend waren, so verstand sie kein Mensch, und sie sich selber nicht mehr. Sie fiengen an Distinctionen zu machen. Sie gestanden, daß Calvinus zwar eben so, wie sie, eine für sich selbst wirkende Gnade behauptet habe; aber sie läugneten dabey, daß man ihn deßwegen

zum

mit der andern. 251

zum Ketzer gemacht habe, als welches er nur in Ansehung der falschen Folgerung sey, die er aus einem wahren Grundsatze gezogen habe, indem er vorgäbe, „daß die Uebereinstimmung des Willens „durch eine necessitatem consequentem nothwen= „dig erfolge;„ da hingegen die Dominicaner die Uebereinstimmung des Willens „durch eine ne= „cessitatem consequentiæ behaupteten.„

Lemos divibirte und subdividirte auch noch die physicalische Vorherbestimmung. Die eine schrieb er den Pelagianern, die andere dem Calvinus, und die dritte, als die einzige wahre und christcatholi= sche, nach dem Urtheil des unvergleichlichen Lemos, den Dominicanern zu. Es schien ihm, als ob die ganze Gesellschaft ihm deßwegen ein Compliment machte. Er aber dachte von seinen Triumphen sehr demüthig, und schrieb sie dem Herrn zu, in= dem er mit dem Apostel ausrief: Durch Gottes Gnade bin ich, was ich bin.

Es ist Schade, daß Lemos nichts von der Offenbarung gewußt hat, die einem seiner Mit= brüder nach der Zeit wiederfahren ist. Dieser Dominicaner, der von allen Begebenheiten der an= dern Welt sehr genau unterrichtet war, behaupte= te, daß die bösen Engel aus keiner andern Ursache in den Abgrund wären gestürzt worden, als weil sie die physicalische Vorherbestimmung nicht an= nehmen wollten, die ihnen Gott selbst vortrug; und daß Simon der Zauberer, der eben so ein Narr gewesen, als die gefallenen Engel, eben

dieser

dieser Ursache wegen von Petro so übel sey empfangen worden. a)

Als nun Paul V die Sache in ihr gehöriges Licht gesetzt sahe, foderte er ein schriftliches Urtheil von den Richtern darüber. Ihre Meynung war dem System des Molina nicht allzu günstig. Man hatte es aber mit einem Pabste zu thun, der den Jesuiten nicht gram war, und die Richter gern zu einer mit ihm einstimmigen Meynung gebracht hätte. Da er es nun für unmöglich hielt, so befahl er, bey Strafe des Bannes, ein tiefes Stillschweigen, und wollte die Beweise für und wider die Sache selbst untersuchen, um ihren wahren und bestimmten Sinn zu fassen.

Es kam damals das berüchtigte Interdict wider die Staaten von Venedig dazu. Die venetianischen Jesuiten traten auf die Seite des römischen Hofes, da sie es lieber mit ihrem Vaterlande hätten halten sollen. Sie wurden deßwegen aus Venedig gejagt, und wurden weit später wieder daselbst aufgenommen, als die Capuciner und Theatiner, die ihrem Beyspiele gefolgt waren.

Diese große Ergebenheit der Jesuiten gegen den päbstlichen Stuhl, gereichte ihnen bey Paul V sehr zum Vortheile. Der Cardinal Düperron, welcher bey dem Pabste viel galt, machte viel Wesens aus ihrer herzhaften Handlung. Der Bannstrahl, der, wie man sagt, zum zweytenmal wider sie

———

a) Memoir. chron. & dogm. t. I. 71.

sie gerichtet war, ward zurück gehalten. Eben die Personen, die von der Bulle Clemens es achten, wider die Lehre des Molina Nachricht haben wollen, versichern zugleich, daß Paul V eine andere aufgesetzt habe, die nur hätte dürfen bekannt gemacht werden; sie zeigen so gar Abschriften davon vor. Ihre Widerlacher läugnen, und berufen sich darauf, daß diese Bulle nicht sey publiciret worden: aber kann sie deßwegen nicht existirt haben? Es sind übrigens verschiedene Klagen darüber geführet worden, daß man diese Bulle unterdrückt hat. Der Verfasser der kurzgefaßten Kirchengeschichte sagt, nicht ohne Partheylichkeit: „Ein schreckliches Gerichte Gottes verhängte es, „daß die Bullen wider den Bajus publicirt wur„den, da hingegen Paul V. die auf seinen Befehl „verfertigte Bulle nie hat publiciren lassen.„ Eben dieser Schriftsteller führt folgende Worte des Bischofs von Montpellier, Colbert, an: „Wenn „Paul V den klugen Vorstellungen gefolgt, und „die Bulle wider den Molina publicirt hätte, so „würde er die Kirche aller Verdrüßlichkeiten, die „sie nach der Zeit erfahren hat, den heiligen Stuhl „der vielen Decrete, die aus Gefälligkeit gegen die „Jesuiten sind gegeben worden, die Jesuiten des „Vorwurfs, ein Stein des Anstoßes in Israel zu „seyn, und die Gläubigen der Beschwerlichkeit „überhoben haben, von Leuten unterwiesen zu wer„den, welche die Religion nur nach dem äußer„lichen kennen, welche Maximen erdacht haben, „um damit die Sünden zu rechtfertigen, und

„wel-

"welche, da sie die Leidenschaften mit dem Evan-
"gelio vereinigen wollen, die Leidenschaften nicht
"einschränken, sondern das Evangelium zu Grun-
"de richten."

Alles was man gewisses darüber sagen kann,
ist dieses, daß der Pabst Paul V weder die Lehre
der Jesuiten noch der Dominicaner verwarf. Er
befahl beyden Partheyen sehr weislich, daß sie in
Friede mit einander leben und sich alles Schim-
pfens gegen einander enthalten sollten; wobey er
sich vorbehielt, den Streit zu entscheiden, wenn es
ihm gut dünken würde. Er ließ diesen endlichen
Entschluß zugleich allen Nuntiis und Großinquisi-
toren kund thun. Den Generalen beyder Orden
ward dabey aufgetragen, auf ihre Untergebene genau Achtung zu geben.

Diese Bescheidenheit des Pabstes machte auf
die Dominicaner und Jesuiten einen sehr verschiedenen Eindruck. Die ersten geriethen in Verzweifelung, und die andern waren für Freuden
ganz außer sich. Die Jesuiten trieben ihre Unvorsichtigkeit so weit, daß sie öffentliche Lustbarkei-
ten anstelleten, ihre Collegia einige Tage hinter
einander schlossen, und ihre Häuser illuminirten.
Sie stellten Feuerwerke und Comödien an, und
ließen Triumphbogen mit der Ueberschrift in ver-
goldeten Buchstaben aufrichten: Der siegende
Molina.

An den Geist des Friedens, den der Pabst so
nachdrücklich empfohlen hatte, ward dabey am wenigsten gedacht. Die Dominicaner und Jesuiten
such-

suchten alle Gelegenheiten hervor einander zu schaden, und es blieb stets ein heimlicher Haß zwischen beyden Gesellschaften. Der spanische Minister unter Philipp III, der Herzog von Lerma, der die Folgen dieser geheimen Abneigung fürchtete, hätte dieselbe gern gehoben. Er warf sich selbst zum Mittler zwischen beyden Orden auf, und suchte sie in den Lehrpuncten zu vereinigen: aber vergebens. Sie thaten dem Herzoge alle möglichen Versprechungen: aber keiner von beyden Theilen hielt sein Wort. Der Minister sahe endlich seine Thorheit ein, ließ seinen Vorsatz fahren, und erkannte, daß es leichter würde gewesen seyn, zwo feindliche Mächte mit einander zu vergleichen, als zween einander in den Haaren liegende Mönchsorden.

Endlich stellte die Zeit, die alles wieder beruhigt, den Frieden in den Gemüthern wieder her. Die Jesuiten ließen, auf Befehl ihres Generals Aquaviva, von der Partheylichkeit gegen den Molina nach, um nicht für Pelagianer oder halbe Pelagianer gehalten zu werden. Sie mengten eine gute Dosin von freywilliger Vorherbestimmung darunter. Die meisten Dominicaner machten es mit ihrer selbstwirkenden Gnade eben so. Sie sind, nach dem Zeugnisse eines Schriftstellers, der ihnen sehr ergeben ist, und dem dieses Geständniß ein wenig sauer ankommt, sie sind, sage ich, so weit gegangen, daß sie eine hinlängliche Gnade, eine vim proximam, und einen Stand der bloßen Natur zugeben; eine Nachsicht, fährt dieser

Schrift-

Schriftsteller fort, die alle wahren Thomisten, und nicht wenige besonders begnadigte Seelen beleidigt. Er bricht mit dem Pascal in Klagen aus, und führt folgende, an einen Dominicaner gerichtete Worte, aus seinem zehnten Provincialbriefe an: „Gehet, mein lieber Pater, gehet; euer Or-
„den hat eine Ehre erhalten, die er schlecht zu
„brauchen weiß. Er verläßt jene Gnade, die
„ihm anvertrauet war, und die seit der Erschaf-
„fung der Welt nie ist verlassen worden; jene sie-
„gende Gnade, die von den Patriarchen gehofft,
„von den Propheten vorher verkündigt, von Jesu
„Christo überbracht, vom heil. Paulus gepredigt,
„vom heil. Augustinus, dem größten unter den
„Vätern, erklärt, vom heil. Bernhard, dem letzten
„Kirchenvater, bestätigt, vom heil. Thomas, dem
„Engel der Schule, behauptet, von eben demselben
„auf euern Orden gebracht, van so vielen Vätern
„eures Ordens unterstützt, und von euern Geist-
„lichen, unter den Päbsten Clemens und Paul, so
„rühmlich vertheidigt worden ist.„

Man kann mit gutem Grunde vermuthen, daß die streitenden Partheyen einander fast niemals verstanden; und ich fürchte, daß es dem Leser eben so gehen möge. Das beste ist demnach, die Erzählung davon zu beschlüßen, und es beyden Orden zu überlassen, ob sie diesen Streit bald wieder von forn anfangen wollen.

Die

Die Herren vom Portroyal
und
die Jesuiten.

Die Herren vom Portroyal haben ihren Namen von einer berühmten Abtey der Bernhardiner, nahe bey Chevreuse, sechs Meilen von der Hauptstadt. Sie hatten sich Zellen in dem Hause daselbst bauen lassen. Um einigen Begriff von ihrer Lebensart zu haben, muß man wissen, daß sie alle Tage früh um vier Uhr aufstehen, die Frühmetten im Chore halten, in Gesellschaft zusammen essen, den meisten Theil des Jahres fasten, auf Strohe schlafen, sich mit einem groben Kleide bedecken, ihre Zeit unter Beten, Studiren und Handarbeiten theilen, und überhaupt sehr strenge Beobachter von allerhand Andachtsübungen sind.

Sie hatten die Absicht, einen Orden von einer ganz neuen Art zu stiften, den sie im alten Testamente vorgebildet zu seyn glaubten. Der Plan und die Statuten desselben waren schon entworfen. Ohne den Erzbischof zu Paris, der sich diesem Projecte nachdrücklich widersetzte, würde die Zahl der Mönche sich alle Tage vergrößern, und die Zahl der Bürger dagegen abnehmen.

So

So sehr diese Herren für ihre Vermehrung sorgten, so ist doch ihre Gesellschaft stets nur klein, oder sehr ausgesucht gewesen. Ein Anton Arnold, ein Ludewig Isaac Saci, ein Anton le Maitre, ein Nicole, ein Pascal, was sind das für große Männer! Wir wollen uns einen Augenblick bey ihnen aufhalten, um sie etwas genauer kennen zu lernen.

Man denkt sich bey dem Namen des Arnold allemal ein Genie, das zur Erleuchtung anderer da ist; einen von den feurigen und geschwinden Geistern, die alles den Augenblick fassen, und lebhaft wieder vortragen; eine von den reinen, herzhaften, unerschütterten Seelen, die zu weit über das Glück erhaben sind, daß sie demselben den schmeichelhaften Gedanken, alles von sich selbst, und nichts von ihm zu haben, aufopfern sollten. Er hätte Cardinal werden können, wenn er sich nach den Absichten des römischen Hofes hätte bequemen, und wider die vier berüchtigten Sätze der französischen Geistlichkeit schreiben wollen. Der Beyfall, mit welchem seine Werke aufgenommen wurden, verblendete ihn nicht, daß er sie für vollkommen hielt. Er war immer der erste, der daran zu tadeln fand.

Seine beyden Nefen, le Maitre und Saci, standen gleichfalls in großem Rufe, der eine wegen seiner gerichtlichen Reden, die zu seiner Zeit vortrefflich waren, ob sie gleich heut zu Tage schlecht sind; und der andere wegen der Uebersetzung des Terenz und der Bibel. Er ward zwey und ein halbes Jahr in die Bastille gesetzt: er mußte aber seine Zeit daselbst sehr nützlich zuzubringen; wie denn dieser Ort, der für die Gelehrten sonst ein sehr unangenehmer Aufenthalt ist, manch Talent ermuntert und bekannt gemacht hat.

Nicole ist der Boetius der Franzosen. Seine moralischen Versuche zeigen von einem Originalgenie. Was für Genauigkeit, wie viel Methode ist in diesem Werke! Wenn der Verfasser ein wenig langsam geht, so geht er auch um so viel sicherer. Er geht von Grundsätzen auf Grundsätze, von Folgen auf Folgen fort. Es sagte daher auch ein gewisser Verächter der Moral: „Man muß genau auf sich Achtung geben, „wenn man ihn liest; man ist gleich widerlegt, „wenn man ihm das geringste einräumt. Haltet „ihn gleich bey dem ersten Schritte zurück." Im Umgange war Nicole ein zweyter Lafontaine. Er fühlte es auch selbst, daß er damit nicht viel Aufsehen machte. Wenn man über eine wichtige Materie mit ihm stritt, sagte er: „Ich weiß es „wohl, daß ich nicht viel werde antworten kön„nen; laßt mich aber nur die Feder ergreifen, „dann will ich euch schon zeigen, daß ich Recht „habe." Nie hat ein Philosoph ein redlicher Herz gehabt. Die Herren vom Portroyal hatten öfters Gelegenheit über seine Einfalt, über seine Furchtsamkeit, und über die wenige Kenntniß zu lachen, die er von der Welt hatte.

Man bewundert an dem Pascal ein frühzeitiges, feuriges und durchdringendes Genie, das in vielen

vielen Stücken Schöpfer ist: einen unnachahmlichen Schriftsteller, der zuerst die Sprache nach ihrer wahren Eigenschaft gekannt hat, der ihr die Bestimmung, die Stärke und die Annehmlichkeit zu geben gewußt hat, wodurch sie sich von andern unterscheidet. Er scheint weniger für seine Zeitverwandten, als für die Nachwelt geschrieben zu haben. Man wirft ihm einen Mißbrauch seiner Talente vor, indem er sich bisweilen seine Einbildungskraft zu weit verleiten ließ. Die Menschen wären sehr zu beklagen, wenn sie so wären, wie er sie vorgestellt hat. Er sahe zu viel Fehler an andern, und zu wenig an sich selbst. Es ist zweifelhaft, ob seine Frömmigkeit aufrichtig gewesen. Bayle sagt: „Zehn Bände Predigten sind weniger geschickt den Unglauben zu entwafnen, als das „Leben des Pascals; seine Demuth, seine außerordentliche Frömmigkeit rühren die Gewissen der „Sünder mehr, als wenn man ein Dutzend Missionarien wider sie ausschickte." Aber sollte die Frömmigkeit wohl sich mit so viel Galle und Haß vertragen? Pascal, ein tugendhafter Menschenfeind, ein finstrer Heraclit, war ein sonderbares Gemisch von Weisheit und Thorheit, von Nachsicht und Strenge. Er hatte gegen das Ende seines Lebens Erscheinungen; er sahe an seiner linken Seite stets einen offenen Schlund; er wandte die Augen weg, und zitterte für Furcht sich in denselben zu stürzen.

Man setze zu diesen berühmten Einsiedlern noch den Arnold d'Andilli, Hermiant, Lenain de
Tille-

"Tillemont, Lancelot, und man sehe so dann, ob diese Männer nicht eine ehrwürdige Gesellschaft zusammen ausmachten. Sie waren die auserlesensten Schriftsteller der Nation. Ihre vortrefflichen Schriften breiteten den guten Geschmack unter derselben aus, und stellten die Sprache in ihrer Schönheit vor. Portroyal war eine der besten Schulen, und der Unterricht, den man daselbst genoß, ward für ein Glück gehalten. Die jungen Leute lernten daselbst die besten Grundsätze zu einer klugen und wohlanständigen Lebensart, und nährten ihren Verstand mit Lesung der besten griechischen und lateinischen Schriftsteller. Die Bignon, die Harlai, die Bagnol, und der berühmte Racine sind alles Männer, die sich in dieser Schule gebildet haben.

Je mehr Aufsehen diese Herren vom Portroyal machten, desto mehr Verdacht erregten sie wider sich. Man gab auf alle ihre Tritte und Schritte Achtung. Sie hatten Mitbuhler, deren sie sich nicht schämen durften: Männer, die Verstand, Talente, Gelehrsamkeit und Tugenden besaßen, waren es, die diese neue Stiftung über den Haufen werfen wollten. Es fehlte nur ein Vorwand zum Angriffe; dieser aber fand sich bald in einigen Meynungen, die sich beym Portroyal eingeschlichen hatten.

Der berühmte Abt de Saint-Cyran hatte sie mit hinein gebracht; er ist also an allen Unruhen Schuld, die seit der Zeit rege geworden sind. Die Rolle, die dieser Abt spielte, verdient, daß man sich

gel. Streit. III. Th.   Q   dabey

dabey aufhält. Wir wollen zuförderst sehen wie er sich erst selbst überreden ließ, ehe er hernach andere überredete.

Saint-Cyran, oder Johann Düperger be Hourane, ward zu Bayonne im Jahr 1581 von adelichen Aeltern gebohren. Er studirte die schönen Wissenschaften in Frankreich, und die Theologie zu Louvain. In dieser Stadt machte er mit dem *Cornelius Jansenius*, der gleichfalls da studirte, und nach der Zeit Bischof zu Ypern ward, Bekanntschaft. Sie hörten beyde bey einem Professor, bey einem Manne, der für die Meynungen des Michael Bay, oder Bajus, nach der damaligen Art, alle Namen lateinisch zu machen, außerordentlich eingenommen war.

Diese Meynungen betrafen die Gnade und Gnadenwahl. Rom hatte sie schon zweymal verdammt; einmal auf Ansuchen der Franciscaner, die für ihren freyen Willen und für das System des Scotus in Sorgen waren; und das zweytemal auf Anhalten der Jesuiten, welchen Bajus nicht günstig war, und welche sich nachdrücklich an ihm rächen wollten.

Der theologische Professor zu Louvain brachte den Jansenius und Saint-Cyran auf seine Seite, als welche alle beyde Gelegenheit suchten, sich hervor zu thun. Er trug ihnen die Meynung des Bajus auf der glänzendsten Seite vor. Zween Päbste hatten darüber nur eine Generalcensur ergehen lassen. Die öffentlichen Lehrer zu Louvain waren in große Verlegenheit gesetzt worden, als sie

sie eine Bulle von Sixtus V, eines gewissen Comma wegen, erhielten. Sie schickten deßwegen Abgeordnete nach Rom, so sehr auch der Doctor Morillon darwider war, als welcher zum Frieden rieth, und daß man die Bulle annehmen sollte, wenn sie auch irrig wäre. Der Professor führte alle diese Gründe zum Vortheil des Bajus an, und sagte, daß Bajus seine Irrthümer nie abgeschworen habe; daß sein Widerruf erzwungen gewesen sey; und daß sein Streit mit den Jesuiten nichts als einen gegenseitigen Haß zum Grunde gehabt habe. Die Jesuiten verfolgten den Bajus, und Bajus verfolgte die Jesuiten als er Kanzler der Universität zu Louvain ward.

Da die beyden Studenten so viel zum Vortheil des Bajus hörten, fiengen sie an Geschmack an ihm zu finden. Seine Verachtung des Schulgeschwätzes, und seine leichte Lehrart gefiel ihnen. Da sie sich nun einen Namen machen wollten, so ergriffen sie die Lehrart des Bajus, als einen Faden in dem fürchterlichen Labyrinthe der göttlichen Allmacht und des freyen Willens. Jansenius schrieb ein großes und sehr langweiliges Werk über den heil. Augustinus. Unter dem Vorwande, die Meynung dieses Kirchenvaters von der Gnade zu erklären, predigte er überall den Bajanismus. Dieses Werk kam aber nicht eher, als nach seinem Tode, welcher im Jahr 1638 erfolgte, heraus. Jansenius unterwarf es, noch ehe er starb, dem Urtheile der Kirche; dasjenige aber, das er selbst davon fällte, ist sehr merkwürdig:

„Ich halte dafür, sagt er, daß man schwerlich „etwas darinne zu ändern finden wird. Wenn „inzwischen der römische Stuhl etwas daran än- „dern will, so bin ich ein gehorsames Kind der „römischen Kirche, in welcher ich bis an meinen „Tod gelebt habe: Dieß ist mein letzter Wille."
Auf diese Weise ward er das Haupt einer Secte, da er daran gar nicht gedachte, und das Haupt einer Secte in einem Lande der Unterwürfigkeit, wo die päbstlichen Bullen als unwidersprechliche Gesetze gelten.

Der Abt de Saint-Cyran, der über den Verlust seines Freundes untröstlich war, kam wieder nach Frankreich. Paris schien ihm für seinen Eifer der bequemste Schauplatz zu seyn. Er wandte daselbst alles an, um den Augustinus des Bischofs zu Ypern in Ansehen zu bringen. Er spielte den Propheten Elias, den Täufer Johannes, den Vorläufer eines neuen Evangelii. Seine lächelnde Mine und seine glatten Worte waren für viele sehr verführerisch. Es nahmen Priester, Layen, Weiber in der Stadt und am Hofe, Mönche, und insbesondere Nonnen, seine Meynungen an. Er wollte alles für große Geheimnisse gehalten haben. Der Stolz, ein allgemeiner Lehrer zu seyn, machte den Grund seines Caracters aus; man hat aber deßwegen nicht hinlängliche Ursache, ihn mit den gehässigsten und seltsamsten Farben zu malen, wie man gethan hat. Da er einst in Sorgen war, sagt der P. d'Avrigni, daß ein gewisser Geistlicher, dem er seine Geheimnisse

ver-

vertraut hatte, dieselben verrathen möchte, packte
er ihn auf der Straße an, um seine Beichte vor
ihm abzulegen, und mußte ihn dadurch in die Nothwendigkeit zu setzen, daß er schweigen mußte.
Der Abt de Saint-Cyran hatte sonst nichts vor
andern voraus. Er ist ein schläfriger, weitschwei-
figer, unangenehmer und undeutlicher Schriftsteller, im Lateinischen so wohl als im Französischen;
er wird daher auch heut zu Tage wenig mehr gelesen.

Die ersten Eroberungen dieses Apostels des
Jansenismus, waren die beyden Häuser des Port-
royal zu Champs und zu Paris. Diese beyden
Häuser hatten zwo Schwestern des Anton Arnold
zu Vorsteherinnen, die Mutter Angelica, und die
Mutter Agnes, beyde durch ihre Tugenden und
durch ihre heldenmüthige Seele sehr ehrwürdige
Frauen. Die Mutter Angelica hatte die meiste
Zeit ihres Lebens mit Reformirung verschiedener
Clöster zugebracht. Sie triumphirte durch ihre
Standhaftigkeit über Mönche, Aebte und Aebtis-
sinnen, die ihre alte gewohnte Lebensart fortsetzen
wollten. Ein Assistent des Generals der Cister-
zienser, ein gewaltiger Jäger für seinen Orden,
und der Unwissendste unter den Mönchen, machte
Ihr am meisten zu schaffen, ehe sie ihn zur Vernunft bringen konnte, a) Die Mutter Agnes
hin-

---

a) Man erzählt, daß sie diesen Geschmack an der
Reformirung der Clöster, durch eine schöne Rede
bekommen habe, die sie einen abtrünnigen Capuciner,

hingegen war in ihrer Jugend schon zur Aebtissinn von Saint-Cyr ernannt worden; sie gab aber diese Würde auf, indem ihr der Stand einer schlechten Nonne weit vorzüglicher schien, als einer Aebtissinn.

Diese beyden sonderbaren Schwestern, welche die beyden Clöster des Portroyal regierten, und selbst vom Abt Saint-Cyran regiert wurden, machten überall Proselyten. Der Bischof zu Laugres, Zamet, hatte ihn mit diesen Damen bekannt gemacht. Der Abt aber war ihnen in kurzer Zeit lieber, als der Bischof. Sie schenkten diesem neuen Gewissensrathe alle ihr Vertrauen. Er gewann, durch ihre Vermittelung, zwo ansehnliche und zahlreiche Familien, des Arnold und des se Maitre, die zu allen Zeiten sehr große Feinde der Jesuiten gewesen waren. Die arnoldische Familie hatte Redner hergegeben, welche mit grossem Eifer an der Vertreibung der Jesuiten aus Frankreich, und daß sie nimmer wieder sollten aufgenommen werden, gearbeitet hatten. Die fromme Heerde der Proselyten mußte sich vor allen Dingen nach einer sichern Zuflucht wider das ihnen drohende Ungewitter umsehen, und sie hielten Portroyal zu Champs für den sichersten Ort. Sie sahen ihn als ihren Waffenplatz an, und durch die Stimme der Gnade an diesen einsamen Ort zusammen gerufen, hatten sie alle nur ein Herz und eine

einer, über die Vortreflichkeit des Mönchsstandes, halten hörte.

mit der andern.

eine Seele, nur ein Geschrey wider die Jesuiten. Ihr bloßer Name schien den Portroyalisten schon der Verwünschung des ganzen menschlichen Geschlechts werth. Es währte auch nicht lange, so giengen die Feindseligkeiten von beyden Seiten an.

Das Buch von dem öftern Gebrauch des Abendmahls, das der große Arnold schrieb, war der erste Popanz für die Jesuiten. Arnold hatte es für die Nonnen des Portroyal gemacht. Das Werk selbst war mittelmäßig; es ward aber durch ein noch schlechteres vom Jesuiten Brisacier widerlegt. Es wurden darinne eben die Nonnen, welche Arnold als Muster der Tugend vorgestellt hatte, mit den abscheulichsten Farben abgemalt. Der Jesuit warf ihnen vor, daß sie weder an die Religion, noch an das heil. Abendmahl, noch an das Weyhwasser, noch an die Heiligen im Paradiese glaubten. Arnold ward noch weniger geschont, als sie. Man konnte das Werk des Jesuiten für eine förmliche Schmähschrift halten, und der Erzbischof zu Paris verdammte es auch als eine solche.

Der P. Meynier nahm die Vertheidigung seines Mitbrubers auf sich, und machte eine noch häßlichere Abbildung vom Portroyal. Den Arnold nannte er einen Deisten; den Abt Saint-Cyran einen Atheisten; die andern vom Portroyal Ungeheuer, die sich verschworen haben, alle Begriffe der Religion zu verbannen. Zu Bourg-

Fontaine soll, nach der Meynung dieses Paters, das Complot zuerst entstanden seyn.

Die Portronalisten wurden durch diese Vorwürfe sehr aufgebracht. Sie versicherten, daß ihre Nonnen mit Andacht oft zur Communion giengen; daß sie den ganzen Tag über Creuze machten; daß sie ihre Horas süngen, und alle Sonnabende der heil. Jungfrau zu Ehren eine Procession anstellten; daß sie fleißig den Rosenkranz beteten. Arnold selbst trug beständig einen bey sich, und versäumte keinen Tag ihn zu beten.

Da indeß der Jansenismus in Frankreich schon so viel Lärm machte, daß die Jesuiten darüber in Unruhe geriethen, so hielten sie zu Rom um die Verdammung des Buchs des Bischofs zu Ypern an. Rom konnte auch ihrem ungestümen Anhalten nicht widerstehen, und verdammte im J. 1641 das Buch, unter dem Titel Augustinus.

Die Sorbonne wollte sich über dieses Urtheil zum Richter aufwerfen. Sie untersuchte die fünf berüchtigten Sätze des Jansenius, die aus seinem Augustinus ganz getreu dem Sinne, aber nicht den Worten nach gezogen waren. Die französischen Bischöffe untersuchten sie ebenfalls. Darüber entstand nun Uneinigkeit zwischen der Sorbonne und der Geistlichkeit. Acht und achtzig Bischöffe schrieben gemeinschaftlich an den Pabst Innocentius X, und baten, daß er der gallicanischen Kirche den Frieden wiedergeben, und ein entscheidendes Urtheil abfassen möchte. Eilf andere schrieben, und baten, daß er es nicht thun sollte.

Inno-

Innocentius X. that indeß einen Ausspruch, und Frankreich gerieth in Feuer und Flammen. Er verdammte ieden von den fünf Sätzen absonderlich, ohne das vorhergehende oder das nachfolgende, ja, ohne selbst die Seiten anzuführen, woher sie genommen waren. Eine solche Nachläßigkeit würde man dem geringsten weltlichen Richter kaum zu gute halten. Der Cardinal Mazarin mußte daher sein ganzes Ansehen anwenden, um der Bulle des Pabstes einen Freypaß zu verschaffen. Dieser Minister war schon in Sorgen, wenn sich nur ein Schatten von einer Faction blicken ließ, und wollte dergleichen Unordnungen gern in der Geburt ersticken.

Aber weder Minister, noch Könige, noch Päbste, noch alle die, von denen man glaubte, daß sie sich von den Jesuiten regieren ließen, konnten den Lauf der neuen Meynungen hemmen. Die Portroyalisten waren vortreffliche Wälle gegen alle Angriffe. Sie hatten die Parlamenter, an die sie fleißig appellirten, und den gemeinen Haufen, der sie für verfolgt hielt, zu Rückenhaltern; so daß man nach der Bulle des Pabsts mehr Jansenisten und Unruhen in Frankreich hatte, als vorher.

Um diese Zeit trug sich auch die Geschichte mit dem Herzoge von Liancour zu, welchem ein Prediger von St. Sulpicius die Absolution versagte, weil er, anstatt sein Leben Standesmäßig mit Comödiantinnen zuzubringen, beständigen Umgang mit den neuen Ketzern hatte. Das kam diesen Ketzern sehr zu statten; sie beschwerten sich, und schrieben in der ihnen gewöhnlichen Schreibart. Die Jesuiten legten die Hände auch nicht in den Schooß, sondern antworteten: Alle Männer von Verdiensten unter ihnen wollten sich ietzt mit Gegnern messen, von denen sie wußten, daß es ihnen auch nicht an Verdiensten fehlte. Sirmond, Petau, Annat, Ferrier, Vavassor thaten sich bey dieser Gelegenheit hervor. Daraus entstanden die beyden so berühmten Partheyen, die in allen Ständen so viel Zwiespalt gestiftet haben. Man nannte die Jesuiten nicht anders als Molinisten, und ihre Widersacher Jansenisten: große Worte, um die man sich herum schlägt, und wobey immer viel Mißverständniß mit unter läuft.

Da die Portroyalisten sich nicht mit Gewalt behaupten konnten, ergriffen sie die Feder, und schrieben alles hin, was Leuten nur einfallen kann, die sich überzeugen, daß sie Recht haben. Sie verwirrten die Sache so sehr sie konnten. Sie wollten beweisen, Jansenius habe das nicht gesagt, was er doch gesagt hat, und sich in seinem Buche überall finden läßt. Sie behaupteten, daß man seine Meynung, und die Art, wie er sich von den göttlichen Geboten, von der Natur der Gnade, von dem für das Heil aller Menschen vergossenen Blute Jesu Christi ausdrückte, gar nicht verstanden habe. Sie fanden in dem Auszuge, den man aus seinem Werke gemacht hatte, gar nichts von seiner Lehre. Andere fanden sie sehr vollständig

in

in den fünf verdammten Sätzen, und behaupteten, daß sie der Grund des Ganzen wären.

Außer der Deutlichkeit, die in den Sätzen des Jansenius anzutreffen war, hätte auch die in die Augen fallende Aehnlichkeit seiner Meynungen mit dem Calvinismus, die Ausbreitung derselben hindern sollen: aber sie fanden doch geschwinden Beyfall; welches man der Liebe zur Neuheit, dem Hasse gegen die Jesuiten, der Schwachheit einiger jungen Aebte und gewisser alten Betschwestern, oder auch der Begierde sich hervor zu thun und Aufsehen zu machen, zuschreiben muß.

Es schien als ob Jansenius nichts gesagt hätte, als was in den Kirchenvätern stand, und es ließen sich viel Leute davon hinters Licht führen. Arnold machte besonders von diesen Zeugnissen viel Aufhebens; man antwortete ihm aber, daß ein Wort mehr oder weniger, und die Umstände öfters die ganze Sache verändern; daß man auf den Sinn eines Autors, und nicht auf den Buchstaben sehen müsse.

Eben dieser Arnold, der so viel Eifer für seine Sache blicken ließ, und auch von seinen Feinden immer unter den Waffen gehalten ward, brachte alle Tage einen neuen und sonderbaren Satz vor; unter andern folgenden: Der heil. Petrus ist ein Gerechter, dem die Gnade, ohne welche man nichts vermag, bey einer Gelegenheit gemangelt hat, wo man nicht läugnen kann, daß er gesündigt habe. Dieser Satz mißfiel der Sorbonne, die ohnedem wider ihn

ihn aufgebracht war. Sie schloß ihn im Jahr 1654 von ihrer Gesellschaft aus, und die deßwegen gehaltene Versammlung ist sehr merkwürdig. Der Kanzler Segvier war im Namen des Königs dabey. Der Saal war von Bettelmönchen erfüllt. Man hatte sie aus allen Provinzen zusammen kommen lassen, obgleich, nach der Gewohnheit, nur zween Doctores von iedem Orden gegenwärtig seyn sollten. Arnold protestirte vor dem Notarius, wider die Ungerechtigkeit des Verfahrens. Er beklagt sich in dieser authentischen Acte, daß eben die Personen seine Richter wären, die er als untüchtig verworfen habe, und die ihm insgesammt sehr abgeneigt wären; daß der Syndicus mehr Stimmen gezählt habe, als deren wären gegeben worden; daß man eine Schrift, worinne er seine Lehre rechtfertige, weder habe lesen, noch ihn vorlesen lassen wollen; daß es endlich weniger das Ansehen einer Untersuchung, als einer Verschwörung wider ihn habe.

Innocentius X starb um diese Zeit; aber die Sachen bekamen dadurch keine andere Gestalt. Der neue Pabst Alexander VII. erneuerte die Censuren wider die fünf Sätze. Er lag mit den meisten französischen Bischöffen unter einer Decke. Diese Bischöffe hatten schon ehemals ein Formular aufgesetzt; sie ließen es aber daran noch nicht genung seyn, sondern machten noch ein zweytes. Es war in folgenden Worten verfaßt: „Ich ver„damme mit Herz und Munde die Lehre der fünf „Sätze, die in dem Buche des Cornelius Jansy-
                                                       nius

„nius enthalten sind; als welches gar nicht die „Lehre des heil. Augustinus ist, welchen Jansenius „schlecht erklärt hat."

Diese Formul war ein Zaum wider alle Ausflüchte der Portroyalisten. Ihr Unterschied, den sie zwischen der Sache selbst und dem Rechte machten, womit sie sich einige Zeit hinhalten, und ihn gern zu einem Glaubensartickel gemacht hätten, ward dadurch gänzlich unnütz. Sie schrien nach ihrer Gewohnheit, und die Bischöffe, nebst der Regierung, thaten indeß, was sie wollten.

Die Bischöffe ließen dieses Formular von allen unterschreiben, die ihnen verdächtig waren. Ein solches Verfahren machte viele zu Rebellen, und einige zu Heuchlern. Man verlangte selbst von den Portroyalisten, daß sie unterschreiben, und ein gutes Beyspiel der Unterwerfung geben sollten. Wenn man dieses Heiligthum des Jansenismus hätte gewinnen können, so wäre nothwendig der ganze Jansenismus über den Haufen gefallen.

Man gieng zu diesen andächtigen Nonnen, und befahl ihnen zu gestehen, daß die fünf Sätze in einem lateinischen Buche stünden: dieses längneten sie mit aller Gewalt; sie beschwerten sich dagegen, daß die Jesuiten, die Bischöffe und die Päbste den Jansenius schlecht verstanden hätten. Es könnte wohl seyn, setzten sie hinzu, daß die fünf Sätze irrig wären; es sey aber auch gewiß, daß Jansenius nicht Unrecht habe. Kurz, sie unterschrieben nicht, und behaupteten beständig, daß es wider ihr Gewissen wäre. Ihre Feinde hatten

auf

auf der andern Seite ein eben so zärtliches Gewissen; Bescheidenheit aber und Biegsamkeit hatten sie alle beyde nicht.

Der Hof verlangte indeß Gehorsam, und
der Untergang des Portroyal war schon beschlossen, wenn nicht die rührenden Briefe des Arnold
d'Andilli an die Königinn, Maria von Medicis,
den Streich noch aufgehalten hätten. Arnold
d'Andilli schrieb an die Königinn: „Ich würde
„sehr unglücklich seyn, da ich die Welt verlassen
„habe, um meine Tage in einer Wüste zu beschlüs-
„sen, wenn ich daselbst nichts als meinen Unter-
„gang finden sollte." Hierauf machte er von
den Gesellschaftern seiner Einsamkeit die präch-
tigsten Lobsprüche.

Aber selbst ihre Tugenden machten sie verdächtig, so daß man weiter an kein Schonen gedachte. Der Hof schickte den 12 März im Jahr
1660 den Civillieutenant, d'Aubral, der nach der
Zeit von der berüchtigten Marquise de Brinvil-
liers, seiner Tochter, mit Gift aus der Welt ge-
schaft ward, nach Portroyal zu Champs, um die
Einsiedler daselbst heraus zu jagen. Die jungen
Leute, die man daselbst erzog, wurden ebenfalls
zerstreut. Diese Vertriebene sahen den Tod des
d'Aubral als ein göttliches Strafgericht an; aber
dem ohngeachtet zogen die Jesuiten allen Vortheil
von seiner That. Sie fanden in der Zerstörung
des Portroyal ihre eigene Sicherheit; ihr Ansehen ward befestigt, ihr Ruhm ihnen weniger streitig gemacht, ihre Bücher waren nicht mehr so
nach-

nachtheiligen Vergleichungen ausgesetzt, und die Zahl ihrer Schüler nahm immer mehr und mehr zu.

Nachdem nun die Zellen und Schulen der portroyalischen Einsiedler zerstört waren, so blieben doch noch zwey berühmte Clöster übrig. Es war über diese schon eben dasselbe Schicksal beschlossen, als die Nonnen mit Wunderwerken in den Weg kamen. Eine junge Person, die Nichte des Pascals, Namens Mademoiselle Perrier, die im Portroyal zu Paris in Pension war, hatte einen heiligen Dorn geküßt, der nebst andern Reliquien von Jerusalem dahin war gebracht worden, und war dadurch von einer Augenfistel geheilet worden. Dieses Wunderwerk, es sey nun wahr oder erdichtet, errettete die Clöster von ihrem Untergange. Die Jesuiten wollten auch Wunder thun; sie waren aber darzu nicht recht aufgelegt. Man glaubte, sie hätten zu viel Böses begangen, als daß die Heiligen mit ihnen seyn sollten.

Die Verjagung der unglücklichen Einsiedler gieng indeß vielen Personen sehr nahe, die mit ihnen einerley Gesinnungen hatten. Das Herz blutete Frauenzimmern vom vornehmsten Range. Die Herzoginn von Liancour, die Prinzeßinn von Guimene, die Marquisinn von Sable, und die Herzoginn von Longueville waren untröstlich. Diese Herzoginn von Longueville, die Schwester des großen Conde, die durch den Schleuderkrieg, und durch ihre Neigung zur Galanterie, so bekannt ist, war die Seele des Jansenismus. Die

Andacht ist für gewisse Frauenzimmer, wenn sie alt werden, ein kräftiger Trost, so wie der Witz es für einige andere ist: die Herzoginn behielt dabey noch ihre natürliche Unruhe, und ihre Neigung zur Cabale. Sie verbarg a) den Arnold, dem damals ärger nachgestellt ward als dem Cartouche, in ihrem Pallaste sehr sorgfältig. Eben diese Prinzessinn hatte ein Gebäude für sich zu Portroyal des Champs aufführen lassen, wo sie mit den Einsiedlern in der Gemeinschaft der Meynungen und der Philosophie, des Witzes und der Frömmigkeit, der Erbitterung und der Galle gegen den Hof, des Hasses gegen die Jesuiten, denen ihr Bruder geneigt war, lebte.

Man beschuldigte diese Väter, daß sie alles, Bischöffe, Obrigkeiten, Minister, Könige, Päbste regieren wollten. Man nannte die Personen, die sich von ihnen hatten einnehmen lassen, Jesuiten im kurzen Rocke. In dem Leben des Arnold, das zu Cöln gedruckt ist, liest man, daß sie in allen Staaten, und in allen Theilen der Welt Spione haben, welche, ohne das Ordenskleid zu tragen, an ihre Gelübde gebunden, und dazu ausgesandt sind, daß sie auf alles Achtung geben, und davon Bericht erstatten sollen, damit der Orden sich zu seinem Vortheile darnach richten könne. Die alten Begebenheiten, der Mord Heinrichs des großen, den Barriere entwarf, und Châtel ausführte, das Verbrechen des P. Guignard,

a) Anecd. II. 68. no. 8.

mit der andern.

ihre Verbannung aus Frankreich und Venedig, wurden wieder auf die Bahn gebracht. Man suchte alle Wege auf, die Jesuiten verhaßt zu machen. a) Pascal that noch mehr: er machte sie lächerlich.

Seine Provincialbriefe, von deren Schreibart man bisher noch nichts ähnliches in Frankreich gesehen hatte, wurden mit einer unglaublichen Begierde gelesen. Feiner Scherz, Satyre, Spöttereyen, und selbst erhabene Gedanken, sind durchaus mit einander vermischt. Bossuet antwortete daher, als man ihn fragte, welches von den Büchern in französischer Sprache er am liebsten geschrieben haben wollte: Die Provincialbriefe. Sie wurden öffentlich verkauft, obgleich die Jesuiten sehr dawider aufgebracht waren. Einer von ihnen besuchte einst den Neffen des Pascals, und sprach mit ihm von diesen Briefen; man schreibt sie, sagte er, Ihrem Onkel zu. Der Vetter des Pascals that, als ob er es nicht glauben könnte. Er wohnte bey seinem Onkel, und in eben dem Zimmer, in welches man den Jesuiten geführt hatte, lagen funfzehn Exemplare von diesen

---

a) Wenn man damals die zukünftigen Begebenheiten hätte voraus sehen können, mit welchen Farben würden uns nicht die Feinde der Jesuiten alles das vorgestellt haben, was sich in unsern Tagen in Paragai, in Portugall und in Frankreich zugetragen hat: Begebenheiten, die für die Jesuiten ein ewiger Schandfleck seyn werden.

gel. Streit. III. Th.   R

diesen Briefen noch ganz naß auf dem Bette. a) Nicole überſetzte hernach dieſelben ins Lateiniſche, unter dem erdichteten Namen, Willhelm Wendrock, und machte Anmerkungen dazu.

Der boshafteſte Streich des Paſcals war, daß er die eben ſo lächerlichen als gefährlichen Meynungen einiger Jeſuiten in Spanien und Flandern der ganzen Geſellſchaft geſchickt aufzubürden wußte. Vielleicht hätten ſich dieſe Meynungen auch bey andern geiſtlichen Orden, und in allen catholiſchen Schulen finden laſſen. Der Unterſchied der Zeiten, der Länder, der Sitten und Gewohnheiten kann zwar die Geſtalt derſelben noch ein wenig verändern: man wollte aber einmal den Jeſuiten zu Leibe. Man hielt ſie vom Grund aus für verdorben, und wollte ſo gar chronologiſch darthun können, wie ſie nach und nach die gute Moral und die reine Lehre immer mehr verderbt hätten. Lainez und Salmeron machten auf dem tridentiniſchen Concilio den Anfang dazu. Andere Jeſuiten, erſt in Italien, hernach in Spanien, Flandern, Holland, Deutſchland und

Frank-

a) Ein anderer Jeſuit ſpottete in Gegenwart des Boileau über den Paſcal, und über die Handarbeiten, die ſeine Mitbrüder trieben: Paſcal, ſagte er, macht Schuhe im Portroyal. Ich weiß nicht, antwortete Boileau, ob Paſcal Schuhe macht; aber das weiß ich, daß ſeine Provincialbriefe ſehr gute Stiefeln für euch ſind.

Frankreich sind diesem Beyspiele gefolgt. Man warf ihnen vor, daß sie ihre abscheulichen Lehren in keiner andern Absicht erdacht, und sich in allen Theilen der Welt herum zu zerstreuen gesucht hätten, als um die Welt in Verwirrung zu setzen. Diese erschrecklichen Vorwürfe waren vielleicht eben so chimärisch, als die erdichteten zwölf Apostel des Vanini, welche von Italien aus in alle Welt gehen, und überall den Leuten die Köpfe verrücken und die Sitten verderben sollten. Jede Gesellschaft, jede Secte, sie mag beschaffen seyn, wie sie will, erfodert ein Band, das dieselbe zusammen hält, und ihren gemeinschaftlichen Vortheil fest setzt.

Die Jesuiten besannen sich lange, ehe sie auf die Briefe des Pascals antworteten. Alle ihre Antworten dienten auch weiter zu nichts, als daß sie das Publicum in der Meynung bestärkten, daß es ihnen an guten Schriftstellern fehle. Es gieng damals die Rede, daß der Graf von Büssi ihnen seine Feder angeboten habe, wenn sie ihm nemlich bey Ludewig XIV wieder Dienste erweisen wollten.

Man muß gestehen, daß, wenn sie niemand hatten, den sie dem Pascal entgegen stellen konnten, auch keiner von unsern Schriftstellern im Stande war es mit ihm aufzunehmen.

Man hat die Jesuiten mit dem Cardinal Mazarin verglichen, über welchen ganz Frankreich spottete, während daß er ganz Frankreich regierte. Sie brachten es bey Ludewig XIV dahin, daß er die Nonnen im Portroyal verfolgte. Diese waren itzt hartnäckiger als iemals. Der Erzbischof zu Paris hatte sich geschmeichelt, daß er sie gewinnen würde, indem er ihnen öfters seinen Besuch gab. Da es ihm aber nicht gelingen wollte, sagte er endlich zu ihnen: „Ihr seyd sehr tugendhaft; „ihr seyd rein wie die Engel, und hochmüthig wie „Lucifer; ihr besitzt eine teuflische Hartnäckigkeit „und Stolz."

Es ist gewiß, daß es nie ehrwürdigere Nonnen, als diese, gegeben hat, wenn man ihre Halsstarrigkeit ausnimmt. Sie waren von allem Eigennuße frey; sie foderten keine Mitgabe, wenn sie ein junges Frauenzimmer aufnahmen; was ihnen die Aeltern aus gutem Willen gaben, das war es alles, was sie annahmen. Ja es hat so gar mehr als eine Familie, die nach der Zeit in schlechte Umstände gerathen war, ihr freywilliges Geschenk wieder erhalten. Der Grundsaß dieser Nonnen war, daß das nicht arm seyn und das Gelübde der Armuth erfüllen hieße, wenn man gesellschaftlich reich ist. Es wurden bey ihnen keine Pensionen bezahlt, und so war auch kein Neid unter ihnen anzutreffen. Das Closter sorgte reichlich für die nöthigsten Bedürfnisse einer ieben unter ihnen.

Der Hof, den so viel Widersetzung verdroß, ließ durch zweyhundert Mann Soldaten die vornehmsten Nonnen aus dem Portroyal zu Paris wegnehmen, und nur die wurden gelassen, die sich

zur

mit der andern. 261

zur Unterschreibung des Formulars verstanden. Die Mutter Angelica schrieb damals an den Hermant, und ich kenne keinen größern Gedanken als den ihrigen: „Unser Unglück ist von einer so gros„sen Würde, daß ich zittere, wenn ich bedenke, „daß wir es sind, die Gott erwählt hat für seine „Wahrheit zu leiden. Keine Gnade ist mit die„ser zu vergleichen.„

Ein jeder rechtschaffener Jansenist erwartete kein besser Schicksal, und ward dadurch nur noch unbiegsamer. Es war nicht möglich mit den vier berühmten Prälaten, Arnold, dem Bischoffe zu Angers und Bruder des Doctors, Buzanval, dem Bischoffe zu Beauvais, Pavillon d' Alet, und Caulet de Pamiers zu Stande zu kommen. Sie wollten ein Formular nicht unterschreiben, welches doch von den andern Bischöffen und vom Parlamente selbst unterschrieben war. Alexander VII, der es aufgesetzt hatte, und sich schmeichelte, daß es würde angenommen werden, ärgerte sich, da es nicht geschah, und wollte, daß man gegen die vier widerspenstigen Prälaten nach der Strenge verfahren sollte.

Die Portroyalisten brachten fast alle Tage eine neue und vortreffliche Schrift zur Vertheidigung ihrer Sache vor. Es war keine darunter, die nicht von einem männlichen und feurigen Genie, von ihrer erhabenen Seele und ihrem rauhen Caracter zeugte. Die Jesuiten griffen sich auch ihrer Seits an, so sehr sie konnten.

R 3 Doch

Doch nicht genung, daß man mit allen Kräften öffentlich gegen einander stritt, man nahm auch noch die Kriegslist zu Hülfe. Man zog einen jungen Professor der Philosophie zu Douai, mit der Hofnung eines eingebildeten Glücks, das er bey einem jansenistischen Bischoffe machen sollte, von einem Ende des Königreichs bis ans andere; er verkaufte alle seine Haabseligkeiten, verließ seinen Platz, und verthat alle sein Geld. Ludewig XIV lachte herzlich über diese Begebenheit. Es kam auch noch ein untergeschobener Brief dieses Monarchen a) an den Arnold zum Vorschein, der aus dem Lager vor Ypern im Jahr 1678 geschrieben war.

Alle

a) Es stand darinne folgendes: „Wir fangen eine „Belagerung an, wobey ihr uns mit eurem An„sehen großen Vortheil verschaffen köntet. Ich „habe denen Herren zu Ypern fünf Sätze vorzu„legen; der erste, daß ich nach Flandern gekom„men bin, um allen Einwohnern gutes zu thun; „der zweyte, daß das, was ich von ihnen verlange, „nicht unmöglich ist; der dritte, daß es in ihrer „Gewalt steht, meine Gnade zu verdienen oder „nicht zu verdienen; der vierte, daß ich überflüßi„ge Hülfsmittel bey mir habe, sie zum Gehorsam „zu zwingen; und der fünfte, daß, ob sie gleich „gezwungen sind, sich zu unterwerfen, sie es den„noch mit völliger Freyheit thun können. Es „kommt nun, mein Herr, darauf an, daß man sie „diese fünf Sätze unterschreiben läßt, in welchen „alle Gnade enthalten ist, die ich ihnen erweisen „kann. Ich glaube nicht, daß sie den Unterschied

Alle diese Spötterepen fanden ihren Mann: Die Jesuiten blieben nichts darauf schuldig. Es fehlte weder an Satyren, noch an andern anzüglichen Erfindungen. a)

„zwischen der Sache selbst und dem Rechte zu einer Ausflucht gegen meine Befehle brauchen werden; denn ich bin, was das Recht anbetrifft, schon seit so langer Zeit im Besitz der Städteeroberung, daß ich mich in den Niederlanden mit der Verjährung vertheidigen könnte, wenn ich auch sonst keine unstreitigen Rechte hätte. Sie können demnach nur bey der Sache selbst stehen bleiben, und da kann ich sie mit etlichen dreyßig Canonen überzeugen, auf welche sie antworten mögen, wenn sie können. Ihr werdet daraus ersehen, daß ich meine fünf Sätze weit eher werde unterschreiben lassen, als ihr die Sätze des Pabsts unterschrieben habt."

a) Unter andern ward ein Kupferstich bekannt, wo Jesus Christus im Jesuiterhabit vorgestellt, und diese Verse darunter gesetzt waren:

Si Jesus-Christ resuscité
Sous cet habit eut pû paroitre,
Thomas avec raison, eût méconnu son
maitre,
Et nous célebrerions son incrédulité.

„Wenn der auferstandene Heiland in dieser Kleidung hätte erscheinen können, so würde Thomas mit Recht seinen Herrn verkannt haben, und wir würden seinem Unglauben Lobsprüche machen."

Zu der Zeit, da man am heftigsten darüber stritt, ob die fünf Sätze beym Jansenius anzutreffen oder nicht anzutreffen wären, ward Rospigliosi, unter dem Namen, Clemens IX Pabst, und alles bekam eine andere Gestalt. Der neue Pabst brachte die vier Bischöffe endlich zum Unterschreiben, indem er sincerement an die Stelle der Worte puremcnt & simplement setzte.

Dieser gestistete Vergleich war für die Nation eine merkwürdige Begebenheit; die Ruhe ward dadurch wieder hergestellt. Man nannte es insgemein den Frieden Clemens des neunten, oder den Frieden der Kirche. Die Schriftsteller des Portroyal stellten ihre Feindseligkeiten ein; die vertriebenen Nonnen kamen zurück; die Jansenisten, die in der Bastille saßen, wurden frey gelassen, und Arnold, der große Arnold, der seine Einsamkeit verließ, ward allenthalben als der Chrysostomus seiner Zeit aufgenommen. Der päbstliche Nuntius besuchte ihn, machte ihm große Lobsprüche, und nannte ihn penna d'oro, eine goldene Feder. Arnold ward sogar dem Könige vorgestellt.

Dieser Friede Clemens IX, dieser so berühmte Friede, ward aber bald wieder gebrochen. Die contrahirenden Partheyen behielten im Grunde ein gewisses Mißtrauen und Haß gegen einander; es war nichts im Stande das unter der Asche glimmende Feuer zu erlöschen. Es brach daher auch mit desto größerer Heftigkeit bald wieder aus.

Die

Die Jansenisten waren verlohren am Hofe. Arnold, der sich während des Friedens mit den Calvinisten herum stritt, (denn er mußte immer etwas zu streiten haben,) gieng nun wieder auf die Jesuiten los, und brachte ihnen derbe Stöße bey. Aus Furcht vor den Folgen, verließ er von selbst sein Vaterland, und wandte sich nach den Niederlanden. Er lebte daselbst in der Einsamkeit, in der Armuth, und in einer beständigen Furcht seinen Feinden in die Hände zu fallen; doch schmeichelte sich bey dem allen sein Stolz damit, daß er das Haupt einer ansehnlichen Parthey war.

Er hatte von Rom aus die Erlaubniß in seinem Zimmer Messe zu lesen. Man wird vielleicht über seine Verbindungen mit dem römischen Hofe erstaunen; sie sind aber dem ohngeachtet nicht weniger wahr. Er stand beständig mit Cardinälen im Briefwechsel. Er erhielt sehr sichere Nachrichten von allen wichtigen Schriften, die zur Versammlung de propaganda fide eingeschickt wurden. Niemand kannte die vaticanische Bibliothec besser, als er. Er führte die Originale daraus an, nebst Bezeichnung der Stelle, wo sie lagen, und foderte die Jesuiten auf, daß sie ihm die Authenticität derselben streitig machen sollten. Sie konnten seine practische Moral nicht in den Index bringen, da doch das Buch des P. Tellier, von den Christen in China, in denselben gesetzt ward. Sein Ansehen zu Rom war so groß, daß er selbst darüber scherzte: „Man hält mich in Frankreich, sagte er, für den

„größ-

„größten Feind der Päbste, und weiß nicht, wie „gut ich stets mit ihnen gestanden habe." Es hat einer von den Päbsten die Erlaubniß gegeben, in der Bibliothec des Vaticans alles aufzusuchen, und aus den Werken des Arnolds zusammen zu tragen, was sich auf diese Verbindungen, von denen ich rede, beziehet; dieses Werk sollte zu Venedig heraus kommen.

Arnold ist zu Brüssel, im Jahr 1694, in einem Alter von zwey und achtzig Jahren gestorben; und ward von Freunden und Feinden bedauert. Der Abt de Pomponne war der letzte von dieser Familie. a)

Die heftige Verfolgung wider die Jansenisten machte die Nonnen des Portroyal zu Champs keinesweges schüchtern; sie wurden vielmehr noch beherzter, da sie sich der Spitzfündigkeiten einiger jansenistischen Schriftsteller bedienten, und die Distinction zwischen der Sache und dem Rechte noch

a) Der Onkel hatte sich große Hofnung von seinem Nefen gemacht, an dem sonst nichts auserordentliches war, als sein Stolz und seine Einfalt Er war in allen Stücken verblendet: kein Name schien ihm größer als der Name des Arnolds; kein Haus in Paris war berühmter als das seinige; keine Abtey in Frankreich besser, als die er besaß; kein Mensch zu Staatssachen, und die wichtigsten Posten zu bekleiden geschickter, als er. Er wußte so gar nicht, mit welcher Bescheidenheit er dem Andenken seines Onkels begegnen sollte, der von den Jesuiten angegriffen ward.

noch mit einigen Zusätzen bereicherten. Sie forderten für das Recht einen göttlichen Glauben, für die Sache aber einen menschlichen; ihre Widersacher hingegen verlangten auch für die Sache einen göttlichen Glauben.

Dieser Proceß ward zu Rom anhängig gemacht, und Clemens XI gab die Bulle Vincam Domini. Dieser Pabst, der wie alle seine Vorfahren, von den Zeiten des Bajus an, nur Ruhe und Friede zu stiften suchte, befahl die Sache zu glauben, ohne zu untersuchen, ob es ein göttlicher oder menschlicher Glaube sey. Diese päbstliche Bulle sollte nun auch noch unterschrieben werden; der Cardinal de Noailles ließ sie den Nonnen im Portroyal des Champs vorlegen.

Sie unterschrieben, aber dem Frieden Clemens IX unbeschädigt, und verstanden sich in Ansehung des Glaubens der Sache (du fait) zu einem ehrerbietigen Stillschweigen. Man würde nicht besser mit ihnen verfahren seyn, sagt einer ihrer a) Panegyristen, wenn sie auch ohne Vorbehalt alles (purement & simplement) unterschrieben hätten; sie mußten sich ihr Schicksal gefallen lassen. Ihre anscheinende Unterwerfung wird ihnen zum größten Verbrechen gemacht; der König will das Closter unterdrückt haben, und verlangt dazu vom Pabst eine Bulle. Der Cardinal de Noailles, der damals weniger auf ihrer als des Hofes Seite war, der die Gesinnungen

des

a) Abr. de l'hist. eccl. t. XL 464.

des römischen Hofes, und auch die Tugenden und Talente der Jansenisten kannte, deren Namen er aber nicht vertragen konnte, unterstützte diese Absichten. Er entzog den Nonnen die Sacramente, und die activen und paßiven Stimmen bey allen Wahlen. Dieser Verlust war ihnen empfindlich, er nahm ihnen aber den Muth nicht; eine von ihnen starb für Verdruß, da sie einige Unbeständigkeit blicken ließ, und einen nicht viel bedeutenden Widerruf gethan hatte.

Da nun endlich der Tag der Rache anbrach, so machte man damit den Anfang, daß man den Advocaten dieser schlecht vertheidigten Nonnen in die Bastille setzte. Sie wurden hierauf alle weggenommen, und in verschiedene Clöster vertheilt. Der Policeylieutenant d'Argenson hatte den Auftrag die Sache auszuführen. Sie bestanden damals aus funfzehn Chornonnen, und sieben Closterschwestern; a) die jüngste von ihnen war funfzig Jahre alt. Ihr Haus ward bis auf den Grund niedergerissen, im Jahr 1709.

Zwey Jahr darnach erstreckte man die Rache so gar bis auf die Gräber in der Kirche und auf dem Kirchhofe. Man grub die Cörper aus, um sie an einen andern Ort zu bringen. le Maitre und der unsterbliche Racine liegen jetzt in

---

a) Sie werden auch Converseu genannt; sie haben die wirthschaftlichen Verrichtungen des Closters unter sich getheilt, und warten den andern Nonnen auf.

in der Kirche des heil. Stephans vom Berge. Da man aber nur bis zu einer gewissen Tiefe grub, indem man nicht vermuthete tiefer etwas zu finden, so blieben einige, wie man vorgiebt, vor dieser strengen Nachsuchung verborgen.

Die Ruinen des Portroyal sind stets für gewisse Leute ein Gegenstand der Verehrung gewesen. Der jansenistische Pöbel hat lange Zeit geglaubt, daß die Steine daselbst brenneten; sie beteten daselbst, thaten Wallfahrten dahin, und bekamen Entzückungen. Die Regierung hat seit einiger Zeit dieser Schwärmerey Einhalt gethan, indem sie den nahe gelegenen Wirthshäusern verbot die Pilgrimme aufzunehmen.

Welcher Triumph für die Jesuiten, daß sie niemand mehr haben, der sich ihnen widersetzt, und daß sie, statt sich vor Nebenbuhlern zu fürchten, dieselben beklagen können. Man kann diesen Patern das Gefühl großer Seelen, wenn sie sich gerächt sehen, zutrauen: a) die Politic war nicht allein die Seele ihrer Handlungen; sie thaten nicht alles aus Furcht verdunkelt zu werden,
oder

---

a) Nur daß uns der Verfasser nicht zu viel zumuthe, was wir alles den Jesuiten zutrauen sollen! Denn wir sagen es kurz: Wir trauen ihnen wenig Gutes, aber sehr viel Böses zu; oder, wir halten sie als Geistliche für sehr schlechte Leute, in weltlichen Dingen aber für listige und verwegene Köpfe: kurz, für gute Spione.

oder nur die zwepte Rolle zu spielen. Ein allzu großer Eifer für die Religion hat ihnen Gefahren vorstellen können, wo keine waren, oder die wirklichen Gefahren weit größer machen können. Dieser Streit mit den Jansenisten betrifft sehr abstracte Dinge; er greift weder die Grundlehren, noch die Güter der Kirche, noch auch die Clostergelübde an, wie die Lehren des Calvinus und Luthers. Inzwischen hält er auch nicht grade die Mittelstraße zwischen der Furcht, die Bande, die uns mit dem heil. Stuhle verbinden, entweder zu enge zusammen zu ziehen, oder gar zu zerreissen. Um diese Mittelstraße zu treffen, darf man nur ein guter Franzos seyn; ein jeder Molinist und Jansenist muß in diesem Stück einerley Gesinnung haben.

Ende des dritten Theils.

Inhalt

Inhalt
des dritten Theils.

Fortsetzung der Streitigkeiten über wichtige Materien.

Ueber die Wissenschaften.

Ueber den Aristotelismus	3
– den Harduinismus	18
– das System des Weltgebäudes	37
– den Ursprung der Ideen	47
– die Differentialrechnung	54
– die Frage, ob die Wissenschaften die Sitten verbessern	64

Ueber die schönen Künste.

Ueber die Music	77
– die Malerey und Bildhauerkunst	97

III. Streit

Inhalt.

III. Streitigkeiten verschiedener Gesellschaften.

a) Einer Gesellschaft mit der andern.

Die Universität zu Paris und die Bettelmönche	111
Die Dominicaner und Franciscaner	126
Die Universität und das königliche Collegium	136
Die Franciscaner und Capuciner	152
Die Carmeliter und Jesuiten	180
Die Universität zu Paris und die Jesuiten	192
Die Dominicaner und die Jesuiten	213
Die Herren vom Portroyal und die Jesuiten	237

Merkwürdigkeiten zur Geschichte der Gelehrten,

und besonders der Streitigkeiten derselben vom Homer an bis auf unsere Zeiten;

Aus dem Französischen übersetzt.

Vierter Theil,
oder
der Anecdoten
Sechster Theil.

Leipzig,
bey Johann Friedrich Junius, 1764.

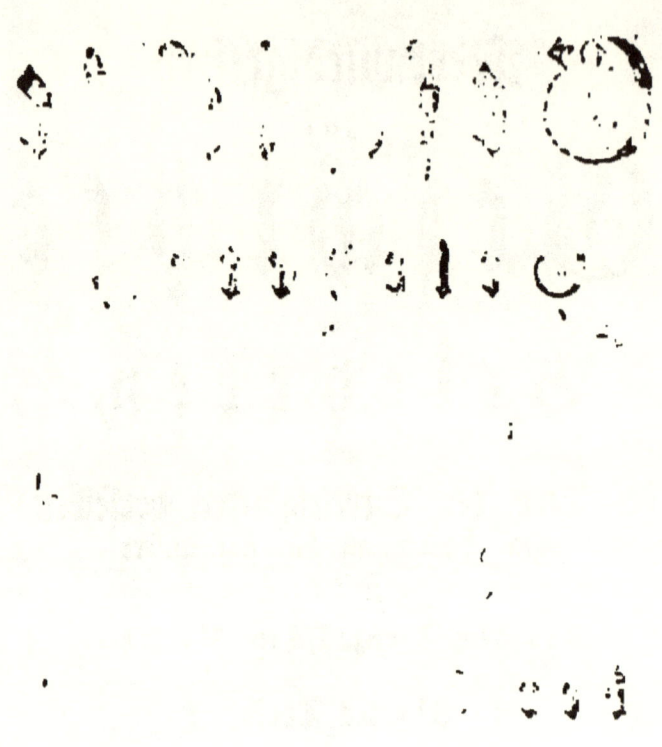

Merkwürdigkeiten
zur
Geschichte der Gelehrten,
und besonders der Streitigkeiten
derselben.

Streitigkeiten
einer Gesellschaft mit der andern.

Die Patres des Oratorii mit den Jesuiten.

Die Patres des Oratorii in Frankreich haben nichts mit denen in Italien gemein; die erstern haben ihre Stiftung dem Cardinal de Berulle, und die andern dem heil. Philipp de Neri zu danken. Die Oratorier erhielten in Frankreich durch ein königlich Patent vom 2 Jan. 1612 Schutz und Sicherheit; Paul V bestätigte ihre Congregation im J. 1613 unter

dem Namen der Congregation der Väter
des Oratorii unsers Herrn Jesu Christi.

Ihre Verfassung ist bloß kirchlich. Sie thun
keine Gelübde, und haben so gar dafür gesorgt,
daß man nie eine Verbindung von dieser Art ein-
gehen darf. Sie haben eine Verordnung, daß,
im Falle man irgend darauf verfiele und berath-
schlagte, ob man Gelübde thun solle, und die
stärkste Anzahl der Brüder der Meynung wären,
daß man dergleichen thun müßte, alsdann die
entgegengesetzte und schwächere Partey allein
das Oratorium ausmachen solle.

Die Absicht dieser Congregation geht dahin,
daß ein ieder frey sey; man hat sie als eine Gesellschaft beschrieben, wo alle gehorchen und keiner befiehlt. Man siehet daraus, wie sehr sie
von der Gesellschaft der Jesuiten unterschieden
sey, die ihr ganzes Leben hindurch mehr oder
weniger durch Gelübde gebunden sind, und die
eine so despotische Herrschaft unter sich eingeführt haben.

Das Oratorium hat ihnen zum Theil sein Daseyn zu Paris zu danken; ihr berühmter P. Coton trug besonders viel darzu bey. Dieser Jesuit und Beichtvater Heinrichs IV, der eben so
gefällig als fromm war, ergriff die Gelegenheit
mit Freuden, sich geschickte und tugendhafte Geistliche zu verbinden, die, wie er hoffte, seinem Orden, der damals in sehr üblem Rufe stand, nützliche Dienste leisten sollten. Er besuchte den
Abt Berulle öfters; dieser Abt erhielt wirklich
von

von ihm Rathschläge, von denen die Väter des Oratorii noch mit Vergnügen sprechen. Wenn sie keine Brüder haben, die über sie herrschen, die ihnen hart begegnen, die von dem Tische der Paters eßen und sich eben so wie sie kleiden, so haben sie es dem P. Coton zu danken.

Die Gesellschafter des Berulle waren alle mit ihm gleiches Sinnes; es waren ächte Muster der priesterlichen Vollkommenheit. Ihr Haus war eine Pflanzschule geschickter und frommer Priester. Nichts als Frömmigkeit, Anstand, Eifer für die Seelen, Liebe zu den Wissenschaften und Abscheu gegen alle neuen und gefährlichen Meynungen war bey ihnen zu finden. Wie glücklich wären ihre Nachfolger gewesen, wenn sie sich stets dabey erhalten hätten! Das Oratorium würde den Jesuiten den Vorzug streitig gemacht haben, deren Ruhm anfieng dunkel zu werden; der Haufe ihrer großen Schriftsteller würde vor einer kleinern Anzahl von größern Original-Genien verschwunden seyn; wenigstens würden beyde Gesellschaften einander die Wage gehalten haben.

Die Jesuiten sahen nicht anders, als mit dem äußersten Unwillen, die neuen Ankömmlinge auf ihren Trümmern einher gehen, lehren, predigen, Beichte hören, eine große Anzahl Schulen besitzen, und kurz, nichts anders suchen, als was sie selbst suchten.

Dieser heimliche Neid brach endlich aus, und wo ich mich nicht irre, schon unter der Minderjährigkeit Ludwigs XIII. Der junge Monarch hatte einen Jesuiten zum Beichtvater, so wie seine Mutter, die Wittwe Heinrichs IV, den Abt Berulle. Diese getheilte Direction veranlaßte unter den beyden apostolischen Männern ein Mistrauen, und ein ieder von ihnen theilte es seiner Parten mit. Die Patres des Oratorii wollen das Ansehen der Jesuiten am Hofe mit ihnen theilen; diese aber, die jenen bisher beförderlich gewesen waren, wollen niemand neben sich leiden, der ihnen gleich sey, und fangen an sich vor ihrem eigenen Geschöpfe zu fürchten. Man beobachtete einander; man suchte einander das Bein unterzuschlagen, und zum Unglück gaben die Patres des Oratorii ihren Feinden selbst die Waffen in die Hände.

Einige hatten sich an den Abt de Saint Cyran gehangen, und verfielen auf seine sonderbaren Meynungen. Diese zogen wieder andere, und diese andern wieder andere nach sich. Der ganze Cörper kannte sich in kurzer Zeit selbst nicht mehr, und sahe sich ganz von dieser Liebe der Neuheit erfüllt.

Der P. Bourgoin, General des Oratorii, schickte den 29 Junius 1657 von Saumür aus ein Circulare an alle Priester der Congregation, um sie zur Unterschreibung der Bulle Alexanders VII und des Formulars der Geistlichkeit anzuhalten. Das Schreiben war sehr ernstlich: der

einer Gesellschaft mit der andern. 7

General hat darinne im Namen der Christen, der Catholicken, der Priester des Oratorii um diese der Kirche schuldige Unterwerfung. Er vermahnte seine Untergebenen, daß sie doch der Congregation keinen Schandfleck anhängen möchten; aber diese Schande, die er zu decken suchte, ward öffentlich bekannt.

Die Jesuiten hatten nicht gesäumt, den Nuntius von allem, was vörgieng, zu benachrichtigen; und dieser ließ, auf diese Nachricht, die Vornehmsten des Oratorii vor sich kommen. Sie verstellten sich, in der Unterredung, die er mit ihnen hielt, so gut sie konnten, und baten ihn, den Pabst von der Reinigkeit ihrer Lehre zu versichern.

Sie trugen sogar, um keinen Verdacht auf sich zu behalten, dem P. Thomassin a) auf, ein Werk zu schreiben, das dem römischen Hofe angenehm wäre. Der römische Hof ward dadurch nun zwar in der guten Meynung, die er

─────────

a) Eben der Thomassin, der die Kirchenväter, die Concilia und die Geschichte so gründlich studirt hatte; eben dieser Gelehrte, der sein ganzes Leben anwandte, um gründlich darinne zu werden, und am Ende seines Lebens alles wieder vergaß, was er gelernt hatte, bis auf seinen Namen; der die Schwachheit neuer Meynungen einsahe, da er selbst in seiner Jugend ihnen angehangen, sie aber in reifern Jahren abgeschworen hatte.

er vom Verfasser hegte, bestärkt, aber seine Mitbrüder hörten deswegen nicht auf ihm verdächtig zu seyn.

Da nun der Jansenismus im Oratorio immer weiter um sich griff, so ward die Befolgung des Circularschreibens um so viel nöthiger. Die Vorsteher suchten es daher auch zu unterstützen; sie zogen die Widerspänstigen zur Verantwortung, und ließen ihnen die Wahl, entweder zu unterschreiben, oder die Gesellschaft zu verlassen.

Diese despotische Mine machte diese Republikaner aufsäßig, und die Congregation war ihrem Untergange nahe. Einige unterwarfen sich; andere entfernten sich auf einige Zeit; eine große Anzahl verließen das Oratorium, und Pasquier Quesnel war unter diesen letztern.

Er nahm durch einen Brief von der Congregation und von seinem Vaterlande Abschied, welcher für beyde gleich beleidigend war. Er läßt darinne die durchlauchtigsten Häupter der Erde gleichsam die Musterung passiren, und greift sie auf beleidigende Weise an. Wenn man ihn nach dieser übertriebenen und wüthenden Neigung zum Jansenismus beurtheilen wollte, so würde man ihn für einen Wahnwitzigen halten; aber Quesnel war es nur in dieser Betrachtung; außerdem war er gefällig, artig, eben so verstellt als feurig, gebieterisch, unternehmend, kühn, der sich in alles zu schicken wußte, wenn er wollte, oder es für nöthig hielt. Sein Herz war über seine

einer Gesellschaft mit der andern.

Geburt und sein Glück; er hatte die besondere Gabe, daß er mit großer Leichtigkeit feurig, nachdrücklich, und zierlich schreiben konnte. Seine Gesundheit war dabey so dauerhaft, daß weder sein Studiren, noch seine Reisen, noch die beständigen Unruhen seines Geistes ihm iemals schadeten; er besaß dabey den Stolz, über die Seelen zu herrschen und die Gewissen zu regieren; niemand, als er, war fähiger, die Stelle des Arnauld zu ersetzen. Er hatte seine letzten Seufzer aufgefangen, und Arnauld hatte bey seinem Sterben ihn als den würdigsten Anführer einer unglücklichen Secte erklärt. Die Jansenisten machten daher auch, nach dem Tode ihres Pabsts, ihres Pater Abts, den Quesnel zum Haupte ihrer Partey. Quesnel verachtete zwar diese stolzen Titel, und ließ sich nur Pater Prior nennen.

Er hatte Brüssel zu seinem Aufenthalte erwählt. Der gelehrte Benedictiner, Gerberon, ein Priester, Namens Brigode, und noch drey oder vier Personen machten seine Gesellschaft aus. Er setzte, als ein würdiger Anführer einer Partey, alle Triebfedern in Bewegung. Seine beständigen Beschäfftigungen waren, den Muth der verfolgten Erwählten zu unterstützen; ihre alten Freunde und Beschützer beym Guten zu erhalten, oder ihnen neue zu verschaffen; Leute, die man nicht gewinnen konnte, doch wenigstens neutral zu erhalten; allenthalben in den Klöstern, unter den Gesellschaften der Geistlichlichkeit, in den Parlamenten, an verschiedenen europäischen Höfen einen geheimen Briefwechsel zu unterhalten.

Er hatte die Ehre, zu Rom durch einen Abgesandten Unterhandlung zu pflegen; Hennebel ward in den Angelegenheiten der Jansenisten dahin abgeschickt. Sie schossen von ihrem Allmosen soviel zusammen, als nöthig war, ihn diesen Posten behaupten zu lassen. Er machte einige Zeit daselbst eine Figur, und ward den Gesandten gecrönter Häupter gleich gehalten: als aber die Allmosen abnahmen, so nahm auch nach und nach sein Gefolge ab. Hennebel bettelte sich nach den Niederlanden, als ein wahrer Pilgrim, wieder zurück. Quesnel war darüber ganz außer sich; da er aber selbst vom Allmosen leben mußte, wie hätte er Geld genung zu einem glänzenden Aufzuge seiner Deputirten haben sollen? Die Jesuiten machten sich mit dieser Begebenheit keine geringe Freude.

Eine von den größten Bemühungen dieses Quesnels war, den Samen der Uneinigkeit im Oratorio immer weiter auszustreuen. Er ermahnte, durch heimliche Briefe, seine Mitbrüder, sich mit Muth zu bewaffnen, ihrem General die Spitze zu bieten, und einen gewissen Pater, welcher der Heerführer der Jansenisten geworden war, zum Muster zu nehmen. Er stellte ihnen die Standhaftigkeit verschiedener vom Oratorio zu Anvers und Saumür vor, welche

glor-

einer Gesellschaft mit der andern. 11

glorreiche Opfer der Lehre des Bischofs zu Ypern geworden waren.

Die Kunstgriffe Quesnels thaten ihre Wirkung; er fand bey verschiedenen jungen Leuten Eingang. Die rühmlichste Eroberung war der P. Picqveri, Superior des Hauses zu Mons, ein mittelmäßiger und hartnäckiger Mann, wie alle von eingeschränktem Verstande sind, der aber sonst sehr geschickt war, das Feuer der Zwietracht noch mehr anzublasen.

Die P. P. Thorentier und Bahier, der eine Assistent, und der andere Secretair von der Congregation, wollten, daß er die Patres des Oratorii zu Mons eben das sollte unterschreiben lassen, was die in Frankreich unterschrieben hatten. Picqveri spottete über die Ordre, und seine Untergebene, die so wie er Quesnelisten waren, standen ihm bey. Sie schrieben gemeinschaftlich an den P. Bahier, und redeten in ihrem Schreiben von nichts Geringerm, als daß sie die Congregation trennen wollten, wenn man fortführe, Gewalt gegen sie zu gebrauchen. Die Verordnung des Generals schien ihnen eine sehr abgeschmackte Sache.

Es ist wahr, daß diese Verordnung in einem über verschiedene Puncte der Philosophie und Theologie sehr schlecht abgefaßten Formulare bestand. Die Patres des Oratorii zu Mons lachten über die seltsame Vermischung zwoer Materien, die so wenig mit einander vermüscht werden sollten.

sollten. „Wir wollen frey seyn, sagten sie;
„wenn sich Leute finden, die sich auf diese Art
„belehren lassen wollen, so mögen sie Gebrauch
„davon machen, so gut als sie es verstehen wer-
„den. Wenn man aber Priester, die sich auf
„ganz andere Dinge legen, dazu nöthigen will;
„wenn man ihre Freyheit und ihre Vernunft un-
„ter so ein lächerliches Joch zu beugen sucht, so
„erniedrigt man die menschliche Vernunft und
„die Würde des priesterlichen Standes.„
Quesnel hatte gleichfalls viel Aufhebens von dem
Fehler, den man in dem Formulare begangen
hatte, gemacht. Man verbannet darinne, sagte er, die philosophischen Meynungen des Cartesius. „Weswegen sollte ich meine Vernunft,
„den Augenschein und meine Freyheit verläug-
„nen, wenn ich seine philosophischen Meynungen
„besser finde, als andere?„

Die bürgerlichen Kriege der Congregation
schadeten indeß den Studien nicht. Man legte
sich noch mit dem vorigen Eifer auf die Erziehung der Jugend. Die Schulen waren in so
guter Verfassung, daß man in vielen Städten
Patres des Oratorii zu Lehrern verlangte. Die
Jesuiten suchten es aber zu hintertreiben; sie ge-
wannen die Bischöfe, die Statthalter in den
Provinzen und den Hof, welche sie wider ihre
Mitbuhler aufzubringen suchten, indem sie vor-
gaben, daß, wenn man die oratorischen Colonien
vermehrte, man zugleich die Ketzer und Feinde
der Regierung verstärkte.

Die

Die Stadt Lüttich wollte eine solche Schule haben. Das Capitel hatte sich schon alle Mühe darum gegeben; es veränderte aber geschwind seinen Entschluß, indem es durch die Jesuiten gewonnen war. Man machte es ihnen zum Verbrechen, etwas gethan zu haben, was in dergleichen Falle die Oratorier gewiß auch gethan hätten. Ein Theil suchte nur dem andern ein Bein unterzuschlagen. Sie stritten sich mit einander um die Achtung und das Vertrauen des Publicums; doch mit dem Unterschiede, daß die Jesuiten die gute Sache zu vertheidigen schienen, da sie es mit dem heiligen Stuhle hielten, und die Patres des Oratorii dagegen alles anzuwenden schienen, um eine Lehre auf den Thron zu erheben, die durch die Päbste verdammt war.

Von allen Werken des Pater Quesnels hat keins mehr Aufsehen gemacht, als seine moralische Betrachtungen über den Text des neuen Testaments. Dieses Buch ward im J. 1671 fertig. Wie künstlich sind in demselben die jansenistischen Lehrsätze mit den vielen frommen, andächtigen und erquickenden Betrachtungen verflochten! Das Gute zeigt sich darinne auf allen Seiten, und der geistreiche Vortrag gewinnt nothwendig die Herzen.

Die tugendhaftesten Bischöfe gaben ihm sogleich ihren Beyfall, und bestätigten sich in Ihrer Meynung, nachdem es von dem Verfasser noch einmal durchgesehen war. Selbst in Italien, wo die Neuerungen kein Glück machen, wo

man

man wider gefährliche Bücher und das darinne
versteckte Gift sehr auf der Hut ist, argwohnte
man gar nichts. Der Pabst selbst ließ sich so
gut, als die andern, betrügen. a) Er faßte, bey
Lesung des Werks, eine so gute Meynung von
dem Verfasser, daß er ihn gerne an seinen Hof
gezogen hätte, weil er überzeugt war, daß niemand zu Rom im Stande sey, so zu schreiben.
Es ist dieß ein Geständniß, das er selbst dem
Abte Ronaudot that, welcher als ein Gelehrter, da er zu Rom war, ihn besuchte, und
ihn eben über den moralischen Betrachtungen
fand. b)

Dieser Pabst war Clemens XI. eben der,
welcher hernach dieses Buch verdammete. Man
siehet hieraus, daß man ein Buch im Ganzen
nicht nach einigen einzelnen Schönheiten oder
Fehlern richtig beurtheilen könne. Der Cardinal de Noailles, Erzbischof zu Paris, nahm
sich vor einer solchen Uebereilung beßer in Acht.
Er hatte als Bischof zu Chalons schon die moralischen Betrachtungen gebilliget, oder vielmehr die Approbation derselben bestätigt, indem
sein

a) So recht! und dieses troß seiner Infallibilität? Und ein Autor, der gewiß kein Jansenist
ist, wie man aus dem Vorhergehenden und
Nachfolgenden ersieht, wagt es, dieses zu
schreiben?

b) Siècle de Louis XIV. Jans.

einer Gesellschaft mit der andern. 15

sein Vorfahrer, Felix Vialart; sie in seinem Kirchspiel zu lesen erlaubt hatte.

Als der Abt Duguet sie im J. 1693 hin und wieder verbesserte, wollte er sie dem Hn. de Noailles, Bischofe zu Chalons, zuschreiben. Dieser Prälat rechnete es sich zur Ehre, ein Vertheidiger derselben zu seyn, und sahe sie stets als sein Werk an. Als Erzbischof zu Paris ertheilte er ihnen Lobsprüche, und sahe die Feinde derselben als seine Feinde an. Misvergnügt über die Jesuiten, und unfähig, sich gegen sie zu verstellen, schien er alle Gelegenheiten hervor zu suchen, wo er ihnen einige Kränkungen anthun konnte. Die Patres des Oratorii hingegen beehrete er mit seiner Freundschaft. Er hielt sie für alles schadlos, was sie unter dem vorigen Erzbischofe, dem Hn. de Harlai, erlitten hatten. Man hat von dem Cardinal de Noailles so verschiedentlich gesprochen, daß viele nicht wissen, was sie von ihm denken sollen. Man sollte sich hierinne nur an die Zeugnisse derer halten, die ihn näher gekannt haben. Er hatte gewißlich die besten Absichten; er liebte alles, was gut war. Man kann seinen Talenten, seinen Einsichten, und besonders den Eigenschaften seines Herzens nicht Gerechtigkeit genung wiederfahren lassen. Er war gefällig, angenehm in Gesellschaft, munter im Gespräch, und voller Gefühl der Freundschaft. Die Reinigkeit seiner Sitten, seine Aufrichtigkeit, die genaue Aufsicht auf seine untergebene Geistlichkeit, und seine beständſtändige Mildthätigkeit machten ihn ehrwürdig. Da er andere ſtets nach ſeiner erhabenen Seele beurtheilte, ſo ließ er ſich bisweilen übereilen. Seine Feinde glaubten an ihm ein Gemiſche von Hoheit und Schwäche, von Muth und Unentſchloſſenheit zu finden. Sie ſetzen hinzu, daß, mit ſich ſelbſt nicht einig, er für ſeinen Prinzen die ſtärkſte Ergebenheit gehabt, und ſich ihm bisweilen mit einer Standhaftigkeit widerſetzet habe, die ihnen unzeitig ſcheint. Da er ſelbſt ein ehrlicher Mann war, ſo nahm er ſich ſtets derer an, die man beſchuldigte, daß es ihnen daran fehle. Er vertheidigte die Janſeniſten, ohne vielleicht ſelbſt einer zu ſeyn. Er liebte den Frieden, und hätte ihn der Kirche herzlich gern verſchafft. Der Gedanke einer Faction war ihm ſchon unerträglich. Ein Biſchof, der ihn beſuchte, ſagte zu ihm: Ich komme, mich zu Ihrer Partey zu ſchlagen. Da ihm dieſer Ausdruck misfiel, ſo antwortete er: Ich bin von keiner andern, als von der Partey Jeſu Chriſti. Der Biſchof war von der Zeit an einer von ſeinen ſtärkſten Widerſachern. Folgende Worte des Cardinals, aus einem Briefe an die Frau de Maintenon, machen ſeinen Lobſpruch vollkommen: „Ich verſichere Sie, daß ich ein fried„liebender Mann bin. Man wird mich nie„mals als einen aufrühriſchen Unterthanen im „Staate, oder als einen Schismatiker in der „Kirche erfinden, wenn man mein Verfahren „auch mit der äußerſten Strenge unterſuchen „will.„

„will.„ Die Verwaltung seines Amts beweist sehr wohl, daß es, um alle Welt nach ihrem Geschmacke zu regieren, nicht genug sey, ein tugendhafter Mann zu seyn.

Weder die Würde eines Cardinals, noch die Stelle eines Erzbischofs, noch die Kunstgriffe der Jansenisten konnten dem Ansehen der Jesuiten in Frankreich und an den vornehmsten europäischen Höfen das Gegengewicht halten.

Quesnel kam ihnen indeß nicht einen Augenblick aus den Gedanken. Es schien ihnen nichts wichtiger, als wenn sie sich seiner bemächtigen könnten. Sie erfuhren den Ort seines Aufenthalts. Philipp V war damals noch Herr von den Niederlanden, und die Jesuiten waren Herrn von diesem Monarchen. . Die Befehle, den Quesnel in Verhaft zu nehmen, wurden geschwind gegeben, und eben so geschwind ausgeführt. Er ward gefangen, und auf das Schloß des Erzbischofs von Mecheln gesetzt. Die Namen Rebeck, Frene, Pater Prior, die er sich gab, halfen ihm zu nichts. Der Benedictiner, Gerberon, und der Priester, Brigode, hatten mit ihm gleiches Schicksal.

Der neue Paulus sahe seine Ketten zerreißen. Seine Befreyung war das Werk eines französischen Edelmannes, der sein Glück bey den Jansenisten zu finden hoffte, wenn er ihnen ihre stärkste Stütze wiedergäbe. Der Edelmann durchbrach die Mauern des Gefängnisses. Quesnel, als er sich wieder in Freyheit sahe, flohe nach Holland im J. 1704. Er wandte den Ueberrest seines Lebens zu Stiftung einiger jansenistischen Kirchen zu Amsterdam an, die alle Tage mehr in Abnahme gerathen.

Dieser Mann, der die Aufmerksamkeit des ganzen Europa mehr auf sich gezogen hatte, als er verdiente, starb endlich in dieser Stadt im J. 1719 in einem Alter von 86 Jahren. Seine letzten Gedanken sind sehr merkwürdig: „Ich „Unterschriebener Pasquier Quesnel, gebürtig von „Paris, Priester des Oratorii in Frankreich, „thue, da ich auf meinem Bette hart darnieder „liege, folgendes Bekenntniß: Ich glaube alle „Wahrheiten, die Jesus Christus seiner Kirche „gelehrt hat, in deren Schooße ich sterben will, „und mit welcher ich alle Irrthümer verdamme, „die sie verdammt oder verdammen wird. In „Ansehung meiner moralischen Betrachtun„gen über das neue Testament, bekenne ich, „daß ich bey Verfertigung derselben nicht den „geringsten Vorsatz gehabt, etwas wider die Mey„nungen der Kirche, oder was nur mit den schäd„lichen Irrthümern, und den boshaften Absich„ten, die man mir zu Rom und in Frankreich „beygemessen, einige Aehnlichkeit haben möchte, „darinne vorzutragen. Ich beharre auf mei„ner Appellation an das künftige allgemeine Con„cilium unsers heiligen Vaters, des Pabstes, we„gen der Constitution, welche sich anfängt: Uni„genitus Dei filius, und verlange von der Kir„che

einer Gesellschaft mit der andern. 19

„che Gerechtigkeit wegen aller meiner Beschwer-
„den. Ich verabscheue endlich alle Neigung zu
„Trennungen und Spaltungen.„

Ohne zu untersuchen, ob Quesnel ein guter
Catholick gewesen, ist es doch gewiß, daß er ein
besserer Bürger hätte seyn können. Wenn er in
seinem Buche nur einige Seiten, nur einige Zeilen geändert hätte, so würde sein Vaterland wieder ruhig geworden seyn. Ich will nichts von
den strafbaren Anschlägen gedenken, die man
ihm zuschrieb. Man fand, als man ihn gefangen nahm, unter seinen Papieren mehr chimärische als aufrührerische Einfälle. Die Klagen
wider seine Anhänger, welche sich Schüler des
heil. Augustinus nannten, sind in der That
ernstlicher.

Es ist stets die Muthmaßung gewesen, daß
sie in dem Stillstande von zwanzig Jahren, welchen Ludwig XIV im J. 1684 den feindlichen
Mächten anbot, mit begriffen seyn wollten; daß
sie die Friedensvorschläge, die sie dem Monarchen thun wollten, schon zu Papiere gebracht;
daß sie mit der Antoinette Bourignon, einer noch
welt schwärmerischern als reichen Frau, welche
ihr großes Vermögen zum Druck neunzehn di-
cker Bände voll frommer Träume, und zum Unterhalt eines Haufens übergetretener Müßiggänger anwandte, einen Contract geschlossen; man
setze noch hinzu, daß sie die Insel Nordstrand,
bey Holstein, welche erst von der Bourignon
unter dem Namen ihres Beichtvaters gekauft
B 2 ward,

warb, um eine mystische Secte auf derselben zu versammeln, dieser wieder abliefen, aber nie etwas auf derselben zu Stande brachten.

Ob nun gleich Quesnel verbannt, gefangen, und dann wieder flüchtig war, so war doch die Rache der Jesuiten noch nicht gestillt, wenn nicht auch sein Buch verdammt ward; und sie bewogen selbst den König, daß er deßwegen zu Rom Ansuchung that. Die moralischen Betrachtungen verdammen, war eben so viel, als den Cardinal de Noailles verdammen, welcher ihnen die vollkommenste Approbation gegeben hatte: aber die Umstände waren den Jesuiten günstig.

Clemens XI saß auf dem päbstlichen Stuhle, und hatte eine große Neigung zu denselben. Man sagt sogar, daß er in seiner Jugend ein Jesuit habe werden wollen, und daß er es gewiß geworden wäre, wenn ihn der Cardinal Barberini nicht verhindert hätte. Die Aufführung dieses Pabstes ist sehr genau beobachtet worden. Er liebte die Gelehrten, und war selbst gelehrt. Einige gaben ihn für einen schwachen und verstellten Mann aus, andere aber nannten diese Fehler Politic; noch andere legten sie auf eine noch gehäßigere Art aus. Er vergoß öfters Thränen, und sie zeugten von seiner Verlegenheit, wenn Unruhen in der Kirche waren. Er hatte als Cardinal Albani ein erzmolinistisches Buch seines Freundes, des Cardinals Sfondrate, drucken lassen, eben desjenigen, der in der Af‐
faire

falte des Marquis de Lavardin mit dem Pabste Innocentius XI sich öffentlich wider die Freyheit der Gesandtenhäuser zu Rom erklärte. Es fanden sich Sätze über die Gnade, über die Erbsünde, und über den Zustand der Kinder, die ohne Taufe sterben, in diesem Buche, die etwas mehr als verwägen waren a). Der Cardinal de Noailles hatte sich mit denen Prälaten le Tellier und Bossuet zugleich wider dasselbe erklärt.

Man betrog sich in der Erwartung von Clemens XI nicht. Albani, nachdem er Pabst geworden war, that wider die dem Quesnel gegebene Approbation das, was man wider die dem Cardinal Sfondrate gegebenen Approbationen gethan hatte. Beyde Bücher wurden für einerley gehalten, und einerley Verfahren gegen sie gebraucht.

Er hatte um das J. 1708 ein Decret wider die moralischen Betrachtungen ergehen lassen; dieses Decret aber ward in Frankreich nicht angenommen. Das Parlement zu Paris erklärete es für null und nichtig. Man hatte außerdem noch allerhand Beschwerden wider den Pabst; er erkannte den Erzherzog Carl als König von Spanien, nachdem er schon Philipp V dafür

---

a) Unter andern dieser: „die Kinder, die ohne „Taufe sterben, sind zu etwas besserm, als dem „ewigen Leben bestimmt.„

für erkannt hatte. Die wider Quesneln gewor‍fenen Bannstralen thaten nicht eher ihre Wir‍kung, als im J. 1713; ein Jahr, das in der Christenheit stets merkwürdig seyn wird, weil in demselben die berühmte Constitution her‍aus kam.

Die Quenelisten geben sie für ein Werk des le Tellier aus. Dieser Jesuit, ein Procurators Sohn aus der Nieder-Normandie, war in der Stelle eines königlichen Beichtvaters dem P. de la Chaise nachgefolgt. Le Tellier war ein har‍ter, mürrischer, hitziger, ungestümer, rachgieri‍ger, unbeweglicher Mann, und in allem also das Gegentheil vom P. de la Chaise. Dieser, ein gefälliger, artiger, bescheidener, friedliebender Mann, ein Hofmann und Gelehrter, regierte mit dem Gewissen Ludwigs XIV zugleich die gan‍ze gallicanische Kirche. Sein verträglicher Cha‍racter machte sein Ansehen nicht beschwerlich; der andere aber, der eben diese Herrschaft ausü‍ben wollte, aber nicht eben die Gaben dazu hatte, brachte die ganze Nation in Aufruhr.

Dieser Jesuit wollte den Jansenisten zu Leibe, weil sie Ursache waren, daß eins seiner Bücher von den chinesischen Gebräuchen zu Rom ver‍dammt worden war. Besonders war er mit dem Cardinal de Noailles nicht gut Freund, so wie mit verschiedenen andern vom Oratorio. Er hatte auf einmal die Ehre seines Ordens zu vertheidigen, und die ihm persönlich wiederfah‍renen Beleidigungen zu rächen. Sein Platz ward
im-

immer wichtiger, je älter der König ward. Der Beichtvater sahe, wie viel er bey ihm vermochte, und fieng an nichts mehr zu schonen. Er brachte die ganze französische Kirche in Bewegung; er setzte Befehle und Briefe auf, welche gewisse Bischöfe unterschreiben, und ihm versiegelt wieder zuschicken sollten. Er versprach ihnen, nichts zu verrathen: aber die Jansenisten setzten ihn außer Gefahr, sein Wort zu brechen. Sie entdeckten alle seine Kunstgriffe, und machten sie überall bekannt; diese waren mehrentheils wider den Cardinal de Noailles gerichtet.

Dieser Prälat, der sich nicht weiter zu helfen wußte, gieng den König selbst an; er wandte sich hierauf an den Dauphin und Herzog von Burgund, hernach an seine Alliirte, die Frau von Maintenon, ward aber von niemand angehört. Die Frau von Maintenon that weiter nichts, als daß sie dem Könige den Brief und die Aufträge übergab, die sie erhalten hatte, und, daß sie dem Cardinal ganz gleichgültige Dinge beantwortete. Ihr furchtsamer und bescheidener Character, ihre beständige Unentschlossenheit, die Niedergeschlagenheit ihres Geistes bey aller ihrer Größe und mitten unter den Ergötzlichkeiten, ihre Ueberlassung in den Willen des Königs, und ihre Gleichgültigkeit gegen alles das übrige, die Abneigung oder die Gefahr sich in die öffentlichen Händel zu mischen, eine gleiche Unfähigkeit zu schaden oder mit Eifer zu dienen, hinderten sie,

sie, für denjenigen zu arbeiten, dessen Tugenden sie hoch schätzte, und dessen Person sie liebte. „Es kömmt mir nicht zu, schrieb sie „ihm, zu urtheilen und zu verdammen, sondern „zu schweigen, und für die Kirche, den König „und Sie zu beten." Vom Herzog von Burgund war auch nichts zu erwarten, als welcher schon durch die Briefe und die Freunde des Erzbischofs zu Cambray eingenommen war, um dessen Verdammung der Cardinal de-Noailles zu Rom angesucht hatte. Außerdem hatte dieser Prinz verschiedene mal dem Cardinal selbst gesagt, daß er sich in dergleichen Händel nicht mengen wolle. a) Was endlich den König Ludwig XIV selbst anbetrifft, so glaubte er, daß ihn sein Gewissen verbände, seinen Beichtvater zu hören, und daß er, seiner Würde gemäß, diejenigen wieder zur Ordnung bringen müsse, die man als Sectirer bey ihm angab.

Der Erzbischof, der sich von einem Jesuiten unterdrückt sahe, hielt sich deswegen an alle Jesuiten; er entzog ihnen die Freyheit zu predigen und Beichte zu hören. Er hätte den Beichtvater des Königs selbst mit unter diesem Verbote begreifen können: aber er that nicht alles, was er thun konnte. „Ich befürchte, schrieb er an die „Frau von Maintenon, daß ich mich gegen den „König allzu unterthänig bezeuge, da ich demje„nigen

---

a) Lettr. de Maintenon T. IV. 348.

einer Gesellschaft mit der andern. 25

„nigen alles erlaube, der es am wenigsten ver„dient. Ich bitte Gott, daß er ihn wolle die
„Gefahr erkennen lassen, in welcher er schwebt,
„da er seine Seele einem Manne von diesem Cha„racter anvertrauet.„ In einem andern Briefe sagte er: „Wenn nichts wider den P. le Tel„ler aufgebracht werden könnte, als der gemeine
„Ruf, so wäre solches doch schon hinreichend,
„ihn abzusetzen. Es ist nicht gut, daß das
„Vertrauen des Königs in den Händen eines
„Mannes von so schlechtem Rufe ist.„ Die
Frau von Maintenon ward von den Klagen des
Cardinals nicht weniger beunruhigt. Ihr Herz
war voller Bekümmernisse: „Ihr neues Un„ternehmen, schrieb sie an ihn, ist ein neuer
„Schmerz für diejenigen, die Ihnen wirklich zu„gethan sind. Sie dürfen nicht daran zweifeln,
„daß ich es nicht, so lange ich lebe, seyn werde.
„Mein Leben wird nicht lange mehr dauren, und
„bald wird der Tod mich einer Gegenwart, die
„mich traurig macht, und einer Zukunft, die
„mich erschreckt, entziehen.„ Sie setzt, in der
Erinnerung alles dessen, was ihr der Erzbischof
von Cambray zum Verdruß gethan hatte, hinzu:
„Mein Schicksal will, daß ich für die Bischöfe
„sterben soll.„

Man sagt dem Beichtvater eine sehr unüberlegte Rede nach, daß nämlich er entweder seinen
Platz, oder der Cardinal den seinigen verlieren
müßte. Man kann aber daraus einsehen, was
man dem le Tellier zutrauete. Er, nimmt al-

B 5 len

len seinen Anhängern, alle Bischöfe, die nach dem Cardinalshute strebten, und andere, die sich im Ernst wider die moralischen Betrachtungen erklärt hatten, brachten hundert und drey Artikel nach Rom, und wurden vom Könige unterstützt. Ludwig XIV glaubte ein gutes Werk zu thun, wenn er ihnen beyträte. Er widerrief das dem Buche vor vierzig Jahren gegebene Privilegium, und machte die Sache der Jesuiten zu seiner eigenen.

Dieser mächtigen Partey ungeachtet that Rom doch keinen Ausspruch. Man hatte Ursache, über seine Langsamkeit zu erstaunen. Der Cardinal de la Trimouille, französischer Gesandter zu Rom, ward verdächtig. „Schicken Sie die Bulle mit „der ersten Post,„ schrieb ein Staatssecretair an den Cardinal, „oder Sie und ich sind verlo„ren. Der König hält sich an uns, und wir „werden für Jansenisten erklärt.„

Endlich mußte doch ein Urtheil gefällt werden. Die Bulle ward geschickt, und der heilige Stuhl verdammte von den hundert und drey Sätzen hundert und einen.

Die verschiedene Wirkung, die diese Bulle that, ist ein würdiges Schauspiel für einen Philosophen. „Der Cardinal de Noailles,„ sagt ein Anhänger des Quesnels, „erschrickt im Le„sen, und kann nicht weiter lesen. Der Bi„schof zu Poitiers schreyt über die Betrügerey „der Jansenisten, die ein solches Werk dem Pab„ste

einer Gesellschaft mit der andern. 27

„sie auf eine ärgerliche Weise unterschieben, um
„ihn lächerlich und seinen Glauben verdächtig zu
„machen." Auf der andern Seite klagen die
Cardinale Bissy und Fleury, daß man so wenig
Achtung gegen den römischen Hof bezeuge. Der
eine, in einem Briefe an den Bischof zu Montpellier, sagt, „daß die Bulle zu Genf mit meh-
„rerer Unanständigkeit sey aufgenommen wor-
„den, als zu Paris." Der andere, als Bischof
zu Frejus, ruft in einem seiner Schreiben aus:
„Welchen Aufruhr haben wir nicht in dem Au-
„genblicke gesehen, da die Constitution zum Vor-
„schein kam? Die ganze Religion schien über den
„Haufen zu fallen. Hundert tausend Stimmen,
„von allen Seiten her, haben diese Censur ver-
„haßt zu machen gesucht."

Die ganze Nation schien in Aufruhr gebracht.
Es fanden sich unter den verworfenen hundert
und einen Sätzen einige, welche den unschuldig-
sten Verstand und die reinste Moral zu enthalten schienen, und dieses war es, was
die Gemüther gegen Rom noch mehr erbit-
terte.

Es ward eine Versammlung der Bischöfe zu
Paris angestellt. Einige nahmen die Bulle,
vermittelst einiger Erklärungen, an; die andern
aber wollten weder mit der Bulle, noch ihren
Veränderungen etwas zu thun haben. Der Cardinal de Noailles war unter diesen letztern, deren Zahl sich auf sieben belief, der vornehmste.
Sie thaten den Vorschlag, daß man bey dem

Pab-

Pabste um Verbesserungen ansuchen sollte. Der König, welcher glaubte, daß es wider die Sr. Heiligkeit schuldige Ehrerbietung gehandelt seyn würde, hintertrieb den Vorschlag. Er schickte die Bischöfe nach ihren Diöcesen zurück, und verbot dem Carbinale den Hof. Ich weis nicht, was den Pabst mehr verdrüßen konnte, ob der offenbare Widerspruch der sieben Bischöfe, oder das Auskunftsmittel der andern, und ihre scheinbare Unterwerfung. Der verstorbene Pabst, der damals noch der Cardinal Lambertini hieß, sagte daher auch zu Clemens XI: „Sie sehen „wohl, heiliger Vater, daß die französische „Geistlichkeit keine Constitution haben will. „Die Bischöfe stellen sich zwar, als ob sie „sich unterwürfen: im Grunde aber verwer„fen sie die Bulle; ihre Unterwerfung ist „nichts, als eine behutsame Aufführung gegen „Ihre Person.„

Der Erzbischof zu Paris erhielt, nachdem ihm verboten war, sich zu Versailles sehen zu lassen, eine neue Achtung unter dem Volke. Es traten Leute von allerley Ständen auf seine Seite, wider Rom und den Hof. Die Bulle ward indeß, ob sie gleich nicht die meisten Stimmen erhalten hatte, von der Sorbonne enregistrirt, und das Parlement enregistrirte sie mit Vorbehalt der Rechte der Crone, der Freyheiten der gallicanischen Kirche, der Gewalt und der Jurisdiction der Bischöfe.

Le

Je Tellier war damit nicht zufrieden. Er wollte den Cardinal de Noailles vor einem National-Concilio verklagen, und eine Declaration enregistriren lassen, durch welche ein ieder Bischof, welcher die Bulle nicht ohne Vorbehalt (purement et simplement) angenommen hätte, verbunden seyn sollte, sie zu unterschreiben, widrigenfalls man gerichtlich gegen ihn zu verfahren haben sollte. Ein Vorschlag, der seines Urhebers würdig war, und dessen Ausführung gefährliche Folgen nach sich gezogen haben würde. Er sann indeß alle Tage ein neues sonderbares System aus; er redete seinen Beichtkindern, wenn sie auf dem Todbette lagen, von nichts, als von Kriegen, Jansenisten und Constitutionen vor. Die Hausbedienten des Monarchen, die dem Beichtvater desselben sehr gehäßig waren, ließen ihn zweymal gar nicht vor den König. Dieser Prinz starb, und alles bekam eine andere Gestalt.

Der Herzog von Orleans, der nun Regent des Königreichs ward, richtete anstatt der Staats-Secretaire ordentliche Rathsgesellschaften auf, unter andern einen Gewissensrath, wobey der Cardinal de Noailles den Vorsitz hatte. Man entfernte den P. le Tellier vom Hofe, und überließ ihn seinem eigenen Herzen zur Bestrafung. Zum Unglück für die Tugend behauptet man, daß er ein redlicher Mann gewesen. Seine Mitbrüder, die ihn verabscheueten, haben sich eben so sehr über ihn zu beschweschweren, als das Publicum; er hat sie auf immer verhaßt gemacht. a)

Der Platz eines königlichen Beichtvaters ziehet den Jesuiten viel geheimen Neid zu, ob er gleich sehr viel von seinen Vorrechten verloren hat. Es ist nicht mehr die Zeit, wo der Beichtvater die Pfründen vergab, die der König vergeben sollte; wo er allein nach der Messe, ehe man aus der Kirche gieng, sich mit dem Monarchen, wegen der Vergebung der Pfründen besprach; wo er den höhern Gerichten Patente zuschickte, und sie enregistriren ließ; wo er das navarrische Collegium nach seinem Gutdünken regierte. Unter Carl VIII schon verlor der Beichtvater seinen Rang über den Grand-Aumonier. Der erste Aumonier und der Vorsteher des Oratorii, welche Franciscus I einsetzte, wurden ihm gleichfalls vorgezogen; so daß er der Ordnung nach in der Capelle der vierte ist. Unparteyliche Jesuiten könnten die Frage aufwerfen: ob es nicht ihrer Gesellschaft heilsamer wäre, wenn keiner von ihnen diesen Platz bekleidet hätte?

Unter

a) Er ward zur Zeit der Constitution auf einem Schirme gemahlt vorgestellt, wie er eine Kutsche führte, aus welcher ihm ein Jesuit die Worte zurief: Kutscher, ihr werft uns um. Der P. la Rüe hatte mit dem le Tellier auch verschiedene Verdrüßlichkeiten, und mißbilligte stets seine Aufführung.

Unter der Regentschaft erhielt der Abt Fleuri diese Stelle, der durch seine Kirchengeschichte und Philosophie so berühmt ist. Die Jesuiten und Patres des Oratorii beeiferten sich um die Wette, ihn auf ihre Seite zu ziehen, und in ihre Streitigkeiten zu verwickeln. Die Antwort, die er so wohl der einen als der andern Partey gab, ist merkwürdig; zu den Jesuiten, die zuerst kamen, sagte er: „Ihr könnet gewiß mit „mir zufrieden seyn, denn ich liebe die vom Ora-„torio nicht;„ und eine halbe Stunde darnach sagte er zu diesen: „Ihr könnet gewiß mit „mir zufrieden seyn, denn ich liebe die Jesui-„ten nicht.„

Da der Cardinal de Noailles an dem Hofe des Regenten so in Gnaden stand, so glaubten alle Bischöfe, die sich der Bulle widersetzt hatten, daß sie auch wieder zu Gnaden angenommen wären. Sie appellirten beständig an ein zukünftiges Concilium, und wenn auch in Ewigkeit keines gehalten werden sollte. Die Sorbonne, die Priesterschaft der Diöces, ganze Ordensgesellschaften, besonders das Oratorium, folgten diesem Beyspiele. Der neue Präsident des Gewissensraths appellirte auch im J. 1717; doch wollte er es nicht bekannt werden lassen: seine Appellation ward aber wider seinen Willen gedruckt.

Es entstanden nun in der französischen Kirche zwo Parteyen, die Acceptanten und die Refusanten. Die Acceptanten waren die hundert

Bischöfe, welche unter Ludwig XIV die Bulle angenommen hatten, nebst den Jesuiten und Capucinern; die Refüsanten aber bestanden aus funfzehn Bischöfen und einem Theile der Nation. Die einen hatten Rom und eine Sache vor sich, die ihnen im Grunde nützlich war; die andern aber hatten die Universitäten, die Parlemente, das Volk, und ihre vergangene Verfolgung auf ihrer Seite. Man rottete sich zusammen, man stritt, man schrieb in einem schwerfälligen, langweiligen und einschläfernden Tone; man schimpfte, und warf mit Schismatikern und Ketzern um sich. Der Name Quesnel war allein hinreichend, Krieg zu erregen; selbst Weiber, von der gemeinen Sorte des Volks, fielen einander in die Haare, wenn sie diesen Namen hörten, und nie ist ein Geschrey allgemeiner gewesen.

Der Regent aber legte sich darein, und gebot allen Stillschweigen. Universitäten, theologischen Facultäten, Schriftstellern, Buchdruckern, Buchhändlern, Herumträgern, allen ward anbefohlen, Friede zu halten. Der Befehl ist im J. 1717 gegeben. Man liest erst einen prächtigen Lobspruch auf die Religion, und dann folgende merkwürdige Worte: „Wir haben gesagt „und declarirt, und sagen und declariren, durch „Gegenwärtiges von unserer Hand unterschrieben, wollen und verlangen, daß alle Dispute, „Streitigkeiten und Uneinigkeiten, die in unserm „Königreiche wegen der Constitution unsers hei-
„ligen

einer Gesellschaft mit der andern. 33

„ihren Vaters, des Pabstes, wider die moralischen
„Betrachtungen über das neue Testament
„entstanden sind, aufgehoben seyn und bleiben
„sollen, wie wir durch Gegenwärtiges sie aufhe=
„ben, und vorsichtiglich ein allgemeines und
„unverbrüchliches Stillschweigen über diese Ma=
„terie gebieten.„

Dieses Gesetz ist nach der Zeit oft erneuert,
aber nie gehalten worden. Der Bischof von
Soissons und der Erzbischof von Rheims fuh=
ren immer fort zu schreiben, und dieser welschen
Verordnung entgegen zu handeln. Ihre Schrif=
ten wurden durch den Scharfrichter verbrannt.
Der Erzbischof ließ das Te Deum zur Danksa=
gung anstimmen, und verdiente sich damit den
Cardinalshut. Aus Furcht, daß der Bischof
nicht auch einen bekäme, ließ der Regent
ihn die zehn tausend livres Strafe nicht erle=
gen, zu welchen er vom Parlemente war ver=
urtheilt worden, weil er gegen dasselbe ange=
führt hatte, daß er vor seinem Richterstuhle nicht
zu stehen habe. a).

Rom beschwerte sich ohn Unterlaß, und eigent=
lich hätte Frankreich sich beschweren sollen. Bey=
de Höfe zehrten einander durch unnütze Unter=
handlungen auf. Endlich kam das neue Finanz=
system aufs Tapet, und ein ieder wandte nun sei=
ne Aufmerksamkeit nur darauf. Ich erwähne
dies

a) Siècle de Louis XIV. Janf.
gel. Streit. IV Th. C

hier einiger Stellen eines armen achtzigjährigen Priesters des Oratorii nicht, die man heut zu Tage ganz vergessen hat, in welchem er die Reisen nach Mißisippi, den Actienhandel anpreist, und Hoffnung zu einem großen und schleunigen Gewinnste macht. Law that allein, was weder Bischöfe, noch Pabst, noch Ludwig XIV selbst hatten thun können.

Diese glücklichen Augenblicke wurden zur Vereinigung der französischen Kirche angewandt. Der Cardinal Erzbischof bot zu allem die Hand; er widerrief seine Appellation, und dieser Widerruf ward den 20. August 1720 öffentlich angeschlagen. Der Herzog von Orleans erhob sich, nebst den Prinzen und Pairs selbst in den großen Rath, um ein Edict enregistriren zu lassen, welches die Annehmung der Bulle, die Unterdrückung der Appellationen, die Eintracht und den Frieden anbefahl.

Das Parlement, welches aus weit mehr Gliedern bestand, war nicht so leicht zur Enregistrirung zu bewegen. Man hatte Eingriffe in seine Rechte gethan, und es so gar nach Pontoise relegirt; es war dieses das erste Mal, so lange die Monarchie stand, ist aber nach der Zeit vielmal wieder geschehen. Man drohete dem Parlemente, es nach Blois zu verlegen. Es registrirte sod alles, was der große Rath registrirt hat., reservirte sich aber allezeit die alten Gewohnheiten, und die Handhabung der Frey-

einer Gesellschaft mit der andern. 35

Freyheiten der gallicanischen Kirche und der Gesetze des Königreichs.

Diese Vereinigung der französischen Geistlichkeit war vornehmlich das Werk des neuen Erzbischofs zu Cambray, Dübois, der eines Apo-
theckers Sohn von Brive la gaillarde war, mit
der Zeit aber Cardinal und Premierminister
ward. Diese sonderbare Creatur des Regenten, die nur länger hätte leben sollen, um den
Regenten selbst bey dem Monarchen in Ungnade
zu bringen, hatte ein corpus doctrinae aufsetzen
lassen, womit beyde Parteyen zufrieden waren.
Der verschlagene Regent und der sehr ungleiche
Dübois arbeiteten an der Religion, und jedermann wußte, wie es um die ihrige aussah.
Das Lächerliche, das sie über alle diese Materien ausbreiteten, ist der Grund von dem Verfalle der Sitten und Neigungen der darauf folgenden Zeit.

Sie triumphirten, da sie den frommen Erzbischof von Paris unter ihr Joch gebracht hatten;
man merkt aber an, daß er schon ein hohes Alter erreicht hatte, und daß er sich von Leuten, die
mit dem Hofe in Verbindung stunden, in allem
leiten und lenken ließ. a) Man macht außer-

C 2 dem

a) Als der berüchtigte Widerruf dem alten Erzbischof zu Cambray, Wacke, zu Ohren kam,
konnte er sich nicht enthalten, Thränen zu vergießen, und auszurufen: Es ist schrecklich,
alt zu werden, und sich zu überleben.

dem noch von seiner Standhaftigkeit viel Rühmens, da er in gewissen Augenblicken dasjenige wieder verwarf, was er in andern gethan hatte. Als er eine schlechte Treppe hinan stieg, um eine Reparatur zu besehen, die man oben an der Kirche zu U. L. F. gemacht hatte, sagte er: „Mir „hat man einen Erzbischof so böse Wege gehen „lassen, als mich." Als er seinen Widerruf that, hatte er eine Deputation von Jesuiten bey sich; er wunderte sich selbst außerordentlich darüber, als er sich mitten unter ihnen sah. Uebrigens ist er als ein würdiger Bischof gestorben. Seine Mildthätigkeit war sehr groß. Er hat, nach dem Verkauf seines Hausgeräthes und Bezahlung aller Schulden, nicht mehr als fünfhundert livres hinterlassen.

Unter dem Ministerio des Cardinals de Fleuri wollte man es mit einem quesnellistischen Prälaten versuchen. Die Wahl fiel auf den alten Soanen, Bischof zu Senes, welcher ehemals vom Oratorio gewesen war. Diese Congregation gab auf diese Weise den Jesuiten stets Gelegenheit, sich zu entrüsten. Er hatte sich durch Predigen besonders hervor gethan. Seine Predigten sind nie gedruckt worden. Es ist aber nicht gar zu lange, daß ein gewisser Prediger zu Paris sie heraus gab, mit dem zuversichtlichen Vertrauen, als ob sie gewiß von ihm wären. Soanen stand übrigens als Beichtvater in noch größerm Rufe, als Prediger. Der P. la Chaise hatte ihn zum Bischofe

einer Geſellſchaft mit der andern. 37

ſchöfe gemacht. a) Er erhielt anfänglich das
Biſchofthum Viviers; er ſchlug es aber aus,
weil Viviers an einer zu großen Straße liegt,
und er ſeine Einkünfte, welche er lieber den Armen geben wollte, auf biſchöflichen Staat würde haben wenden müſſen. Er nahm dafür das
Biſchofthum zu Senes, welches weniger einträg-
lich, aber zugleich abgelegener war. Seine gute
Wirthſchaft ſetzte ihn dem ohngeachtet in den
Stand, den Armen Gutes zu thun. Seine Uneigennützigkeit, ſein Eifer und ſeine Frömmigkeit
waren außerdem noch mit einer unbiegſamen Gemüthsart vergeſellſchaftet, welche um ſo viel übler
angebracht war, da er weder Anverwandte noch
Credit hatte.

Man hielt ein Provincialconcilium zu Embrün; der Cardinal de Tencin hatte dabey den
Vorſitz. Was ſoll man von dieſem eifrigen Vertheidiger der Bulle glauben? Einige machen
einen großen Geiſt, einen Staatsmann, einen
vollkommenen Hofmann aus ihm. Andere ſtreiten ihm alle dieſe Eigenſchaften ab, und ſchreiben
ſeine Erhebung weniger ſeinem Verdienſte, als

C 3 ſeiner

a) Leute, die überall Geheimniſſe finden, haben
  davon eine Urſache angegeben. Der Jeſuit
  wollte ſeinen Neffen mit einem Frauenzimmer
  verheirathen, deren Tante bey dem P. des Oratorii zur Beichte gieng. Um nun dieſe Tante
  geneigt zu machen, gab er ihrem Beichtvater
  ein Biſchofthum.

seiner stolzen und witzigen Schwester zu. Gegen das Ende seines Lebens sahe er die Dinge, vor welche er den größten Eifer bezeugt hatte, mit ganz andern Augen an. Er war sehr zur Toleranz geneigt; wenigstens hat man es aus seiner Aufführung geschlossen, die er einst bey gewissen Unruhen beobachtete, und aus einigen Reden, die ihm entwischt sind, die man aber auszubreiten nicht ermangelt hat. Man schimpft ihn noch nach seinem Tode des Concilii zu Embrün wegen. Soanen ward auf demselben verdammt und seiner Aemter entsetzt. Auf Befehl des Hofes nach Chaise-Dieu in Auvergne verwiesen, und zwar in einem Alter von achtzig Jahren, war seine Einbildungskraft noch schrecklich.

Mit welchen Farben stellt er nicht in einem Schreiben, vom 10 Sept. 1728 an den Hn. de Saint-Forentin, nicht so wohl seinen Zustand, als der tugendhaften Priester und Pfarrer in seinem Kirchspiele vor, die man mit Gewalt ins Gefängniß gesetzt hatte; ferner der Nonnen, „als seufzender und frommer Tauben, die hier und dahin verscheucht sind; einige zu Embrün, um „daselbst wie ihr Vater aufgeopfert zu werden; „die andern zu Arles, wo sie von ihren eigenen „Schwestern dem Hunger und Durste bloß ge„stellt werden; noch andere zu Grasse, um aus „dem Munde des Prälaten nur Flüche wider sie „und mich zu hören.„ Er unterschrieb sich insgemein: Johann, Bischof zu Senes, Gefanfangener Jesu Christi. Ein Neffe von diesem Soanen, und mit ihm gleiches Namens, ist ein Jesuit.

Ein anderer Bischof, der zum Oratorio gehörte, veränderte den Schauplatz, und zog die Augen der Molinisten und Quesnelisten auf sich. Man hatte seinen Mitbruder abgesetzt, und der Bischof von Saint-Papoul, Segür, setzte sich selbst ab. Heftige Gewissensbisse über seine Gelangung zum Bischofthume nöthigten ihn zu diesem Schritte.

Er zog, ehe er ihn that, die Bischöfe von Montpellier und Senes zu Rathe. Der unglückliche Soanen verlangte, daß Segür seinen Platz behalten solle. Der Bischof zu Montpellier aber war der Meynung, daß man nicht so wohl Bischöfe, als gute Beyspiele nöthig habe. Hiermit war die Sache des Bischofs von St. Papoul entschieden. Er verschwand aus seiner Diöces, da man es am wenigsten vermuthete, und hinterließ seinen Kirchkindern eine Pastoral-Instruction: „Empfanget, mit unserm Abschiede,
„die Versicherung, daß wir euch in unserer Ein-
„samkeit nie vergessen werden. Wir haben das
„Vertrauen, daß, wenn Gott uns wird verge-
„ben haben, er die Bitten nicht verwerfen wer-
„de, die wir unaufhörlich für eure Wohlfahrt
„thun. Eine wohlgeordnete Liebe, welche das
„Gute, das sie thut, bey sich selbst anfängt,
„trennt uns äußerlich von euch; aber eben diese
„Liebe knüpft innerlich solche Bande, die uns
„mit

„mit euch so genau vereinigen, daß nichts im
„Stande seyn wird, euch aus unserm Herzen zu
„vertreiben.„

Sein Abtritt war ein Räthsel, und ist es auch
noch für viele Personen. Einige, die es genau
wissen wollen, versichern, daß er sich heimlich zu
Paris, als ein Büßender, und in beständiger
Uebung guter Werke, mit den Einkünften einer
Abtey von sieben bis acht tausend Livres aufgehalten; daß er an die Geistlichen und Pfarrer,
die er der Bulle wegen verfolgt oder vom Amte
verjagt, Pensionen ausgetheilt; daß er nur
eine kleine Anzahl Freunde gehabt, die viel
auf ihn gehalten, und daß seine strenge Lebensart seine Tage verkürzt habe. Er ist in besagter Stadt gestorben, und zu St. Jean en
Grève begraben.

Seine Feinde erstaunten über seiner außerordentlichen That, und gaben ihr allerhand falsche
Auslegungen. Aber welche Rolle hätte er spielen können, wenn er sich zum Haupte der Partey aufgeworfen hätte, im Falle seine Bekehrung nicht aufrichtig gewesen wäre? Die Regierung besorgte, daß die Schwärmerey ba-
durch noch mehr verstärkt werden möchte; und
man behauptete, daß diese Begebenheit den Befehl, das Grab des heil. Medardus zuzuschließen,
beschleunigen werde.

Der

Der Hof, da er die Quesnelisten demüthigte, hatte nicht die Absicht, sie ganz zu unterdrücken; er wollte nur den Unruhen zuvor kommen. Er misbilligte es sogar, daß man in der Sorbonne, in einer Disputation 1729, die Constitution für eine Glaubensregel erklärt hatte, welcher man ohne Einschränkung Gehorsam leisten müsse. Der Syndicus der Sorbonne erhielt Befehl, nichts auf den Catheder bringen zu lassen, was zu Uneinigkeiten Anlaß geben könnte.

Unterdessen mußte man der Bulle ihren Werth bestimmen. Ist sie ein Staats oder Policengesetz, eine Glaubensregel oder ein Gesetz und Entscheidungsurtheil der Kirche? Das ist der schwere Knoten. Man findet in dem römischen Concilio Glaubensregel; man hat aber den Jesuiten vorgeworfen, daß sie dieses Wort eingeschoben hätten. Benedictus XIV hat selbst, wie einige wissen wollen, diesen Vorwurf nicht für ungerecht gehalten. Einige Bischöfe haben sich ebenfalls für die Benennung, Glaubensregel, erklärt: aber der Erzbischof zu Sens, Languet, hat eine andere Partey ergriffen. Er hat die Constitution eine unverbesserliche Regel des Glaubens, der Kirche und des Staats benennt. Eben dieser Prälat hat seine Werke, die wenig Leute in französischer Sprache lesen, in drey großen Bänden ins Lateinische übersetzen lassen. Sein großer Eifer für die Religion mißfiel einigen, und zog ihm folgende empfindliche Spöt-

C 5 terey

terey zu: „a) leset die Schriften dieses Mannes, „sie vernichten den Glauben."

Die Jesuiten nennen die Bulle eine b) noch nicht regulirte Regel, sondern eine Regel, die erst regulirt werden muß. Das Parlement wollte sie keine Glaubensregel nennen lassen. Der Hof gab sie für ein Urtheil der allgemeinen Kirche, in Ansehung der Lehre, aus. Auch dieses misfiel dem Parlemente, und es wollte dasselbe die königliche Declaration nicht registriren. Man mußte zu gewaltsamen Mitteln schreiten. Der junge Monarch hielt den 30 April 1730 ein Lit de justice, und verschaffte sich Gehorsam.

Unter den Auftritten, die der Aberglaube, die Ausschweifung und die Betrügerey zu gleicher Zeit machten, muß man die Geschichte des Diaconus Paris, der auf dem Kirchhofe zu St. Medard begraben liegt, nicht vergessen. Man gab vor, daß er große Wunder thue. Der heil. Medardus galt bald selbst nichts mehr in seiner eigenen Kirche. Der Diaconus Paris ward der heilige Paris genannt; überall sprach man von seinen wunderbaren Heilungen der Krankheiten.

Einige andächtige Weiber hatten mit diesem Geschreye den Anfang gemacht. Es fanden sich Betrüger hinzu, die der Sache ein Gewicht gaben,

a) Volvite scripta viri, dedocuere fidem.
b) Non regula regulata, sed regula regulanda.

ben, und sich für Begeisterte vom neuen Heiligen ausgaben. Der Pöbel drängte sich Tag und Nacht zu seinem Grabe. Man betete daselbst in der gemeinen Landessprache. Die Begeisterten traten auf sein Grab, machten heftige Verzuckungen mit ihren Leibern, und gaukelten dem Volke allerley Zaubereyen vor. Mit welchen Namen sollte man sonst wohl die außerordentlichen Dinge, die daselbst geschahen, belegen? Einige halten sie für himmlische Begnadigungen; andere für Werke der Bosheit, und noch andere gar für Spitzbubenstreiche. Der Bischof zu Montpellier, Colbert, redete folgender Gestalt von den Convulsionen der Inspirirten: „Weil es Böses in der Welt giebt, so „muß man deßwegen nicht alles für böse halten, „und weil es Gutes in der Welt giebt, so muß „man darum nicht sagen, daß alles gut sey."

Diejenigen, die ein wenig auf sie Achtung gegeben haben, müssen den Bruder Augustin gekannt haben. Niemand hat ihnen mehr geschadet, als dieser. Es war dieses ein lüderlicher Mensch, der sich nichts untersagte, was ihm seine thörichte und zügellose Einbildungskraft eingab; der die Sacramente verachtete, als die er nicht von Gott eingesetzt glaubte; der Heirathen schloß, ohne weiter jemand darzu zu nehmen. Seine Ausschweifungen giengen so weit, daß andere Inspirirte dem Policeylieutenant davon Nachricht gaben, welcher deßwegen Untersuchungen anstellte, und es für seine Pflicht hielt, die-

sen

sen Versammlungen Einhalt zu thun. Junge Schönen, welche sich der Verblendung oder dem Eigennutze ihrer Mütter aufgeopfert sahen, waren insgemein die Heldinnen davon. Die vernünftigen Quesnelisten seufzen, wenn sie an diese Schwärmerey gedenken, die man noch immer wieder zu erwecken sucht.

Ein Parlementsrath hatte das Herz, oder vielmehr die Einfalt, eine Sammlung der Wunderwerke zu machen, und dem Könige zu übergeben. Der Hof verachtete das Buch, und den Verfasser und alle Convulsionairs. Um unterdessen einer ansteckenden Raserey Einhalt zu thun, ward befohlen, den Kirchhof zu St. Medard zuzuschliessen, und eine Wache davor zu stellen. Die Convulsionairs spielten hierauf ihre Comödie in den Häusern; sie wurden aber wieder verrathen. Der Enthusiasmus ließ endlich nach; das Grab des Diaconus Paris ward das Grab des Jansenismus.

Er erhielt sich nur noch im Oratorio. Die Juenin, die Picqueri, die Quesnel, die Segür, die Soanen lebten noch in einer großen Anzahl vom Oratorio, welche, ohne einen so großen Ruf zu haben, noch eben so viel Muth hatten. Man griff die zu Brüssel an; man versagte ihnen den Gebrauch der Communion, da sie sich der Constitution nicht unterwerfen wollten; man war im Begriff, weiter gegen sie zu verfahren, als sie die Flucht ergriffen. Die Gesellschaft des
Ora-

einer Gesellschaft mit der andern. 45

Oratorii zu Paris war vor dem Sturme nicht sicher; man versetzte ihr öfters die empfindlichsten Stöße.

Sie ward dazumal von dem P. de Latour, einem Manne von Genie, und dem Anführer der Parten, regiert. Das Andenken dieses Generals wird im Oratorio nie erlöschen. Seine Talente kündigten sich durch seine Predigten an. Es ist ein wahrer Verlust fürs Publicum, daß es nicht möglich gewesen, seine Handschriften nach seinem Tode zu lesen, und Stücken von einer so erhabenen und hinreißenden Beredsamkeit an den Tag zu bringen. Man beurtheile ihn aus einem einzigen Zuge, welcher bemerkt zu werden verdient. Einige halten ihn für einen Stral des aufgehenden Lichts, und er besteht in einem Geständnisse, das er am Ende einer Unterredung über die Bulle mit den vier berühmten Prälaten, welche appellirt hatten, that. „Sie wird „angenommen werden, sagte er, wegen des Cre„dits der Jesuiten und des Eifers, den der Hof „bezeugt. Aber wir wollen etwas wagen: wir „wollen vor einem künftigen Concilio, und vor „den Bischöfen der ganzen Welt, die Bulle für „ketzerisch und den Pabst selbst für einen Freund „der Ketzerey erklären. Wir werden dadurch er„halten, daß der Pabst die Bulle widerruft, oder „wenigstens einschränkt; denn zu einem Concilio „wird er es gewiß nicht kommen lassen, und auch „eben so wenig erlauben wollen, daß man seinen „Glauben verdächtig mache." Ein Pabst, der

der

der Ketzerey überführt wird, hört selbst nach den römischen Grundsätzen auf, Pabst zu seyn, und hat keine Gewalt mehr in der Stadt Rom.

Der Tod des P. de Latour verursachte große Unruhen im Oratorio. Die Versammlung, in welcher man ihm einen Nachfolger erwählen wollte, schien unregelmäßig, weil die Reappellanten davon ausgeschlossen wurden. Der Hr. Herault war als königlicher Commissarius dabey. Man wählte den P. Lavalette, welcher auch noch diese Stelle, zur Zufriedenheit seiner Untergebenen und selbst des römischen Stuhls, verwaltet. Er hat Briefe von dem vorigen Pabste in Händen, die ihm und der Congregation zum Ruhme gereichen. „Ich wünschte, sagte der Pabst, Ihnen meine ganze Ergebenheit, „und den ganzen Grund meiner Seele zeigen zu „können; aber ich wage es nicht, mich Ihnen „gänzlich zu entdecken.„ Die Gesinnungen, die dieser philosophische Pabst a) hier äußert, zeigen
von

a) Zu Genf, und selbst zu London stand er in ungemeiner Achtung. Ich will hier, seinem Andenken zu Ehren, eine Inschrift anführen, die ihm der Sohn des Ministers Walpole, als er aus Italien nach England zurück kam, hat setzen lassen.

PROSPERO LAMBERTINI
Vescovo di Roma
Col nome di Benedetto XIV.
Che, quantunque un principe assoluto,
Regnò

einer Gesellschaft mit der andern. 47

von einem erhabenen, sanftmüthigen und fried-
liebenden Geiste. Er hatte bey seiner Thron-
be-

Regnò tanto innocentemente
Quanto un Doge in Venezia.
Egli riſtorò il luſtro della tiara,
Con quelle arti ſolamente egli l'ottenne,
Ciò colle ſue virtudi.
Amato dai papiſti,
Eſtimato dai proteſtanti.
Un prete ſenza inſolenza ò intereſſe;
Un principe ſenza favoriti;
Un papa ſenza nepotiſmo;
Un autore ſenza vanità;
In breve: un uomo
Che no lo ſpirito, ne'l potere
Poterono guaſtare.
Il figlio d'un miniſtro favorito,
Uno però che non corteggiò mai alcun principe,
Ne venerò alcun eccleſiaſtico,
Offeriſce, in un libero proteſtante paeſe,
Queſto meritato incenſo,
All' ottimo dei Romani Pontefici.

d. i.

Prospero Lambertini,
Bischofen zu Rom,
Unter dem Namen Benedict XIV.
Welcher, ob er gleich unumschränkt war,
Dennoch so gelinde regierte,
Als ein Doge zu Venedig.
Er stellte den Glanz der päbstlichen Crone wieder her,
Durch eben die Mittel, durch welche er sie allein
erhalten,
Nämlich durch seine Tugenden.

Ge-

bestrigung einen Vorsaß, welcher zum Unglück nicht ist ausgeführt worden. Er wollte nämlich ein Corpus doctrinae unterschreiben lassen, worinne, ohne den Meynungen des Bajus, Jansenius und Quesnel zu nahe zu kommen, dieses als eine Wahrheit vorgeschrieben, und jenes als ein Irthum verworfen werden sollte.

Das Misvergnügen über die Wahl des P. lavalette brach endlich aus; das Feuer der Zwietracht ward dadurch wieder entzündet: die Regierung aber bestrafte die Misvergnügten. Die P. P. Boyer und Terrasson wurden in die Gefängnisse zu Vincennes gesetzt, aus welchen sie nur im J. 1740 heraus kamen, um nach Argenteuil verwiesen zu werden. Der P. Dülerin ward in eben dem Jahre verwiesen. Er hatte

sich

Geliebt von Papisten,
Geehrt von Protestanten.
Ein Priester ohne Stolz und Eigennuß;
Ein Prinz ohne Favoriten;
Ein Pabst ohne Nepoten;
Ein Schriftsteller ohne Eitelkeit;
Kurz: Ein Mann,
Den weder Stolz noch Gewalt
Verderben konnten.
Der Sohn eines Favoritministers,
Einer indessen, der nie einem Prinzen die Aufwartung gemacht,
Noch einen Geistlichen verehrt hat,
Bringet in einem freyen protestantischen Lande
Diesen wohlverdienten Weyhrauch
Dem Besten unter den römischen Päbsten dar.

sich in der Lobrede auf den heil. Severin, von welchem Clodoväus wunderbarer Weise war geheilt worden, folgender Anspielung bedient: „Der Hof des allerchristlichsten Königs glaubte „an die Wunderwerke, und suchte keine Ehre „in der Verachtung desjenigen, welchen die Völ„ker verehrten."

Das ist die Geschichte der ewigen Mauer, welche die Oratorier und die Jesuiten von einander scheidet; die Eifersucht einer Gesellschaft über die andere führte sie auf. Ihr gegenseitiger Haß erstreckt sich auf alles, und sie bringen ihren Schülern gleiche Eindrücke bey. Man giebt im Oratorio selten den Studirenden die Bücher der Jesuiten in die Hände, so wie bey den Jesuiten niemals die Bücher, die aus dem Oratorio herkommen. Die Gesellschaft findet Gift auf allen Blättern ihrer Schriften; der P. Labbe fand sogar in den Racines Grecques des Portroyal jansenistische Grundsätze.

Man redet übrigens auch von keinem der grossen Männer beyder Congregationen. Bouhours, Cheminais, la Rüe, Brumoi, Poree, zeigten gleiche Bescheidenheit als Segaud, Massillon und Mallebranche. Man richtet auch sein Augenmerk nicht mehr auf so viele Exjesuiten und Exoratorier, welche den Academien, in welche sie aufgenommen wurden, zur Ehre gereichten. Es wäre zu wünschen, daß eine gute Feder uns das Leben der berühmten Männer lieferte, welche aus

gel. Streit. IV Th.   D   dem

dem Collegio Ludwigs des Großen und dem Oratorio zu Paris hergekommen sind.

So heftige Stöße man auch dem Oratorio versetzte, um es zu Boden zu werfen, so würde es doch widerstanden haben, wenn es nicht von den Bischöfen abgehangen hätte. Die Männer, die sonst alle Talente besaßen, hatten doch nicht die Geschicklichkeit, den römischen Hof auf ihre Seite zu ziehen, seine Sache von der Sache der Jesuiten zu unterscheiden, und jene nicht anzugreifen, wenn sie wider diese schrien. Die Verständigen dieser Partey klagen oft über diesen Fehler, so wie über die Unbesonnenheit eines gewissen Zeitungsschreibers, der das Gift der Verläumdung überall ausstreuet, und in seiner periodischen Wuth Pabst und Jesuiten durch einander wirft.

Das Oratorium hat sich, in seinem Falle, nicht besser an den Jesuiten rächen können, als daß es sie zum Gegenstande des allgemeinen Hasses gemacht, und einer Fluth von Schriften die Dämme geöffnet, mit welchen sie alle Tage überschwemmt werden. Der Titel der meisten ist allein schon ein Pasquill. Man hat die Frage aufgeworfen, ob diese Patres, oder die Ketzer der letztern Zeiten, der Kirche mehr Schaden gethan. Ich lasse mich auf keine Rechtfertigung gegen die Vorwürfe, die man ihnen macht, ein. Die Anklagen mögen so unwahrscheinlich seyn, als sie wollen, so haben sie doch allemal viel Aufruhr verursacht. Ihre Beschützer selbst haben

sich

einer Gesellschaft mit der andern. 31

sich öfters über sie beschweret; sie sind zu Schritten verleitet worden, die ihnen viel Mühe gekostet haben, und noch kosten.

Das Seminarium der auswärtigen Missionen und die Jesuiten.

Dieses Seminarium besteht aus einer Gesellschaft von Priestern zu Paris, die von da aus in alle Theile der Welt gehen, um das Evangelium zu predigen. Asien ist hauptsächlich der Gegenstand des Eifers dieser Männer. Sie kamen erst im J. 1684 nach China. Die Jesuiten waren es, die ihnen in dieses unermeßliche Reich, das allein so viel Einwohner enthält, als ganz Europa zusammen, den Eintritt verschafften. Jetzt klagen diese, daß sie Undankbaren einen so großen Dienst erwiesen hätten.

Wir wollen, ehe wir weiter fortfahren, auf die Quelle dieser mächtigen Beschützung zurück gehen, welche die Jesuiten andern Missionarien zu erweisen im Stande waren.

Die Chineser sind von Natur hochtrabend und von sich eingenommen; sie halten sich für die einzige Nation, welche denkt. Die ihrige ist eine

der

der ersten, welche Künste und Wissenschaften getrieben haben; sie lieben besonders die Mathematic. Die große Neigung zu dieser letztern war es vornehmlich, was den Jesuiten den Eintritt in China verschaffte. Ihre Talente dienten ihnen zu einem großen Vorspruche bey dem Kaiser Camhi; diesem großen Prinzen, einem der größten, der gerechtesten, der leutseligsten und der gelehrtesten Prinzen, deren in der Historie Meldung geschieht. Er ruhete beym Studiren aus, wenn ihn die Sorgen der Regierung müde gemacht hatten. Die Jesuiten zu Pecking mußten ihm alle Tage in der Mathematic Unterricht geben. Er ließ gegen diese Patres eine außerordentliche Neigung blicken; er hatte sie auf allen Reisen bey sich, er sahe alle ihre Absichten ein, und ließ sich die Beschaffenheit ihrer Mission umständlich erklären. Sie unterhielten ihn öfters mit den großen Eigenschaften Ludwigs XIV, und der Kaiser hatte ein Vergnügen, sich selbst in verschiedenen Zügen dieses Monarchen zu finden.

Die Jesuiten machten sich die Gewalt zu Nutze, die sie über das Herz dieses Prinzen, der ihr Schüler war, hatten. Sie baten ihn um die freye Ausübung ihrer Religion in dem weitläuftigen chinesischen Reiche, und hielten zugleich um eine Verordnung darüber an, damit ihnen weder die Mandarinen noch die Statthalter Hindernisse in den Weg legen möchten. Das Sonderbarste bey dieser Sache ist, daß diese Bitte die

Ge-

einer Gesellschaft mit der andern. 53

Gewalt des Kaisers überschritt, der sonst in allen andern Dingen unumschränkt, so wie der Enkel des großen chinesischen Eroberers, war. Man mußte sich, den Gesetzen und Gewohnheiten dieses Reichs zu Folge, an ein Tribunal wenden. Der Kaiser entwarf selbst, im Namen der Jesuiten, zwo Bittschriften. Es ward ihnen im J. 1692 erlaubt, ihre Missionsgeschäffte zu treiben, und die christliche Religion öffentlich zu lehren. Bayle wundert sich sehr darüber, daß ein so weiser Prinz Leute in seinen Staaten aufnahm, die er nicht kannte, und die ihm alle Augenblicke verdächtig hätten werden sollen.

Kaum hatten die am Hofe in Achtung stehenden Jesuiten denen Geistlichen der auswärtigen Missionen die Erlaubniß durch ganz China ausgewürkt, als diese jene für Betrüger, für niederträchtige Seelen, die durch ungeziemende Schmeicheleyen die Religion verunehrten, und für Freunde der Gottlosigkeit ausgaben, welche, aus Furcht ihren Credit am Hofe zu verlieren, eine abgöttische Vermischung heidnischer Ceremonien mit den christlichen gestatteten.

Die Jesuiten beklagten sich, und ihre Ankläger fuhren fort, ihnen Vorwürfe zu machen, bis es auf beyden Seiten gar zum Schimpfen kam. Der Ruf von dieser Uneinigkeit breitete sich bald bis nach Europa aus; ein jeder fällte darüber sein Urtheil, ohne die Sache untersucht zu haben; man verstand nicht einmal, worauf der Streit

Streit ankam. Folgende Anmerkungen können in der Sache einiges Licht geben.

Die Kunst, seine Gedanken durch Buchstaben vorzustellen, die nicht anders als leicht und natürlich seyn sollte, ist in China äußerst schwer. Jedes Wort hat verschiedene Charactere; man ist unwissend oder gelehrt nach der Anzahl der Charactere, die man kennen gelernt hat. Wer in dreyßig Jahren lesen lernt, der ist ein Wunder der Gelehrsamkeit. Die Unbequemlichkeit der Sprache dieses Volks, dessen Ursprung, so weit ins Alterthum zurück geht, ist Ursache, daß die Künste und Wissenschaften bey demselben in einer ewigen Kindheit schmachten. Einige Weltkundige halten dagegen dieses Volk für die erste Nation der Welt, in Ansehung der Moral und der Policey. Die Reichsgesetze sind gelinde und weise, und befördern die Ruhe desselben. Nirgends wird die Liebe der Kinder gegen die Aeltern, dieses natürliche und geheiligte Gesetz, so nachdrücklich empfohlen. Die Chineser verbinden damit noch die Ehrerbietung, die sie ihren erstern Lehrern in der Moral, besonders dem Congfoutse oder Confucius, schuldig sind.

Dieser Weise, der alten Weisen Griechenlandes vorzuziehen ist, lebte fünfhundert Jahr vor Christi Geburt. Seine Familie lebt noch unter den Chinesern, wo sie, zum Andenken dieses Gesetzgebers, von andern sehr unterschieden wird; das einzige Beyspiel eines solchen Vorzugs in einem Lande, wo man nichts, als wirkliche Dienste, für

einer Gesellschaft mit der andern. 55

vorzüglich hält. Confucius genießt alle Ehre, die ein Mensch nur genießen kann, der, ohne eine göttliche Offenbarung zu haben, so schön von der Gottheit gesprochen hat. In allen Umständen, in denen man ihn nur gesehen, reich, arm, mächtig, verachtet, flüchtig, ist er stets über die Zufälle erhaben gewesen, hat er stets die Tugend gelehrt und ausgeübt. Die Zahl seiner Schüler belief sich, bey seinen Lebzeiten, auf fünftausend. Nach seinem Tode ward er von der ganzen Nation verehrt; die Kaiser und Calao, d. i. die Gelehrten und Mandarinen, erweisen seinem Andenken Ehrerbietung.

Es pflegen, an gewissen Tagen, besondere Familienzusammenkünfte angestellt zu werden, um ihre Vorältern zu verehren, und öffentliche Versammlungen der Gelehrten, um das Andenken des Confucius zu feyern. In dem Saale, wo man ihn verehrt, siehet man einen Tisch, in Gestalt eines Altars, mit Leuchtern, Blumensträußern und Räucherwerk besetzt. Auf dem Tische steht außerdem ein kleines Täfelchen, auf welchem man die Worte liest: Chin-Ouei, d. i. Sitz der Seele. Man nähert sich; man opfert vor diesem Sinnbilde Wachs- und Räucherkerzen; man begiebt sich nach einer viermaligen Kniebeugung wieder hinweg, und wirft sich viermal mit dem Gesicht auf die Erde nieder. Dieses Niederfallen ist außerdem in China auch gebräuchlich, wenn man vornehme Personen grüßen will. Zweymal im Jahre muß man seinen Vorältern und dem Confucius die Ehrerbietung bezeugen, die man ihnen schuldig zu seyn glaubt. Und um dabey nichts fehlen zu lassen, so verrichtet man auch ordentliche Opfer; man schlachtet Thiere, von denen man hernach Mahlzeiten giebt.

Gehören diese Ceremonien wesentlich zur Religion? Sind es nicht nur bürgerliche Gewohnheiten und policenmäßige Einführungen? Hält man seine Väter und den Philosophen der Nation etwan für Spötter? Ist Confucius der Numa der Römer, der Minos der Cretenser, der Osiris der Aegypter, und der Zoroaster der Perser? Das sind die Fragen, worüber die Missionarien in China nicht eins werden konnten, und welche sie weniger hier, als in Europa, hätten untersuchen sollen.

Die Geistlichen der auswärtigen Missionen gaben alles für Abgötterey aus. Sie sahen sie augenscheinlich da, wo die Jesuiten sie nicht einmal vermutheten. Die einen hielten es für die größte Abscheulichkeit, die christlichen Religionsgebräuche mit teuflischen Gebräuchen zu vermischen. Die andern aber hielten es für weise, die Chineser nicht abergläubischer zu machen, als sie waren; ihre Gebräuche und Gewohnheiten zu dulden, und dieses um so viel mehr, da man keine Bequemlichkeit sahe, sie abzuschaffen, ohne zugleich der christlichen Religion alle Eingänge in ein Reich zu versperren, das auf seine Gewohnheiten so eifersüchtig war. Der Streit ward sehr
leb-

lebhaft. Man muß sich wundern, daß die Priester der auswärtigen Missionen ihn nicht den Dominicanern überlassen haben, denn diese hatten ihn angefangen. Sie verschickten zuerst die chinesischen Gebräuche zur Untersuchung nach Rom. Einer ihrer größten Missionarien, der P. Morales, war der Angeber. Um den Sachen, die er für verdammlich hielt, eine bessere Gestalt zu geben, setzte er siebzehn Fragen über eben so viel Gebräuche der Jesuiten in China auf, und drang eifrig auf die Entscheidung einer ieden Frage. Um hinter die ganze Absicht zu kommen, wird es hinreichend seyn, nur einige davon anzuführen. a) Kann man mit gutem Gewissen die Christen von den Geboten der Kirche frey sprechen? Kann man bey der Taufe verschiedene heilige Gebräuche weglassen? Kann man den allerschändlichsten Wucher erlauben; den Neubekehrten, Götzenbilder zu haben, vor ihnen niederzufallen und sie anzubeten, gestatten, daferne man nur im Herzen diese Ehrerbietung an einen andern Gegenstand, an ein heil. Kreuz, wendet? Ist es erlaubt, für Heyden, die in ihrem Unglauben versterben, Messe zu lesen? seinen Vorältern und dem Confucius die höchste Ehre zu erweisen? mit dem Geheimnisse des Kreuzes gegen die, die in der christlichen Religion unterrichtet werden, zurück zu halten, weil ihre Nation es für

a) Abr. de l'Hist. ecclef. T. XII. 256.

für Thorheit hält? sie in mancherley Irrthümern zu lassen, damit sie sich mit ihrer Unwissenheit entschuldigen können? Alle diese Fragen, welche man von der Aufführung der Jesuiten in China hergenommen hatte, machten großes Aufsehen. Die chinesischen Ceremonien wurden auf diesen Bericht des P. Morales im J. 1645 von dem heil. Officio verboten, bis der Pabst selbst darüber ein Urtheil sprechen würde. Die Jesuiten vertheidigten dagegen ihre Sache und die Sache der Chineser. Ihr P. Martini sprach für die eine und die andere zu Rom, und brachte es so weit, daß das Verbot im J. 1656 wieder aufgehoben ward. Es ward den Gelehrten erlaubt, ihren Philosophen, und den Kindern, ihre Väter zu verehren; doch mit der Beyfügung, daß es eine bloß bürgerliche Verehrung seyn solle.

So standen die Sachen, als französische Vicarien nach China kamen; der Pabst hatte sie selbst ernannt und geschickt. Es befand sich ein Priester der auswärtigen Missionen, Namens Maigrot, unter denselben. Dieser hatte kaum sein Amt in China einige Zeit verwaltet, als er mit dem Bischofthum Conon beschenkt ward. Dieser neue französische Bischof in einer chinesischen Provinz misbilligte die Aufführung der Jesuiten. Er verdammte das Andenken eines ihrer würdigsten Missionarien, des P. Matthäus Ricci, welcher durch allerhand Mittel den Haufen der Proselyten zu vermehren suchte, und sie

am

einer Gesellschaft mit der andern. 59

am wenigsten auf die Probe stellte. Es heißt nicht den Nacheiferern der Xaviere, der Spinola und so viel anderer großen Apostel in allen Ländern und von allerley Orden Gerechtigkeit wiederfahren lassen, wenn man ihn mit folgenden gehäßigen Farben abmahlt: a) „Die Kö„nige fanden an ihm einen gefälligen Mann; die „Heiden einen Apostel, der sich nach ihrem Aber„glauben bequemte; die Mandarinen einen fei„nen Mann, der alles wußte, was am Hofe „vorgieng; und der Teufel einen getreuen Die„ner, welcher sein Reich unter den Abergläubigen „befestigte; anstatt es zu zerstören, der es sogar „unter den Christen ausbreitete.„ Maigrot erklärte die bey den Begräbnissen gewöhnlichen Gebräuche durchaus für abergläubisch und abgöttisch. Unter den Gelehrten sahe er eitel Atheisten. Er nannte sie Materialisten, während daß sie die Seelen ihrer Väter und des Confucius anriefen. Er beschwerte sich zu Rom über die Gefälligkeit der Jesuiten, und that ihnen in ganz China alles zuwider. Die Missionarien sahen demnach mitten unter ihren Arbeiten und ihren geistlichen Eroberungen, nichts, als Uneinigkeiten unter sich, so wie sich unter weltlichen Eroberern auch fast immer dergleichen findet.

Es

a) Abr. de l'Hist. eccl. T. XII. 254.

Es kam im J. 1700 ein Schreiben der Missionarien an den Pabst zum Vorschein, welches vom Superior und Director ihres Seminarii zu Paris unterschrieben war. Muß sich denn der Eifer mit so viel Bitterkeit und Härte ausdrücken? Diese Herren rächten sich wegen des ihnen gemachten Vorwurfs, daß sie Jansenisten wären, und das Formular nicht unterschreiben wollten. Als sie es aber unterschrieben, so wollten sie den Jesuiten durch die That zeigen, wie Unrecht sie hätten. Sie behaupteten sechs tausend Meilen von Pecking, daß Tien und Chang-ti so viel als materialischer Himmel und nicht Gott bedeute. Diese Erklärnng schien ihnen unwidersprechlich. Sie in Zweifel zu ziehen, war eben so viel, als zweifeln, „ob die Seine bey „Paris vorbey fließe, und ob daselbst ein Colle„gium, die Sorbonne genannt, sey." Sie würden mehr zu fürchten gewesen seyn, wenn sie bessere Schriftsteller gewesen wären; sie haben sich aber weder durch eine hinlängliche Anzahl, noch durch ein besonderes Genie hervor gethan. Ihr Maigrot hatte gar kein Talent; man beschuldigte ihn insgemein, daß er nur durch einige Missionarien von den Dominicanern denke und handele.

Sie riethen ihm, die Jesuiten aus seinem Districte Fockien zu vertreiben, und der Bischof von Conon that es. Der lustige Auftritt, a) welcher

a) Mem. chron. et dog. T. IV. 158.

cher um die Osterzeit geschahe, hat daher seinen
Ursprung. Die Neubekehrten der Jesuiten, die
bey diesen Patern nicht beichten konnten, baten
ihn mehr als einmal, daß er seinen Befehl widerrufen möchte; aber vergebens. Sie sparten
weder Bitten, noch Thränen, noch Fußfälle.
Als sie eines Tages in seinem Vorsaale warteten
und seufzeten, da er indeß in seinem Cabinett mit
einem Dominicaner eingeschlossen war, wo sie
ihn laut lachen hörten, thaten sie starke Schläge
an die Thüre, und wollten sie aufsprengen. Der
Prälat fuhr in der Hitze heraus, nannte sie Ungestüme, Narren, lächerliche, und sagte ihnen,
daß sie nur bey andern als den Jesuiten beichten
sollten. Die Neubekehrten betheureten, daß sie
lieber verdammt werden, als ihm oder den Dominicanern beichten wollten. Zum Unglück wurden sie gewahr, daß er einem Crucifixe, welches
einer von ihnen in der Hand hielt, nicht die schuldige Ehrerbietung bezeugt hätte. Sie fassen
demnach sogleich den Bischof beym Leibe, nöthigen ihn auf die Knie nieder zu fallen, und werfen seine Mütze auf die Erde. Seinen Freund,
den Dominicaner Croquer, der den Augenblick
herzu gelaufen kommt, halten sie beym Barte
fest, und Croquer verspricht alles, was sie wollen. Maigrot beschwerte sich, nachdem er ihren
Händen entgangen war, daß man ihn habe um-
bringen wollen, und daß er das Messer gesehen habe, das man ihm an die Kehle gesetzt; er hatte aber in der Angst den Ro-
sen-

fenkranz eines Neubekehrten für ein Messer angesehen.

Die größten Feinde der Jesuiten waren weder zu Pecking, noch zu Rom: sondern in Frankreich war es hauptsächlich, wo man ihren Untergang suchte. Von Paris aus ward das Feuer der Zwietracht beständig angeblasen. Man stellte daselbst die Jesuiten so vor, wie sie bald der Religion wegen Verfolgungen erregten, bald der Abgötterey Vorschub thäten. Diese Vorstellung eines noch gröbern Heldenthums, als man bey den Griechen und Römern gefunden hatte, das noch darzu auf die christliche Religion erbauet ward, machte den Jansenisten eine große Freude. Der Abt Bolleau, der Bruder des Satyrenschreibers, und ein noch ärgerer Feind der Jesuiten als dieser, verfolgte sie in ihrem P. le Comte. Er benuncirte im J. 1700 bey der Sorbonne die Mémoires de la Chine dieses gelehrten Missionarii. Es schauerte ihm, wie er sagte, bey jeder Seite dieses Buchs die Haut. Die den Chinesern ertheilten Lobsprüche erschütterten seinen Verstand, seinen christlichen Verstand. a) Und welches waren denn diese so ärgerlichen Lobeserhebungen? Hier sind sie: „Dieses Volk hat seit beynahe zwey tausend Jahren „die Erkenntniß des wahren Gottes unter sich er- „halten.

―――――――――
a) Cerebrum meum cerebrum christianum commoverunt.

„halten. Es hat in dem ältesten Tempel der
„Welt, dem Schöpfer geopfert. Es hat die
„reinsten Lehren der Moral in Ausübung gebracht,
„da indeß Europa im Irrthum und Verderben
„steckte. Die Vorsehung hat ihre Gnade diesem
„Volke am reichlichsten mitgetheilt. Die chine-
„sische und die christliche Religion sind einander
„in vielen Stücken ähnlich, wenn es auch
„nur in der Anbetung eines und desselben We-
„sens seyn sollte."

Die Versammlungen der Sorbonne waren
sehr unruhig. Die Meynungen wurden sogleich
widerlegt, wenn sie kaum vorgebracht waren. Der Doctor le Sage sagte, daß, da
der Streit Begebenheiten beträfe, und man
die Sitten der Chineser nicht genugsam kenne, man zwölf der gesündesten Doctoren wählen, und nach China schicken müsse, um sich
genau in der Sache zu erkundigen. Endlich
war man darinne einstimmig, daß man die
Memoiren des P. le Comte verdammte.
Man belegte sie dabey mit den gehäßigsten
Namen.

Die Jesuiten wurden schüchtern, da sich so
viel Stimmen wider sie erhoben. Sie schrieben
an ihre Missionarien nach Peking, um sich genau zu erkundigen, mit welchem Geiste man daselbst dem Confucius verehre; was für eine Bedeutung man den chinesischen Worten gäbe, an
denen sich Europa ärgerte.

Man

Man konnte darüber keinen geschicktern Mann zu Rathe ziehen, als den Kaiser Cambi selbst, der in seiner Sprache sehr erfahren, das Haupt der Gelehrten, der unumschränkte Ausleger der Gesetze, Ceremonien und Gewohnheiten der Nation war. Wie aber sollte man es dem Kaiser vorbringen, und zugleich die Streitigkeiten der Missionarien vor ihm verbergen? Die Jesuiten erfanden folgendes Mittel: Sie schrieben auf ein Papier, daß Chang-ti den wahren Gott, und nicht den materiellen und sichtbaren Himmel, bedeute; daß Kien-tien, mit der eigenen Hand des Prinzen auf ein Täfelchen geschrieben, das er ihnen gegeben hatte, so viel sage, als: Betet den Herrn des Himmels an; daß die chinesischen Ceremonien nichts anders zum Grunde hätten, als was iedermann an ihnen wahrnehme. Diese kurze und deutliche Erklärung ließen sie dem Kaiser überreichen, und bitten, daß er ihnen sagen möchte, ob sie mit der Wahrheit überein käme, damit sie einigen neugierigen Europäern davon Nachricht geben könnten. Der Kaiser antwortete darauf, daß die Erklärung sehr gut sey.

Die Jesuiten glaubten ihren Proceß gewonnen zu haben. Sie gaben davon den Missionarien, dem Bischofe zu Conon, dem Pabste und dem ganzen Europa Nachricht: niemand aber wollte den Jesuiten glauben. Man hatte sie im Verdacht, daß sie den Kaiser hintergangen, und ihn in ihre Absichten gezogen hätten, so wie

sie

einer Gesellschaft mit der andern. 65

sie es schon mit viel andern Prinzen gethan hatten, deren Zutrauen sie sich so wohl zu Nuße zu machen wußten. Clemens XI, der sich mit seinem Urtheile zu übereilen befürchtete, trug die Untersuchung dem Titularbischofe zu Antiochien, Carl Thomas Maillard de Tournon, auf. Er schickte ihn mit dem Character eines Legaten nach China, mit einem Decrete versehen, wie die Jesuiten sagen, welches den großen Streit der Missionarien schon vorläufig entschied.

Der Patriarch, ob er gleich im J. 1702 zu Schiffe gieng, konnte doch nicht eher als im J. 1705 nach China kommen. Die Jesuiten meldeten ihn beym Kaiser, welcher ihn aber nicht sehen wollte. Diese Paters, die deßwegen in Sorgen waren, brachten es endlich bey Sr. chinesischen Majestät dahin, daß Sie dem Legaten eine Audienz geben wollten. Der Legat dankte bey dieser Audienz dem Kaiser im Namen des Haupts der Christenheit wegen des den Dienern des Evangelii geleisteten Schußes.

Dieses Compliment gab dem Kaiser Gelegenheit, sich auf einige Erklärungen der chinesischen Gebräuche einzulassen. Die Jesuiten hatten die Zänkereyen der Missionarien klüglich vor ihm zu verbergen gewußt; er erfuhr aber alles, nicht sowohl durch den Legaten, als durch die Unvorsichtigkeit seiner Dollmetscher. Man kann leicht vermuthen, wie sehr der Kaiser erstaunt sey, als er von dem Kriege hörte, der unter den Dienern einer Religion des Friedens entstanden war, und

gel. Streit. IV Th.　　　E　　　als

als er einen Europäer ankommen sahe, der über
diesen Streit, über ihn selbst, über seinen Hof,
seine Mandarins, über die Gewohnheiten und
die Sprache des Landes ein Urtheil sprechen sollte. Der Legat sagte, daß er sich besser ausdrücken würde, wenn er die chinesische Sprache verstünde, daß aber Se. Majestät mehr Zufriedenheit haben würden, wenn Sie einen Gelehrten,
den Bischof von Conon, anhören wollten.

Der Titel eines Bischofs machte den Kaiser
noch unwilliger. Dem ohngeachtet gieng die
Nachsicht dieses Monarchen so weit, daß er den
Bischof von Conon sich auf einer Reise, die er
in die Tartarey that, vorstellen ließ. Gebet
mir, sagte der Kaiser, als er den Maigrot zur
Audienz ließ, die Erklärung der vier chinesischen
Charactere, die auf meinen Thron gemahlt sind.
Dieser konnte aber nur zween davon lesen; und
behauptete, daß King-tien nicht bedeute, betet den Herrn des Himmels an. Der Kaiser nahm sich die Mühe, ihm zu zeigen, wie diese Worte gerade das sagten, und daß die Gelehrten
unter seinem Volke keine Atheisten wären, die einen
bloß materiellen Himmel annähmen; er vertheidigte gleichfalls die Ehre, die seine Unterthanen
den Verstorbenen erwiesen. Der Bischof gab
dagegen diese Verehrung für ein Werk des Teufels aus. Die Christen im neuern Bischofthume, fragte der Prinz, beobachten also diese Gebräuche nicht? Maigrot wußte nicht, was er darauf antworten sollte. Camhi, der selbe Gü-

tig-

einer Gesellschaft mit der andern. 67

sigkeit gegen die Europäer mit Undank belohnt sahe, verabschiedete ihn den Augenblick, verbannete ihn aus seinen Staaten, und gab ein Decret, in welchem er ihn also anredete: „Es ist klar, daß ihr mir et„was verberget. Ihr seyd in mein Reich gekom„men, nicht um es zu erleuchten, sondern zu beunru„higen. Verschiedene meiner Unterthanen haben „eure Religion bloß aus Hochachtung gegen sie und „ihre Diener angenommen: ietzt aber, da eure Un„einigkeiten bekannt werden, verliert sie allen Cre„dit. Ich befehle euch, aus meinem Reiche zu „gehen; und wenn euch dieses hart dünkt, so habt „ihr die Schuld euch selber zuzuschreiben.„

Der erlauchte Beschützer der Missionarien, der einmal angefangen hatte, Verdacht zu schöpfen, gab eine Verordnung, daß alle Europäer, welche in China bleiben wollten, sich künftig sollten examiniren lassen, und um eine schriftliche Erlaubniß bey ihm ansuchen.

Der eifrige Anhänger des Maigrot, der tugendhafte Legat, Maillard de Tournon, erhielt gleichfalls Befehl, Pecking zu verlassen. Dieser Patriarch von Antiochien schob die Schuld auf die Jesuiten; man muß sich aber deßwegen nicht vorstellen, daß er auf sie geschmäht und gesagt haben sollte, daß, wenn der höllische Geist nach China gekommen wäre, er daselbst nicht mehr Schaden gethan haben würde, als sie. Um diese Worte noch böshafter vorzustellen, sagt man, daß der Patriarch sie nach seiner Verbindung mit den Jesuiten gesprochen.

E 2 Ehe-

Ehemals war er ein großer Freund von Ihnen gewesen, und hatte, während seines Aufenthalts in Ostindien, ihnen verschiedene Beweise davon gegeben. Man kann nicht sagen, ob er Recht oder Unrecht gehabt, daß er, in Ansehung ihrer, anderes Sinnes ward. Seine Absichten schienen sehr rein und lauter, und er bewaffnete sich mit Muth und Standhaftigkeit. Die guten Absichten aber entschuldigen nicht allemal ein übereiltes Verfahren. Er führte sich, bey seiner Abreise aus Pecking, so unbescheiden auf, daß der erzürnte Kaiser die Geschenke, die er für den Pabst bestimmet hatte, wieder von Canton zurück kommen ließ. Der Legat glaubte bloß seine Pflicht gethan zu haben, und um sie noch besser zu erfüllen, verdammte er, als er zu Nanking ankam, in einem Ausschreiben die chinesischen Gebräuche in Ansehung der Todten, und den Gebrauch des Worts, welches der Prinz gebraucht hatte, um dadurch den Gott des Himmels anzudeuten. Diese Verdammung schien eine Rache zu seyn. Der Legat ward bestraft und nach Macao verwiesen, allwo er unter der Aufsicht der Portugiesen stand, die ihn haßten und ihm alle Jurisdiction eines Visitators oder Legati a latere in allen von Portugal abhangenden Plätzen untersagten. Er hielt sich für beleidigt. Stolz auf seine Rechte, that er den Bischof von Macao, den Provincial der Jesuiten, den Generalcapitain, und alle vornehme Portugiesen, die sich in der Stadt befanden, in den Bann.

Wäh-

einer Gesellschaft mit der andern. 69

Während diesen Verdrüßlichkeiten schickte ihm Rom das Baret: er genoß aber seine neue Würde nicht lange. Er ist als Cardinal im J. 1710 zu Macao, in dem Hause der Jesuiten, nach einer dreyjährigen Gefangenschaft gestorben. Man zählt ihn mit unter die Opfer, die man den Jesuiten auf die Rechnung schreibt; unter welchen man auch den heil. Bischof von Angelopolis, den Dom Johann de Palafor, einen grossen Feind der Societät, antrifft. Der P. Tolomäi bekam den vacanten Cardinalshut, und dieses gab zu allerhand kleinen Sinngedichten und Kupferstichen Anlaß.

Die Anhänger des Cardinals de Tournon foderten seinen Leichnam nebst allen seinen Papieren. Das Schiff aber, welches diesen verlangten Schatz nach Europa bringen sollte, ward unterwegens vom Feuer verzehrt. Man gab dieses Unglück den Jesuiten Schuld, weil sie besorgten, daß man ihren Gefangenen als einen Märtyrer verehren möchte.

Sein Tod aber gereichte ihnen zu schlechtem Vortheile; die Unruhen wurden stärker, als vorher. Clemens XI, der ihnen nicht verdächtig seyn sollte, hatte die Ausführung der Bulle, ex illa die, am Herzen, welche die chinesischen Ceremonien, so wie die Missionarien sie dem heilgen Stuhle vorgestellt hatten, verdammte. Dieser Pabst, der die Missionarien, welche sich des Worts Tien-Tchou, Herr des Himmels, nicht bedienten, imgleichen die Bischöfe und apostostolischen Vicarien in China, die sich auf nichts einlassen wollten, nicht leicht zum Gehorsam bringen konnte, schickte den Carl Ambrosius Mezza-Barba, Patriarchen von Alexandrien, dahin.

Es war dieser ein bescheidener, verträglicher, geschickter und an Kunstgriffen fruchtbarer Mann; aber weder seine Talente, noch der Titel eines Legati a latere würden ihm den Zutritt beym Kaiser verschafft haben, wenn es die Jesuiten nicht gethan hätten. Der Kaiser, der über den ersten Abgesandten misvergnügt war, glaubte, daß hinter der neuen Ambassade eine Heimlichkeit verborgen stecke, und daß der zweyte, der jetzt aus dem äußersten Winkel des Occidents in seine Staaten kam, ein Spion, aber unter einem vornehmern Titel, sey. Die Jesuiten suchten diese Vorurtheile Sr. Majestät auszureden, und Mezza-Barba erhielt endlich, nach großem Ueberlegen, vier Audienzen vom Kaiser. Es ward ihm bey allen vieren so viel Ehre erwiesen, als nie denen Gesandten aus Rußland und Corea, und selbst den Prinzen vom Geblüte.

Alle diese Ehrenbezeugungen waren aber auch mit mancherley Verdrüßlichkeiten vergesellschaftet. Der Kaiser sagte ihm, daß die Bulle, welche die chinesischen Gebräuche verdammte, bloß ein Pfeil sey, welcher wider die Jesuiten abgeschossen würde, um dem Maigrot, Pedrini und andern ihrer Widersacher Genugthuung zu geben; daß er gar wohl wisse, wie wenig man in Europa aus einigen Constitutionen der Päbste mache;

daß

daß der Pabst ein blinder Jäger sey, der aufs Gerathewohl in die freye Luft schieße; daß er erstaune, Missionarien zu sehen, die, da sie alle ein Herz und Seele haben sollten, sich der eine weltlicher Priester, der andere Franciscaner, der dritte Dominicaner, und der vierte Jesuit nenneten. „Kömmt es wohl dem Pabste zu, „setzte er hinzu, sich in die chinesischen Angelegen„heiten zu mengen, da ich mich doch in die euro„päischen nicht menge? Ich sehe wenig Redlich„keit unter den auswärtigen Nationen, da hin„gegen die Chineser alle Verstellung und Betrü„gerey verabscheuen.„

Nach so verschiedenen Unterredungen befahl der Kaiser endlich, daß man ihm die Bulle übersetzen solle. Nachdem er sie nun einige Tage lang untersucht hatte, schickte er sie mit diesen eigenhändig darunter geschriebenen Worten zurück: a) „Ich sehe aus der Lesung dieser Constitution, daß „sie nur niederträchtige Europäer angeht. Die „Zänkereyen, die sie unter sich führen, haben an „Heftigkeit nichts ihres gleichen. Man muß „ihnen demnach die Freyheit, ihr Gesetz zu predi„gen, nicht gestatten. Sie aus dem Reiche zu „jagen, ist das einzige Mittel, verdrüßlichen Fol„gen vorzubeugen.„ Der Kaiser hatte Lust, die Bulle mit dem Ausschreiben des Bischofs von Conon zu vergleichen, und er erstaunte über die

Aehn-

a) Hist. gen. de voyag. L. V. 553.

Aehnlichkeit des Inhalts: Wenn es wahr ist, „sagte er, wie die Christen versichern, daß der „Pabst Eingebungen vom heiligen Geiste hat, „so ist gewiß Maigrot der heilige Geist der „Christen.„

Alle Missionarien fürchteten die Folgen der kaiserlichen Ungnade, und fanden ihren Untergang auf der unglücklichen Bulle des Pabstes geschrieben. Die Jesuiten verlangten, daß der Legat sie widerrufen, oder wenigstens die Beobachtung derselben aufschieben, und von ihren üblen Wirkungen Bericht nach Rom erstatten sollte. Sie beschworen auf einer Seite nebst ihrem P. Laureati die Beobachtung derselben, und auf der andern brachen sie ihr Versprechen wieder. Der Legat gab zur Antwort, daß die Befehle des Pabstes unbedingt wären, und daß sie befolgt werden müßten; daß er nie abgöttischen Vorschlägen Gehör geben werde, weil dieses Mittel schlimmer sey, als das Uebel selbst.

Es wäre damals in China alles für die Religion verloren gewesen, wenn die Jesuiten nicht erfinderisch, und der Legat nicht vernünftig genug, den Umständen nachzugeben, gewesen wäre. Er brachte Se. chinesische Majestät durch eine Bittschrift auf andere Gedanken, in welcher er sagte: „Ich will mich zum Pabste verfügen, und „ihn getreu und sorgfältig von den Absichten Eu. „Majestät unterrichten. Unterdessen will ich die „Sache in den Umständen lassen, wie ich sie ge-
„fun-

einer Gesellschaft mit der andern. 73

„funden habe, und dem heiligen Vater alles vor-
„tragen, was Eu. Majestät mir anzubefehlen
„für gut befinden werden. Ich will nichts un-
„terlassen, um mich der Ehre, vor derselben wie-
„der zu erscheinen, würdig zu machen.„

Er ward sehr gnädig empfangen, als er seine
Abschiedsaudienz hatte. Der Kaiser ließ ihn zu
sich auf den Thron kommen, überreichte ihm einen
Becher voll Wein, überhäufte ihn mit prächtigen Geschenken für den Pabst und den König in
Portugal, bat sich schriftliche Nachrichten von
ihm aus, imgleichen daß er nicht lange ausbleiben solle, daß er einige Gelehrte und geschickte
Aerzte mit nach China bringen, die besten geo-
graphischen Charten und die vorzüglichsten mathematischen Schriften in Europa für ihn aufsuchen solle. Er drückte dem Mezza-Barba die
Hand, und gab dadurch zu erkennen, daß er zwischen Legaten und Legaten, zwischen ihm und dem
Cardinal de Tournon einen Unterschied zu machen wisse, welchen letztern er einen Mann ohne
Witz und Verstand nannte, und über welchen er
öfters zu scherzen pflegte; denn dieser Prinz hatte eine natürliche Neigung zum Scherze. Er
verschwieg keinen witzigen Einfall, und setzte dadurch öfters seine Hofleute in Verlegenheit. Leute von Talenten waren allein bey ihm geachtet.
Er liebte und schützte die Jesuiten, unter denen
er Mathematiker, Uhrmacher, Mahler und Stück-
gießer fand. Uebrigens speiste er sie mit Worten
und leeren Versprechungen ab. Er war im Her-

gen nie der christlichen Religion zugethan; sein Testament, welches man nach seinem Tode in ganz Europa verbreitete, ist ein Beweis davon. Er vermacht darinne seine Seele den Elementen.

Mezzg. Barba verließ China, und empfahl zuvor allen Missionarien durch ein Pastoralschreiben, daß sie indeß friedlich und der Kirche unterthan mit einander leben sollten. Er kam im J. 1722 wieder nach Europa. Zum Glück für ihn ward er durch den Tod des Kaisers Camhi, welcher den 20 December in eben dem Jahre erfolgte, von dem Versprechen, diese lange und gefährliche Reise noch einmal zu thun, entbunden. Ring-Ching, sein Nachfolger, war kaum auf dem Throne, als man sich beschwerte, daß die Missionarien, besonders in der Provinz Fokien, die Grundgesetze umstießen, und die Ruhe im Reiche störten. Es ward demnach den 10 Februar 1723 durch ein Edict befohlen, daß sie sich nach Canton zurückbegeben sollten. Ihre Kirchen, dreyhundert an der Zahl, wurden verbrannt, oder zu andern Dingen angewendet, ohne daß ihnen dabey einige Hoffnung übrig bliebe.

Das ist der traurige Ausgang der Uneinigkeit der Jesuiten und Missionarien. Die christliche Religion ward aus China verjagt, so wie sie ehemals schon aus Japan, Tong-King, Cochinchina, Siam und andern ostindischen Reichen vertrieben worden war. In Europa schiebt man alle Schuld auf die Jesuiten. Man wirft ihnen vor,

einer Gesellschaft mit der andern.

vor, daß sie die Thronfolge in China hätten verändern wollen: sie sagen aber zu ihrer Rechtfertigung, daß nach dem Edict von 1723 der Hof zu Pecking verschiedene von ihnen, zur Verbesserung des Calenders, zurück behalten habe. Sie setzen hinzu, daß sie daselbst noch in Achtung stünden, und daß sie es wären, die in dem weitläuftigsten und blühendsten Reiche die Ueberbleibsel des Christenthums erhalten.

Der alte Haß wacht indeß von Zeit zu Zeit wieder auf. Wenn man sich auf der einen Seite ein wenig vergißt, so hebt man auf der andern sogleich ein großes Geschrey darüber an. Man spricht von falschen Aposteln; man entdeckt ihre Kunstgriffe, ihre geheimen Unterhandlungen, ihre Schwachheiten. Welche abscheuliche Vorwürfe werden nicht den Jesuiten in einem Schreiben des Bischofs zu Nanquin an Benedict XIV vom 3 November 1748 gemacht! Der Prälat seufzet darinne über die ärgerliche Aufführung des P. Joseph, Superiors der Mission, der das Schrecken der Familien geworden war. Diese Ausschweifungen sind von der Natur der porquerias, welche los padres in ihrer Uneinigkeit einander mehr als einmal vorgeworfen haben.

Streitigkeit der Aerzte
gegen
Aerzte.

Es ist hier oft einer wider den andern gewesen. Keine von allen Gesellschaften hat heftigere Streitigkeiten unter sich gehabt, als die Gesellschaft der Aerzte. Wir wollen uns nur bey denen aufhalten, die das meiste Lärmen gemacht haben. Man wird daraus sehen, wovon unser Leben und Tod zum öftern abhange, und wie gefährlich die Veränderung in den Methoden dieser Herren sey.

Wir wollen nur bis auf das sechszehnte Jahrhundert zurück gehen. Der Gebrauch des a) An-

---

a) Das ist, (der Etymologie des französischen antimoine zu Folge) so viel als contraire aux moines, den Mönchen zuwider, weil ein deutscher Mönch, der den Stein der Weisen suchte, einigen Thieren Antimonium, dessen er sich zum Schmelzen der Metalle bediente, vorgeworfen, wovon diese stark purgirt hatten und hernach desto fetter geworden waren; worauf er die Probe auch an den andern Mönchen, seinen Mitbrüdern, machen wollte, wo es ihm aber sehr übel gelang, indem diese alle davon starben. Dieß Wort kann noch eine andere Etymologie haben. Das Antimonium steckt mehrentheils in Minen, wo es mit andern Materien vermischt ist. Man hat ihm daher den Namen Antimonium gegeben, als einer Sache, die man fast nie allein antrifft.

Antimonium erregte damals einen heftigen Streit unter den Aerzten. Man hatte durch verschiedene chymische Versuche gefunden, daß dieses Arzeneymittel eine ausführende Kraft bey sich habe. Der, der zuerst das Geheimniß entdeckte, machte es verschiedenen Personen bekannt, welche es mit Nutzen zu dieser Absicht gebrauchten. Die alten Aerzte aber, die es für schimpflich hielten, ihre Recepte zu verändern, oder den Schein zu geben, als ob sie etwas nicht gewußt hätten, urtheilten von dieser Entdeckung nicht zum günstigsten. Sie widersprachen, und behaupteten, daß das Antimonium etwas Giftartiges bey sich führe, welches durch keine Präparation abgetrieben werden könne. Aus Achtung gegen sie, und um beym Alten zu bleiben, urtheilte die ganze Facultät eben also; sie verbot durch ein förmliches Decret den Gebrauch des Antimonium.

Das Parlement kam der Facultät zu Hülfe, und that eben dieses Verbot durch ein Arret vom J. 1566. Indeß war man für dieses Arzeneymittel doch so stark und so lange eingenommen, daß ein sehr geschickter Arzt, Namens Paulmier, im J. 1609 aus der Facultät gestoßen ward, weil er Gebrauch davon gemacht hatte.

Man ist allzeit kühn, wenn man überzeugt ist. Es brauchten demnach verschiedene Personen dieses Medicament, ob es gleich durch das Parlement und die medicinische Facultät verbannet war. Es kamen sogar einige Aerzte durch daſſelbe in Ruf. Dieſe brachten es endlich ſo weit, daß man in dem auf Befehl der Facultät im J. 1637 herausgegebenen Antidotario oder Anweiſung zur Zubereitung der Medicamente, das Antimonium unter die purgirenden Mittel ſetzte.

Das war beynahe eben ſo viel, als das alte Decret widerrufen. Es nahmen auch einige Aerzte daher Gelegenheit, dieſes Arzeneymittel in ihren Schulen bey gewiſſen Krankheiten ſehr anzupreiſen. Der größte Theil der Facultät aber widerſetzte ſich annoch dieſer neuen Lehre, und verhinderte, daß ſie wenigſtens nicht öffentlich vorgetragen ward. Nicht eher als im J. 1650, da dieſes Mittel gemeiner geworden war, ward die Frage im Ernſt aufgeworfen und unterſucht, ob man es zur Arzeney brauchen ſolle oder nicht. Von der Zeit an haben verſchiedne für und wider den Gebrauch des Antimonium geſchrieben. Guido Patin, den ſeine großen Einſichten in die Arzeneykunſt weniger berühmt gemacht haben, als ſeine ſatyriſchen Briefe, die voller Anzüglichkeiten, beſonders gegen die Religion ſind, ſahe es beſtändig als ein Gift an, und that alles, um es in Verachtung zu bringen. Er hatte ein großes Verzeichniß von Perſonen aufgeſetzt, welche alle durch den Gebrauch dieſes Mittels ums Leben gekommen ſeyn ſollten. Er nannte dieſes Regiſter: Martyrologium antimonii.

Die

einer Gesellschaft mit der andern.

Die meisten Aerzte, so getheilt ihre Meynungen über diesen Artikel waren, schienen doch in der Gabe zu schimpfen einander völlig gleich. Außer den Vorwürfen, die sie einander als Anhänger des Hippocrates und Galenus machten, schonten sie einander auch mit Privatdingen und schimpflichen Persönlichkeiten nicht. Nie ist die Doctorwürde mehr im Gedränge gewesen, als damals. Die Zänkereyen wurden so gefährlich, daß man die Obrigkeit zu Hülfe rufen mußte. Das Parlement befahl der Facultät, sich zu versammeln, um dem Streite durch einen Ausspruch ein Ende zu machen.

Es kamen demnach im J. 1666 hundert und zween Doctores zusammen. Zwey und neunzig davon waren der Meynung, daß man den Brechwein unter die purgirenden Mittel setzen solle. Dem zu Folge bestätigte die Facultät den Gebrauch des Antimonium durch ein Decret. Das Parlement richtete sich nach diesem Ausspruche, und erlaubte gleichfalls den Gebrauch desselben. Man hatte nun die Freyheit, über dieses Arzeneymittel zu schreiben und zu disputiren; eine Freyheit, die man sich schon im Voraus selbst und mit unglaublicher Verbitterung genommen hatte.

Die Einflößung des Bluts eines thierischen Körpers in einen andern erregte fast um gleiche Zeit heftige Streitigkeiten in den Schulen der Aerzte. Ein englischer Arzt gab sich für den Erfinder dieser Einflößung aus; er hatte öffentlich zu Orford Versuche darüber angestellt. Andere behaupteten dagegen, daß dieses Kunststück lange zuvor zu Paris bekannt gewesen sey. Wie diese Einflößung zu veranstalten, findet man in den englischen und französischen Journalen vom J. 1667. Das Parlement zu Paris sahe den Misbrauch davon ein, und verbot in eben dem Jahre, diese Einflößung ferner an Menschen zu versuchen.

Der Umlauf des Bluts ist eine Entdeckung von weit größerer Wichtigkeit. Er besteht in einer Bewegung, welche das Blut ohn Unterlaß aus dem Herzen in alle Theile des Körpers, vermittelst der Pulsadern, und aus allen Theilen des Körpers wieder nach dem Herzen, vermittelst der Blutadern treibt. Wilhelm Harvel, ein englischer Arzt, machte zuerst diese Entdeckung. Er trug sie zuerst in seinen Lehrstunden vor, bewies sie hernach mit Erfahrungen, und gab endlich seine Anatomische Abhandlung über die Bewegung des Herzens und des Blutes heraus. Die Aerzte widersetzten sich dieser Meynung mit Gewalt, und gaben den Harvei für einen Träumer aus. Sie schwärzten ihn auf alle Weise an, und hätten ihn gern bey Jacob I und Carl I, deren Leibarzt er war, in Ungnade gebracht. Er vertheidigte sich, antwortete auf die Einwürfe, wiederholte seine Versuche, und die Wahrheit drang endlich durch. Dem ohngeachtet hörte man noch nicht auf, ihn zu verfolgen: man gab seine Meynung für neu

und

und abgeschmackt aus; da seine Herrn Mitbrüder sich aber nicht entbrechen konnten, derselben beyzupflichten, und sie selbst anzunehmen, so sagten sie, daß sie lange bekannt gewesen sey.

Einige gaben die Ehre davon gewissen griechischen Philosophen oder Aerzten: andere gewissen klugen Chinesern; einige dem Salomo; andere einem neuern Italiener, Fra Paolo Sarpi, als welcher sein Geheimniß nur einem guten Freunde entdeckt haben sollte, der ebenfalls, aus Furcht vor der Inquisition, es nicht zu entdecken wagte, sondern es zu Papiere brachte, und diese Schrift, als ein großes Geheimniß, nach seinem Tode in der St. Marcusbibliothec zu verwahren befahl. Harvei, setzte man hinzu, war auf einer Reise, die er nach Italien that, so glücklich oder so listig, daß er hinter alles kam, und nach seiner Zurückkunft nach England, als ins Land der Freyheit, schrieb er vom Umlaufe des Bluts, bewies ihn mit Beyspielen, und eignete sich die Ehre dieser Entdeckung zu. So sucht der Neid stets großen Männern ihre Verdienste streitig zu machen; es ist dem Christoph Columbus und fast allen größern oder kleinern Erfindern unbekannter Dinge so ergangen.

Die Aerzte zu Paris hatten gegen das Ende des vergangenen Jahrhunderts auch viel Streit mit einander, wegen der Bierhefen. Es waren von verschiedenen Orten her Berichte an die Policey wegen des schädlichen Gebrauchs derselben ergangen. Die medicinische Facultät ernannte, auf Ersuchen des Policeylieutenants, vier von ihren Mitgliedern zu Deputirten, welche Untersuchungen darüber anstellen sollten. Dem Berichte dieser Deputirten zu Folge, erklärte sich die Facultät dahin, daß die Besorgnisse nur allzuwohl gegründet wären, und verwarf die Bierhefen durch ein Decret vom 24 März 1668, als der Gesundheit sehr nachtheilig.

Das Volk, welches leicht in Furcht geräth, trug Bedenken, wider dieses Verbot zu handeln; es wollte von den Beckern zu Paris keine Semmeln mehr kaufen. Besonders sahen sich die Gastwirthe nach andern Beckern um. Die Policeyeinrichtung litt darunter; die Becker zu Paris beschwerten sich, und führten an, daß sie allein das Privilegium hätten, Semmeln zu backen. Die Gastwirthe antworteten, daß sie ihre Semmeln nicht nehmen könnten, weil sie mit Hefen gebacken würden, und diese der Gesundheit sehr nachtheilig wären. Die Sache kam vor das Parlement. Dieses befahl, ehe es einen Ausspruch that, daß sechs Doctores der Medicin ihr Gutachten über das Semmelbacken und den Gebrauch der Hefen dabey geben sollten.

Diese sechs Doctores konnten nicht eins mit einander werden. Viere hielten es mit dem alten Decrete; die beyden andern aber behaupteten, daß die Hefen nicht schaden könnten, wenn sie nur unverdorben wären, und sonst recht gebraucht würden. Unter den schlechten Gründen, die man dieser Meynung entgegen setzte, ist besonders

sonders folgender merkwürdig: „Man muß sie ver-
„werfen, weil sie zur Zeit noch nicht die Oberhand be-
„halten hat. Die Facultät thut keinen Ausspruch
„ohne reifliche Ueberlegung. Kurz, die Sache
„ist durch ein Decret, in einer Versammlung von
„achtzig Doctoren, durch die meisten Stimmen
„schon entschieden.„

Man antwortete auf diese Einwürfe, und zur
Ehre der Facultät, daß von diesen achtzig gegenwärtigen Doctoren drey und dreyßig den
Gebrauch der Hefen gebilligt hätten, und daß
unter den Abwesenden verschiedene eben der Meynung wären.

Es ist bey der Gesellschaft der Aerzte gewöhn-
licher, als bey irgend einer Gesellschaft, daß man
eine Sache nicht nach der Stärke der Gründe,
sondern nach der Zahl der Stimmen entscheidet.
Man zählte einst sogar die Stimmen über eine
Aufgabe aus der Physic. Der Policeylieutenant
und der königliche Procurator des Chatelets stellten dem Parlemente vor, daß durch die widersprechenden Meynungen der Aerzte diese Frage
unentschieden bliebe, und daß man wenigstens
noch zweifelhaft wäre, ob der Gebrauch der Bierhefen der Gesundheit nicht schädlich sey. Das
Parlement erlaubte hierauf, ohne sich an diesen
Zweifel zu kehren, den Beckern den Gebrauch
der Hefen; doch mit der Bedingung, daß
man sie frisch und unverdorben zu Paris nehmen sollte.

F 2　　　Dem

Dem Leser wird an dieser Erzählung vielleicht nicht viel gelegen seyn; man würde sich auch dabey nicht aufgehalten haben, wenn nicht die Policey und das Parlement sich in den Streit gemengt hätten. Ich würde diese Begebenheiten mit Stillschweigen übergangen haben, so wie ich eine Menge kleiner Zänkereyen mit Stillschweigen übergehe, welche überall Gesellschaften unter sich veruneinigen, und welche nichts als hartnäckig vertheidigte Meynungen sind, anstatt daß man sich von der Wahrheit zu belehren suchen sollte.

Die Aerzte
und
Wundärzte.

Dieser langwierige und hitzige Streit ist die Wirkung des Brodtneides. Die Aerzte wollen überall den Vorzug vor den Wundärzten haben; jene können keinen Gleichen, und diese keinen über sich leiden. Die Vorstellung der Kunstgriffe, der Zänkereyen und Erbitterungen gegen einander wird uns die Künste dieser Männer ein wenig genauer kennen lernen, welche keine andere Kunst studirt haben sollten, als iedermann Gutes zu thun, und an der Erhaltung des menschlichen Geschlechts zu arbeiten.

Der

einer Gesellschaft mit der andern. 85

Der Hauptpunct bey diesem Streite kam auf den Stand der Wundärzte an. Sie waren seit mehr als vier tausend Jahren von den Aerzten nicht unterschieden gewesen, und einerley Person übte damals beyde Künste zusammen aus, so verschieden sie auch von einander sind. Die Gesetze bestätigten diese Vereinigung beyder Künste in einer Person. Auch die auswärtigen Nationen, bey denen die Gewohnheit noch mehr Gewalt hat, als bey uns, begriffen noch vor nicht gar langer Zeit die Chirurgie mit unter dem Namen der Medicin. Endlich aber wurden beyde Künste von einander abgesondert, weil die Aerzte ihren Vortheil dabey fanden, eine der andern aufzuopfern. Die Chirurgie ist der Gewinnsucht nicht allzugünstig. Außer Kriegszeiten hat sie fast mit niemand, als dem gemeinen Volke, zu thun. Sie ist auch nicht sehr annehmlich, weil sie unsere Empfindlichkeit und unsern Ekel rege macht. Die Arzeneykunst hingegen verschafft einen Zutritt bey Reichen und Vornehmen, und giebt sich weniger mit ekelhaften Dingen ab. Diese Betrachtungen machten, daß man sich bloß auf den medicinischen Theil legte, und die Chirurgie fahren ließ. Das Beyspiel dazu gaben diejenigen, die in beyden Künsten die Berühmtesten waren.

Ob sie nun gleich die Ausübung der Chirurgie aufgaben, so behielten sie doch die Direction über dieselbe. Sie trugen die Verrichtung denen Barbierern auf, welchen sie auch den Gebrauch

F 3

brauch der äußerlichen Heilungsmittel erlaubten.
Der Wundarzt war unter diesen Umständen bloß
ein Handlanger. Er mußte sich durch andere
Einsichten regieren lassen, und liehe nur sclavisch
die Hand, wenn eine Operation nöthig war. Er
verlor dabey allemal die Ehre der glücklichsten
Curen und der vortrefflichsten Meisterstücke so
vieler großen Männer.

Man sahe nicht sogleich den Schaden der
Trennung beyder Künste ein. So lange noch
diejenigen lebten, welche die Medicin mit der
Chirurgie vereinigt getrieben hatten, fehlte es
ihnen an Geschicklichkeit nicht, die Hand des
Wundarztes zu regieren. Als man aber so glückliche Operationen nicht mehr vor Augen sahe, wodurch so vielen Menschen das Leben gerettet worden war, fieng man an einzusehen, wie schädlich
eine solche Trennung sey. Der unwissende
Wundarzt konnte nicht schlüßig werden, ob er
schneiden solle oder nicht, und der Arzt, der
ebenfalls in dieser Kunst nicht erfahren war, hatte nicht das Herz, es ihm zu befehlen. Das
einzige Mittel, das man ergreifen konnte, und
welches öfters von der Klugheit eingegeben zu
seyn schien, war, daß man den Kranken sich
selbst überließ. Tausend Unglückliche blieben
folglich ohne Hülfe.

Die französischen Wundärzte kamen am ersten
diesen Unbequemlichkeiten zuvor. Sie machten
lange vor Franz des Ersten Regierung schon eine
gelehrte Gesellschaft zusammen aus, die sich aber
um

einer Gesellschaft mit der andern. 87

um weiter nichts bekümmerte, als was zu ihrer Kunst gehörte. Ihr Stand und Einrichtung ward durch Gesetze bestimmt, deren Weisheit man nicht genug loben kann. Die Wissenschaften, anstatt ihren Mitgliedern verboten zu werden, wurden ihnen vielmehr empfohlen. Sie durften auch niemand, als sich selbst, um Rath fragen. Alle Wissenschaften, die in die Chirurgie einschlagen, wurden von ihnen getrieben; es trugen daher auch verschiedene von ihnen zu Wiederherstellung der Künste und Wissenschaften, und zur Ehre des Monarchen, der dieselben liebte, ein vieles bey. Sie wurden in die Reihe der Gelehrten gesetzt, welche durch ihre Sprachengelehrsamkeit die Schätze der alten Griechen und Römer mit an den Tag bringen halfen.

Ob sie sich nun gleich zu höhern Dingen hätten empor schwingen, und alles treiben können, was mit ihrer Profeßion einiger Maaßen in Verbindung steht, so wurden sie doch genöthigt, in ihrer Sphäre zu bleiben. Sie machten von ihren Talenten weiter keinen Gebrauch, als zur Heilung äußerlicher Gebrechen und Krankheiten. Die innerlichen Curen giengen sie nichts an, und wurden den Naturkündigern oder Aerzten überlassen. Die Wissenschaft war mit der Kunst durch Bande verknüpft, welche man für unauflöslich hielt. Man hatte nicht zu besorgen, daß ein verständiger Chirurgus deßwegen Eingriffe in eine andere Profeßion thun werde, oder daß er sich durch Ehrgeiz und Eigennutz werde verblenden lassen, weil

F 4 seiner

seiner Eigenliebe vorhin schon genug geschmeichelt war. Es schien auch, als ob man schon im Voraus für alles gesorgt, und alle Gelegenheit zum Streit bey Seite geschafft hätte: aber die weisesten Gesetze sind öfters nicht im Stande, die Wirkungen der Leidenschaften zurück zu halten, und zu verhindern, daß sie nicht unter mancherley Gestalten zum Vorschein kommen.

Der Ruhm der Gelehrsamkeit, den man den Wundärzten geben mußte, und der ihnen die meiste Hochachtung hätte zuziehen sollen, war das, was ihnen am meisten Feinde machte. Zu viele Verdienste waren es vielleicht, was ihnen den Neid der Aerzte zuzog. Sie stellten ihnen nach, sie erregten Processe und die gewaltigsten Kriege. Da sie größere Hofmänner, in größerer Anzahl als die Wundärzte, geschickt, sich Freunde und Gönner zu erwerben, bey eingebildeten und vornehmen Kranken beliebt, in großen Häusern verehrt, als Orakel betrachtet, und am Hofe selbst in großem Ansehen waren, so glaubten sie, den günstigen Augenblick zu sehen, wo sie die Schule der Wundärzte demüthigen könnten.

Nichts bringt eine Gesellschaft eher in Verachtung, als wenn man sie ausdehnt, und einen jeden, so gemein er auch ist, ohne Schwierigkeit darinne aufnimmt. Diesem feinen Grundsatze zu Folge rief die medicinische Facultät die Barbierer herbey, trug ihnen anfänglich auf, den Wundärzten nur an die Hand zu gehen, und er-

laub-

einer Gesellschaft mit der andern. 89

laubte ihnen hernach, selbst die wichtigsten Operationen allein zu verrichten. Endlich brachte sie es so weit, daß die Wundärzte und Barbierer eine Gesellschaft zusammen ausmachten. Die Chirurgie fiel, durch diese Gesellschaft, in Verachtung, und ward im J. 1660, durch einen förmlichen Arret, aller Ehren beraubt, die ihren Mitgliedern als Gelehrten zustanden. So glückte es den Aerzten in ihrer Rache.

Es ist wahr, daß die Wissenschaften unter der Gesellschaft der Wundärzte nie ganz fremde wurden; aber sie waren doch in weniger blühenden Umständen. Die große Anzahl derselben legte sich nicht mehr darauf. Es erhielten sich in diesem neuen Körper, in dieser Versammlung von geschickten Männern und plumpen Leuten, zwar noch die alten Einsichten, sie wurden aber nicht durch neue vermehrt. Die Meister in der Kunst verwahrten die Theorie derselben als ein geheiligtes Feuer, das alle Augenblicke zu verlöschen drohet, und brachten sie getreulich auf ihre Nachfolger. Sie empfanden den lebhaften und zärtlichen Trieb in sich, den ieder Körper gutartigen Seelen einflößt, zu welchem sie gehören. Sie waren nie vergnügter, als wenn sie bey einigen ihrer neuen Gesellschafter eine Art von Verdienst, eine Anlage zu den Wissenschaften, oder vorzügliche Talente entdeckten. Unvermerkt fieng nun der gemeinste Barbier, stolz auf seine Gesellschaft, an, sich mit einer eiteln Ehre zu schmeicheln. Er hielt sich für einen Nebenbuhler der Söhne des

F 5   Hip-

Hippocrates, und wollte nicht zugeben, daß eine Schule vor der andern einen Vorzug haben sollte. Er zeigte den lebhaftesten Eifer für eine Sache, welche nun die seinige geworden war.

Man machte sich stets Hoffnung, daß sich die Chirurgie aus ihrer Niedrigkeit wieder erheben würde. Die Gelehrsamkeit, die sich noch unter einigen ihrer Mitglieder fand, war gleichsam die Prophezeyung davon. Die Vorsicht aber, die man brauchen mußte, wenn man diese Gelehrsamkeit fortpflanzen wollte, war in der That sehr beschwerlich. Da sie nicht das Recht hatten, öfentlich zu lehren, so thaten sie es heimlich. Da sie sich aber weder durch ihren Stand und Einrichtung, noch durch besondere Privilegia dabey schützen konnten, so war es nicht möglich, daß es damit lange hätte Bestand haben sollen. Ueber kurz oder lang mußte die Theorie von den Operationen der Kunst abgetrennt werden, und die Chirurgie sich ihrem Untergange nahe sehen. Es war ihr demnach ungemein daran gelegen, ihre Grundsätze schriftlich entwerfen und Vorlesungen darüber anstellen zu dürfen. Sie konnte gegenwärtig ihre Grundsätze und Erfahrungen ihren Schülern nicht anders, als durch den Weg der Tradition, mittheilen; ein sehr enger Weg, den Ihr aber die Aerzte ebenfalls gern abgeschnitten hätten. Sie suchten alles hervor, um die Chirurgie in der Dunkelheit zu erhalten, und zu verhindern, daß ihre Schule nicht empor käme, nicht mit der Zeit den Glanz der Wissenschaft der ihrigen

einer Geſellſchaft mit der andern.

rigen ſtreitig machte, und eine fürchterliche Feindinn derſelben würde.

Die armen Wundärzte hatten tauſend Hinderniſſe zu überſteigen, da ſie ſo in der Unterdrückung ſeufzeten. Das Publicum ſelbſt hatte kein günſtiges Vorurtheil von ihnen. Es glaubte, daß bey ihrer Profeßion gar nichts von Wiſſenſchaften zu finden ſey, und daß ihre ganze Kunſt in einer geſchickten Hand beſtehe. Wenn demnach dieſer Kunſt ihre natürliche Unabhängigkeit, und der Glanz, deſſen ſie fähig iſt, wieder gegeben werden ſollte; wenn ſie der Arzeneykunſt das Gleichgewicht halten ſollte: ſo mußte ſie durch einen obrigkeitlichen Befehl wieder in ihre vorigen Umſtände verſetzt werden. Man ſchmeichelte ſich, dieſen Befehl zu erhalten, als im J. 1724 fünf königliche Wundärzte beſtellt wurden, welche die Grundſätze und Handgriffe ihrer Kunſt öffentlich lehren ſollten. Beſonders hatte man im J. 1731 Hoffnung, als die königliche Academie der Wundärzte zu St. Côme errichtet ward. Endlich war der Druck des erſten Bandes der Memoiren dieſer Geſellſchaft der günſtige Zeitpunct, wo es dem Könige gefiel, einen Ausſpruch zu thun. Die Ausdrücke, in denen dieſes Geſetz abgefaßt iſt, ſind für die Chirurgie ſehr rühmlich. Sie konnte keinen ſchönern Triumph, und die Aerzte keine empfindlichere Kränkung erfahren, da zumal alles Klagen und Schreyen dieſen letztern nichts half.

Das

Das Edict erkennt gleich im Anfange die Chirurgie für eine gelehrte Kunst, für eine wahre Wissenschaft, welche nicht weniger als alle andern Hochachtung verdient. Es rühmt die Werke ihrer Academie, die großen und weitläuftigen Einsichten derselben, die Wichtigkeit ihrer Entdeckungen, die Achtung, welche ihr die vorigen Könige erwiesen, als welche auf die Erhaltung des menschlichen Lebens sehr aufmerksam gewesen. „Da die Wundärzte, heißt es weiter, durch Pa-
„tentbriefe vom Monat März 1656, die vom
„Parlemente enregistrirt sind, die Erlaubniß ge-
„habt, eine ganze Gesellschaft ungelehrter Sub-
„jecte, die weiter nichts als das Bartscheeren und
„einige leichte Verbände verstanden, unter sich
„aufzunehmen, so gerieth die Schule der Chirur-
„gie, durch diese Vermischung mit einer gerin-
„gern Profeßion, bald in Verachtung; so, daß
„die Wissenschaften bey ihnen nach der Zeit weit
„seltener waren, als zuvor. Die Erfahrung aber
„hat gezeigt, wie sehr es zu wünschen wäre, daß
„in einer so berühmten Schule, als die der Wund-
„ärzte zu St. Côme, man keine andern Subjecte
„aufnehme, als welche die Grundsätze einer Kunst
„gründlich studirt, deren wahrer Gegenstand ist,
„in der Praxi, durch Hülfe der Theorie, die si-
„chersten Regeln zu suchen, welche Bemerkungen
„und Erfahrungen an die Hand geben. Und
„da wenig Köpfe von Natur so glücklich sind,
„auf einem so beschwerlichen Wege weit zu kom-
„men, wenn ihnen nicht die Werke großer Mei-
„ster

einer Gesellschaft mit der andern.

„ster in der Kunst ein Licht anzünden, welche meh„rentheils in lateinischer Sprache geschrieben sind,
„und wenn sie nicht durch hinlängliche Kenntniß
„der Philosophie in den Stand gesetzt werden,
„nachzudenken und richtige Urtheile zu fällen:
„So haben wir die Vorstellungen der Wundärz„te unserer Stadt Paris in Gnaden vermerkt,
„und daraus ersehen, wie nöthig es sey, daß alle
„diejenigen, welche die Chirurgie in besagter un„serer Stadt treiben wollen, zuvor die Würde
„eines Maitre-es-arts erlangen sollen, damit, wenn
„sie dadurch ihre Kunst nur möglichst in Vollkom„menheit bringen, sie auch durch ihre Wissen„schaft und Praxis verdienen, Muster und Füh„rer derjenigen zu seyn, welche, bey geringerer
„Fähigkeit, eben diese Profession in den Pro„vinzen und an den Orten treiben wollen,
„wo man nicht leicht ein solches Gesetz ein„führen könnte.„

Alle diese Gründe für die Einführung der Wissenschaften in die Gesellschaft der Wundärzte
überzeugten die Aerzte nicht. Sie glaubten, ihre Klagen und Murren nicht besser zu rechtfertigen, als wenn sie sich unter der Gestalt guter
Bürger zeigten; sie stellten das neue Edict als
dem Staate sehr nachtheilig, und als eine dem
gemeinen Besten und dem Wachsthume der Chirurgie selbst sehr schädliche Neuerung vor, und
machten dieser die Vorzüge streitig, welche sie
sich zueignen wollte. Die Wundärzte ließen sich
durch diese Anfälle, die sie gar wohl vermuthet
hat-

hatten, nicht niederschlagen. Sie beantworteten alles, oder glaubten es so zu beantworten, daß man nichts mehr dagegen einwenden könnte. Die Regierung schien ihnen nie weiser gehandelt zu haben, als da sie ihren Schimpf von ihnen nahm; da sie die Vereinigung mit den Barbierern aufschob, und eine Schule in ihre alten Rechte und Privilegien wieder einsetzte, deren Verfall das Volk auf dem Lande, in den Städten und besonders unter den Armeen unglücklich machte. Ihre den Aerzten nachtheilige Foderungen veranlaßten mancherley und verschiedene hitzige Streitigkeiten. Von Privatzänkereyen kam es endlich zu Processen. Es kamen von beyden Seiten Klagschriften und Läuterungen zum Vorschein, worinne ein jeder seine Kunst vergötterte, und nicht sowohl seine Sache auf gute Gründe, als vielmehr auf beleidigende Persönlichkeiten bauete. Anzüglichkeiten und Spöttereyen sind in diesen Schriften unter einander gemengt.

Wenn man die Aerzte hört, so haben sie allein Recht. Die Welt kann ohne sie nicht bestehen. Gott hat sie den Menschen aus Gnaden gegeben. Sie sind die Wächter des menschlichen Geschlechts. Ihre Kunst ist das durch den Prometheus aus dem Himmel gestohlne Feuer. Sie wissen alles; sie kennen alle Krankheiten und die verschiedenen Zufälle derselben vollkommen. Sie haben so sichere Grundsätze und Axiomata, als die Geometrie. In der Chirurgie

einer Geſellſchaft mit der andern. 95

urgie hingegen iſt nichts, als grobe Unwiſſenheit, die ſtets über die Wahl und Wirkung der Hülfsmittel zweifelhaft iſt, und bey den leichteſten Operationen nicht einmal die gewöhnlichſten Zufälle voraus ſiehet. Dieſe Schule verdiente beſſer den Titel: Academie der Eſeltreiber zu St. Coſmus. Die Mitglieder, aus denen ſie beſteht, müſſen es ſich für eine zu große Ehre ſchätzen, wenn ſie Diener der Aerzte, wo nicht gar Sclaven derſelben ſind. Man hat ſie zu allen Zeiten Scharfrichter genannt. Sie ſind Straßenräuber, welche „alle Künſte, die „Phyſic, die Chymie und die ganze Medicin „plündern.... Sie thun außerordentlich ſtolz „darauf, daß ſie Chymiſten, Apotheker, Brann„tewelnbrenner und Specereyverſtändige unter „ſich haben; daß ſie Pflaſter und Salben ma„chen können; der Himmel aber weis, wie. Da „ſie ferner mit allerley Mineralien und Metallen „umzugehen wiſſen wollen, ſo wagen ſie es, ſo„gar den Mercurius zu präpariren. Sie maßen „ſich das Recht an, veneriſche Krankheiten zu „heilen. Wenn die Inoculation Mode werden „ſollte, ſo werden ſie auch noch darinne ihr Ta„lent zeigen wollen. Unglücklich iſt der, der ih„nen in die Hände fällt. Sie peinigen einen „zur Verzweiflung gebrachten Kranken mit al„lerhand Verſuchen, die ſie mit ihm anſtellen. „Sein Schreyen und ſeine Schmerzen bewegen „ſie öfters nicht, ihm die nothwendigſten Linde„rungsmittel zu verordnen.„

Könn-

Könnte man nicht die meisten dieser Vorwürfe ebenfalls den Aerzten machen? Wir wollen aber dafür die sonderbaren Lobsprüche anführen, die ihnen der Doctor Andry, Regent der medicinischen Facultät zu Paris, und Verfasser verschiedener Lebensbeschreibungen der Gelehrten, in einem seiner Werke macht: „Die Aerzte, sagt er, haben viel Religion; sie haben Heilige unter sich „gehabt. Es haben viele von ihnen andächtige „Bücher, sogar theologische Lehrbücher mit Streit„schriften verfertigt. Die Wundärzte haben „noch keinen Heiligen unter sich gehabt. Der „heil. Cosmus und der heil. Damianus sind kei„ne Wundärzte gewesen, und diese haben gar „kein gegründetes Recht gehabt, sie zu ihren Pa„tronen zu erwählen. Man kann endlich auch „kein einziges andächtiges Buch anführen, wel„ches ein Wundarzt geschrieben hätte." Man sollte diesen Lobspruch kaum erwarten, besonders wenn man die Geschichte der Gelehrten schon gelesen hat, die des Atheismus beschuldigt werden, unter welchen die Aerzte nicht die kleinste Rolle spielen.

Die Wundärzte gaben sich gar nicht Mühe, sich mit einer exemplarischen Andacht zu vertheidigen, oder eine Reihe Heiliger, die den Calender füllen, für sich anzuführen. Sie lehnten bloß den Vorwurf der Unwissenheit von sich ab; rühmten sich, daß sie bald die größten Lichter verdunkeln und die Welt erleuchten wollten, da sie sich nothwendig auf die Wissenschaften legen müßten,

einer Gesellschaft mit der andern.

ten, und da ihre neue Einrichtung ihnen einen neuen Eifer einflößete. Sie führten Edicte an, die der medicinischen Facultät eben nicht allzuvortheilhaft waren, unter andern eins von Heinrich II, welches befiehlt, daß, wenn von den Erben eines Verstorbenen Klage wider die Aerzte geführt würde, man darüber eben die Untersuchung anstellen sollte, als über anderen Mordthaten, und die bey dem Kranken gebrauchten Aerzte gehalten seyn sollten, die Excrementa des Kranken zu kosten, und alle andern Untersuchungen anstellen zu lassen; außerdem sie als die Ursache seines Todes angesehen werden sollten. In dem Eingange dieser Verordnung, welche die Facultät zu Paris zu registriren sich wohl gehütet hat, wird befohlen, daß die Aerzte eine wasserblaue Farbe tragen sollen, welches eine unglückliche Farbe ist, weil sie mehr Leute ums Leben bringen, als beym Leben erhalten. Die Wundärzte antworteten auf den lächerlichen Einfall, daß sie nur Knechte der Aerzte seyn sollten, mit dieser sehr natürlichen Anmerkung: Die Sclaven würden alsdann wieder ihre Sclaven haben. Denn man weiß, daß bey den Römern die meisten Aerzte Sclaven oder Freygelassene waren. Die Wundärzte behaupteten ferner, daß die Heilung der venerischen Krankheiten, so wie auch die Inoculation der Blattern ihre Sache sey. Sie setzten hinzu, daß diese Inoculirung in Frankreich schon allgemein seyn würde,

gel. Streit. IV Th. G wenn

wenn verschiedene Mitglieder der medicinischen Facultät, ob sie gleich dieselbe zu billigen schienen, sich derselben nicht wirklich widersetzten, indem sie sonst die Cur einer fast allgemeinen und einträglichen Krankheit verlieren würden, wiewohl sie ein Verbot, welches bloß die Wirkung ihres Neides wäre, auf die Rechnung der Priester schöben. Die Wundärzte verwiesen außerdem ihre Gegner zum Mollere, um von ihm Bescheidenheit zu lernen. Sie sagten, daß dieser Comödienschreiber seine Charactere nicht übertrieben habe, und daß die Aerzte noch heut zu Tage so wären, wie er sie vorgestellt hat. Es herrschte bey ihrer Aufnahme noch eben die Pedanterey und Prahlerey mit der Doctorwürde. In ihren Berathschlagungen noch eben das Gewäsche, eben die widersprechenden Meynungen, eben die Zänkereyen und Schimpfreden, eben die Methode in Verordnung der Medicamenten, eben der Eigensinn in Beobachtung der Regeln und Formen, sie mögen gut oder schlecht seyn. In ihren Besuchen noch eben der Eigennutz, eben die Bemühung, die Krankheit zu verlängern, um sich desto mehr Besuche bezahlen zu lassen, eben die Klugheit, reiche und vornehme Personen andern Kranken, die weder reich noch vornehm sind, vorzuziehen.

Mit den comischen Gemälden des Moliere, verband man die Gedanken des Samuel Sorbiere, welcher folgender Gestalt von den Aerzten redet: „Sie sind, in Ansehung der physicalischen
„Ein-

"Einsichten, den Blinden im Hospitale zu Paris
"gleich; und das ganze übrige Volk gleichet den
"Blinden aus den Provinzen, welche sich zu Pa-
"ris nirgends hin zu finden wissen. Jene helfen
"sich durch Tappen und Greifen durch die Gas-
"sen, und finden durch eine lange Gewohnheit
"die Kirchen, in welche sie gehen wollten, ohne
"sie zu sehen, oder zu wissen, wie sie gebauet sind:
"Den Aerzten geht es mit dem menschlichen Kör-
"per eben so; sie wissen eins und das andere von
"demselben durch eine gewisse Uebung, welche sie
"glücklich dahin führt, wohin sie wollen, und öf-
"ters an Orte, die sie gar nicht kennen." Er
setzt weiter hinzu, daß ein Ieder Arzt sich für ein
sehr wichtiges Geschöpf halte, und daß er seine
Methode und Curen sehr heraus streiche, daß
man aber seine Art zu curiren überhaupt so de-
fendiren könne: "Unverschämtheit, thörichte Ur-
"sachen einer Krankheit so herzusagen, als ob es
"wahre wären; Vermögenheit, unsichere Mittel
"zu verordnen, als ob sie unfehlbar wären;
"Eitelkeit, sich ieden glücklichen Zufall zuzuschrei-
"ben, und Geschicklichkeit, sich wegen des schlim-
"men Ausgangs oder der falschen Vorherverkün-
"digungen zu entschuldigen." Er begreift nicht,
wie ein rechtschaffener Mann sich auf die Arzeneykunst legen könne, und sagt, daß nur die Begierde, sein Glück zu machen, oder die äußerste
Noth, diese Charlatanerie erträglich machen
könne, und daß es eben so lächerlich sey, damit
fortzufahren, wenn man zu leben hat, als eben

G 2 reich

reich gewordenen Bettler noch mit dem Sacke vor den Thüren herum gehen zu sehen. Man führte auch noch den la Brunere an, welcher einen Arzt als einen Menschen beschreibt, der bezahlt wird, um in dem Zimmer vor dem Bette eines Kranken ein abgeschmacktes Geschwätz zu halten, bis ihn die Natur gesund gemacht, oder die Arzeneyen ums Leben gebracht haben.

Kurz, man nahm alles Lächerliche und Fehlerhafte unserer methodischen, galenischen, chymischen, spagyrischen, empyrischen, clynischen, astrologischen, botanischen und anatomischen Aesculapen zusammen. An einigen tadelte man Eitelkeit und Stolz; an andern eine eitele Prahlerey mit griechischer und lateinischer Gelehrsamkeit; an diesen ihren heimlichen Ehrgeiz, ihr kriechendes Wesen und ihre Kunstgriffe, um an den Hof gezogen zu werden, oder einträgliche Anwartschaften zu erhalten; ihre Kunst, allerhand Geberden anzunehmen, ernsthaft zu sehen, um ihren Worten mehr Glaubwürdigkeit zu geben, und desto mehr Beyfall zu erhalten, um sich berühmt zu machen, ohne wirkliche Verdienste zu besitzen; an jenen ihre Zerstreuung und Kindereyen, ihre Stutzern ähnliche Aufführung, ihre beständige Wiederholung der Worte: Meine Leute, meine Pferde, meine Carosse; an einigen die schmeichelhaften Minen, den süßen Ton, der sie so leicht zu Herrn in den Häusern machte, wo sie ein und ausgiengen; an andern das harte und eigensinnige Wesen, welches

einer Gesellschaft mit der andern. 101

ches von einer deutlichen Verachtung des Lebens
bey seines Gleichen, und von der Gleichgültigkeit
zeugt, mit welcher sie die Grabschrift des ganzen
menschlichen Geschlechts machen würden; bey
einigen ihre strafbaren Kunstgriffe, ihre unnützen
und oft schädlichen Verordnungen, ihr Verständ-
niß mit den Apothekern und Materialisten, mit
denen sie den Profit der übertriebenen Arzeney-
zettel theilen; kurz, an vielen jene neidische und
verläumderische Gemüthsart, die ihnen alle Verdienste einer Nation, einer Provinz oder einer
Facultät verhaßt macht, und sie zu Ausbrüchen
verleitet, deren Schande auf ihre Mitbrüder zurück fällt, und die ganze Medicin in Verachtung bringt. Wir wollen uns aber dabey nicht
länger aufhalten.

Die auf beyden Seiten zum Vorschein gekom-
menen Schriften zeigten, zu welchen Ausschweifungen sich das menschliche Herz verleiten läßt,
wenn es nur dem Hasse Gehör giebt. Den
Wundärzten warf man vor, daß sie unsere besten
Schriftsteller gedungen hätten. Man hörte
überall von nichts, als von diesen Zänkereyen, reden. Boshafte Leute hätten gern gesehen, wenn
die Aerzte und Wundärzte einander bey den
Köpfen genommen hätten, und die Seelen so
vieler von ihnen aufgeopferten Menschen durch
ihr Blut, und die gänzliche Vertilgung beyder
Gesellschaften wären gerochen worden. Das ist
die Sprache, die man wider die Aerzte führt,
wenn man gesund ist, und wider die Juristen,

G 3 wenn

wenn man keinen Proceß zu führen hat. Man verändert aber die Sprache gar sehr, wenn man seine Zuflucht zu den einen oder den andern nehmen muß.

Die Wundärzte mochten indeß ihre Gründe und Rechte vorstellen, wie sie wollten, so hatten sie doch beständig ein gewisses Vorurtheil wider sich. Das Publicum, das sie immer in einer kleinen Gestalt gesehen hatte, könnte sich nicht gewöhnen, sie den Aerzten gleich zu achten.

Die Universität hielt gleichfalls ihre Ehre für verletzt, und das königliche Edict für einen Eingriff in ihre Privilegien. Durch die Aerzte verhetzt, erhob sie sich wider die Gegner derselben, und drang auf ihr ausschließendes Recht, allein die Wissenschaften zu lehren.

Die Wundärzte machten ihr dieses Recht nicht streitig, sondern behaupteten, daß sie zu allen Zeiten ein Theil der Universität gewesen wären, und da sie sich künftig zu Meistern der freyen Künste müßten aufnehmen lassen, so müßten sie auch als alte Mitglieder angesehen werden, denen man das Recht zu lesen und öffentlich zu lehren nicht streitig machen könnte. Sie setzten hinzu, daß, wenn auch die Universität das Collegium oder die Facultät der Wundärzte nicht zu ihrer Gesellschaft rechnen wollte, sie ihnen doch das Recht zu lehren nicht verbieten könnte, weil sie allein im Stande wären, in ihrer Kunst Unterricht zu geben. Sie setzten endlich ihrem vor-

geb.

einer Gesellschaft mit der andern. 103

geblichen ausschließenden Rechte, zu lehren, entgegen, daß auch andern Collegien, außer der Universität, erlaubt worden wäre, selbst diejenigen Wissenschaften zu lehren, die von der Universität selbst gelehrt werden.

Um diesen gegenseitigen Forderungen eine Genüge zu leisten, und allen darüber entstandenen Streitigkeiten ein Ende zu machen, mußte der Staatsrath den 4 Julius 1750 eine Verordnung ergehen lassen. „Der König, welcher al„le Streitigkeiten zwischen zwo Professionen, wel„che so viel Aehnlichkeit mit einander haben, auf„heben, und ein gutes Vernehmen zwischen ihnen „herstellen will, als welches zu ihrer Ehre und „Vollkommenheit nicht weniger nothwendig ist, „als zur Erhaltung der Gesundheit und des Le„bens der Unterthanen Sr. Majestät, hat be„schlossen, seine Willensmeynung darüber zu er„klären. Der König befiehlt durch Gegenwär„tiges, 1. einen vollständigen Cursum über alle „wissenschaftlichen Theile der Chirurgie zu lesen, „welcher drey Jahr nach einander dauren soll. „2. Daß, um diesen Cursum den lernenden um „so viel nützlicher zu machen, und sie in den „Stand zu setzen, die Ausübung mit der Theo„rie zu verbinden, in dem Collegio zu St. Cos„mus zu Paris, sogleich eine Schule der Anato„mie und chirurgischen Operationen angelegt wer„den soll, wo man nicht allein den lernenden al„les und jedes zeigen, sondern sie auch selbst zu „Sectionen und Operationen Hand anlegen las„sen

„sen soll. 3. Seine Majestät befehlen, daß
„die Studenten zu Anfange jeden Jahrs, so lan-
„ge ihr Cursus dauert, sich ein schriftliches Zeug-
„niß geben lassen, und zur Magisterwürde nicht
„anders zugelassen werden sollen, als nachdem sie
„hinlängliche Zeugnisse von der Zeit ihres Stu-
„direns vorgezeigt haben. Die ganze medicini-
„sche Facultät soll durch die graduirten Studen-
„ten zur öffentlichen Disputation eingeladen wer-
„den, die sie, um in die chirurgische Gesellschaft
„aufgenommen zu werden, halten müssen. Der
„Respondent giebt dem vorsitzenden Facultisten
„den Titel: Dechant der allerheilsamsten
„Facultät, a) und einem jeden der beyden bey-
„sitzenden Doctoren den Titel: Allerweisester
„Doctor b), wie dieses in den Schulen der Uni-
„versität gebräuchlich ist. Diese drey Doctoren
„haben nur die erste Stunde mit dem Candida-
„ten zu disputiren; die drey andern Stunden,
„als so lange die Disputation dauert, werden den
„Meistern in der Chirurgie eingeräumt, als wel-
„che sich auch allein über die Aufnahme des Can-
„didaten berathschlagen sollen.„

Se. Majestät bestimmen annoch durch dieses
Edict die Rechte und Freyheiten, deren die Meister in der Chirurgie genießen sollen. Sie räumen ihnen eben die Vorzüge und Privilegien
ein,

a) Decanus saluberrimae facultatis.
b) Sapientissimus Doctor.

einer Gesellschaft mit der andern.

ein, die mit den freyen Künsten verbunden sind, und deren namhafte Bürger zu Paris genießen. Unterdessen wollen sie nicht, daß man aus dem Titel Schule und Collegium zu weite Folgerungen ziehe, und daß unter diesem Vorwande die Wundärzte sich die Rechte der Mitglieder und Lehrer der Universität zu Paris anmaßen sollen. Das Collegium der Chirurgie muß demnach so angesehen werden, als das königliche Collegium und das Collegium Ludwigs des Großen.

Die alten Wundärzte suchten zwar beständig eine fünfte Facultät, die den vier andern Facultäten der Universität gleich seyn sollte, auszumachen. Sie wendeten sich zu dem Ende, im J. 1579 an den Pabst, und erhielten von ihm sogar eine Bulle, welche aber einen Proceß veranlaßte, der niemals ist entschieden worden. Die heutigen Wundärzte haben sich diesen Stolz nicht in den Sinn kommen lassen. Sie suchten weiter nichts, als der Universität einverleibt zu werden. Dieses Ansuchen ist auch wirklich lobenswürdig. Es ist billig, daß sie der Universität, als der gemeinschaftlichen Mutter der Künste, wenigstens als Meister in den Künsten, anzugehören suchten, wenn sie auch Ursachen hatte, sie nicht als eine Facultät anzunehmen. So schmeichelhaft dieser letztere Titel auch ist, so glaubten sie doch schadlos gehalten zu seyn, da ihnen der Titel eines königlichen Collegii zugestanden ward. Der erste Wundarzt des Königs, la Martiniere, drückt sich folgender Gestalt in einem Memorial an

an den König aus: „Die Ehre, von Eu.
„Majestät unmittelbar abzuhängen, ist hin-
„reichend, uns wegen aller andern Vorzüge
„schadlos zu halten."

Die Encyclopädisten
und
Anti=Encyclopädisten.

Die Encyclopädisten machen eine Gesellschaft gelehrter Leute zusammen aus, und haben verschiedene andere ansehnliche Gesellschaften zu Widersachern. Obrigkeiten, Theologen, Mönche, protestantische Geistlichen, und viel andere Schriftsteller haben, theils durch Privathaß, theils durch einen wahren Eifer geleitet, alle Mühe angewandt die Fortsetzung eines Werks zu hindern, welches als das weitläuftigste, das schwerste und nützlichste, das ie unternommen worden ist, angekündigt ward. Es sollte der Nation und dem menschlichen Verstande Ehre machen, und nie hat ein gelehrtes Unternehmen mehr Aergerniß angerichtet. Man glaubte alle Grundsätze umgestoßen, alle göttliche und menschliche Gesetze vernichtet zu sehen, so blendend auch der Plan war, alle Künste und Wissenschaften in ein Buch zusammen zu fassen und auf die Nachwelt zu bringen. Man suchte sogar einige geheime Absichten dahinter. Tausend

einer Gesellschaft mit der andern. 107

send Stimmen erhoben sich, um das ganze Werk rückgängig zu machen. Anfänglich bediente man sich geheimer Kunstgriffe; hernach fieng man an, es zu critisiren, lächerlich zu machen und darüber zu spotten; endlich fand man die allerabscheulichsten Lehren und Meynungen darinne. Man brachte es so weit, daß man den vorgeblichen Grund, auf welchen alle menschliche Kenntnisse gebaut werden sollten, umwarf.

Ein Journalist zu Trevoux gab ihm die ersten Stöße. Dieser Schriftsteller, der einer der besten von der Gesellschaft war, der Nachfolger der P. P. Longueval, Fontenay und Brumol in der Geschichte der gallicanischen Kirche, machte augenblicklich alles rege. Er hatte schon eine üble Meynung von der Encyclopädie, ehe sie noch heraus kam, und die bloßen Namen ihrer Verfasser machten, daß er sie verwarf. Diese sahen seine offenbare Parteylichkeit darinne, daß, da er im J. 1745 den bloßen Plan einer Encyclopädie zu Chambers sehr gebilliget hatte, er diese neue Encyclopädie im Monat December 1750 ankündigte, ohne so viel Lobsprüche von ihr zu machen. Die Verfasser dieser letztern schmeichelten sich indeß, daß sie die Feder eben so gut würden zu führen wissen, als ein Engländer und ein Deutscher, die mit einander in Gesellschaft getreten, um Chambers in unsere Sprache zu übersetzen; sie verschmerzten aber diese Beleidigung und warteten, was der Journalist für ein Urtheil vom Prospectus fälfallen würde, welcher bald zum Vorschein kommen sollte.

Dieser Prospectus, den der Hr. Diderot verfertigt hatte, machte ihm viel Ehre. Man giebt vor, daß dieser Schriftsteller, der nicht weniger in der Philosophie, als in den schönen Wissenschaften geübt ist, in seinem Versuch über das Verdienst und die Tugend, in seinem Briefe über die Tauben und Stummen, in seiner Erklärung der Natur, in seinen moralischen Comödien nichts als ein Abschreiber sey. Aber verschönert er niemals die Originale, die er, wie man sagt, abschreiben soll? Fehlt es in seinen Schriften an Stärke und Gründlichkeit? Und wirft er nicht öfters leuchtende Stralen mitten durch die Finsterniß, in die er sich öfters verhüllt? Sein Prospectus that die kräftigste Wirkung; er ist gleichsam die Vorderseite eines weitläuftigen und prächtigen Gebäudes.

Nichts hat mehr Lärmen gemacht, als der Stammbaum des Kanzlers Baco, der zu London im J. 1560 geboren war, und noch heut zu Tage als ein großer schöpferischer Geist in ganz Europa so sehr verehrt wird, als unter seinen Landesleuten. Er ist der Vater der Experimentalphysic, der erste, der es wagte, das Licht der Wahrheit, das er sahe, den Menschen zu zeigen; er spottete mit Recht über die geheiligten Absurditäten der Schulphilosophie, studirte die Natur und untersuchte ihre Ursachen und Wirkungen. Die physicalischen Experimente, die man seit
der

der Zeit gemacht hat, sind fast alle in seinem Novo scientiarum organo angegeben. Außerdem war er auch ein sehr zierlicher Schriftsteller, Geschichtschreiber und schöner Geist. Seine Werke sind eine Quelle, aus welcher alle geschöpft haben, einige auf eine sehr ungeschickte Weise, andere aber als Leute von Genie, die ihren Materien eine gute Gestalt zu geben wußten. Die Plünderung des Baco entgieng den Augen des Journalisten nicht. Er zeigte sogleich den Boden an, aus welchem man den Baum der menschlichen Kenntnisse verpflanzt hatte. Dieser Boden war das Buch de dignitate et augmentis scientiarum. Der Jesuit zeigte einige Monate hintereinander den Encyclopädisten, daß sie sich mit Federn schmückten, die ihnen nicht zugehörten. Den Plan und das ganze System ihres Wörterbuchs eignete er dem berühmten Engländer zu. Er stellte beyde Bäume gegen einander, und ihre Aehnlichkeit fiel in die Augen. Der eine so, wie der andere, sind in drey Aeste getheilt, die sich auf die drey Kräfte der Seele, das Gedächtniß, die Einbildungskraft und die Urtheilskraft beziehen; diese drey Aeste sind wieder in kleinere und diese in unendliche Zweige abgetheilt.

Man wird bemerken, daß Baco, ob er gleich ein Protestant war, dennoch mit ziemlicher Achtung von den Päbsten und Catholicken spricht. Er hatte sogar behauptet, daß in Erziehung der Jugend keine Schule besser sey, als die Schule

der

der Jesuiten. Indem er sie einst vor dem Könige Jacob I lobte, bediente er sich der Worte, welche Agesilaus zum Pharnabazes sprach: Da ich dich so befinde, wünschte ich, daß du zu uns gehörtest. a) Der Jesuit ermangelte nicht, diesen für seine Gesellschaft so schmeichelhaften Zug beyzubringen. Eine solche Aufmerksamkeit konnte eigentlich niemanden beleidigen: aber der Lobspruch stand unglücklicher Weise der heftigen Critic und den ironischen Ausdrücken, am Ende der Vergleichung beyder berühmten Bäume, an der Seite. „Man verspricht uns zehn „Bände in Folio, und wir würden uns nicht zu „beschweren haben, wenn deren auch dreyßig „würden. Man sagt dem Publico, daß man zu „dieser Arbeit vier und zwanzig Gelehrte ausge„sucht habe, und es wäre nicht zu viel, wenn es „hundert wären. Man kann nicht zweifeln, daß „man schon viele Jahre an diesem Werke arbei„te, und wir würden uns nicht wundern, wenn „es schon funfzig Jahre wären. Man verlangt „auf Subscription zweyhundert und achtzig fran„zösische Pfund, und wird außer der Subscription „das Werk nicht unter dreyhundert zwen und „siebzig Pfund geben können: der erste Preis „scheint uns mäßig, und der letzte nicht übertrie„ben zu seyn." Die Encyclopädisten wurden darüber sehr aufgebracht.

Der

a) Talis cum sis, utinam noster esses!

einer Gesellschaft mit der andern.

Der Verfasser des Prospectus gab sogleich, um sich und seine Gesellschafter zu rächen, ein Schreiben an den Journalisten heraus, mit der Ueberschrift: Paete non dolet. Er beschwerte sich darinne, daß man eine Gesellschaft von Gelehrten für Ausschreiber ausgäbe, die gleich bey der Ankündigung ihres Werks die Quelle angezeigt, aus welcher sie schöpften, und dem Kanzler Baco alle Ehre erwiesen, indem sie bekannt hätten, daß sie es ihm hauptsächlich zu danken haben würden, wenn sie in ihrem Unternehmen glücklich wären. Er behauptete aber auch dabey, daß die Gesellschaft, ob sie sich gleich die Idee vom genealogischen Stammbaume zu eigen gemacht, dennoch nicht alles dem Baco zu danken habe. Er gab vor, der philosophische Ast sey ganz von ihrer Erfindung. Er ließ ferner einige Spöttereyen über die Lobsprüche laufen, die Baco dem Jesuiten giebt, über die Vortrefflichkeit des Journals zu Trevoux; über die Wichtigkeit des Lobes oder des Tadels, wenn beydes zur Unzeit angebracht wird. „Ja, „sagte er dem P. Berthier, funfzig Gelehrte „wären zur Ausarbeitung einer Encyclopädie „nicht zuviel gewesen, wenn Sie mit darunter ge„wesen wären.„

Der Journalist antwortete auf diesen Brief nicht anders, als daß er ihn in einem seiner Stücke mit Anmerkungen am Rande begleitet drucken ließ. Warum, sagte er, soll ich es machen wie der ehrliche Pärus, und mir aus Ge-
fäl-

fälligkeit gegen einen, der sich ohne Ursache verwundet, den Dolch ins Herz stossen? Er redete hierauf viel von dem Aufsehen, welches das Journal von Trevoux in der Welt macht; von dem Nutzen, den es stiftet, ob es gleich nur ein kleines Bändchen ist, das aber seit länger als funfzig Jahren gewohnt ist, allenthalben hin zu gehen; von der Nothwendigkeit, Schriftsteller zu schonen, welche berechtigt sind, Rache mit Rache zu vergelten, und diejenigen zu erheben, die sie erhoben haben. Er versprach, den Herrn Diderot nicht mehr zu erwähnen, sondern nur bescheidene Schriftsteller anzuführen. Er stritt endlich alles den Encyclopädisten ab, auch sogar ihren philosophischen Ast.

Der Auftritt veränderte sich, als im Monat October 1750 der erste Band ihres Wörterbuchs zum Vorschein kam. Die Reihe kam nun an den Verfasser der Zueignungsschrift an den Herrn d'Argenson, und der Vorrede. Nachdem der Journalist die dem Mäcen gegebenen Lobsprüche bestätigt hatte, ließ er sich auf eine Beleuchtung der Vorrede und ihrer zween Theile, aus denen sie besteht, ein. Der erste Theil handelt von der gegenseitigen Unterstützung, welche die Künste und Wissenschaften einander leisten, und eine Art von Kette zusammen ausmachen. Im zweyten beschreibt man die neue und philosophische Art, mit welcher die Encyclopädisten von allen Wissenschaften, Künsten und Handwer-

einer Gesellschaft mit der andern. 113

werken handeln. Erhabene und nützliche Einsichten, Kühnheit im Vortrage, die richtigste Dialectic, verschiedene Ins Auge fallende Gemälde, eine starke und nachdrückliche Schreibart, eine männliche Philosophie, eine große Liebe zu den Wissenschaften und der Verbesserung des menschlichen Verstandes, sind der Character dieser Vorrede, welcher der Verfasser seinen großen Ruhm zum Theil zu danken hat. Der Journalist schien die Augen vor den vorzüglichsten Schönheiten dieses Werks zuzuschließen. Wenn er auch einige Stücke für meisterhaft ausgab, so geschahe es bloß, um sich das desto schärfer zu tadeln zu erwerben. Man glaubte in dem Auszuge, den er davon machte, die Ursache seiner Erbitterung zu entdecken; man wollte sie einer Furcht, das Dictionaire von Trevoux in Verachtung gerathen zu sehen, und der Unruhe, welche die den Encyclopädisten ertheilten Lobsprüche verursachten, zuschreiben. Der Herr d'Alembert würde alles nicht geachtet haben; aber der Verdacht, in den man ihn, in Ansehung der wichtigsten Materien, bringen wollte, entzündete ein Feuer in seiner Brust, welches nach der Zeit ausbrach.

Neue Klagen entstehen, neue Gelegenheit zum Tadel zeigt sich, wenn der Journalist erst zur Untersuchung der Artickel der Encyclopädie kömmt. Er sieht nichts, als Plünderungen, als in Contribution gesetzte Dictionaire, als ganze Seiten, die da und dort ausgeschrieben, verstümmelt,

gel. Streit. IV Th.   H   oder

oder nachgeahmt sind. Die Artickel Agir und Amitié eignet er seinem Mitbruder dem P. Büffier wieder zu, die zugleich als ein Beweis der großen und tiefen Einsicht des Abts Yvon in die Metaphysic angeführt werden. Er legt Originale vor, die man verunstaltet hat, und eine Menge solcher Entwendungen, als man neulich im Artickel Gravure gezeiget hat, werden an den Tag gelegt. Füretiere hatte sich beschwert, daß das Dictionaire von Trevoux zum Theil von dem seinigen und des Basnage abgeschrieben wäre: hier aber wird den Verfassern der Encyclopädie vorgeworfen, daß sie es noch weit ärger gemacht haben. Man sagt ihnen nach, daß sie eine beständige gelehrte Räuberey trieben, so daß, wenn man einem ieden das Seinige wieder zustellte, ihnen nichts weiter übrig bliebe, als einige verwägene, aufrührische, und der Religion und dem Staate gleich nachtheilige Sätze.

Die Beschuldigungen starker Geister und schlechter Bürger, die gewöhnliche Sprache neidischer und boshafter Herzen, die aber überall ausgebreitet, von der Unwissenheit vergrößert, durch unglückliche Umstände, und besonders durch das Lärmen eines Satzes glaublich gemacht wird, den der Abt de Prades, den man für das Echo der andern, und für den ungerathnen Sohn der Gesellschaft hielt, auf dem theologischen Catheder vertheidigte, diese Beschuldigungen, sage ich, machten sogar bey Großen und Mächtigen Eindruck.

bruck. Die Regierung ward darüber besorgt, und die Encyclopädie ward mit dem zweyten Bande untersagt. Der Staatsrath drückte sich folgender Gestalt darüber aus: „Se. Majestät „haben erfahren, daß man in den zween Bänden „verschiedene Sätze vorgetragen, welche der kö„niglichen Gewalt nachtheilig sind, dem Geiste „der Unabhängigkeit und des Aufruhrs Vor„schub thun, und unter dunkeln und zweydeu„tigen Ausdrücken, Irrthümer, verdorbene „Sitten, Irreligion und Unglauben einzufüh„ren suchen.„

Doch Zeit und gute Freunde halfen diese Vorwürfe widerlegen. Die Encyclopädisten setzten sich im J. 1753, das ist, ein Jahr nach dem Verbot, wieder an ihre Arbeit. Ihr Wörterbuch gewann durch das, was vorgegangen war. Die Herausgeber hielten mehr an sich; sie vergaßen aber ihren heimlichen Verdruß nicht. Im Vorbericht zu ihrem dritten Theile zogen sie wider den Journalisten los, „der mehr orthodox „als logicalisch war, aber gewiß noch boshafter „als orthodox seyn sollte.„ Sie wundern sich, daß ein Schriftsteller, der es wagt, „allein, oder „fast allein, von allem zu urtheilen, was über „die Künste und Wissenschaften geschrieben wird, „es sich befremden läßt, daß eine Gesellschaft „Gelehrter und Künstler eine solche Arbeit habe „unternehmen können. Warum sollte die Na„tur einer ganzen Gesellschaft nicht eben das mit„getheilt haben, was sie einem einzigen hat ge-
H 2 „ben

„ben können?„ Sie reden die Sprache der erhabensten Philosophie, und gestehen, daß ihr Wörterbuch zu großem Aergernisse Anlaß gegeben habe, woran sie zwar weniger als ihre Feinde Schuld hätten, denen sie ihre Absicht nur, nicht aber ihren Beyfall, vergeben wollten.

Die Herausgeber erklären sich weiter, daß sie ein ieder nur die Artickel zu verantworten hätten, die ihnen eigenthümlich zugehörten, und mit unterschiedenen Kennzeichen bemerkt wären. Sie erstrecken ihren Unwillen auf alle „niedrigern „Aristarchen, die ohne Fug und Recht einen Rich„terstuhl aufrichten, und alle Welt vor denselben „fodern, ohne daß iemand erscheint; die mit einem „gebietenden Tone Urtheile sprechen, wozu das „Publicum seine Einwilligung nicht gegeben; die „von einem niederträchtigen Neide, dem Schand„flecke gelehrter Leute, und dem gewöhnlichen „Kampfplatze mittelmäßiger Köpfe, geplagt, ih„ren Stand und ihre Feder damit schänden, daß „sie die nützlichsten Werke herunter machen.„

Der Journalist zu Trevoux und die Verfasser der Encyclopädie wurden endlich des Krieges müde: aber damit hörte noch nicht alles Geschrey wider dieses Werk auf. Ein Franciscaner trat auf, und stellte sich, als ob er alles zertrümmern wollte. Die Anti-Encyclopädisten nahmen einen so hitzigen Vorfechter mit Freuden auf. Einige hielten den Ton und die Dreustigkeit des Mönchs für Geschicklichkeit. Man machte einen Kupferstich,

einer Gesellschaft mit der andern. 117

stich, auf welchem die Worte standen: a) „Ihr
„habt euch auch noch vor dem Stricke des heil.
„Franciscus zu hüten.„ Man findet ihn vor
einer kleinen Schrift, die im Monat Januar
1752 wider die Gesellschaft der Encyclopädie
heraus gekommen ist. Vorgemeldete Beyschrift
war rings herum um den Kupferstich, der die Gestalt einer Medaille hatte, und einen aus den
Wolken ragenden Arm mit einer Geißel in der
Hand vorstellete, gesetzt. Unten darunter las
man nachfolgenden Vers: b) „Die rechte Hand
„ist verborgen und sticht mit der Feder, indem die
„linke mit der Geißel schlägt.„

Und warum stellt man hier einen Franciscaner
so in henkermäßigen Verrichtungen vor? Es ist
daran nichts Schuld, als einige Spöttereyen,
über die Trennung der Scotisten und Thomisten,
über die Hartnäckigkeit eines ieden Ordens, den
besondern Meynungen ihrer Lehrer beyzupflichten,
über die Verschiedenheit der Schulen, der Jacobiner, der Franciscaner, der Jesuiten, über
den Zustand, in welchem sich die Physic noch befinden würde, wenn man sie den Klöstern und
Schulen der Ordensleute überlassen hätte, über
die Unmöglichkeit, daß ein einziger Kopf so viel
Gedanken habe erzeugen können, daß man damit

H 3   die

a) Est etiam vobis Francisci a fune caven-
dum.
b) Dextra latet, pungitque stylo, dum laeva
flagellat.

die Köpfe aller Franciscaner, so lange es dergleichen geben wird, anfüllen könnte, und über ihre Verbindlichkeit, nicht anders zu denken, als Scotus, welcher eigentlich nichts dachte.

Dem Doctori subtili so zu begegnen, was für ein Schimpf war das für den ganzen Orden! Der Franciscaner, mit dem Instrumente der Rache in der Hand, gieng mit dem Verfasser des Artickels, der ihn verdroß, auf eine unbarmherzige Weise um, und griff zu gleicher Zeit alle Encyclopädisten überhaupt an. Er deutete folgenden Vers auf sie: a) „Eine oberrichterliche Mi„ne, ein zanksüchtiges Gemüth, eine freye Schreib„art, ein unchristlicher Ton und ein philosophisches „Galimathias, alles dieses macht, daß ein Buch „wohl aufgenommen wird.„

Er setzt der Verachtung, die man gegen den Scotus zeigt, das Zeugniß entgegen, das ihm der Cardinal Ximenes, der Pabst Sixtus V, die berühmtesten Universitäten, als zu Paris, Oxford und Cöln gegeben haben, da er unter andern auf der letztern von Fürsten, Grafen und dem ganzen Volke in Procession empfangen ward, als er ihr die Ehre erwies, dahin zu kommen und daselbst zu lehren. Er beruft sich endlich auf die große Anzahl derer, die ihn im vierzehnten Jahrhunderte

a) Air décisif & dent cynique,
Stile libre et ton peu chrétien,
Du clair óbscur philosophique,
Tout cela fait qu'un livre est bien.

derte bewunderten. „Tretet hervor, ruft er „diesen zu, und höret, was ein Doctor des letzi„gen Jahrhunderts über den Scotus und euch „für ein Urtheil fällt!„ Er führt bey dieser Gelegenheit den berüchtigten Streit an, den die drey großbritannischen Königreiche des Scotus wegen mit einander geführt haben, so wie sich ehemals sieben Städte Griechenlands wegen des Geburtsorts des Homers zankten.

Alle diese Beleidigungen des Franciscaners würden mit ihm und seinem Buche vergessen worden seyn, wenn man nicht im zweyten Bande der Encyclopädie, unter dem Artickel Capuchon, Anspielungen auf seine Hitze, auf seine beleidigende und seraphische Schreibart gemacht hätte. Es ist eben so lächerlich, hieß es daselbst, sich der Lehren des Scotus wegen herum zu schlagen, als wegen einer mehr oder weniger spitzigen Mütze; gleichwohl würde sich derjenige unfehlbar Verdrüßlichkeiten zuziehen, der eins oder das andere angreifen wollte. Diese Anmerkung beleidigte die Scotisten unter der spitzigen Mütze aufs empfindlichste. Der erwähnte Franciscaner verdoppelte seine Wuth, und gab im J. 1754 eine zweyte Schrift, unter dem Titel der erstern: Betrachtungen eines Franciscaners, heraus. Bisher hatte er sich nur vertheidigt, aber nunmehr that er selbst den Angriff. Voll von edler Kühnheit rückte er gegen die Feinde an, und griff sie an dem empfindlichsten Orte an.

Er gieng alle Artickel der Encyclopädie durch, suchte alle Fehler auf, wobey er selbst eine Menge lächerlicher Fehler begieng; er machte den Verfassern de Prades, Yvon und Diderot allerhand persönliche Vorwürfe, und vertheidigte die von den Encyclopädisten bestrittenen Meynungen, vom Cälibat der Priester und dem Studiren in den Collegien. Nach seiner Meynung lehrt man die Humaniora und die reinste Philosophie daselbst vortrefflich. Er erschrickt, da er den Artickel Autorité liest; die Hand, die ihn geschrieben, scheint ihm die abscheulichste zu seyn. Nachdem er sein Urtheil über die Encyclopädie und die Person verschiedener Encyclopädisten gefället, beschließt er seine Critic mit folgender Warnung: „Seyd künftig vorsichtiger in euern „Artickeln; lernet der Religion, dem Staate, dem „Publico, dem Scotus und den Franciscanern „ehrerbietiger zu begegnen; besonders laßt euch „nicht gelüsten, unter dem Artickel Strick (cor„don) etwas wider sie vorzubringen, sonst hütet „euch vor dem Stricke.„

Seine Drohungen wurden verachtet, und seine Ausfoderung ward nicht angenommen. Er hingegen, erfreut über das Stillschweigen, das man beobachtete, schmeichelte sich, daß man sich vor ihm fürchte, und verglich seinen Strick mit der Keule des Hercules. Aber genug von diesen Rodomontaden; wir wollen zu dem ernsthaftern Streite der Prediger zu Genf mit dem Herrn d'Alembert fortgehen.

Unter

Unter dem Artickel Genève schreibt er also: „Es giebt verschiedene, welche die Gottheit Je„su Christi nicht mehr glauben, und einen voll„kommenen Socinianismus zu ihrer Religion ha„ben, indem sie alles verwerfen, was man Ge„heimnisse nennt.„ Sie halten die Hölle für keinen Glaubensartickel mehr; „dieß hieße, ih„ren Grundsätzen zu Folge, die Gottheit beleidi„gen, wenn man sich einbilden wollte, daß die„ses Wesen, das voller Güte und Gerechtigkeit „ist, fähig sey, unsere Fehler mit ewigen Mar„tern zu bestrafen.„ Ihre Religion besteht fast weiter in nichts, „als in der Anbetung eines einI„gen Gottes. Die Achtung, die sie Jesu Christo „und der heiligen Schrift erweisen, ist vielleicht „das einzige, wodurch sich das Christenthum zu „Genf von der Deisterey unterscheidet.„ Außerdem aber macht er viel Rühmens von dieser Stadt, ihren Sitten, ihrer Regierung, ihrer Geistlichkeit und ihrer kirchlichen Verfassung. Seine Absicht war nicht, ehrwürdige Männer dadurch zu beleidigen. Er wollte vielmehr der dasigen Geistlichkeit, wegen ihrer philosophischen Denkungsart, ihrer Bescheidenheit, ihrer Verträglichkeit gegen andere Religionsverwandte, und wegen ihrer Sorgfalt, mehr die Moral als die Dogmatic zu predigen, einen Lobspruch machen. Diese Anmerkungen eines der vornehmsten Mitarbeiter an der Encyclopädie waren eine nicht zu billigende Unachtsamkeit, aber nicht eine verwerfliche Bosheit.

Man muß dabey anmerken, daß der Verfaßer dieses Artickels, ehe er sich obbeschriebener Maßen über die Denkungsart der Genfer Geistlichen erklärte, zuvor eine Reise in ihre Stadt gethan hatte. Sein Artickel schien ein Auszug der Unterredungen zu seyn, die er mit ihnen gehalten hatte. Verschiedene dieser Herren, sagt er, bilden sich ein, der vornehmste Character einer Religion bestehe in der vollkommenen Uebereinstimmung derselben mit der Vernunft. Einer von ihnen, der auf dem Titel eines Buchs von der Offenbarung das Wort Nothwendigkeit für zu stark hielt, setzte das Wort Nützlichkeit an dessen Stelle. Diejenigen, die sich ehemals am deutlichsten über so kitzliche Materien heraus gelassen hatten, waren nun die ersten, die sich beschwerten, und öffentliche Genugthuung, der Beleidigung wegen, forderten, indem sie wider alles protestirten, was man einer ehrwürdigen Gesellschaft von Priestern der Kirche und Professoren der Academie zu Genf zur Last legte.

Die ganze Stadt murrete, und ärgerte sich. Man setzte eine geistliche Commißion nieder, welche die gesammte Geistlichkeit, wegen der beschuldigten fremden Meynungen, in den Augen der Welt rechtfertigen sollte. Als man diesen Artickel im Consistorio las, glaubte man einen Servetus zu hören, dem man keine Gnade wiederfahren lassen müsse. Ein gewisser Genfer vergleicht diese Berathschlagungen mit dem Gesumse

einer Geſellſchaft mit der andern.

ſe eines Bienenſchwarms, die eine Raubbiene aus ihrem Korbe verjagen wollen. Unterdeſſen dauerten dieſelben doch eine ziemliche Zeit, und man brachte über ſechs Wochen mit Aufſetzung eines Glaubensbekenntniſſes zu.

Während dem, daß dieſe Verſammlungen angeſtellt wurden, ſchrieben verſchiedene Geiſtliche, welche beſorgten, daß der Hr. d'Alembert ſich rächen und auch nicht ſchonen möchte, an ihn, und füllten ihre Briefe mit Lehrſätzen an, die denen gerade entgegen waren, die ſie mündlich vorgebracht hatten. Er errieth ihre Abſicht, benahm ihnen ihre Sorge und antwortete ihnen, daß, ob er gleich nichts vorgebracht, was er nicht von den Angeſehenſten unter ihnen gehört hätte, er dennoch keinen insbeſondere gemeynt habe; daß ſie alle ruhig ſeyn ſollten, und daß niemand ins Gedränge kommen ſollte.

Endlich kam die längſt erwartete Widerlegung zum Vorſchein, und ward in alle Journale eingerückt. Die ehrwürdige Geſellſchaft hatte dieſe Sorgfalt ſich ſelbſt und allen proteſtantiſchen Kirchen zu danken. Sie gieng einen jeden anſtößigen Artickel durch, und widerlegte ihn mit den vortrefflichſten Gründen. „Wir ſchätzen, „ſagten ſie, und verehren die Philoſophie; aber „nicht jene ungebundene und ſophiſtiſche Philoſo„phie, welche heut zu Tage ſo oft auf Irrwege „verleitet. Wir befleißigen uns vielmehr einer „gründlichen Philoſophie, welche, anſtatt den „Glauben zu ſchwächen, die klügſten Seelen

„ſelbſt

"selbst noch ehrerbietiger gegen die Religion "macht." Nichts ist vernünftiger und bescheidener, als diese Erklärung. Selbst der Name des Verfassers, der sie darzu genöthigt, ward darinne nicht einmal erwähnt.

Man wird vielleicht glauben, daß er dadurch auf andere Gedanken gekommen sey: aber ganz und gar nicht; sie bestätigte ihn vielmehr in dem, was er gesagt hatte. Das Wort Consubstantialität war in der Vertheidigung ganz mit Stillschweigen übergangen, und auf dieses Wort kam es hauptsächlich an. Die vorsetzliche Auslassung dieses Worts, besonders nachdem der Hr. d'Alembert versprochen hatte, daß er widerrufen wolle, wenn die Hrn. Prediger gestünden, daß sie die Consubstantialität des Worts im Fleische bekenneten, scheint die Vorwürfe, die er ihnen macht, zu rechtfertigen. Er schrieb daher auch an einen von ihnen: Eure Vertheidigung enthält nichts, was nicht Arius selbst würde unterschrieben haben. Man wird mir mit der Zeit Dank wissen, daß ich so geredet habe. Meine Vorstellungen werden in republicanischen Köpfen immer mehr Eindruck machen, und in weniger als zwanzig Jahren wird man mir zu Genf eine Bildsäule aufrichten.

Sollte wohl Hr. Rousseau der Bildhauer darzu seyn? Man thut diese Frage an den Hrn. d'Alembert, dessen Unvorsichtigkeit zu ahnden, Rousseau sich den Schein gegeben hat. "Ver-
"schie-

„schiedene Prediger zu Genf sind, nach Ihrer
„Meynung, vollkommne Socinianer. Sie sa-
„gen dieses laut vor dem Angesichte des ganzen
„Europa. Ich unterstehe mich, Sie zu fragen,
„wie Sie dieses erfahren haben? Sie mußten
„entweder durch eigene Muthmaßungen darauf
„fallen, oder andere sagten es ihnen, oder die
„Prediger, von denen die Rede ist, haben es Ih-
„nen selbst gestanden. Wie kann man aber in
„Materien, die bloß dogmatisch sind, und der
„Moral nichts angehen, von dem Glauben eines
„andern nach bloßen Muthmaßungen urtheilen?
„Wie kann man selbst nach dem Zeugnisse eines
„Dritten darüber einen Ausspruch thun? Wer
„weis besser, als ich selbst, was ich glaube oder nicht
„glaube, und an wen muß man sich deßwegen
„mehr halten, als an mich selbst? Man kann
„demnach, in Ansehung unserer Prediger, die
„Sie für Socinianer ausgeben, und daß sie die
„Ewigkeit der Höllenstrafen leugnen, nicht an-
„ders glauben, als daß sie Ihnen darüber ihre
„Meynung entdeckt haben; wenn dieses aber ih-
„re Meynung wäre, und sie dieselbe Ihnen ent-
„deckt hätten, so wäre es doch ohne Zweifel nur
„im Vertrauen geschehen; nur mit der vertrau-
„ten und freyen Offenherzigkeit eines philosophi-
„schen Umgangs hätten sie es dem Philosophen,
„nicht aber dem Schriftsteller, vertraut."

Zu Paris war alles wider den Hn. d'Alembert. Selbst seine Anhänger tadelten ihn, und
seine Feinde machten ihm den Vorwurf, daß er
die

die Meynungen einiger dem Calvinus ungetreuen Diener nur erzählt habe, um Gelegenheit zu haben, seine eigenen Meynungen zu behaupten. Das Bild, das er von der Republic Genf machte, dieses so geschmeichelte, und selbst nach dem Geständnisse ihrer eigenen Bürger, in gewissen Stücken chimärische Bild, hat bloß die Absicht, seinen kühnen Meynungen mehr Eingang zu verschaffen. Eine Anmerkung wird man sich indessen dabey erlauben, daß nämlich, selbst zu der Zeit, als das Glaubensbekenntniß der Prediger, die sich für verläumdet hielten, heraus kam, man zu Neufchatel in der Schweiz die offenbarsten socinianischen Lehrsätze druckte.

Die Verdrüßlichkeiten, die sich ein Philosoph durch seinen großen Eifer für das Wachsthum der Philosophie zugezogen hatte, verderbten bey ihm die Lust, ferner mit Wörterbüchern etwas zu thun zu haben. Er sagte sich von der Encyclopädie los, und das ganze Werk gerieth ins Stecken. Die Buchhändler, die dieses Werk in Compagnie verlegten, und die dadurch in Schaden geriethen, stellten dem Publico die Ungerechtigkeit einer wider Schriftsteller, die dem Vaterlande, den Wissenschaften und ihrer Handlung so viel Nutzen schafften, erhobenen Verfolgung vor. Sie waren von der Verbindlichkeit überzeugt, die man den Herausgebern schuldig war. Sie besorgten, daß der Abtritt des einen die andern zu gleichem Abtritte bewegen möchte, und daß sie die Frucht von einer zwölfjährigen Arbeit und

und Sorgfalt gänzlich verlieren möchten. Sie suchten demnach ihren geometrischen Mitarbeiter, deſſen Verluſt ſie bedauerten, beym Guten zu erhalten. Sie beſchworen ihn bey ſeiner Uneigennützigkeit, bey ſeiner Liebe zu den Wiſſenſchaften und zur Nation, bey ſeiner Wohlgewogenheit gegen ſie, das Geſchrey des Neides zu verachten, großmüthig zu ſeyn, und fortzufahren das Licht zu ſeyn, welches alles erleuchtet. Er gab ihren Bitten nach; doch wollte er ſich ferner zu nichts, als den mathematiſchen Articfeln, verſtehen.

Dieß ſind die großen Gefechte, zu denen die Encyclopädie Gelegenheit gegeben. Die dabey vorgefallenen Scharmützel ſind unzählig.

Es ſind deren verſchiedene bloß unter dem Namen der Cacouacs vorgefallen. Das Publicum ſahe überall nichts, als nützliche Nachrichten, die Cacouacs betreffend; neue Nachrichten zur Geſchichte der Cacouacs gehörig; Catechiſmen der Cacouacs. Man verſtand anfänglich durch dieſes Wort eine wilde und boshafte Nation, deren Bosheit aber bloß auf eine zänkiſche, ſpöttiſche und ſonderbare Gemüthsart hinaus lief. Bald darauf griff man ihre Grundſätze an, ihre Sitten, ihren Enthuſiasmus, ihren Eifer, Proſelyten zu machen; ihre Unabhängigkeit von Göttern und Königen, welche zu bekriegen, ſie zwar nicht die Thorheit begeht, wie die Titanen, deren Exiſtenz ſie aber leugnet; ihr Geſchrey, wenn man ihre Maximen tadelt; ihre abscheulichen Zaubereyen, und besonders ihren unüberwindlichen Hang zum Stehlen; ein Laster, welches alle Ausländer ansteckt, die sich bey ihr niederlassen. Der arme Valentin, der vor einigen Jahren zu Frankfurt gehangen ward, ist ein rührender Beweis davon. Die Cacouacs, die von ihrem Lande bezaubert sind, verlassen es bisweilen, nachdem sie daselbst innerliche Uneinigkeiten angerichtet haben, die öfters nur allzusehr ausbrechen. Einer ihrer Aeltesten hat sich ihnen widersetzt, da er sie mit Verdruß in der Music ausarten sahe.

Unter dieser Fluth von Streitschriften muß man die kleinen Briefe über große Philosophen vor andern anmerken. Man stellet darinne das Lächerliche einiger neuern Philosophen, die diesen Namen misbrauchen, ziemlich deutlich vor; man tadelt ihre stolze Verachtung des Ruhms, welche sie bloß annehmen, um sich desto berühmter zu machen; ihre Cabalen, ihre Intriguen; den Beyfall, den sie sich zu erwerben suchen, indem sie alle Augenblicke den Montesquieu, den Voltaire anführen, um großen Männern an der Seite zu stehen; ihre Eitelkeit, einander Decrete ihrer Celebrität zuzuschicken; ihren entscheidenden Ton; ihre Charlatanerie; ihren Stolz, mit welchem sie der Nation befehlen, ihre Anhänger als Leute von Verdiensten anzusehen; die Gewalt, mit welcher sie die Stimme des Publici erzwingen wollen, welche sie besser durch Bescheidenheit erlangen würden; endlich die

die Menge emphatischer Ausdrücke: Ich habe gelebt . . . Ich rede von Gott . . . Jüngling, nimm es und lies! . . . O Mensch! höre, das ist deine Geschichte . . . Ach! wenn man Männer, wie Montesquieu, d'Alembert und Duclos, eine Reise zu den Hüronen und Jroquoisen hätte thun lassen, was für Wunder würden sie uns entdeckt haben! Einer von diesen Philosophen, der am meisten denkt, sagt, ein iedes Mensch, welcher denkt, sey ein verderbtes Thier.

Mitten unter diesen Lanzen, die man an den Encyclopädisten, ihren Anhängern, Schriftstellern, Liebhabern, Verlegern und Herumträgern zerbrach, ist unvermuthet ein unbekannter Fechter in der gelehrten Welt aufgetreten. Er wagte es, sich ganz allein mit allen zu messen, und schmeichelte sich, die Encyclopädisten unter der Last ihrer Bände zu begraben. Es ist wahr, daß der Titel seines Werks sehr bescheiden klingt: a) Gegründete Vorurtheile wider die Encyclopädie. Aber diese Bescheidenheit ist nichts weniger, als aufrichtig. Welche Schreibart! welch ein Mischmasch von Urtheilen und Worten! Sein Gegenstand ist anfänglich bloß gewesen, die Fehler des Wörterbuchs, in Absicht auf

a) Préjugés légitimes contre l'Encyclopédie.

auf die Metaphysic, die Moral, die Religion, zu entdecken. Er ward mit Lobsprüchen überhäuft, nicht sowohl aus Achtung für einen solchen Eiferer, als vielmehr in der Absicht, diejenigen recht verächtlich zu machen, die er angriff. Was dem Abraham Chaumeix am meisten schmeichelte, war das Stillschweigen, das seine Feinde beobachteten; und welches sie stets hätten beobachten, oder wenigstens nicht durch eine ärgerliche Widerlegung aufheben sollen. Die Policey ließ in der Geschwindigkeit alle Exemplare wegnehmen, die bey dieser Gelegenheit zum Vorschein kamen. Die Art, wie Chaumeix in seinem Buche die verschiedenen Artickel der Encyclopädie in ein System bringt, war einem großen Theile des Publicums anstößig. Uebrigens müssen alle diese Ausschweifungen bloß auf die Rechnung der Schwärmer beyder Parteyen geschrieben werden.

Wer hätte aber wohl geglaubt, daß der Untergang der Encyclopädisten nicht von der Hitze ihrer Gegner, sondern von einem ihrer eifrigsten Anhänger herrühren würde, dessen Grundsätze alle aus den ihrigen herfließen? Das Buch de l'Esprit hat ihnen den letzten Stoß gegeben. Ihre Lehrsätze, ihre Gesetze, ihre Urtheile schienen in dieses Buch zusammen geschmolzen. a)

„Das

---

a) Arret des Parlements.

einer Gesellschaft mit der andern.

„Das Gesetzbuch der allerverhaßtesten und in-
„famsten Leidenschaften, die Apologie des Mate-
„rialismus und alles dessen, was der Unglaube
„vorbringen kann, um die christliche und die ca-
„tholische Religion verhaßt zu machen; die Ver-
„werfung der Vernunft, der Schamhaftigkeit
„und der Liebe zur Gesellschaft; chimärische und
„ungeziemende Hypothesen finden sich allda auf
„allen Blättern.„ Man verabscheuete den
Wachsthum einer Philosophie, deren Apostel alles verächtlich machen, alles über den Haufen
werfen, und nichts dagegen aufführen; deren
Proselyten mit vieler Enthusiasterey und Kühnheit auftreten, und sich rühmen, daß sie weder
Vaterland, noch Religion, noch Stand haben.
Man wollte auf die Quelle des Uebels gehen, dessen traurige Wirkungen man vor Augen hatte. Diese beyden Werke waren der
Gegenstand, worauf das Parlement seine Aufmerksamkeit wendete.

Man sehe, wie der Hr. Joli de Fleuri sich
darüber ausdrückt. „Die Gesellschaft, der
„Staat und die Religion treten heute vor den
„Richterstuhl der Gerechtigkeit, um ihre Klagen
„vor denselben zu bringen. Ihre Rechte wer-
„den verletzt und ihre Gesetze verachtet. Das
„Buch de l'Esprit ist gleichsam ein Auszug aus
„dem nur allzubekannten Werke, welches, seiner
„wahren Absicht nach, das Buch aller menschli-
„chen Kenntnisse seyn sollte, so wie es die Samm-

J 2 „lung

„lung aller Irrthümer ist. Man rühmte uns „dasselbe als das geschickteste Denkmaal, dem Ge- „nie der Nation Ehre zu machen, und es macht „in der That demselben nur Schimpf und Schan- „de. Man hat alles Abgeschmackte, alle Gott- „losigkeiten, die sich in verschiedenen Büchern zer- „streut befinden, in alphabetischer Ordnung zu- „sammen gebracht. Man hat sie verschönert, „vermehrt, und ihnen eine mehr ins Auge fallen- „de Gestalt gegeben.„

Die Artickel Adorer, Dimanche, Christianis- me, Conscience, Athées, Autorités, Démon- stration, Cerf, Corruption, Ethiopien, sind der vornehmste Gegenstand seines Eifers. „Die- „se vorgeblichen Philosophen, sagt er, welche sich „für Geister vom ersten Range, für die Ehre „der Nation, für Wiederhersteller der wahren „Weisheit, und für Wohlthäter des menschlichen „Geschlechts ausgeben, indem sie das Herz „haben, die Menschen zu lieben, und die „Klugheit, sie zu fliehen, warum haben sie „nicht lieber das Herz und die Klugheit gehabt, „nicht zu schreiben?„ Er führt das unglückliche Ende des Morin und Bertelot an. „Unsere „Vorfahren haben Verfasser, welche Verse wi- „der Gott, seine Kirche und die Sitten machten, „als Majestätsschänder zu den härtesten Todes- „strafen verdammt.„ Doch thut er den Vor- schlag, daß, ehe man über das Dictionáire, die Verfasser und Herausgeber desselben einen Ausspruch

spruch thäte, man zuvor das Werk von einigen verständigen Personen, welche die Religion und den Staat lieben, und nach deren Berichte der Hof einen sichern und endlichen Ausspruch thun könnte, untersuchen lassen solle. Dem Hofe gefiel dieser Vorschlag, der mit dem Verfahren vom J. 1715, in Ansehung der Conciliensammlung vom P. Harbouin überein kam. Es ward den Verlegern verboten, ein Exemplar von den sieben Bänden der Encyclopädie zu verkaufen.

Der Befehl des Parlements ist vom 23 Januar 1759, und der andere vom Staatsrathe, welcher das zum Druck gegebene Privilegium widerruft, vom 8 März eben dieses Jahrs. Der Staatsrath führt folgende Gründe zu seinem Verfahren an. "Der Vortheil, den man in „Ansehung der Künste und Wissenschaften von „einem solchen Werke ziehen kann, hält nie „dem unersetzlichen Schaden, das Gegenge= „wicht, welchen die Sitten und die Religion „davon leiden."

Leute, die in allen Sachen weiter zu sehen glauben, als andere, sagen, daß der der Encyclopädie versetzte tödliche Streich, ein Werk der Jesuiten gewesen sey. Diese aber wendeten dagegen ein, daß man ihnen diesen Vorwurf zu eben der Zeit gemacht habe, da man ihnen vorwarf, daß sie das Buch des Helvetius billigten, und eine Art von Verstándniß mit diesem Verfasser und den Encyclopädisten unterhielten.

Die Verdammung dieser letztern machte viel Lärmen und Aufsehen. Ihre Sieger freueten sich. Es lief ein Kupferstich in Gestalt einer Medaille herum; die Religion, die auf einer Wolke herab fuhr, trat die Gottlosigkeit mit allem ihrem Anhange unter die Füße. Die Umschrift war: Morosophia impia calcata.

Unter allen Mitteln aber, die man gebraucht hat, um eine Gesellschaft von Schriftstellern verhaßt zu machen, ist keins kräftiger gewesen, als die Comödie, die Philosophen. Nach dem Muster des Aristophanes, welcher nichts schonte, und die Griechen auf Kosten beneideter Verdienste belustigte, hat man in dem französischen Stücke versucht, Leute zum Gelächter zu machen, die, wenn sie wirklich Philosophen sind, die Achtung des Publicums verdienen. Alles hat in dieser Comödie außerordentlich geschienen: der Plan des Stücks, die Ausführung, die nachdrückliche und reine Schreibart, der satyrische Ton, der erstaunliche Beyfall, die öftern Vorstellungen, und der ungewöhnliche Zulauf der Zuschauer. Es schien, als ob die, die der Verfasser vor Augen gehabt, Leute im öffentlichen Bannen wäre, und jetzt der Nation und dem ganzen Europa Ehrenerklärung und Abbitte thun sollten. Man hat sie, dieser Beleidigung wegen, durch andere beißende Schriften rächen

einer Geſellſchaft mit der andern. 135

chen wollen; aber die Satyre iſt einigen dieſer
Verfaſſer gar übel bekommen.

Vielleicht wäre, ohne die Philoſophen, die
Schottländerinn nie zum Vorſchein gekommen.
Die erſte gab noch zu verſchiedenen andern kleinen
Gefechten Gelegenheit, die ziemlich hitzig waren,
und zu einer Menge kleiner Schriften unter mancherley ſonderbaren Titeln Anlaß gaben. Alle
dieſe luſtigen Spöttereyen, die mehrentheils unter
einſylbichten Namen erſchienen, ſind bekannt genug. Man hat ihnen die Ehre erwieſen, ſie unter dem Titel: Facéties Pariſiennes, zu ſammeln,
und heraus zu geben. Seit der Herausgabe
dieſer Sammlung ſind noch eine Menge Schriften dazu gekommen, womit man ſie anſehnlich
vermehren könnte.

Die Encyclopädie, dieſes Gebäude, das man
zur Ehre der Nation und des menſchlichen Ver-
ſtandes aufzuführen beſchloſſen hatte, würde den
Beyfall der Regierung gewiß beſtändig verdient
haben, wenn es nichts anders, als die Künſte und
Wiſſenſchaften, zum Grunde gehabt hätte. Da
es aber zum Theil mit auf die Politic und Theologie gebauet war, mußte es nothwendig über den
Haufen fallen. Wie kam es, daß die Verfaſſer dieſes nicht voraus ſahen? Und was
für einen Vortheil würden ſie nicht gehabt haben, wenn ſie dieſe beyden Stücke ausge-
ſchloſſen hätten! Da der Materien weniger
geworden wären, ſo würde das Werk eher

J 4

zur Vollkommenheit haben können gebracht werden, da es ietzt, der Menge der auserlesenen Mitarbeiter ohngeachtet, für nichts anders, als ein unvollendetes Werk, angesehen werden kann. Es hat besonders einen grossen Fehler; nämlich die Vermischung der Schreibart, die in einigen Artickeln stark und declamatorisch, in andern matt und weitschweifig, so wie in andern wieder mit Sentenzen und Anführungen aus andern überhäuft ist. Es sind fast so viel verschiedene Systeme darinne, als verschiedene Schriftsteller daran gearbeitet haben. Die Uebereinstimmung aller Theile eines Ganzen macht seine Vollkommenheit aus.

Zweyte

Zweyte Abtheilung.
Streitigkeiten einzelner Personen mit einer ganzen Gesellschaft.

Clemens Marot mit der Sorbonne.

Dieser Dichter ward im J. 1495 zu Cahors geboren. Er war in seiner Jugend Page bey der Prinzeßinn Margaretha, Gemahlinn des Herzogs d'Alenson, und Schwester Franciscus des Ersten. Dieser Monarch machte ihn hernach zu seinem Kammerdiener. Clemens Marot hatte bey der unglücklichen Schlacht bey Pavia das Unglück, bleßirt und gefangen zu werden, wie er es selbst in einem Briefe in Versen an seine Maitresse berichtet. Die Liebe zum

Va-

Vaterlande ward damals bey ihm sehr lebhaft; er kam aber nur wieder nach Frankreich, um daselbst ein weit härteres Schicksal zu erdulden.

Es geschahe um eben die Zeit, als Luther eine Veränderung in der Religion vornahm, welche fast den ganzen Norden eingenommen hatte. Man besorgte mit Recht, daß sie auch in Frankreich Wurzel fassen möchte. Die Andächtigen wollten nichts verabsäumt haben, um diesem Uebel Einhalt zu thun. Sie thaten alle Tage Vorstellungen darüber. Franz I, glaubte, daß er ihrem Eifer etwas zu Gefallen thun müsse; er errichtete eine Art von Gerichtshof zu den Sachen der Religion, und machte einen Doctor der Sorbonne, Namens Bouchard, zum Präsidenten. Diesem mistrauischen und strengen Manne ward aufgetragen, die Klagen wider die des Lutherthums Verdächtigen anzuhören.

Seine erste Sorgfalt war, in alle Gegenden der Stadt Paris Spione auszuschicken, die ihm von allem, was in den Häusern vorgieng, Nachricht bringen mußten. Marot, der außer der Gewohnheit, alles, was er dachte, in Versen zu schreiben oder zu sagen, sich auch in seiner Aufführung keinen Zwang anthat, ward genauer beobachtet, als ein anderer. Da er an einem Festtage seine Maitresse bey sich zu Gäste hatte, kehrte er sich so wenig an das Verbot des Fleischessens, daß er ihr dergleichen vorsetzte. Diese Uebertretung, vor den Augen einer solchen Person, fehlen nicht von Folgen zu seyn. Da aber seine

seine Maitresse durch den Vorwurf der Untreue, den er ihr machte, wider ihn aufgebracht ward, wollte sie, so freygebig sie auch wirklich war, dennoch sehr gewissenhaft scheinen. Sie verklagte nämlich den Marot bey der Inquisition. Der Poet, der überführt war, daß er wider eins der strengsten Gesetze der Kirche gehandelt habe, ward ins Gefängniß geworfen.

Der König, der ein großer Freund der Gelehrten war, saß damals selbst gefangen zu Madrid. Der Poet meldete ihm seinen Zustand; er ermangelte auch nicht, sich auf die Herzoginn d'Alenson zu berufen, in deren Diensten er war. Aber alles dieses half ihm zu nichts. Die Sorbonnisten hatten alles wider ihn eingenommen, und gaben ihn allenthalben für einen Lutheraner oder Calvinisten aus. Der wichtigste Feind des Marot, der Doctor Bouchard, freuete sich, Gelegenheit zu haben, ein Muster an einer berühmten Person aufzustellen. Der Inquisitor ließ ihn dem Criminallieutenant vorstellen.

Marot mußte sich hier seine ungezogenen Schriften und die ärgerlichsten Begebenheiten seines Lebens vorwerfen lassen, und sahe, daß sein Richter alles wußte, was er nicht wissen sollte. Der arme Marot, der über den Ausgang seiner Sache äußerst unruhig war, glaubte, daß er seine Freyheit nicht leichter wieder erhalten könnte, als wenn er sich an die Person selbst wendete, die ihm solche genommen hatte. Er schrieb einen Brief, nach seiner Art, an den

Doctor

Doctor Bouchard, welcher aber nichts ausrichtete. Alles, was Marot durch vieles Bittenlerhielt, war, daß man ihn aus den finstern und ungesunden Gefängnissen des Chatelets in das Gefängniß zu Chartres brachte. Die Gelehrten in dieser Stadt machten sich ein Vergnügen, ja selbst eine Ehre daraus, ihm öftere Besuche zu geben. Die Zeit, die er allein war, brachte er damit zu, daß er entweder selbst Verse machte, oder anderer ihre durchsahe. Hier verbesserte er auch den Roman von der Rose.

Dieses Zeitvertreibs ohngeachtet, war Marot dennoch nicht ruhig. Er verfertigte in seinem Gefängnisse eine Satyre auf die Richter, und gab ihr den Titel, die Hölle. Er malt sie darinne folgender Gestalt ab: „Ich kenne genug „ungerechte Richter zu Paris, die durch Vermit„telung des Geldes, oder angesehener Freunde, „oder aus Gunst und christlicher Liebe zu einem „Mägdchen, das sie demüthig ersucht, das schmu„zige Leben des ärgsten Bösewichts erhalten wer„den, wenn sie dagegen unerbittlich gegen Un„schuldige sind, welche weder Geld, noch Freun„de, noch sonst etwas zu ihrem Besten haben.„

Er kam indeß nicht eher aus seinem Gefängnisse, als bis Franz I wieder auf freyen Fuß gestellt war. Der Poet hatte das Vergnügen, ein Zeuge der Entzückungen Frankreichs, wegen der Zurückkunft seines unglücklichen aber glorreichen Monarchens, zu seyn. Er bezeugte seine Erkenntlichkeit gegen seine Freunde, wegen der Sor-

mit einer ganzen Gesellschaft.

Sorge, die sie während seiner Gefangenschaft für ihn getragen, durch kleine Liederchen. Alle, die die Wissenschaften liebten und trieben, waren erfreut, denjenigen wieder zu sehen, den sie für ihren Meister hielten. Nur die Sorbonnisten und die Richter, denen er in seinem Gedichte so übel begegnet war, ärgerten sich.

Kaum war er wieder auf freyen Fuß, als er seine gewöhnliche Lebensart wieder vornahm; indem er mit dem Ruhme des sinnreichsten, natürlichsten und angenehmsten Schriftstellers seiner Zeit auch noch den Ruf des vollkommensten Epicurers verband. Er war tapfer, ob er gleich ein Poet war. Er entriß ganz allein einen Gefangenen den Händen der Gerichtsdiener; er war aber dabey der unvorsichtigste unter allen Menschen. Seine Verse und beständigen Reden wider die Sorbonne brachten ihn aufs neue in Verlegenheit. Der Criminallieutenant kam zu ihm ins Haus: aber, durch die erste Begebenheit schon gewitzigt, hatte Marot die Flucht ergriffen. Man fand nichts, als seine Bücher und Papiere, welche man wegnahm. Auch dieses Mal nahm er seine Zuflucht zu Franz I. Nachdem er in einem Briefe diesen Monarchen auf eine feine Art gelobt hat, so erzählt er ihm sein Unglück: „Rhadamantus mit seinen Gehül„fen zu Paris hat, als ich zu Blois war, eine „der größten Thaten gegen mich ausgeführt, in„dem er mit gewaltsamer Hand alle meine großen „und unschätzbaren Reichthümer, kostbare Schä-
„tze,

„ße, die der Geiz nicht begehrt, nämlich meine
„Bücher und Papiere, hinweg genommen hat ...
„Es waren zwar verbotene Bücher darunter:
„aber das ist bey einem Poeten kein Verbrechen,
„als welchem man den Zügel lang lassen und nichts
„geheim halten muß.„

Marot, welcher der Religion wegen verfolgt
ward, glaubte sich zu Blois nicht sicher, und
suchte seinen Aufenthalt in Bearn, zu Ferrara,
zu Venedig. Die Herzoginn von Ferrara nahm
sich besonders seiner bey Franz I an. Dieser
Prinz, welcher ihn aufrichtig liebte, und bedauer-
te, daß er den witzigsten Kopf seines Reichs nicht
am Hofe haben sollte, befahl ihm, zurück zu kommen. Marot lebte von der Zeit an zu Paris
ziemlich ruhig, bis er im J. 1543 seine Muse
reformiren wollte.

Statt der freyen und scherzhaften Materien,
die er bisher zu Gegenständen seiner Gedichte
genommen hatte, wählte er nun ernsthafte. Er
zeigte dem berühmten Vatablus einige Versuche
in geistlichen Gedichten. Vatablus wünschte
ihm Glück dazu, und ermahnte ihn, in dieser
Art fortzufahren, wozu er ihm die Psalmen Davids zu übersetzen vorschlug. Dem Marot gefiel dieser Vorschlag, und er führte ihn aus. Er
gab erstlich nur dreyßig Psalmen in französischen
Versen, mit einer Zueignungsschrift an den
König, heraus.

Anstatt

mit einer ganzen Gesellschaft.

Anstatt daß er durch eine solche Unternehmung seine Feinde hätte versöhnen sollen, brachte er sie nur noch mehr auf... Die Sorbonne censirte sein Werk, und that sogar beßwegen Vorstellungen beym Könige, welcher aber nicht darauf achtete, sondern vielmehr den Poeten zur Fortsetzung ermunterte.

Die Hofleute richten sich stets nach dem Geschmacke des Herrn. Kaum hatte Franz I die Uebersetzung der Psalmen gebilligt, als alles am Hofe sie sang. Da sie noch nicht in Music gesetzt waren, so nahm man die Melodien der bekanntesten Gassenliederchen dazu. Florimond de Remond erzählt folgendes von der damaligen Enthusiasterey der Hofleute und Prinzen: „Der „König Heinrich II wählte den Psalm: Wie „der Hirsch schreyet, zu seinem Leibstück, und „sang ihn nach der Weise eines Jagdliedes. Die „Frau de Valentinois wählte sich: Aus der Tie„fen rufe ich, den sie wie einen italienischen Tanz „sang. Die Königinn hatte den Psalm: Herr, „strafe mich nicht, auf eine italienische Oper„melodie erlesen, und der König von Navarra, „Anton, den Psalm: Richte mich, Gott, und „führe meine Sache, den er wie einen „Tanz der Bauern in Poitou sang; und so „die übrigen.„

Diese Psalmen, die damals so viel Aufsehens machten, und die man mit dem Original verglich, erreichten daßelbe bey weitem nicht. Sie sind von jener hinreißenden Stärke, von jenem poetischen

tischen Ausdrucke, der ihren Character ausmacht, noch weit entfernt. War es wohl möglich, daß Marot, dessen ganzes Verdienst in einer gewissen Feinheit und epigrammatischen Wendung bestand, wobey er öfters in eine comische, alltägliche und niedrige Schreibart ausartete, die Harmonie und edle Einfalt der Hebräer erreichen konnte? Er verstand zu dem diese Sprache eben so wenig, als das lateinische. Boileau nennt ihn zierlich; nach des Hn. von Voltaire Meynung aber sollte man ihn lieber natürlich nennen.

Die Sorbonne hätte bey so vielen Unvollkommenheiten der Psalmen des Marot sicher seyn können, daß sie nicht auf die Nachwelt kommen würden: sie urtheilte aber von ihrem Verdienste nach dem Beyfalle der damals lebenden. Sie that aufs Neue Vorstellungen bey Franz I, daß er das Singen der Psalmen verbieten sollte, und Marot machte aufs Neue Satyren auf sie, damit sie ihn zufrieden lassen sollte. Er sagte darinne, daß die Sorbonne ihm nur beßwegen gram sey, weil er ihr die Maske abgezogen; er nennt sie die unwissende Sorbonne, und erklärt sich darüber gegen Franz I ausführlich, um ihn auf seine Seite zu ziehen.

Er will gern ein Opfer der sorbonnischen Wuth werden, wenn die Kirche dadurch von den Vorurtheilen derselben befreyet werden kann. Bayle zweifelt, daß Marot seinen Eifer so weit sollte getrieben haben; er zweifelt aber nicht, daß
diese

diese Doctors die Barbarey auf alle Weise zu unterhalten suchten. „Dieser Theil des sechzehnten Jahrhunderts, setzt er hinzu, wird ein „ewiger Schimpf für die Sorbonne seyn, in „Betrachtung der Aufführung, die sie dabey zeigte."

So künstlich auch die Verse des Marot an Franz I gewendet waren, so ließ er sich doch nicht hintergehen. Die Vorstellungen der Sorbonne machten ihn nachdenkend, und er verbot die Psalmen. Da dieser Punct der Sorbonne eingeräumt war, so gieng sie weiter, und wollte auch den Verfasser exemplarisch bestraft wissen. Die Sachen konnten für den Marot nicht schlimmer laufen; er entflohe daher im J. 1543 nach Genf.

Von hier aus setzte er den Krieg wider die Sorbonne fort. Er gab noch zwanzig andere Psalmen heraus. Diese Fortsetzung ward mit eben dem Beyfalle aufgenommen. Marot ist nicht weiter fortgefahren; die hundert Psalmen, die noch fehlten, sind vom Theodor Beza übersetzt worden.

Man setzte die marotischen Psalmen in Music, und sie erhielten dadurch ein neues Verdienst. Paris, Genf und London sang diese Gesänge. Man fand endlich, da man sie überall und gern sang, nichts mehr an ihnen zu tadeln. Die Sorbonne selbst, die unter Franz I sich so sehr darüber geärgert hatte, billigte sie

gel. Streit. IV Th. K unter

unter Carl IX. Das Privileglum lautet: „Wir
„Endes Unterschriebene, Doctoren der Theolo-
„gie, versichern hiermit, daß wir in einer gewis-
„sen uns vorgelegten Uebersetzung der Psalmen,
„die mit dem acht und vierzigsten: Groß ist
„der Herr, anfängt, und mit dem letzten: Lo-
„bet den Herrn, sich endigt, nichts dem catho-
„lischen Glauben zuwider, sondern alles demsel-
„ben, und dem hebräischen Grundtexte gemäß
„gefunden haben. Zu Beglaubigung dessen
„haben wir gegenwärtiges eigenhändig unter-
„schrieben, den 16 October. Joh. de Sa-
„lignac Viboult.

Die Psalmen wurden in Spanien, so wie
in Frankreich, gebilligt. Endlich erklärte sie
selbst der Pabst dem hebräischen Texte gemäß.

Marot ward gerechtfertigt; aber zu spät.
Das Misvergnügen, von seinem Vaterlande entfernt zu seyn, machte seinen Aufenthalt sehr traurig. Man giebt vor, daß er daselbst zum Tode
verurtheilt gewesen, weil er mit seiner Wirthinn
Ehebruch getrieben, und daß er der Strafe nur
auf Vorbitte des Calvinus entgangen sey, welcher es dahin brachte, daß die Todesstrafe in
einen Staupbesen verwandelt ward. Diese Geschichte ist eine Erdichtung der Feinde des Marot. Er verließ Genf in keiner andern Absicht,
als weil ihn einige vertraute Freunde nöthigten,
nach Turin zu kommen. Er starb bald nach
der Ankunft in dieser Stadt im J. 1544, in
einem Alter von neun und vierzig Jahren. Man
be-

begrub ihn in der St. Johanniskirche, und setzte ein Epitaphium auf sein Grab, das heut zu Tage ganz unleserlich geworden. „Hier liegt im „Schooße seiner Mutter der Homer und Vir„gil der Franzosen. Hier ruhet der, der unter „den Versmachern seines Gleichen nicht hatte. „Hier liegt mit wenig Erde bedeckt, der, der „ganz Frankreich mit seinen Werken bereicher„te. Hier schläft ein Todter, der stets leben„dig seyn wird, so lange Frankreich französisch „sprechen wird. Kurz, es liegt, ruhet und „schläft an diesem Orte, Clemens Marot von „Cahors in Quercy.„

Buchanan
und
die Franciscaner.

George Buchanan ward in Schottland im Februar des J. 1506 geboren. Er kam in einem Alter von vierzehn Jahren nach Paris, um allda zu studiren. Armuth und Krankheit nöthigten ihn zwar, nach seinem Vaterlande wieder zurück zu gehen; aber er behielt stets eine Liebe zu Frankreich. Er fand Mittel, bald wieder nach Frankreich zu kommen. Einige lateinische Gedichte, die er nach seiner Ankunft verfertigte, machten ihn bey der ganzen Universität zu Paris bekannt. Er ward Professor an dem Collegio der heil. Barbara, und des Cardinals le Moine. Er ist unstreitig unter den Neuern einer von denen, welche die Sprache der Römer am besten geschrieben haben. Wir haben nichts in den Gedichten des Vallius, Sibronius, Sarbievius, Commire, Rapin und Vaniere, was man seiner poetischen Uebersetzung der Psalmen Davids vorziehen könnte. Buchanan hatte sie als eine Gefangener in einem portugiesischen Kloster verfertigt. Der Dichter Nicolaus Bourbon zog diese Uebersetzung dem Erzbischofthume zu Paris vor, so wie Passerat die Ode des Ronsard an den Kanzler de l'Hopital dem Herzogthume Mayland vorzog, und Julius Scaliger lieber die neunte Ode des dritten Buchs im Horaz gemacht haben, als König in Persien seyn wollte.

Buchanan kehrte im J. 1534 zum zweyten Male nach Schottland zurück. Die Franciscaner wurden daselbst für sehr große Lateiner gehalten, daß man sogar im Sprichworte sagte: Er redet Latein, wie ein Franciscaner. Dieser alte Lobspruch ist heut zu Tage zur Ironie geworden. Buchanan wollte diesen vortrefflichen Lateinern wenigstens nichts nachgeben. Um zu zeigen, daß er es mit ihnen aufnehmen könne, machte er wider die Franciscaner eine Satyre, unter dem Titel: der Traum. Er erzählt, daß ihm der heil. Franciscus von Assiso im Schlaf erschienen sey, und zwar, um ihn zum Eintritt in seinen

Orden

mit einer ganzen Gesellschaft. 149

Orden zu bewegen; daß er aber diese Anforderung sogleich verworfen, weil er sich zum Klosterleben gar nicht schicke. Er kömmt hierauf auf das Capital der Mönche zu reden, und begegnet ihnen sehr unbarmherzig. Es haben einige geglaubt, daß er selbst ein Franciscanermönch gewesen, und davon gelaufen seyn müsse, weil er eine so gar häßliche Abschilderung von ihnen macht. Buchanan aber giebt nirgends zu dieser Vermuthung Anlaß.

Die Franciscaner ärgerten sich sehr über die Satyre, und antworteten durch andere Satyren darauf. Der Krieg warb demnach förmlich angekündigt. Er war schon einmal beygelegt, als ihn Jacob der V, König in Schottland, wieder rege machte. Er hatte die Franciscaner, wegen einer Zusammenverschwörung gegen ihn, im Verdacht. Der Monarch hätte sich auf eine schreckliche Weise an ihnen rächen können; er suchte aber nur sie lächerlich zu machen. Er übergab die Sache dem Buchanan, und befahl ihm, wider die Franciscaner zu schreiben.

Man wird sich vielleicht nicht vorstellen, daß dieser Antrag den Buchanan in Verlegenheit gesetzt habe, da er ohnedem die Franciscaner aufs äußerste haßte. Es war ihm aber im vorigen Kriege mit ihnen nicht zum Besten gelungen. Um nun dem Könige seinen Gehorsam zu zeigen und auch die Bescheidenheit zu beobachten, die er sich, in Ansehung der Franciscaner, vorgesetzt hatte, gab er eine ganz gelinde Schrift, voll zwey-

deut-

deutiger Ausdrücke heraus, die man, im Fall der Noth, auch im guten Verstande nehmen konnte. Was geschahe? Weder der König, noch die Franciscaner waren damit zufrieden. Buchanan änderte hierauf den Ton, und that alles, um die Gunst des Hofes zu verdienen. Er gab seinen Franciscaner a) und seine sehr brüderlichen Brüder b) heraus; Stücke, die weit anzüglicher waren, als sein Traum. Der Verfasser stellt darinne die Betrügereyen und Ausschweifungen, die man den Mönchen insgemein Schuld giebt, sehr lebhaft vor. Man muß gestehen, daß diese Vorstellungen, die an und für sich wenig Angenehmes haben, stets durch die Art des Ausdrucks gefallen. Er scherzt zum Ex. über die Gewohnheit, sich im Tode in einen Mönchshabit kleiden zu lassen. c) „Wie ists möglich, in der Mönchskutte selig zu sterben, da niemand in derselben rechtschaffen lebt?„

Um einen richtigen Begriff von der Poesie des Buchanans zu geben, dürfte man nur die Beschreibung anführen, die er von der Art macht, wie der heil. Franciscus das Feuer der Liebe auslöschte, und die Geschichte des Mägdchens, das, als ein Franciscaner gekleidet, auf der Garonne

von

---

a) Franciscanus.
b) Fratres fraterrimi.
c) — — — Beati
Qui fit ut moriamur in cucullo,
Cum nemo bene vivat in cucullo.

von Toulouse nach Bourbeaux fuhr, wo sie auf dem Schiffe ein Kind zur Welt brachte, und durch das Schreyen desselben verrathen ward. Einige erstaunten, und glaubten kaum, was sie gehört hatten; andere lachten, und noch andere wollten den Mönch, die Mutter und das Kind ins Wasser werfen, und dadurch den Zorn des Himmels besänftigen. Die Erzählung endigt sich mit folgenden sehr viel sagenden Versen: a) „Ein mitleidiger und nachsichtiger Zuschauer sucht die „Schande zu verhehlen, und verzeihet gütig einen „Fehler, da er gelernt hat, was menschliche „Schwachheiten sind, und, in dem Falle eines „andern, sein eigenes Unvermögen erkennet." Außer seinen Satyren, die zwar sinnreich, aber zugleich übertrieben waren, verfertigte Buchanan auch verschiedene Sinngedichte wider die Franciscaner. Indem er diese lächerlich machte, griff er zugleich auch einige andere Mönche an. Von dem Augenblicke an waren alle geistliche Orden wider ihn. Der Cardinal, David Beton, Erzbischof zu St. Andreas, stellte sich ihnen an die Spitze. Er wollte, daß man sie an einem Manne rächen solle, den er für einen Feind der Kirche hielt, weil es Buchanan von einigen Mönchen war.

b) Si quis adest animi plus et moderatior irae
Occultare cupit facinus, parcitque benignus
Errori, humanos prudens expendere lapsus,
Agnoscitque suas alieno in crimine vires.

Zum Unglück für den Dichter waren bey seiner Neigung zur Satyre seine Sitten sehr verderbt. Er hatte seine Jugend in allen Lastern zugebracht. Man nannte ihn insgemein einen schändlichen Sclaven des Bacchus und der Venus. Er hat öffentlichen Huren Lobreden gehalten. So schlecht nun seine Sitten waren, eben so waren es auch seine Grundsätze. Zu Paris ward er ein Lutheraner. Man versichert, daß er einst in der Fastenzeit das Osterlamm nach jüdischer Art gegessen habe. Die Mönche und ihr Beschützer, der Cardinal Beton, machten sich seine schlechte Aufführung zu Nutze, um ihn beym Könige verhaßt zu machen. Man stützte sich besonders auf die Gefahr, einen offenbaren Ketzer in Schottland zu haben. Der Cardinal erhielt endlich einen Befehl vom Hofe, ihn in Verhaft nehmen zu lassen. Buchanan ward ins Gefängniß gesetzt im J. 1539; er fand aber Gelegenheit, zu entkommen und nach England zu entfliehen. Doch hier konnte er ebenfalls nicht bleiben, da er hörte, daß man sowohl die Anhänger Roms, als der neuen Religion, verbrannte. Er kam wieder nach Frankreich, wandte sich hernach nach Portugal, kehrte wieder nach Paris zurück, und zog so voller Unruhe von einem Lande zum andern, bis er im J. 1563 sich wieder in Schottland sehen ließ, und allen Franciscanern und Mönchen Trotz bot.

Fünf Jahre darnach ward er zum Lehrmeister des Königs, Jacobs VI, ernannt. Die Königinn

ginn Maria Stuart war es, die ihn zu dem jungen Prinzen brachte. Sie hatte sich stets sehr gnädig und wohlthätig gegen ihn bezeugt; gleichwohl ist es eben diese Königinn, gegen die er nach der Zeit am heftigsten loszog, und Schmähschriften in Menge heraus gab, um den Aufruhr des Grafen von Murray zu unterstützen. Diese Undankbarkeit hängt dem Andenken des Buchanans einen unauslöschlichen Schandfleck an. Seine Geschichte von Schottland, in welcher man das Glänzende des Sallustius mit dem Angenehmen des Livius vereint zu finden meynt, ist ein Werk der Unverschämtheit, und eine bloße Satyre wider die Maria. Er redet darinne ohne Zurückhaltung von der vorgeblichen Schamlosigkeit, welche das Frdulein de Reres nachahmte und begünstigte. Diese Pfeile, von einer geschickten Hand abgedrückt, haben unglücklicher Weise getroffen, und treffen noch. Barclajus und verschiedene andere Schriftsteller haben sich vergebens wider diesen Geschichtschreiber aufgemacht. Ihre schlechten Werke haben die abscheulichen Schmähschriften wider eine Königinn, die achtzehn Jahr in England gefangen saß, die siebzehnmal ihr Gefängniß veränderte, und endlich unter den Händen des Scharfrichters starb, nicht unterdrücken können.

Buchanan erzog seinen Schüler im Hasse gegen Rom und die Francifcaner. Er kleidete sich, wenn er ihn strafen wollte, als ein Franciscaner an, und zeigte sich ihm in dieser Gestalt.

ſtalt. Buchanan ſtarb endlich zu Edimburg den 18 September 1582, in einem Alter von ſieben und ſiebzig Jahren.

Man wußte von der Art, wie er ſein Leben beſchloß, tauſend lächerliche Hiſtörchen zu erzählen. Der Jeſuit Garaſſe, der ſie für wahr hielt, hat ſie folgender Geſtalt erzählt. Die Erzählung iſt zwar ein wenig lang; aber ich glaube, daß man ſie gern leſen wird. „Nachdem dieſer „ausgelaſſene Menſch ſeine Jugend in allen Wol„lüſten zu Paris und Bourdeaux zugebracht hat„te, wo er ſich mehr um Freſſen und Saufen, um „die Schenken und Wirthshäuſer, als um den „Lorbeer des Parnaſſus bekümmerte, und endlich „gegen das Ende ſeiner Tage nach Schottland „zum Unterricht des jungen Prinzen zurück geru„fen ward, fuhr er in ſeiner lüderlichen Lebensart „mit Saufen ſo tapfer fort, daß er endlich waſ„ſerſüchtig ward, ob man gleich im Scherz von „ihm ſagte, daß er nicht Waſſer, ſondern Wein „unter der Haut haben müſſe. Er hörte „auch, ſo krank als er war, mit Saufen „nicht auf.

„Als ihn die Aerzte beſuchten, fragte er ſie, „wie lange er noch leben könnte, wenn er nicht „mehr tränke. Fünf bis ſechs Jahr, antworte„ten ſie. Gehet, rief er, mit euren Verordnun„gen und mit euerer Diät! ich will lieber drey „Wochen lang mich alle Tage beſaufen, als ſechs „Jahre lang nicht viel auf einmal trinken. So „bald er nun die Aerzte fortgeſchickt hatte, ließ er
„ſich

„sich eine gantze Tonne Wein oben an sein Bette
„setzen, welche er vor seinem Tode bis auf den
„Boden auszuleeren sich vorgesetzt hatte, und wo-
„mit er sich auch so tapfer hielt, daß nichts als
„die Hefen darinne blieben.

„Die Geistlichen richteten nichts mehr bey ihm
„aus, als die Aerzte. Sie besuchten ihn, da er
„den Tod vor Augen und das Glas in der Hand
„hatte, um ihn vorzubereiten, und mit einigen
„Empfindungen der Religion sterben zu sehen.
„Einer von ihnen verlangte das Gebet des Herrn
„von ihm zu hören; er sahe darauf den Geistli-
„chen starr an, und fragte, was das wäre. Man
„antwortete ihm, daß es das Vater unser sey,
„und daß, wenn er dieses Gebet nicht gelernt hät-
„te, er nur ein anderes christliches Gebet hersa-
„gen sollte, damit er als ein frommer Mensch stür-
„be. Ich, sagte er in einem dreusten Tone, ha-
„be nie ein anderes Gebet gekannt, als das: a)
„Cinthia hat zuerst mit ihren Blicken mich Un-
„glücklichen eingenommen, da ich zuvor noch kei-
„ne Begierden kannte. Und kaum hatte er zehn
„oder zwölf Verse aus dieser Elegie des Properz
„hergesagt, als er zwischen den Weingläsern und
„Kannen verstarb.„

Einige andere Schriftsteller berichten, daß ihn
ein Prediger in seinen letzten Augenblicken mit
des **Plinius Naturgeschichte** in der Hand
gefun-

a) Cinthia prima suis miserum me cepit ocellis,
 Contractum nullis ante cupidinibus.

gefunden, ihm dieses Buch genommen und die Bibel dafür gegeben habe. Buchanan aber habe sie weggeworfen und gesagt: „Gehet, ich fin„de im Plinius mehr Wahrheiten, als in allen „neuern Schriften.„

Man muß diese Erzählungen aber alle als Fabeln verwerfen, und sich bloß an ein Schreiben des Buchanan an seinen vertrauten Freund Elias Vinet halten. Thuanus hatte dasselbe gesehen und gelesen. Man erkannte darinne die zitternde Hand eines sterbenden Alten, dessen Seele aber voll philosophischer Standhaftigkeit war. Buchanan beschwerte sich darinne mehr über den Ueberdruß des Lebens, als über die Ungemächlichkeiten des Alters. Er sagte, daß er den Hof mit der Einsamkeit zu Sterlin vertauscht habe, um mit dem wenigsten Geräusche sich aus einer ungleichen Gesellschaft, das ist, als ein Todter sich von den Lebenden zu entfernen. a)

b) Hoc unum satago, ut quam minimo cum strepitu ex inaequalium meorum, hoc est, mortuus e vivorum contubernio dimigrem.

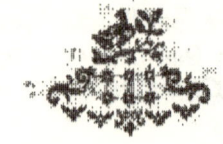

Tasso

Tasso
mit
der Academie della Crusca.

Es ist ohne Zweifel für die Gelehrsamkeit schon ein nachtheiliger Umstand, wenn ein Gelehrter dem andern nicht Gerechtigkeit wiederfahren läßt: nichts aber ist derselben schädlicher, als die offenbare Ungerechtigkeit einer ganzen Gesellschaft, welche, anstatt gute Köpfe zu ermuntern, sich alle Mühe giebt, sie zu unterdrücken. Die berühmte Academie della Crusca zu Florenz ist ein augenscheinlicher Beweis davon. Sie wird sich in den Augen der Verehrer des Tasso nie wegen ihres Eifers gegen einen der größten italienischen Dichter rechtfertigen können.

Surrento ist der Geburtsort des Torquato Tasso. Sein Vater hieß Bernard Tasso, und die Mutter Portia de Rossi. Er kam im J. 1544 zur Welt, und konnte sich rühmen, sowohl von väterlicher als mütterlicher Seite von einer berühmten Familie abzustammen. Seine Großmutter war eine geborne Cornaro, und es ist bekannt, daß eine edle Venetianerinn keinen Mann vom Mittelstande heirathet. Die Familie des Tasso war seit langen Zeiten eine der angesehensten in Italien gewesen; aber unser Dichter sahe nichts

nichts mehr von dieser alten Herrlichkeit. Sein Vater, der schon während der Abnahme seines Hauses auf die Welt gekommen war, hatte sich bey dem Fürsten von Salerno in Dienste begeben, der nach der Zeit durch Carl V um sein Fürstenthum gebracht ward. Eben diese Ergebenheit gegen den Fürsten von Salerno ist die Gelegenheit zu dem Streite zwischen dem Torquato Tasso und der Academie della Crusca gewesen.

Die Neapolitaner hatten dem Fürsten von Salerno aufgetragen, bey Carln V wegen der Rechte ihrer Nation Vorstellungen zu thun. Dieser Auftrag war kützlich. Der Fürst zog den Tasso und einen Florentiner, Namens Martelli, zu Rathe, ob er ihn annehmen oder ausschlagen sollte. Martelli rieth, den Antrag auszuschlagen; Bernard Tasso aber, der erhabenen Geistes, entschlossen und beherzt war, meynte, daß der Prinz die Wahl der Neapolitaner bestätigen, und den Auftrag annehmen solle. Dieser Streit ward in ganz Italien bekannt, und ein ieder sprach nach seinem eigenen Vortheile davon. Torquato Tasso suchte alle Stimmen für die Meynung seines Vaters zu vereinigen.

Er verfertigte in Eil eine Schrift unter dem Titel: a) Gonzaga, oder das erlaubte Vergnügen. In dieser Schrift, die in die Gestalt einer

---

a) Il Gonzaga o vero del piacer honesto.

einer Rede eingekleidet ist, legt Tasso alle die Gründe vor, die den Fürsten von Salerno bewegen könnten, eine so spitzige Commission anzunehmen oder auszuschlagen. Er zeigt, daß sein Vater Bernardo seine Ergebenheit gegen den Prinzen nicht besser an den Tag legen könnte, als durch das, was er ihm anrieth. Dem Florentiner, Martelli, wird dagegen in dieser Rede sehr übel begegnet. Die Acadamie della Crusca würde wider den Tasso noch nichts gehabt haben, wenn er nicht die ganze Nation der Florentiner eben so heftig angegriffen hätte, als den Martelli.

Torquato legte diese Worte seinem Vater in den Mund: „Neapolis ist nicht so, wie Florenz, „eine Stadt von Bürgern und Kaufleuten. Man „kann von dem Rathe zu Neapolis eben das sa„gen, was Eineas von dem römischen Rathe zum „Pyrrhus sagte, daß er eine Versammlung von „Königen sey. Der neapolitanische Adel ist „nicht mit dem Pöbel und Handwerksleuten „der Stadt Florenz zu vergleichen, die ein Sa„vonarola durch seine unsinnigen Reden zum Auf„ruhr brachte.„

Dieser Ausfall auf die Florentiner beleidigte sie auf eine empfindliche Weise. Sie waren zuvor schon auf den Tasso ungehalten, da er in einer Vergleichung der Schönheiten Frankreichs und Italiens, der Stadt Florenz mit keinem Worte erwähnt hatte. Dieses vorsetzliche Stillschweigen ward von allen Florentinern als eine

Beleidigung angesehen. Besonders nahm sich die Academie della Crusca der Sache an. Sie rühmte sich, daß ihr Land das fruchtbarste an großen Männern sey. Es ist vielleicht keine Academie, die größere Anforderungen macht, als diese. Ihrer Meynung nach sollte der Beyname a) della Crusca dem Tasso schon Ehrerbietung eingeflößt, und ihm ein Stillschweigen auferlegt haben. Unterdessen ließen sie den Verdruß über einen Verwogenen nicht gleich merken, sondern warteten auf eine andere Gelegenheit, wo sie ihn ausbrechen lassen wollten.

Der berühmte Pellegrini gab ihnen diese Gelegenheit. Er hatte ein Gespräch über das epische Gedicht gemacht. Er stellte darinne eine Ver-

a) Bedeutet Kleyen, und alles, was von dem Mehle zurück bleibt, wenn es gesiebt wird. Die Academie wollte durch diesen Namen zu erkennen geben, daß sie sich besonders bestrebe, die italienische Sprache zu reinigen. Der Ort, wo sich die Mitglieder versammeln, ist mit Devisen und Anspielungen auf das Wort Crusca geziert; iedes Mitglied wählt auch einen darauf sich beziehenden Namen. Die Stühle sehen wie Brodtkörbe, und die Lehnen daran wie Mehlschaufeln aus. Die großen Stühle sind den Körben ähnlich, in denen man Getraide aufhebt. Die Küssen auf den Stühlen der vornehmsten Academisten sind von grauem Atlas, und wie Säcke gemacht. Auch die Leuchter, auf die man die Lichter setzt, haben die Gestalt der Mehlsäcke.

Vergleichung zwischen dem rasenden Rolande des Ariosto, und dem befreyeten Jerusalem des Tasso ꝛc. Die Schönheiten und Fehler beyder Gedichte wurden mit einander verglichen, und dem letztern vor dem erstern der Vorzug zugesprochen. „Das Gedicht des Roland, sagte „er, ist einem großen und weitläuftigen Pallaste „gleich, dessen prächtige Zimmer allenthalben mit „kostbarem Marmor gezieret sind, und von Golde „und Azur glänzen; der aber wider alle Regeln „der Kunst gebaut, und nur die Einbildungs-„kraft der Unwissenden zu verblenden fähig ist: „da hingegen das befreyte Jerusalem einem „weniger weitläuftigen, aber weit besser eingerich-„teten Pallaste ähnlich ist. Die Zierrathen sind „daran nicht ohne Wahl verschwendet; sie „sind verhältnißmäßig und mit Geschmack an-„gebracht. Es ist ein vollkommen regelmäßi-„ges Gebäude, welches den Kennern unge-„mein gefällt.„

Dieses Urtheil des Pellegrini mißfiel der Academie zu Florenz gar sehr. Sie wollte den Ariosto über den Tasso erhoben haben. Ihr Secretair, Sebastian de Rossi, mußte den Pellegrini widerlegen, und Rossi, der als ein sehr junger Mensch zu diesem wichtigen Platze gelanget war, suchte sich durch Handlungen hervor zu thun, welche Aufsehen machten. Er schrieb demnach dreust wider den Tasso, und trug kein Bedenken, die Fehler desselben zu vergrößern, da er versichert war, daß er den Beyfall seiner Gesellschaft gewiß haben

haben würde. Er kehrte demnach die Lobeserhebung gerade um. „Das Gedicht des Ariosto, „sagte er, ist ein sehr regelmäßiger Pallast, wel„cher vor dem Gedichte des Tasso alle Zierrathen „und Schönheiten voraus hat, welche Pellegrini „diesem zugesteht: da hingegen das befreyte Je„rusalem ein sehr elendes, kleines, enges und „zerrissenes Gebäude ist, welchem es überall an „Zierde und Proportion fehlet, so, daß es den „elenden Hütten ähnlich sieht, welche zu Rom „neben den prächtigen Bädern des Diocletians „stehen. Ein einziges Zimmer des vom Ario„sto aufgeführten Pallasts ist dem ganzen Ge„bäude des Tasso vorzuziehen. Die kleinste „Episode im Roland ist mehr werth, als das „ganze Jerusalem. Kurz, es ist unter den bey„den Gedichten eben der Unterschied, als unter „dem Scheine der Sonne und einer kleinen „Lampe.

Die Critic des Rossi war so unverschämt, sowohl in Ansehung der Parteylichkeit, als auch der persönlichen Beleidigungen gegen den Tasso, daß selbst diejenigen, die sie verlangt hatten, sie allzu heftig fanden. Verschiedene academische Mitglieder traten nun von der allgemeinen Zusammenverschwörung ab, und namentlich Leonard Salviati. Dieser Academiker brachte noch einige andere auf andere Gedanken, und bemühete sich, mit ihnen gemeinschaftlich die Ehre der Academie zu retten. Er hatte alle Ursache zu fürchten, daß Pellegrini, den die Academie zu widerlegen

gen befohlen hatte, die Feder wieder ergreifen und die Spötter auf seine Seite ziehen möchte. Salviati ließ durch einen gemeinschaftlichen Freund geschwind an den Pellegrini schreiben, und ihn von der Gegenantwort abmahnen; aber es war zu spät. Pellegrini hatte schon geantwortet. Doch war die Art, wie er sich an der Academie, wegen der in ihrem Nomen verfertigten Widerlegung, gerochen hatte, sehr bescheiden. Er hatte gesagt, daß die Academiker in dem auf ihren Befehl verfertigten Werke keine andere Absicht gehabt hätten, als sich zu belustigen, und ihren Witz in Behauptung der allersonderbarsten Sätze zu zeigen. Diese Ironie beleidigte den Rossi mehr, als man glauben kann. Er ließ ein Schreiben herum gehen, in welchem er versicherte, daß er nichts behauptet habe, was er nicht im Ernste gemeynt. Er führte das Urtheil, das er gefällt hatte, so wie die Klagen der Florentiner wider den Tasso, zum Bewegungsgrunde an. Alles dieses, wie man leicht vermuthet, geschahe nicht ohne viel Bitterkeit, um den Verfasser des befreyten Jerusalems und seinen Apologisten herunter zu setzen. Es nahmen auch noch verschiedene andere Schriftsteller die Partey für oder wider den Poeten; so, daß ganz Italien am Ende des sechzehnten und Anfange des siebzehnten Jahrhunderts mit Streitschriften über diese Materie überschwemmt ward.

Tasso allein war es, der von allem nichts hörte, als man sich am heftigsten über sein poetisches Verdienst stritt. Er war damals zu Ferrara im Gefängnisse. Man würde ihn nicht ungestraft angegriffen haben, wenn er dieses Unglück nicht gehabt hätte. Die Herzhaftigkeit war ihm eigen. Er hatte davon schon gegen einen gewissen Camillo Camilli einen Beweis abgelegt, den er zu Venedig zu einem Zweykampfe heraus forderte, weil dieser, in der Einbildung, daß das befreyete Jerusalem noch nicht ganz sey, fünf Gesänge schmierte, und sie eine Fortsetzung dieses Gedichts nannte. Camilli furchte so sehr sich gegen einen der besten Degen seiner Zeit zu messen, daß er lieber eine Tracht Schläge vom Tasso annahm, als sich auf die Ausforderung desselben einließ. Tasso würde deswegen viel Ungelegenheit gehabt haben, wenn der Rath zu Venedig ihm nicht in Ansehung seiner großen Verdienste eine so gewaltsame That vergeben hätte.

Das Geschrey der Streiter, die entweder für oder wider ihn fochten, drang endlich bis zu seinem Gefängnisse durch. Es gieng ihm sehr nahe, daß er seinen poetischen Ruhm, diesen eingebildeten Trost in wirklichen Unglücksfällen, von allen Seiten angegriffen sehen sollte. Er gab sich alle Mühe, sein trauriges Schicksal sich aus dem Sinne zu schlagen, und war nur bedacht, das zu retten, was ihm auf der Welt das liebste war. Er verband sich mit seinen Freunden,

ergriff

mit einer ganzen Gesellschaft.

ergriff die Feder und schrieb eine doppelte Vertheidigung; eine über sein Gedicht, die andere über seine Person. In dieser zweyten Abtheilung rechtfertigte er sich wegen der Vorwürfe, die ihm die Florentiner machten.

Der Secretair der Academie della Crusca, dieser geschworne Feind des Tasso und seines Vertheidigers Pellegrini, fuhr in den Feindseligkeiten fort: das Publicum aber nahm daran weniger Antheil. Er war endlich der Schriften wider den Tasso, die so häufig zum Vorschein kamen, überdrüßig geworden.

Dieser seltene Geist, dessen Bescheidenheit wenigstens eben so groß war, als seine Talente, der vielleicht der ganzen Academie della Crusca in der Poesie hätte Unterricht geben können, war nicht abgeneigt, sich ihrem Urtheile zu unterwerfen. So sehr auch ihre ewigen Critiken über ihn ausschweiften, so glaubte er doch, etwas zu seinem Unterrichte darinne zu finden. Er verbesserte sein Gedicht nach denselben, oder machte vielmehr ein ganz neues. Tasso hatte sein befreytes Jerusalem in seinem zwey und zwanzigsten Jahre, und also in einem Alter angefangen, wo die Einbildungskraft der Poesie überaus günstig ist; und er verfertigte sein erobertes Jerusalem, als er schon allerhand Widerwärtigkeiten erfahren, und sein Geist mit mancherley Unglücksfällen kämpfen mußte. Das eroberte Jerusalem, das um diese Zeit angefangen, und ganz nach dem Plane der academi-

L 3 schen

schen Aristarchen verfertigt ward, ist daher ein
sehr schlechtes Werk. Anstatt daß sie darüber
mehr beschämt hätten seyn sollen, als Tasso, so
schoben sie vielmehr die Schuld des mislungenen
Versuchs lediglich auf ihn, und gaben sein Talent für sehr mittelmäßig aus. Sie machten
sogar keinen Unterschied zwischen dem befreyten
und dem eroberten Jerusalem; sondern von
beyden Gedichten schienen ihnen eins so schlecht,
als das andere.

Rossi nahm daher Gelegenheit, den Ariosto
destomehr zu loben, und den Tasso weit unter die
elendesten Reimer in Italien zu setzen. Er wiederholte es beständig, „daß das befreyte Jeru-
„salem das schlechteste von allen Werken sey,
„welche je zum Vorschein gekommen sind; daß
„es bloß der Neuheit wegen gelesen, und bald in
„Vergessenheit gerathen würde; daß es ein tro-
„ckenes, armseliges, verstümmeltes, unregelmäß-
„siges, eckelhaftes und unangenehmes Gedicht
„sey; daß die Schreibart desselben zu trocken,
„kurz, frostig und dunkel sey; er tadelte dabey
„noch die niedrigen und pedantischen Vergleic-
„chungen, die rauhen und holprichten Verse
„desselben.„

Die Freunde des Tasso ließen sich auch noch
einige Zeit hören; aber endlich ward ihr Schreyen
durch die Cabale unterdrückt. Einer der größten Dichter seiner Nation ward als ein Reimer
ohne Genie angesehen. Der Schleyer, welcher

aller

aller Augen bedeckte, ward endlich von einer Hand hinweg gezogen, die am ersten das Publicum im Irrthume hätte lassen sollen. Ein Urenkel des Ariosto wagte es, dem Tasso Gerechtigkeit zu verschaffen. Horaz Ariosto, der weniger von der enthusiastischen Neigung der Academie della Crusca gegen seinen Onkel, als von der Verachtung gegen den Tasso gerührt ward, fällte ein Urtheil über diese beyden Poeten. Die Art, wie er sich darüber erklärt, kann nicht richtiger und unparteyischer seyn. „Man kann „diese beyden Dichter, sagt er, nicht mit einan„der vergleichen, da sie einander gar nicht ähn„lich sind. Die Schreibart des einen ist ernst„haft und prächtig; des andern seine aber ist ge„mein und scherzhaft. Tasso ist den Regeln des „Aristoteles gefolgt; Ariosto aber hat nur die „Natur zu seinem Führer gehabt. Tasso, der „sich in seinem Gedichte die Einheit der Hand„lung zur Pflicht macht, hat sich eines beträcht„lichen Vortheils beraubt, nämlich der Mannich„faltigkeit der Vorfälle. Ariosto, der diesen „Zwang nicht kennt, hat dagegen das seinige mit „einer Menge angenehmer Begebenheiten ange„füllt, welche den Leser ungemein belustigen. Sie „haben dem ungeachtet beyde den Zweck erreicht; „sie gefallen alle beyde: aber sie sind auf ganz „verschiedenen Wegen dahin gelangt. Da man „nun schwerlich bestimmen kann, welcher Weg „von beyden der beste sey, so kann man auch die„se beyden Gedichte nicht mit einander vergleichen,

L 4 „noch

„noch entscheiden, welches vor dem andern den
„Vorzug habe."

Auf diese Weise ward Tasso, nach einer langwierigen Verfolgung, und da er so oft das Opfer seiner Feinde und Nebenbuhler ward, aus der Verachtung hervor gezogen, zu welcher man ihn auf immer verdammt hatte. Seine Widerwärtigkeiten machten seinen Ruhm noch ansehnlicher. Man hielt um seine Befreyung aus dem Gefängnisse zu Ferrara an, in welches ihn die Liebe zu zweyen Malen führte. Er hatte sich in die Eleonora d'Este, Schwester des Alphonsus, Herzogs von Ferrara, so heftig verliebt, daß er darüber von Sinnen kam. Eleonora sahe wohl, daß sie ihm in seinen Augen nicht gleichgültig sey, und fühlte ebenfalls die zärtlichste Neigung für ihn. Man darf darüber gar nicht erstaunen. Er besaß alles, wodurch man gefällt: einen liebenswürdigen und einnehmenden Character, eine gute Gestalt, viel Angenehmes im Umgange, eine erhabene Seele, eine überaus feurige Einbildungskraft, und eine besondere Leichtigkeit, gute Verse zu machen.

Nachdem er seine Freyheit wieder erhalten hatte, war er sogleich bedacht, Ferrara, diesen für ihn so angenehmen und zugleich grausamen Ort, zu verlassen. Er durchreisete verschiedene italienische Städte, als Pavia und Neapolis. Man erwies ihm allenthalben große Ehre; aber er hatte Geld nöthig. Seine verschiedenen Begebenheiten hatten ihn in einen kläglichen Zustand

ver-

versetzt. Mehr als einmal hatte er sich schon von allem entblößt, in der Gefahr, Hungers zu sterben, genöthigt, zu Fuße von einer Stadt zur andern zu gehen, mit Lumpen bedeckt, von seinen Beschützern und selbst von denen verlassen gesehen, die er in seinen Gedichten am meisten gelobt hatte. Eine Schwester, die er zärtlich geliebt hatte, vergaß ihn; seine Freunde bemüheten sich seinetwegen um nichts, und glaubten genug zu thun, daß sie ihn beklagten. Endlich aber nahm man sich seiner auf alle Art wieder an. Seine alten Freunde und Beschützer wachten wieder auf. Verschiedene Cardinäle und die größten Prinzen in Italien verehrten um die Wette das größte Genie der Nation, dessen Verse sie heut zu Tage singt, so wie die Griechen die Verse des Homers sangen; den Verfasser eines Gedichts, welches sie der Iliade und Aeneis an die Seite setzt. Clemens VII wollte gleichfalls dem Tasso eine besondere Ehre erweisen, und berief ihn nach Rom.

Dieser Pabst hatte in einer Versammlung von Cardinälen beschlossen, ihm einen Lorbeerkranz zu überreichen, und ihm die Ehre des Triumphs zu geben; eine Ceremonie, die damals eben so ernsthaft und eben so merkwürdig in Italien war, als sie lächerlich in Frankreich scheint. Die beyden Cardinäle Aldobrandini, Nepoten des Pabsts, die sich eine Ehre machten, den Tasso zu bewundern und zu lieben, giengen ihm mit einer großen Anzahl von Prälaten und andern angesehenen Personen bis auf eine Meile weit von Rom entgegen. Er ward beym Pabste zur Audienz geführt, und der Pabst sagte zu ihm: „Ich wün„sche, daß ihr die Lorbeerkrone annehmen möget, „welche bisher allen denen eine Ehre gewesen ist, „die sie getragen haben.„ Die Krönung sollte im Capitolio geschehen. Die beyden Nepoten machten die Zubereitungen dazu. Der Sieg des Tasso war dem Gipfel der Vollkommenheit nahe: aber der Poete, der sein ganzes Leben hindurch unglücklich gewesen war, verfiel in eine tödtliche Mattigkeit während diesen Zubereitungen, gleich als ob das Glück bis ans Ende seiner Tage mit ihm hätte spielen wollen. Diese Mattigkeit kam von verschiedenen heftigen Krankheiten her, die seinen sonst gesunden Körper geschwächt hatten. Er verlor dabey bisweilen die Vernunft, und wenn er sie wieder erhielt, so verfiel er wieder in eine Melancholie und entsetzliche Verzweifelung. Er starb noch den Tag vorher, als er gekrönt werden sollte, im ein und funfzigsten Jahre seines Alters. Wenn ie ein Mensch unglücklich gewesen, so ist er es. Man kann ihn an die Spitze der unglücklichen Dichter setzen, dergleichen Lucanus, Ovidius, Camoens und Milton gewesen. In seiner Jugend ließ er sich zu Padua in die Academie degli Aetherei, unter dem Namen di repentito, aufnehmen, um dadurch anzudeuten, daß er alle Augenblicke bedauere, die er nicht der Poesie gewidmet hatte. Da er nach der Zeit durch sie unglücklich ward,

so

so hätte er, in einem andern Verstande, den Namen eines Poeta repentito annehmen können.

Er übte sich fast in allen Arten, in den Helden-dramatischen und Schäfergedichten. Es sind auch noch eine Menge kleinere Gedichte von ihm übrig, als Lieder, Sonnete, Madrigale, Sinngedichte. Sein größtes Werk aber ist Gottfried, oder das befreyte Jerusalem, das er in Frankreich in der Abtey Thalis verfertigt hat, von welcher der Cardinal d'Este Abt war. Tasso hatte von der Zeit an alle Ursache, mit der Nation zufrieden zu seyn. Er ward auf einer Reise, die er mit dem Nuntius dahin that, von Carl IX mit großer Achtung aufgenommen und mit Wohlthaten von ihm überhäuft.

Einige Mitglieder der Academie della Crusca verfolgten den Poeten bis jenseits des Grabes. Sie erneuerten nach seinem Tode die so lange schon bestrittene Frage über den Vorsitz auf dem italienischen Parnasse, und gaben nochmals dem Ariosto den ersten Platz. Anstatt ihre vorigen Schmähungen zu widerrufen, machten sie es beynahe noch ärger. Das Publicum ward mit übertriebenen und selbst ärgerlichen Critiken überschüttet. Die Anführung der Titel würde schon den geduldigsten Leser ermüden.

Die

Die Zeit, die alle mittelmäßigen Schriften in Vergessenheit bringt, vermehrt die Bewunderung des befreyten Jerusalems von Zeit zu Zeit. Es hat in der That seine großen Fehler. Der Zauberer Ismen, der mit einem Bilde der heil. Jungfrau einen Talisman macht; die Geschichte der Olinde und der Sophronia, Personen, die man für die Hauptcharactere des Gedichts hält, und die doch gar nicht dazu gehören; die zehn christlichen Prinzen, die in Fische verwandelt werden; der Papagoy, der lieber von seiner eigenen Erfindung singt; das Gemische von christlichen und heidnischen Ideen; die Wortspiele und kindischen Spitzfündigkeiten; alles dieses verstellt ohne Zweifel das befreyte Jerusalem. Das aber, was verursacht, daß man dieses Gedicht, der Critiken der Academie zu Florenz und des Despreaux ungeachtet, stets mit Vergnügen lesen wird, ist die Wahl der Materie, das Wahre und Abstechende in den Characteren, die Ausführung des ganzen Werks, die sonderbare Kunst, Begebenheiten vorzubereiten, die geschickte Vertheilung des Lichts und Schattens, das rührende Gemälde der Unruhen des Krieges und der Vergnügen der Liebe, das große Interesse, das von einem Buche zum andern steigt, die deutliche, zierliche, bezaubernde, majestätische oder gemeine, starke oder gemäßigte Schreibart, nachdem es der Gegenstand der Sachen erfordert.

mit einer ganzen Gesellschaft.

Die Zaubereyen, worüber sich heut zu Tage die Engländer und Franzosen gleich lustig machen, trifft man beym Ariosto eben so häufig an, als beym Tasso. Auf der andern Seite muß man aber auch zum Vortheil des Ariosto, und zur Ehre seiner Anhänger gestehen, daß dieser Schriftsteller die feurigste und fruchtbarste Einbildungskraft habe; daß sein Colorit lebhaft und glänzend sey; daß man die Natur in allen seinen Gemälden erkenne, selbst in denen, die sich am weitesten von ihr zu entfernen scheinen. Mit einem Worte, wenn Tasso ein schöneres Gedicht gemacht hat, so ist doch sein Nebenbuhler vielleicht ein größerer Poete.

Gabriel Naudäus
mit den
Benedictinern.

Das Buch von der Nachfolge Jesu Christi war die Materie zu diesem Streite. Der Verfasser hat eben so sorgfältig gesucht, verborgen zu bleiben, als andere suchen, bekannt zu werden. Sein unvergleichliches Werk ist in seiner Art vollkommen. Wir haben nichts von den Alten, was man mit ihm vergleichen könnte. Weder die Trostschreiben des Seneca, noch des Boethius, kommen ihm an Güte gleich. Die Nach-

174 Streitigkeiten einzelner Personen

Nachfolge Jesu Christi ist für den Christen und Philosophen gleich reizend. Dieses Werk ist in alle Sprachen übersetzt, und hat in keiner Uebersetzung etwas verloren, woraus man auf seinen innern Werth schließen kann. Die allerbarbarischsten Völker haben Geschmack daran gefunden. Man sagt, daß es ein König von Marocco in seiner Bibliothec in einer türkischen Uebersetzung gehabt, und es allen andern Büchern zusammengenommen vorgezogen habe.

Je verborgener der Verfasser desselben bleiben wollte, desto begieriger war man, ihn zu entdecken. Die Gelehrten haben sich in Muthmaßungen ganz erschöpft. Die einen haben es dem Johann Gerson, Doctor und Kanzler der Universität zu Paris, zugeschrieben; die andern legten es dem Abte Gerson, einem Benedictiner, bey. Eine dritte Meynung theilte es dem Thomas a Kempis, regulirten Canonicus des Augustinerordens, zu, der schon andere andächtige Bücher verfertigt hatte, und im J. 1471 im Geruch der Heiligkeit verstorben war. Jeder Gelehrte führte Gründe für seine Meynung an, wodurch er zugleich seine Gegner zu widerlegen meynte. Der Streit war sehr lebhaft; dem ungeachtet blieb er lange Zeit unterdrückt. Unter der Regierung des Cardinals Richelieu aber kam er aufs neue zum Vorschein.

Dieser große Mann, der dem Publico von den besten Werken in allen Arten gern schöne

Ausgaben verschaffen wollte, befahl, auch eine von dem Buche von der Nachfolge Jesu Christi zu machen. Er wollte sie selbst im Louvre gedruckt haben. Der General der Benedictiner, der P. Gregorius Tarisse, erfuhr diesen Anschlag, und glaubte, daß es ietzt die bequemste Zeit sey, die Ansprüche seines Ordens geltend zu machen. Er begab sich zu Sr. Eminenz, und bat, daß sie die neue Ausgabe, unter dem Namen des Johann Gersen, ausgehen lassen möchten. Der General gab ihn für den wahren Verfasser aus, und gründete sich auf vier alte Manuscripte zu Rom.

Der Cardinal schrieb sogleich nach Rom, um diese Manuscripte untersuchen zu lassen. Von allen Gelehrten, die sich damals zu Rom befanden, schickte sich keiner besser zu dieser Untersuchung, als Gabriel Naudäus. Er konnte viel Sprachen, verstand sich auf die Critic und liebte die Bücherkenntniß sehr. Verschiedene Cardinäle machten ihn zu ihrem Bibliothecarius. Seine Vertheidigung berühmter Männer, die man der Zauberey verdächtig hielt, zeigt, daß er ein großer Feind der Vorurtheile gewesen sey. Es ward ihm demnach aufgetragen, diese Manuscripte zu untersuchen. Es ward ihm einer von den Unterbibliothecaren des Vaticans zugegeben. Beyde wandten alle Aufmerksamkeit zu dem ihnen aufgetragenen Geschäffte an: aber ihr Ausspruch war nichts weniger, als den Benedictinern günstig. Es schien dem Naubäus, däus, so wie auch seinem Gehülfen, daß der Name Gersen, der auf einem Paar Manuscripten stand, von einer neuern Hand hinzu geschrieben sey.

Naudäus meldete seine Bemerkung an die gelehrten Herren Düpui, und erklärte sich weitläufig darüber. Er erkannte zugleich, da er die Ansprüche der Benedictiner als ungegründet verwarf, den Thomas a Kempis, einen aus dem Churfürstenthume Cölln gebürtigen, regulirten Canonicus des Augustinerordens, für den einzigen und wahren Verfasser des Buchs von der Nachfolge. Dieser Bericht ward dem gelehrten P. Fronteau, gleichfalls regulirten Canonicus dieses Ordens, mitgetheilt. Er kannte sich für Freuden nicht, da er die Ehre sahe, die seiner Congregation zuwachsen sollte. Der P. Fronteau ließ geschwind das Buch von der Nachfolge unter dem Titel drucken: Vier Bücher von der Nachfolge Christi, vom Thomas a Kempis, nebst dem Beweise, daß man dieses Buch dem Benedictiner, Johann Gersen, fälschlich zugeeignet habe. a)

Dieser Herausgeber ermangelte nicht, den Bericht des Naudäus an die Herrn Düpui, wegen

---

a) Thomae a Kempis de Imitatione Christi libri IV, cum evictione fraudis, qua nonnulli hoc opus Joanni Gersen, Benedictino, attribuerunt.

mit einer ganzen Gesellschaft. 177

gen der vier Handschriften vom Buche der Nachfolge Jesu Christi, beyzufügen. Die Benedictiner wurden deßwegen wider den P. Fronteau aufgebracht; am meisten aber ärgerten sie sich über den Bericht selbst. Die ganze Congregation zu St. Maur ergriff die Waffen wider den Verfasser desselben, und schrieb in griechischer und lateinischer Sprache Schriften über Schriften wider ihn. Der P. Robert de Quatremaires, mit diesen gelehrten Prahlereyen noch nicht zufrieden, nahm seine Zuflucht zugleich zum Schimpfen. Er beschuldigte den Naudäus, daß er die Handschriften verfälscht, und sich von den regulirten Canonicis durch ein Priorat ihres Ordens habe erkaufen lassen. Der P. Franciscus Valgrave, ein anderer Benedictiner, kam seinem Mitbruder zu Hülfe, und warf gleichfalls dem Naudäus vor, daß er in der Untersuchung der Handschriften, und in dem Berichte darüber, nicht ehrlich zu Werke gegangen.

Naudäus gerieth in Verzweifelung, und wollte wegen dieser gehäßigen Vorwürfe Satisfaction haben. Eine bloße gelehrte Streitigkeit ward nun zu einem Criminalprocesse. Naudäus ließ beym Chatelet eine Bittschrift überreichen, in welcher er um die Unterdrückung der Schriften des Quatremaires und Valgrave Ansuchung that. Die Benedictiner wollten diesen Gerichtshof nicht annehmen, und zogen die Sache vor die Requetenkammer des Königs.

Es kamen nun eine Menge Klage von einer und der andern Partey, zum Vorschein, in welchen sie sich beyde lächerlich machten. Naudäus gab eine unter einem ziemlich weitläuftigen und comischen Titel heraus, a) und alle Gelehrte nahmen seine Partey. Verschiedene von ihnen schrieben sogar zu seiner Vertheidigung, und brachten neue Gründe an den Tag, wodurch dem Thomas a Kempis und seinem Orden eine Ehre zugestanden ward, die der Benedictinerorden ihnen rauben wollte.

Die-

a) Ich wage keine Uebersetzung davon, sondern will ihn lieber von Wort zu Worte abschreiben: Raisons péremptoires de maître Gabriel Naudé, demandeur en suppression d'injures et calomnies, et défendeur en main levée contre D. Placide Roussel, Robert Quatremaires et François Valgrave, religieux bénédictins, défendeurs en main levée des livres fur eux saisis, et les congrégations de St. Maur et de Cluny, intervenans, pour montrer, que les quatre manuscrits de Rome, dont lesdits bénédictins se servent pour ôter le livre de l'*Imitation de Jesus-Christ* à Thomas à Kempis, et le donner à un supposé Gersen, sont falsifiés, et qu'ils ne peuvent l'avoir été que par le nommé Constantin Cajetan, religieux bénédictin, ou par quelques autres du même ordre, avec une conviction manifeste des dix faussetés principales, commises par lesdits bénédictins, en la seule affaire de leur prétendu Gersen, 1652 in 4.

Dieser Proceß mit den regulirten Chorherren dauerte eine ziemliche Zeit; endlich aber ward er den 12 Februar 1652 beygelegt, nachdem er für die Advocaten eine Materie zu mancherley Scherz und Spöttereyen gewesen war. Man gab die Verordnung, daß alle Beleidigungen auf beyden Seiten vergessen, die Exemplare der Schrift des Valgrave, die man habhaft werden könnte, unterdrückt, und das Buch von der Nachfolge Jesu Christi nie wieder unter dem Namen des Johann Gersen, Abts zu Verceil, sondern des Thomas a Kempis gedruckt werden sollte.

Die Benedictiner glaubten ihren Proceß noch nicht verloren zu haben. Sie appellirten von der Requetenkammer an die große Kammer; diese Appellation blieb aber unausgeführt liegen. Da sie überhaupt nicht gern Processe führen, so haben sie auch diesen freywillig verlassen.

Theophrast Renaudot
mit der
medicinischen Facultät
zu Paris.

Theophrast Renaudot, geboren zu Loudun, war einer von den Männern, welche bey allen ihren Anschlägen nichts als das gemeine Beste vor Augen haben, und die der menschlichen Gesellschaft zur Ehre gereichen. Den Armen zu helfen, war die Beschäfftigung seines ganzen Lebens. Er wandte, wenn sie krank waren, alles an, was ihm seine Einsicht in die medicinische Gelehrsamkeit und eine lange Erfahrung an die Hand gab. Wenn er sie gesund, aber im Elende oder in einem strafbaren Müßiggange fand, so ermunterte er sie zur Arbeit, gab ihnen Mittel und Gelegenheit an die Hand, und gab seinem Vaterlande Unterthanen wieder, welche für dasselbe verloren gewesen wären.

So viel Eifer fürs Gute mußte sich billig auf einem größern Schauplatze zeigen. Renaudot kam demnach im J. 1612 nach Paris, nachdem er zuvor die Doctorwürde von der medicinischen Facultät zu Montpellier erhalten hatte. Zu Paris bekam er das Decret eines königlichen Arztes, und

und bald darauf Patentbriefe, in welchen ihm erlaubt ward, den Armen öffentlich in ihren Krankheiten beyzustehen. Diese kamen haufenweise zu ihm gelaufen. Einige Aerzte, entweder aus Begierde zu lernen, oder weil sie seine guten Werke gern mit ihm theilen wollten, fanden sich bey diesen Versammlungen ein. Er hatte ein Leihhaus errichtet, in welchem man Geld auf Pfänder lieh. Er erhielt zugleich die Aufsicht über die Adreß- und Intelligenzcomptoire in Frankreich. Der Name des Renaudot war in großer Achtung, und er ist es auch, der die öffentlichen Zeitungen erfunden und Mode gemacht.

Sein Ruhm, seine Achtung am Hofe, imgleichen die besondere Gunst des Volks brachten die Aerzte zu Paris wider ihn auf, so, daß sie ihn als einen verdächtigen Mann ansahen. Sie schrien wider die Versammlungen, die bey ihm unter dem Vorwande der Mildthätigkeit gehalten wurden, und verklagten ihn im J. 1643 beym Chatelet. Es ward ihm hierauf und allen seinen Anhängern, die nicht zur medicinischen Facultät zu Paris gehörten, verboten, die Arzeneykunst zu treiben, oder irgend eine Conferenz oder Versammlung in dem Adreßcomptoire, oder andern Oertern in der Stadt und Vorstadt zu Paris zu halten.

Renaudot appellirte ans Parlement, und bat, daß man ihn bey seiner vorigen Freyheit schützen möge.

möge. Es nahmen sich auch eine Menge anderer Personen seiner Sache an: als der Kanzler, die Professoren und Doctoren der Facultät zu Montpellier, verschiedene Aerzte der Universitäten in den Provinzen, eine Anzahl Arme, und andere, welche, ohne selbst arm zu seyn, ihm wohlwollten, und besorgten, daß man nicht einen Haufen Unglückliche der ihnen nöthigen Hülfe beraubte. Der Marschall de l' Hopital, der Graf und die Gräfinn de Castres traten auf die Seite des Appellanten, und gaben eine Bittschrift für ihn ein. Die beyden Söhne des Renaudot, Isaac und Eusebius, hatten ihren besondern Advocaten. Sie brachten durch den Herrn Pücelle klagend an, daß, nachdem sie alle Unk[...] angewandt, um die Doctorwürde von der Facultät zu Paris zu erhalten, man ihnen dennoch, aus Haß gegen ihren Vater, und sogar mit Verachtung eines Arret, welches sie desselben würdig erklärte, den Doctorhut nicht geben wollte.

Theophrast Renaudot gründete sein Recht auf die Doctorwürde, die er zu Montpellier erhalten hatte, auf das königliche Decret, auf die öffentliche Freyheit und auf den langen Besitz derselben. Er hatte beynahe schon dreyßig Jahre practicirt. Wenn man ihm unter der vorigen Regierung keine Einwendung machte, so hatte er es ohne Zweifel dem Schutze des Cardinals Richelieu zu danken. Ohne diesen würden die
Fein-

Feinde des Renaudot seinen großen Beyfall nicht mit ruhigen Augen angesehen haben. Der Advocat der Facultät behauptete, daß der Titel eines königlichen Aerztes erschlichen sey, weil der Appellant nicht auf der Hofliste stand und keinen Gehalt empfieng. Er setzte hinzu, daß man nicht das Recht habe, die Arzeneykunst zu Paris zu treiben, wenn man auch ein Arzt von Montpellier wäre. Das Alterthum und der Vorzug beyder Facultäten ward bey dieser Gelegenheit untersucht. Die parisische schien das Uebergewicht zu haben. Man führte die strengen Examina, und alles, was man thun mußte, wenn man in dieselbe aufgenommen werden wollte, an. In den Facultäten der Provinzen, sagte man, ist es nicht eben so. Man geht da leicht überhin; zu Montpellier ist es gar nicht schwer, Doctor zu werden. Der Advocat machte einen Unterschied von zweyerley Doctoren, die von der Facultät creirt werden: die einen für die Stadt, und die andern fürs Land. Bey den erstern, sagte er, beobachtet man weit mehr Gebräuche; die andern aber, welche fortgeschickt werden würden, wenn sie in der Stadt practiciren wollten, werden nicht einmal befragt, wie lange und wo sie studirt haben, noch wie ihre Aufführung beschaffen ist. Welche Ungerechtigkeit! welche Parteylichkeit, wenn man eine an großen Männern so fruchtbare, und schon seit 1169 von den Schülern des Averroes und Avicenna gestiftete Facultät so zu unterdrücken sucht! Was würde

würde Rabelais a) gesagt haben, wenn er gelebt, und sie so verachten gehört hätte; er, der sich eine Ehre daraus machte, darzu zu gehören und ihre Vorrechte zu vertheidigen.

Es ward dem Advocaten leicht, die Facultäten in den Provinzen nicht zu schonen: wie aber wollte man den Aerzten das Recht streitig machen, in der ganzen Welt (vbique terrarum) zu practiciren? Es ist dieses der solenne Ausdruck in dem Decrete der Doctoren. Der Advocat gieng damit sehr listig zu Werke, und stellte eine Vergleichung an. Diese Clausel, sagte er, ist eine Art von apostolischer Mission, so wie die Gewalt das Evangelium allen Menschen in aller Welt zu predigen. Die medicinische Doctorwürde erhält durch die Bestätigung eines Kanzlers nicht mehr, als ein Priester durch sein Amt und seine Einsegnung. Er darf keinesweges sein Amt allenthalben und in allen Diöcesen ausüben. Die Kirchenpoliccy und das Recht der Bischöfe gestatten dieses nicht. Die Universität zu Paris erkennt demnach keine andern Doctoren, als die sie selbst gemacht oder unter sich aufgenommen hat.

Das gute Werk der medicinischen Berathschlagungen ward als unnütz verworfen. Die Fa-

---

a) Man kann darüber in den Anecdoten Th. I S. 9 no. IV nachsehen. Der Autor erzählt diese Anecdote hier in einer Anmerkung.

Facultät, sagte man, hat schon dafür gesorgt. Man versammelt sich aus diesem Grunde alle Sonnabende in den Schulen. Es giebt außerdem in jedem Kirchspiele gewisse benannte Personen, welche die Armen besuchen müssen.

Besonders ward der Character des Renaudot, als Generalcommissarius der Armen zu Paris, angegriffen. „Er hat sich berühmt, sagte man, „die Hospitäler zu reformiren, und das Bettel„wesen im Königreiche abzuschaffen; man sieht „aber noch Bettler genug. Es ist ihm aufgetra„gen, die Armen mit kleinen Aemtern zu versor„gen, und er verkauft sie ihnen, und läßt sich „Gebühren davon bezahlen. Sein Leihhaus „ruinirt die Dürftigen, anstatt daß es ihnen zum „Vortheil seyn sollte, weil er nur den dritten „Theil des Werths auf ein Pfand leihet, und „sechs Deniers Interessen vom Livre auf zween „Monate nimmt. Er läßt sich noch das Ein„schreiben apart bezahlen; und wenn man zu ge„setztem Tage nicht die Interessen bezahlt, so „nimmt er die versetzten Sachen, läßt sie ver„kaufen, kauft oder behält sie für sich um einen „beliebigen Preis. Er ist auf diese Weise Klä„ger, Richter und Executor alles zusammen. „Auf diese Weise ruinirt er die Familien, spottet „der Sorbonne, so wie der medicinischen Facul„tät, da er das seltene Kunststück, das Gewissen „zu erweitern und ungestraft Wucher zu treiben, „erfunden hat. So gar an den Pforten des kö„niglichen Pallasts, selbst vor den Augen des Par-

„lements

„lements treibt er das Geschäffte eines öffentli-
„chen Wucherers. Er reißt begierig und mit
„beyden Händen alles an sich, da er lieber aus-
„theilen sollte. Wie lassen sich Werke der Barm-
„herzigkeit und Wucher, Almosen und Räube-
„rey mit einander vereinigen? Wiedererstattun-
„gen sind es, die er zu thun hat, und nicht Mild-
„thätigkeiten, Schadenersetzungen und nicht
„Freygebigkeiten, Geldbußen und nicht Almo-
„sen. Er sollte lieber schriftlichen Pardon, als
„Patentbriefe vorzeigen, um sich bey seinen ein-
„gebildeten guten Werken zu schützen; und anstatt
„ihn bey der medicinischen Facultät zuzulassen,
„sollte man ihn vielmehr mit Schimpf und Schan-
„de aus derselben stoßen, wenn er schon dazu ge-
„hörte.„ Von solchen Schimpfreden war die
Rede voll; und um den Renaudot noch recht verhaßt zu machen, ließ man sich auf Dinge ein, die
zur Sache gar nicht gehörten. Man sprach von
seiner Geburt, von den Umständen, in die er
durch Noth in seiner Jugend gerathen war, und
von der Art, wie er sich in die Höhe geholfen.
Man wollte ihn als einen Mann angesehen ha-
welcher das Volk zu betrügen und die Großen zu
hintergehen weis.

Sein Advocat erwieberte auf alle Puncte. Er
erhob die freywilligen medicinischen Berathschlagungen um so viel mehr, da sie von andern Aerzten bloß aus eigennützigen Absichten unternommen werden; er pries den Nutzen der Zeitungen
und Anzeigen, des Leih- und Assistenzhauses, das

nach

mit einer ganzen Gesellschaft. 187

nach dem Muster derer, die man in allen italiänischen und spanischen Städten findet, und wohin ein ieder im Nothfall seine Zuflucht nehmen kann, errichtet war. Er sieht dieses alles als Materien zu besondern Lobsprüchen und keinesweges zu Vorwürfen an. Er sagt, daß sein Client Doctor von einer berühmten Facultät sey, und daß die Befehle wider die Quackfalber ihn gar nichts angiengen; daß er das Decret, als königlicher Arzt, habe, und Patente und Arrets, die ihn zu seinen Versammlungen und medicinischen Berathschlagungen berechtigten; daß endlich das gemeine Wesen, so wie die gegenwärtigen Armen, für ihn um Gerechtigkeit bäten.

Der Generaladvocat, Talon, der die Parteyen aus einander setzen sollte, fieng mit dieser Frage an: Ist die Arzeneykunst eine Wissenschaft, welche sichere und demonstrativische Grundsätze hat? Ist sie im gemeinen Leben nützlich und nöthig? Ist es eine willkührliche und nur auf gewisse Fälle eingeschränkte Kunst? Seine Rede konnte für ein Meisterstück der Beredsamkeit angesehen werden. Er führte alles darinne an, was der Arzeneykunst zum Vortheil oder Schaden gereichen kann; und beynahe schien es, daß man die Aerzte als Leute, die mehr schädlich als nützlich sind, verdammen müsse. Der Schluß fiel indeß dahin aus, daß man, den Gesetzen zu Folge, eine öffentliche Zunft und Gesellschaft bey ihren Statuten und Privilegien schützen müsse.

Man

Man fand zwar auch die Vorstellungen der Aerzte gegründet, daß nämlich ihre Kunst, ob sie gleich die wichtigste für das menschliche Geschlecht sey, dennoch unter diejenigen gehöre, die am meisten der Charlatanerie und Betrügerey fähig sind; daß die Obrigkeiten nicht aufmerksam genug seyn könnten, denen Misbräuchen zuvor zu kommen, und zu verhindern, daß das gemeine Volk nicht betrogen würde, da es ohnedem so leicht zu betrügen, und geneigt ist, unwissende Aufschneider für geschickte Leute zu halten. Man gestehet, daß ein Gesetz darüber zu streng seyn könne, da man wohl auch geschickte Männer gefunden habe, die bloß durch gesunde Vernunft, Erfahrung und Nachdenken, einen Kranken gut abgewartet haben, ohne daß sie die Doctorwürde erhalten hätten: man behauptete aber dennoch, daß die Ausnahmen nichts bewiesen, und daß man deßwegen nicht die medicinische Praxin ohne Ausnahme erlauben müsse; daß es endlich sicherer sey, bey den einmal angenommenen Grundsätzen und der Einrichtung der Policey zu verbleiben.

Der öffentliche Wucher war es demnach, was die Richter am meisten wider den Renaudot einnahm. Die Gerichtsbedienten des Chatelet erhielten Befehl, sich zu ihm zu verfügen, alles, was sie bey ihm fänden, aufzuschreiben, und es den Eigenthümern wieder zuzustellen. Es ward ihm zugleich untersagt,

künftig

künftig auf Pfänder zu leihen, bis der Hof ein anderes verfügte.

Auf diese Art ward dieser Vater der Armen, der mehr unglücklich als strafbar war, verurtheilt, weil sein Eifer große Folgen nach sich ziehen konnte. Renaudot starb wenige Jahre darnach. Er trieb die Arzeneykunst nicht allein, sondern legte sich auch auf die schönen Wissenschaften. Man hat von ihm eine Fortsetzung des Mercure françois, und eine Lebensbeschreibung einiger berühmten Männer, ohne von seiner Erfindung der Zeitungen noch etwas zu gedenken, als daß sie von dem Cardinal Richelieu im J. 1631 gebilligt, und dem Renaudot ein Privilegium darüber gegeben ward. Sein Sohn, ingleichen sein Enkel, der berühmte Abt Renaudot, Mitglied der französischen Academie, haben eben dieses Privilegium genossen. Der Herzog von Orleans gab im J. 1716 dem Cabinetssecretaire de Verneuil die Anwartschaft darauf.

Dom

Dom Armand Johann le Bouthillier de Rance,

Abt de la Trappe

mit

den Benedictinern.

Dieser fürchterliche Reformator seiner Abtey, geboren zu Paris, den 9 Januar 1626, ist einer der gröſten Muster im Reiche der Einbildungen. Er war in allem übertrieben. Sein Character zeigte sich schon in seiner Jugend. Er fiel mit einer Art von Wuth auf das Studiren, und gab schon in seinem zwölften Jahre eine neue Auflage vom Anacreon, mit griechischen Anmerkungen heraus, welche eine Arbeit seines Lehrers, und weiter nichts, als ein Auszug aus dem groſsen Commentario des Eustathius von Thessalonich über den Homer, sind. Kurze Zeit darnach lieferte er eine französische Ueberſetzung von eben diesem Dichter. Im sechzehnten Jahre hatte er die Kirchenväter schon sehr fleißig studirt. Er brachte öfters über theologischen Materien ganze Nächte zu, um sie recht zu ergründen, und promovirte in der Sorbonne mit vorzüglichem Beyfalle. Kaum trat er, nach vollendeten Studien, in die große Welt, als er sich allen Leidenschaften überließ, und besonders der Liebe.

Man sagt sogar, daß sie seine Bekehrung veranlaßt habe; a) andere hingegen behaupten, daß vielmehr der Tod oder die Widerwärtigkeiten einiger seiner Freunde, oder auch gewisse große Gefahren, denen er noch mit genauer Noth entgangen war, an seinem Abscheue vor der Welt Schuld gewesen wären. Vielleicht haben alle diese Ursachen, zusammen genommen, ihn zu seiner veränderten Lebensart bewogen. Er wollte sich ganz von der Welt absondern, da er zuerst den Entschluß faßte. Ein Kloster schien sich dazu am besten zu schicken: aber der Gedanke eines Klosters war ihm anstößig. Jch, ich sollte ein Kuttenbruder werden, antwortete er einst einem Freunde, der ihm diese Partey anrieth. Die andern besondern Umstände seines Lebens sind alle bekannt.

Er kam von der Zeit an nicht mehr an den Hof. Er verkaufte sein Landgut Veret um dreymal hundert tausend livres, um damit dem Hotel-Dieu zu Paris, ein Geschenk zu machen. Er legte ebenfalls fast alle seine Bedienungen nieder, und

---

a) Man liest beym St. Evremond, daß, als der Abt Rance, bey der Zurückkunft von einer Reise, seine Maitresse, die unterdessen gestorben war, besuchen wollte, er ihr Haupt in einer Schüssel liegend gefunden habe. Man hatte es, nämlich nach ihrem Tode, vom Körper getrennt, weil der bleyerne Sarg, den man für sie hatte machen lassen, zu kurz war.

und behielt sich nur das Priorat zu Boulogne, und seine Abtey de la Trappe Cistercienserordens. Die Mönche dieser Abtey lebten in der größten Unregelmäßigkeit. Der Abt Rance, der von seiner Bekehrung ganz voll war, bat den König, und erhielt von ihm ein Brevet, um die Abtey de la Trappe zur Beobachtung der Regel anzuhalten. Er nahm hierauf den geistlichen Habit und gelangte im J. 1663 zum Noviciate in dem Kloster zu Perseigne, da er sieben und dreyßig Jahr und etliche Monate alt war.

So bald er in den geistlichen Stand getreten war, begab er sich in seine Abtey. Er predigte daselbst den Mönchen so nachdrücklich vor, daß er diese verwilderten Menschen zu den bußfertigsten Menschen machte. Seine Neigung zu reformiren, erstreckte sich weiter als die Gränzen seiner Abtey. Er hätte gern in allen Klöstern das gethan, was er in dem seinigen that. Er schlug gewisse strenge Uebungen vor, die ihm viel Feinde zuzogen. Besonders hatte er die Meynung, daß die Studien den Mönchen schädlich wären. Das lesen der heil. Schrift und einiger moralischen Bücher war alles, was sich, seiner Meynung nach, für sie schickte. Er muthete ihnen zu, daß sie die übrige Zeit mit Handarbeiten, oder auch mit Beten zubringen sollten. Um seine Meynung, daß die Mönche weder Bücher schreiben noch lesen sollten, schrieb er selbst eins,

mit einer ganzen Gesellschaft.

eins; von der Heiligkeit der Pflichten des Klosterlebens.

Dieses Werk war eine Rechtfertigung der Unwissenheit so vieler Mönche, und zugleich die Critic derer, die aus der Gelehrsamkeit ihr Werk machten. Er fand einige Schwierigkeiten, ehe es gedruckt ward; er fügte aber einige Erläuterungen bey, und gab auch noch eine Erklärung der Regel des heil. Benedictus heraus.

Es fanden sich in diesen beyden Werken Dinge, die mit der Regel der Benedictiner nicht überein kamen. Die Congregation St. Maur, diese Freystadt der Gelehrsamkeit, beschwerte sich über den Verfasser. Man gab satyrische Schriften wider ihn heraus. Es kam eine Schrift ohne Namen, wider sein Leben und seine Werke, unter dem Titel heraus: Wahrhafte Bewegungsgründe der Bekehrung des Abts de la Trappe, nebst Betrachtungen über sein Leben und seine Schriften. Diese Schrift war ein Gewebe falscher und ärgerlicher Erzählungen; sie that ihrem Verfasser selbst den meisten Schaden.

Der P. Mege, ein Benedictiner, griff den Tractat der Klosterpflichten an; er war aber in seiner Widerlegung weit bescheidener, und dennoch ward sein Werk unterdrückt.

Die Congregation de St. Maur las damals den besten Mann, den sie unter sich hatte, zur Vertheidigung der guten Sache des Ordens aus.

gel. Streit. IV Th.

Sie trug es dem Dom Mabillon auf, einem der gelehrtesten Männer seiner Zeit, daß er sie wegen alles dessen rächen sollte, was der Abt de la Trappe wider sie geschrieben haben konnte.

Dom Mabillon, der sein ganzes Leben mit Untersuchung der Alterthümer zugebracht hatte, hatte sich eine seiner Arbeit gemäße Schreibart angewöhnt. Seine Sprache war männlich, rein, deutlich, ungekünstelt und richtig; er besaß aber weder jene feurige Einbildungskraft, noch jene hinreißende Beredsamkeit, die man in allen Schriften des Abts de la Trappe bemerkt. Dagegen hatte der Benedictiner, ohne sich an eine so strenge Lebensregel gebunden zu haben, weit mehr Bescheidenheit. Er ist derjenige, den la Brüyere vor Augen gehabt, wenn er einen gelehrten Mann einem Doctor entgegen setzt. „Eine demüthi„ge Person, die sich in ihr Cabinet vergraben, „nachgedacht, untersucht, zu Rathe gezogen, „gegen einander gehalten, ihr ganzes Leben „hindurch gelesen oder geschrieben hat, ist ein „gelehrter Mann.„

Dom Mabillon trat, dem Verlangen seiner Obern zu Folge, mit dem Feinde der Klostergelehrsamkeit auf den Kampfplatz. Der gelehrte Benedictiner setzte Gründe gegen Gründe, und bewies in seinem Buche vom Studiren in den Klöstern, das im J. 1691 heraus kam, nicht nur, daß die Mönche studiren können, sondern daß sie auch studiren sollen. Er zeigte, welche Art der Gelehrsamkeit sich für sie schickt, was für

für Bücher sie dazu nöthig haben, die Absichten, die sie vor Augen haben sollen, wenn sie sich auf die Wissenschaften legen. Was für Gefahr sollten sie wohl vom Studiren haben, wenn sie alles dieses in Acht nehmen? Das Beyspiel gewisser Einsiedler de la Thebaide, die sich nur mit eigenen Betrachtungen und Handarbeiten beschäfftigten, beweist nichts. Es waren dieses fast alles fromme Layen, die nicht die geringste Kenntniß von den Wissenschaften hatten. Unsere Mönche sind ihnen sehr wenig ähnlich. Ihr Leben ist nicht sowohl dem Kloster, als dem geistlichen Stande gewidmet. Sie suchen entweder Prediger oder andere Gelehrte zu werden, wenn sie in diesen Stand treten. Sie können nicht ihre ganze Zeit mit Beten und Arbeiten zubringen. Der Mönch, der am fleißigsten liest, ist gewiß nicht der ungelehrigste, oder der lüderlichste. Der Abt de la Trappe, der sich ungern widersprochen sahe, glaubte in seiner eigenen die Sache Gottes zu vertheidigen. Er antwortete sehr lebhaft auf die Schrift vom Studiren in den Klöstern. Der P. Mabillon gab Betrachtungen dagegen heraus. Diese veranlaßten wieder eine Beantwortung unter dem Namen des Bruders Cosmus. Der Abt de la Trappe war selbst Verfasser davon; sie ward aber außer seinem Kloster nicht bekannt.

Es mengten sich damals noch andere in diesen Streit. Man sahe vier Briefe wider das Buch von den Klosterpflichten herum laufen. Diese vier Briefe waren von dem P. de St. Marthe, der gelehrt war, wie alle von seiner Familie es seit hundert Jahren her gewesen sind. Johann Baptista Thlers, ein anderer Gelehrter und sehr geschickter Critiker, schrieb noch eine Vertheidigung wider den Verfasser dieser vier Briefe, welche aber unterdrückt ward.

Alle diese verschiedenen Schriften, die der Abt de la Trappe, oder sein Anhang schrieb, machten dem P. Mabillon manchen Verdruß. Der Benedictiner ließ sich lieber etwas zu seinem Unterrichte, als Grobheiten sagen. Man fand in allen Beantwortungen des Abts seinen stolzen und unbiegsamen Character. Sie hatten alle das wilde Wesen einer Einsiedelen an sich. Er war nicht mehr jener angenehme Schriftsteller, jener muntere Ausleger des Anacreon und der Sapho, jener Maler der Liebe und des Gefälligen. Er war ein schwerfälliger Bootler geworden, der, anstatt zu überzeugen, nur auf seinen Gegner schimpfte. Der P. Mabillon wollte oft den Streit gar liegen lassen, und wenn er die Feder wieder ergriff, so geschahe es bloß auf Bitten der Obern seines Ordens.

Endlich ward ihm erlaubt, seinem Geschmacke zu folgen, und den Krieg aufzuheben. Der Abt de la Trappe bekam andere Feinde, die ihm alle Hände voll zu thun gaben. Man griff ihn wegen seiner Betrachtungen, betreffend den Tod des großen Arnolds, in einem Schreiben an den

Abt

Abt Nicaise, an. „Der Herr Arnold, ist nun „todt. Seine Laufbahn, so weit er auch auf „derselben gekommen, mußte auch ihr Ziel ha„ben. Man mag sagen, was man will, so sind „doch dadurch viel Streitfragen geendigt worden. „Seine Gelehrsamkeit und sein Ansehen gaben „seiner Partey ein großes Gewicht. Glücklich „ist derjenige, der sich zu keiner andern, als zur „Partey Jesu Christi hält!„ Man hatte ihn sogar im Verdacht, daß er ein Jansenist sey. Außer diesem Umstande, wegen dessen er sich vor Gericht so gar verantworten mußte, unterhielt er auch einen weitläuftigen Briefwechsel, und war Gewissensrath vieler vornehmen Personen. Die Briefe, die er alle Tage zu beantworten hatte, ließen ihn nicht viel an andere Dinge denken. Ob er nun gleich die Welt verlassen hatte, so stand er doch noch mit ihr auf einige Weise in Verbindung. Man hat gesagt, daß er, als Gesetzgeber, von dem Gesetze frey gewesen sey, welches diejenigen, die in der Einsiedeley de la Trappe leben, verpflichtet, alles zu verachten, was auf der Welt geschieht. Er wagte es auch, wider den Erzbischof zu Cambral, Fenelon, zu schreiben. Endlich starb dieser berühmte Reformator der Abtey de la Trappe den 26 Octob. 1700. Er hatte sich auf Asche und Stroh legen lassen. Der Bischof von Sees und die ganze Brüderschaft sahe ihn auf diesem Lager sterben.

Der P. Mabillon
mit dem
römischen Hofe.

Die Art, mit welcher Rom seine Heiligen canonisirt, gab Gelegenheit zu diesem Streite. Der P. Mabillon hatte schon seit langer Zeit, wegen verschiedener, die im Register der Heiligen stehen, Zweifel gehabt. Eben dieser gelehrte Benedictiner ist es, der, da er Amts wegen verbunden war, den Schatz zu St. Denis zu zeigen, sich ausbat, sein Amt niederlegen zu dürfen, weil er sich ein Gewissen machte, die Fabel mit der Wahrheit zu vermengen. Seine Obern gestatteten es ihm nicht sogleich. Als er aber aus Unvorsichtigkeit einen Spiegel zerbrochen hatte, der dem Virgil zugehört haben sollte, so gaben sie seinem Bitten nach. Es kam ein anderer Benedictiner an seine Stelle, der nicht so gewissenhaft, aber auch nicht so gelehrt war.

Die Scrupel des P. Mabillon vermehrten sich, besonders als er im J. 1685, auf Kosten des Königs, eine Reise nach Rom that. Es war dieses nicht das erste Mal, daß der Hof diesen gelehrten Alterthumsforscher in seinen Angelegenheiten brauchte. Der Minister Colbert hatte sich seiner schon bedient, um in den vornehmsten Archiven und Bibliotheken alles aufsuchen

mit einer ganzen Gesellschaft. 199

zu lassen, was zur Ehre Frankreichs und des Königlichen Hauses gereichen konnte.

Der P. Mabillon ward zu Rom mit allen Ehrenbezeugungen aufgenommen, die er verdiente. Man beehrte ihn mit einer Stelle bey der Congregation dell' Indice. Er besahe alles, was in diesem Lande zu sehen war. Man öffnete ihm alle Archive, alle Bibliotheken; wodurch er Gelegenheit erhielt, manch Stück abzuschreiben, was bisher noch unbekannt gewesen war. Nichts aber reizte seine Neugier so sehr, als die Begräbnißplätze zu Rom. Er freute sich, daß er hier im Stande war, sich wegen seiner Zweifel Raths zu erholen. Er begab sich öfters an diese Oerter, wo die Kirche ihre Heiligen her holt. Er untersuchte alles mit der größten Aufmerksamkeit. Er zog die geschicktesten Männer darüber zu Rathe: aber alle seine Untersuchungen dienten ihm weiter zu nichts, als daß sie sein Gewissen noch mehr beunruhigten. Man wird urtheilen können, ob seine Furcht gegründet gewesen, wenn ich eine Beschreibung von diesen Catacomben werde gemacht haben.

Es sind dieses Kirchhöfe unter der Erde, nahe bey Rom, allwo die erste Christen|die Leiber der Märtyrer begruben, und sich hin verkrochen, um denen Verfolgungen der römischen Kaiser zu entgehen. Es waren verschiedene solche Catacomben, sowohl außerhalb als innerhalb der Stadt. Die vornehmsten waren diejenigen, die heut zu Tage der heil. Agnese, dem hell. Pancratius,

N 4 Ca-

Calisto, der heil. Priscilla und dem heil. Marcellus gewidmet sind. Sie wurden fast alle ruinirt, als Rom von den lombardischen Völkern belagert ward.

Der Bischof zu Salisburi, Burnet, und einige andere Protestanten, haben behauptet, daß die Catacomben Begräbnisse wären, welche die Heyden für ihre Sclaven gegraben hätten. Diese sonderbare Meynung ist kein hinlängliches Argument wider die Verehrung der Heiligen. Leugnet man, daß der Name Catacombe nicht allen Begräbnissen überhaupt zukomme? Man behauptet nur, daß die Christen ihre Catacomben oder Begräbnisse für sich hatten, welches die strengste Critic nicht in Zweifel ziehen kann.

Aber eine weit größere Schwierigkeit verursacht folgende Frage: Sind keine Heyden und Saracenen in den Catacomben der Christen begraben worden? Man findet bisweilen daselbst auf der einen Seite eines Steins heydnische und auf der andern christliche Aufschriften; ein klarer Beweis, daß Heiden und Christen sich ihrer bedient haben.

Außerdem schließen auch die Catacomben, wenn sie auch die gemeinschaftlichen Begräbnisse der Christen allein gewesen wären, nicht lauter Leiber der Heiligen und Märtyrer in sich, weil nicht alle Christen Heilige oder Märtyrer sind.

Die

Die Leiber der letztern sind an gewissen Merkmaalen zu erkennen. Diese Merkmaale sind das Kreuz, die Palme, der verzogene Name Jesu Christi, kleine rothe Fläschgen, die Figuren eines guten Hirten, oder eines Lammes, die man auf dem Grabe in Stein gehauen findet. Aber sind nicht auch diese Zeichen zweydeutig? Sie zeigen zwar Christen an: aber beweisen sie auch auf eine ungezweifelte Art, daß diese Christen Heilige oder Märtyrer gewesen? Die Palme ist nicht stets ein Beweis des Märtyrerthums; rothe Fläschgen müssen eben nicht nothwendig ehemals mit Blut angefüllt gewesen seyn; es kann eben sowohl Oel oder eine andere flüßige Materie darinne aufbehalten worden seyn.

Der P. Mabillon gieng fleißig in diese Catacomben. Da er nun alles sehr genau untersuchte, und sehr wider alle Irrthümer auf der Hut war, so mußten ihm die Betrachtungen, die ich angemerkt habe, nothwendig einfallen. Er sahe die Misbräuche, die mit Körpern vorgiengen, welche man zur allgemeinen Verehrung ausstellte. Er besorgte, daß alle diejenigen, welche die Päbste unter den Ruinen der Catacomben hatten hervor ziehen lassen, um sie in verschiedenen Kirchen aufzustellen, dieser Ehre nicht würdig wären. Doch hielt er diese besondern Anmerkungen geheim. Die Furcht, Aergerniß zu geben, hielt seine Feder zurück. Er theilte sie dem Publico nicht eher mit, als lange nach seiner Zurückkunft von Rom, im J. 1690. Er gab ein lateinisches

sches Schreiben unter dem Titel heraus: Schreiben des Römers Eusebius, an den Franzosen Theophilus, über die Verehrung der unbekannten Heiligen.

Er wollte, ehe er dieses Schreiben bekannt werden ließ, gern wissen, wie es zu Rom aufgenommen werden würde, und schickte beßwegen dasselbe an den Cardinal Colloredo, als eine große Heimlichkeit. Die Antwort des Cardinals war nicht so, wie er sie wünschte, indem derselbe meynte, daß vieles in diesem Schreiben geändert werden müßte, wenn es gedruckt werden sollte.

Diese Meynung hielt die Ausgabe noch über achtzehn Monate auf; endlich aber kam sie zum Vorschein, und es traf richtig ein, was der Verfasser gemuthmaßt hatte. Der ganze römische Hof ward gegen ihn aufrührisch.

Die Anhänger desselben schrieben zu seiner Vertheidigung, und es lief eine Schrift unter dem Titel herum: Antwort an den Dom Mabillon, wegen der Heiligen in den Catacomben.

Der P. Mabillon ward darinne aus zween Gründen verdammt; der eine, weil er gerade wider die Vortheile der Benedictiner handelte, und verschiedene ihrer Reliquien in ihren vornehmsten Kirchen vernichtete, als die heilige Thräne zu Vendome, den Gürtel der heil. Margaretha zu St. Germain u. s. w. und der andere,

weil

weil er wider die Ehrerbietigkeit handelte, die er dem römischen Hofe schuldig war. Der P. Mabillon erschrack vor dieser Schrift gar nicht, sondern widerlegte sie durch eine andere: a) Erinnerungsschreiben des Br. Johann Mabillon an den Dom Claudius Estiennot, Generalprocurator der Congregation St. Maur am römischen Hofe. Er hielt sich nicht lange bey den Vortheilen, die sein Orden von Vorzeigung verdächtiger Reliquien haben konnte, auf; sondern kam geschwind auf das, was Rom selbst angieng. Sein Gegner hatte gesagt, daß der Brief des Eusebius eine Beleidigung des römischen Hofes sey, und der P. Mabillon bewies dagegen, daß alles, was er geschrieben habe, zum Vortheile desselben sey.

Rom aber glaubte dieses nicht; sondern wollte dem Mabillon einen eben so geschickten Antiquitätenkenner entgegen setzen. Raphael Fabretti ward dazu erwählt, welcher die Aufsicht über die Catacomben hatte, daß er den Feind der Reliquien widerlegen sollte. Fabretti aber ließ sich darauf nicht ein, weil er vielleicht nichts weniger als der Vertheidiger aller derer seyn mochte, die er in ganz Italien öffentlich verehren sahe. Die Furcht, sich in den Augen des gelehrten Europa lächer-

---

a) Fr. Jo. Mabillonii commonitoria epistola ad D. Claudium Estiennot, procuratorem generalem congregationis S. Mauri in curia Romana.

lächerlich zu machen, hielt ihn zurück. Der römische Hof drang beständig in ihn, Hand ans Werk zu legen, als ihn der Tod aus der Verlegenheit heraus riß.

Ein französischer Geistlicher wagte es hernach, das zu unternehmen, wozu Fabretti zu gelehrt und zu klug gewesen war. Dieser, der bey einer sehr mittelmäßigen Fähigkeit ein außerordentliches Vertrauen zu sich selber hatte, widerlegte den P. Mabillon. Diese Widerlegung, der es so sehr an gesunder Vernunft als an Gründen fehlte, konnte nicht voller von groben Schnitzern und Ungezogenheiten seyn.

Um Rom und alle seine Heiligen zu rächen, war die Feder eines Canonicus der Collegialkirche zu Agen, Namens la Benazie, nöthig. Seine Critic über das Schreiben des Eusebius war ein bloßes Gespräch zwischen einem Missionarius und einem Neophiten. Dieser, überzeugt, daß man die Heiligen anrufen könne, zweifelt nur an der Richtigkeit der Gründe des Doctors de Launoi und des Eusebius, daß alle Heiligen, die man verehrt, auch angerufen werden müßten. Dieses Gespräch hatte etwas vorzügliches, und der P. Mabillon ließ zuerst dem Verfasser desselben Gerechtigkeit wiederfahren.

Der römische Hof hatte noch weiter nichts gethan, als sich beklagt; nun aber kam die Zeit der Drohungen herbey. Der Brief des Eusebius ward vor die Congregation dell' Indice gebracht.

bracht. Die Sache bekam daselbst eine so schlimme Wendung, daß man dem P. Mabillon schon im Voraus Trost zusprechen mußte. Man versicherte ihn von Seiten verschiedener Cardinäle, daß die Censur dell' Indice seinem Werke nicht schaden, sondern einen neuen Glanz geben würde.

Der Verfasser, dem diese Art zu glänzen nicht sehr gefiel, stellte einige Freunde an, daß sie den Streich abwenden sollten, welcher ihm drohete. Ihr Ansehen würde indeß die Verdammung des Buchs nicht gehindert haben, wenn der P. Mabillon nicht gewissen Vorschlägen Gehör gegeben hätte. Man lag ihm schon seit langer Zeit an, seinen Brief aufs neue heraus zu geben, und darinne einige harte Stellen zu mildern, indem er die Misbräuche, die mit den aus den Catacomben geholten Körpern vorgehen konnten, auf die Handlanger bey dieser Sache schieben sollte, wodurch er seine Richter befriedigen würde, als die ihn hochschätzten, und sehr ungern verdammten. Dieser tugendhafte und gefällige Gelehrte nahm den Vorschlag an; er gab seinen Brief aufs neue heraus, und Rom war damit zufrieden.

Der P. Mabillon, der in Champagne geboren war, starb zu Paris, in der Abtey St. Germain, den 27 December 1707, in einem Alter von fünf und siebzig Jahren. Unter allen Benedictinern ist keiner, als Sainte-Mar-

Marthe, Martianay, Montfaucon, Calmet, Ruinart, Acheri, Felibien, Lami, deren Gelehrsamkeit sich mit der seinigen vergleichen läßt.

Santeuil
und
die Jesuiten.

Santeuil hatte die ganze Gesellschaft der Jesuiten wider sich, weil er die Grabschrift des bekannten Arnolds gemacht hatte, welcher vor seinem Ende befohlen hatte, sein Herz zu den Nonnen des Portroyal zu bringen. Sie nahmen dieses Geschenk mit der lebhaftesten Erkenntlichkeit auf, und stellten es an den anständigsten Platz in ihrer Kirche. Es fehlte ihnen an einigen Versen, die das kostbare Geschenk desjenigen verewigten, den sie öffentlich dem Mose verglichen. Sie baten daher den Santeuil um eine Grabschrift, ließen ihn selbst nach Portroyal kommen, und einige Zeit sich bey ihnen aufhalten. Während dieser Zeit verfertigte der Dichter die Grabschrift des Arnold. a)

Es hatten noch verschiedene andere Bluhmen auf das Grab des Arnold gestreut. Despreaur

a) Sie ist in den Anecdoten Th. II S. 71 zu lesen.

spreaux selbst hatte nicht ermangelt, seinem Schatten ein poetisches Opfer zu bringen. Nun aber hatte es Santeuil stets mit den Jesuiten gehalten. Er hatte unter dem P. Cossart studirt, und stand mit allen damaligen Gelehrten des Ordens in Verbindung. Als sie sein Epitaphium sahen, geriethen sie in Erstaunen und Aergerniß. Sie konnten es ihm nicht vergeben, einen Mann besungen zu haben, von dem er wissen mußte, daß er ihr unversöhnlichster Feind gewesen war. Sie ließen ihr Misvergnügen dem Santeuil merken, der sich aber anfänglich wenig daraus machte, indem er hoffte, daß mit der Zeit alles wieder vergessen werden würde.

Aber die Zeit brachte nichts als Satyren hervor, die alle wider den Santeuil waren. Man stritt ihm Redlichkeit, Religion, und selbst sein poetisches Genie ab. Doch schien er, in Ansehung des letzten Punctes, das Gegentheil sattsam erwiesen zu haben. Alle seine Poesien sind mit dem Stempel des wahren Genies bezeichnet. Jenes himmlische und seltene Feuer, jene Begeisterung, das Eigenthum großer Dichter, ist es, was ihn von andern unterscheidet. Ueberall Original, suchte und fand er ganz unbekannte Wege auf dem Parnasse. Die großen Männer, die er besungen hat, die Heiligen, auf die er vortreffliche Hymnen gemacht, die Springbrunnen zu Paris, die mit seinen Aufschriften prangen, imgleichen die, die man an dem Pallaste zu Chantilly liest, nebst viel andern Denkmälern im Königreichs, die mit seinen Versen gezieret sind, beweisen das schöne Feuer, welches ihn begeisterte. Seine Gestalt, seine Augen, seine Geberden, alles zeigte an ihm den Poeten an. Er las seine Verse, die für Bürger des Himmels gemacht waren, mit allen den Bewegungen eines vom Teufel Besessenen ab. Despreaux sagte daher, daß er ein Teufel sey, den Gott zwingt, die Heiligen zu loben.

Die Jesuiten warfen ihm vor, daß er kein Latein verstehe, und öfters grobe Fehler wider die Sprachreinigkeit begehe, worinne sie auch nicht unrecht hatten. Die Feile fehlt überall an den Gedichten des Santeuil.

Er war über die Verachtung, in die man seine Talente bringen wollte, sehr empfindlich. In der ersten Bewegung lief er in das Collegium der Jesuiten, bat in den zärtlichsten und demüthigsten Ausdrücken um Mitleiden, und versicherte, daß er stets ein Freund der Gesellschaft gewesen, und daß das Epitaphium nicht von ihm, sondern von einem seiner Feinde untergeschoben sey, um ihn mit den Jesuiten zusammen zu hetzen.

Dieser Wiederruf schmeichelte den Jesuiten, aber verblendete sie nicht. Sie verlangten von ihm, daß er ihn öffentlich thun sollte. Der Poet that ihnen die besten Versprechungen, aber er hielt nicht eine einzige. Er glaubte ein Mittel gefunden zu haben, die Jesuiten zu besänftigen, ohne

ohne daß er das Epitaphium in den Augen der Welt abläugnete; er wollte ihnen nämlich ein herrliches Lobgedicht auf ihre Gesellschaft zuschicken. Seine Einbildungskraft erhitzte sich; Ströme von Versen zum Lobe eines Cossart, Vavassor, Rapin, la Rüe, Commire und änderer flossen aus seiner Feder. Er pries sogar ihre Gottesgelehrten, Casuisten, Prediger und Missionarien. Diese Verse, in Gestalt eines Briefes, waren an den P. Jouvenci, den bisherigen Rathgeber und Beurtheiler seiner Werke, gerichtet, den er auch mit Lobsprüchen mehr als alle andere überschüttete.

Dieser Weyhrauch kam aber den Jesuiten verdächtig vor; sie sahen, daß Santeuil sie nur hintergehen wollte. Um ihn nun wegen seiner Winkelzüge und Zurückhaltungen zu züchtigen, fiengen sie wieder an, Satyren auf ihn zu machen. Die jungen Studenten schickten sich vortrefflich zu diesen Arbeiten. Sie wurden die fürchterlichsten Feinde des Santeuil, ob er sie gleich nur die leichten Truppen der Gesellschaft nannte. Zum Unglück verdarb er es mit den Jansenisten, da er den Jesuiten gefallen wollte, und diese ließen es auch nicht an Satyren und Liederchen fehlen. Sie spotteten über die Niederträchtigkeit eines Dichters, der sich schämt, die Grabschrift eines großen Mannes gemacht zu haben. Sie gaben ein Stück heraus, das sich anfängt:

Santeuil, ce renouuné poëte etc.

Da er sich nun nicht länger verstellen konnte, sondern sich endlich entschließen mußte, so ergriff er die Partey der Jesuiten. Er gestand, daß er ihnen Unrecht gethan, und bat beßwegen um Vergebung. Er schickte abermals ein Gedicht an den P. Jouvenci, um diejenigen Verse wieder gut zu machen, wodurch er die Gesellschaft beleidigt hatte; er bat darinne zugleich um eine seinem Verbrechen gemäße Straße. a) „Soll „ich jene Verse mit meinem Blute büßen? „Soll der Dichter nebst seinem Gedichte zu„gleich verbrannt werden? lege ihm eine Stra„ße auf; wenn du es aber nicht thust, so wähle „ich diese selbst.„

Diese Demüthigungen aber dienten ihm zu nichts. Die Jesuiten wollten sich mit ihm nicht einlassen, bis er das Epitaphium auf die umständlichste Art von sich abgelehnt hätte. Sie gaben ihm ihren Willen zu erkennen, durch einen ganzen Band Sinngedichte, von denen kaum eins oder zwey erträglich waren.

Santeuil schrieb hierauf an den P. de la Chaise, um der Verfolgung ein Ende zu machen. Er stellte in seinem Schreiben die Grabschrift von der gefälligsten Seite vor: aber nie war es schwerer, einen königlichen Beichtvater zu hintergehen, als

---

a) An carmen illud expiandum sanguine?
    Vis in favillas abeat et vates simul?
    Praescribe poenam; si taces, hanc eligo.

als den P. de la Chaise. Er antwortete dem Santeuil sehr kurz; aber er sagte damit sehr viel. Der Sänger des Arnolds verstand alles gar wohl, und gab sogleich ein anderes Stück in Versen heraus, das der Jesuitergesellschaft noch angenehmer war. Sie billigte die meisten dieser Verse; doch folgende verrathen noch den sophistischen Geist des Verfassers. Er sagte vom Arnold:

De vaticana rupe quidquid impium
Summus sacerdos fulminavit, execror,
Detestor, horreo. Ictus illo fulmine
Trabeate doctor, jam mihi non amplius
Arnalde saperes.

Die Jesuiten waren mit dieser unbestimmten Art des Ausdrucks nicht zufrieden. Santeuil sollte anstatt saperes setzen sapies. Der Poet gerieth darüber mehr als iemals in Verlegenheit. Diese Veränderung machen, war eben so viel, als den Arnold für einen Verbannten ausgeben; und wenn er sie nicht machte, so versperrte er sich alle Wege zur Aussöhnung mit den Jesuiten. Einer seiner Freunde, den er deßwegen um Rath fragte, rieth ihm, sapias zu setzen, indem dieses Wort auf doppelte Weise für sapies und saperes angenommen werden könnte. So klug dieser Vorschlag auch war, so wollte Santeuil sein saperes doch nicht gänzlich wegwerfen, sondern ließ zwo Abschriften von seinem Gedichte machen, und in der einen saperes, für die Jansenisten,

sten, in der andern aber sapias für die Jesuiten setzen.

Beyde Parteyen aber sahen ein, daß Santeuil mit sich selbst nicht einig gewesen sey, und daß er es nur mit niemand habe verderben wollen. Es vereinigten sich daher sogleich alle wider ihn. Da man nun am ärgsten hinter ihm her war, sahe er einen Mann, dessen Freund er beständig gewesen war, auf die Seite seiner Feinde treten. Es war dieß ein Dichter, der zwar bey weitem nicht so viel Feuer und Stärke hatte, als Santeuil und la Rüe, der aber in diesem Augenblicke, statt der Grazien, die ihn sonst allenthalben begleiteten, von der Wuth begeistert ward; ein süßer, leichter, fruchtbarer, sinnreicher, gefälliger Dichter, den die Verse des P. Porer angehen: „Er sollte unter dem Augustus, in jener „glücklichen Zeit der schönen Geister geboren wer„den, wenn der Himmel es nicht für billiger ge„halten hätte, ihn unter Ludewigen geboren wer„den zu lassen.„

Commire, der sich gar nicht in den Streit gemengt hatte, so wie ein General sich schont, um in dem entscheidenden Augenblicke sich ins Treffen zu mischen, Commire, sage ich, fiel auf einmal über den Dichter Sauteuil her. Es kann nichts satyrischer seyn, als das Stück unter dem Titel Linguarium. Der Verfasser sagt darinne, daß Arnold würdig gewesen sey, von eben dem Dichter besungen zu werden, von welchem Petronius besungen worden.

Diese

mit einer ganzen Gesellschaft. 213

Diese Satyre in jambischen Versen, und wenigstens eben so fließend als die Satyren des Archilochus, war ein Donnerschlag für den Santeuil. Er beklagte sich bitterlich darüber gegen seinen alten Freund, der ihm den Dolch in die Brust stieß.

> Quis furor, o docti vates pars magna duelli,
> Armavit rabidas in mea fata manus?

Er berief sich auf die Rechte einer so langen Freundschaft, der Religion, der Menschenliebe, und selbst der Erkenntlichkeit, weil er doch der Gegenparten der Jesuiten aus keiner andern Ursache verdächtig geworden war, als weil er dieselben hatte schonen wollen. In dem Augenblicke nun, da er mit ihnen brechen, und Beleidigung mit Beleidigung vergelten will, scheint es, als ob ihn eine Hand vom Himmel zurück hielte. Er erhält das Linguarium als eine gerechte Strafe seiner Vergehungen, und spielt noch eine gar lustige Rolle in diesen Versen an den P. Commire: a) „Wenn noch ein Flecken an mir ist, so „strafe du und reinige mich); so wird das Erz „durchs

O 3

---

a) Si quid labis inest, tu doctus plectere,
purga :
Emendata igni pura metalla fluunt.
Hoc titulo mihi carus eris, mihi semper
amicus ;
Ultorem supples, antevenisque Deum.

„durchs Feuer geläutert. Ich werde dich dafür
„lieben, und stets für meinen Freund halten; dei
„ne Strafen vertreten die Stelle der göttlichen
„Strafen, und kommen ihnen zuvor.„

Als das Gerede gieng, daß Santeuil in der
Seine ertrunken sey, machte Conimire folgendes
Sinngedichte auf ihn: b) „Santeuil, der mit
„den Schwänen der Seine um die Wette zu
„schwimmen hofft, stürzt sich in den Fluß, und
„ersäuft. Ob sich nun gleich sein Körper verän
„dert, so bleibt ihm doch seine eigene Art und Ge
„wohnheit, und noch itzt schnattert und schreyt er
„als eine Gans auf den Flüssen des Todes.„

Santeuil, der sich endlich aller seiner Schwachheiten schämte, wollte sie wieder gut machen.
Er schrieb ein Gedicht, unter dem Titel: Santolius poenitens, oder wenigstens glaubt man, daß
er es geschrieben habe. Man findet Gewissensbisse, und häufig fließende Thränen, über die
Verläugnung eines berühmten Freundes darinne. Er stellt sich den Schatten des großen
Arnolds für, der über ihn zürnt und ihm seine
Untreue vorwirft. Der Dichter sagt, daß diese
ungetreue Verläugnung bloß von der Furcht, dem
Köni-

b) Mersus in amne perit Santolius, inter olores
   Sequana, dum sperat posse natare tuos.
   At genium et mores mutato in corpore
                    servans
   Nunc quoque Letheis instrepit anser
                    aquis.

Könige zu misfallen, herrühre. Der bloße Name Ludwigs des Großen, den er stets vor den Ohren hörte, hat ihn zu einem Pflichtvergessenen machen können: aber jetzt, da er die Augen aufthut, und sieht, daß dieser König, der größte unter den Königen, auf dem Gipfel des Ruhms, auf die Ehre eines Doctors der Sorbonne nicht neidisch seyn könne, wagt er es, ihn selbst um Beystand gegen seine Feinde anzurufen; er bittet Se. Majestät, dem Parnaß den Frieden zu schenken, so wie Sie ihn der Welt schon geschenkt hatte.

Die beständigen Veränderungen des Santeuil waren für das Publicum eine wahre Comödie. Sie würde auch noch eine Zeit gedauert haben, wenn die Jesuiten dieses Opfer nicht aus den Händen gelassen hätten, um ein anderes zu ergreifen, nämlich den Carl Perrault, welcher in seiner Sammlung von Schilderungen und Lobsprüchen berühmter Männer der Nation, dem Pascal und Arnold einen Platz gegeben hatte. Er mußte sie alle beyde ihrentwegen weglassen.

Die Zänkereyen der Jesuiten mit dem Santeuil, einem lateinischen Dichter, den man den besten Dichtern in dieser Sprache an die Seite setzen kann, fielen kurz vor seinem Ende vor, und machten ihm seine letzten Lebenstage sehr beschwerlich. Er starb zu Dijon, den 5 August 1677, in dem sechs und sechzigsten Jahre seines Alters, und zwar, wie man vorgiebt, als er ein

Glas

Glas Wein trank, in welches eine große Prinzeßinn Tabak geworfen hatte. Er ist einer von den Poeten, die das feurigste Genie, aber dabey die meiste Bescheidenheit haben. Er hatte Theil an den Freygebigkeiten Ludwigs XIV gegen die Gelehrten. Das Haus Conde beehrte ihn mit besondern Gunstbezeugungen. Er gieng öfters nach Chantilli, und hier geschahe es, daß ihm eine große Prinzeßinn eine Ohrfeige gab, weil er die Verse nicht gemacht hatte, um die sie ihn gebeten hatte; eine Ohrfeige, die nach der Zeit so oft ist besungen worden.

Füretiere
und
die französische Academie.

Nie haben sich die schönen Geister so viel mit der französischen Academie zu schaffen gemacht, als bey Gelegenheit ihres Streits mit dem Anton Füretiere, Abte von Chalivoi und Mitgliede dieser Academie. Sie beschuldigte ihn, daß er sein Wörterbuch von dem Wörterbuche abgeschrieben hätte, woran sie schon seit langen Jahren arbeitete. Es ist vielleicht niemand, der nicht von dieser Beschuldigung gehört haben

mit einer ganzen Gesellschaft. 217

haben sollte; die Umstände aber sind den wenigsten recht bekannt.

Der Cardinal de Richelieu, dessen erhabene Absichten sich auf alles erstreckten, was zur Ehre Frankreichs beytragen konnte, wünschte sehr, daß die Academie, in Ansehung der Sprache, eben den Vorzug erlangen möchte, den sie schon in allen andern Dingen vor den benachbarten Nationen hatte. Er wollte gern die französische Sprache zur allgemeinen Sprache von Europa machen. In dieser Absicht stiftete er die französische Academie. Er schrieb ihr selbst die Arbeiten vor, die ihm für sie am nützlichsten schienen. Eine Grammatic, eine Rhetoric, eine Anweisung zur Poesie und ein Wörterbuch, waren es, was die Beschäfftigung dieses Tribunals ausmachen sollte; ein Tribunal, wovon ein Criticer a) gesagt hat: Sobald es einen Ausspruch gethan hat, so zerreißt das Volk seine Arrets und legt ihm Gesetze auf, welchen es sich unterwerfen muß.

Unter allen zur Vollkommenheit der Sprache nöthigen Werken war das Wörterbuch das wichtigste. Die academischen Mitglieder beschäfftigten sich daher auch damit am meisten. Ihr Eifer aber war von keiner beständigen Dauer; sie wurden dieser beschwerliche und unangenehme Arbeit endlich überdrüßig. Scaliger kannte keine größe-

a) Montesquieu Lett. Pers.

größere Strafe, als die Verfertigung eines Wörterbuchs; er hielt diese Arbeit für die äußerste Marter, welche die Richter einem Staatsverbrecher anthun könnten. Die Academie hatte ihre ordentlichen Zusammenkünfte; man unterredete sich aber dabey immer von ganz andern Dingen, als ihr aufgetragen waren, wenn man dem Abte Boisrobert in einem Briefe an den Balzac glauben darf: „Um endlich alles in diesem Briefe zu „sagen; die Academie ist einem geistlichen Capi„tel gleich: ein ieder verspricht für sich alles gu„te; wenn sie aber alle beysammen sind, so hält „keiner, was er versprochen hat. Wir vergnügen „uns unter einander mit artigen Gesprächen, Son„neten und Liedern, und die Nacht bricht ein, ehe „man noch den dritten Theil eines Worts zum „Wörterbuche vollendet hat. Ich habe Arti„ckel gesehen, die man im Advente angefangen, „und die um die heil. drey Könige noch nicht fer„tig waren."

Das Publicum wartete mit großer Ungedult auf ein Wörterbuch, wovon so viel gesprochen ward, und welches gar nicht zum Vorschein kam; man nannte es, das schöne Unsichtbare (le beau tenebreux). Es kam nicht eher als im J. 1672 so weit, daß es noch einmal durchgesehen werden konnte. Doch es blieb nicht bey dieser Durchsicht allein; sondern die Academie schien aufs neue Lust bekommen zu haben. Sie suchte die besten Schreiber auf, um die Artickel ins Reine bringen zu lassen, und das Publicum glaub-

: mit einer ganzen Gesellschaft.

te nun seine Hoffnung bald erfüllt zu sehen, als der Academie eine neue Sorge in den Weg kam, die sich in der Folge mehr als zu gegründet befand.

Man hatte einen Verdacht wider die Treue einiger Abschreiber. Die Academie wollte ihnen daher zuvor kommen und verhindern, daß man sich nicht ihrer Aufsätze bedienen möchte, um dem Publico vor der Zeit eine Edition in die Hände zu geben. Sie hielt in dieser Absicht um ein Privilegium an, und erhielt es auch. Es ward den 28 Junius 1674 ein Befehl gegeben, daß kein französisches Wörterbuch gedruckt werden sollte, ehe die Academie das ihrige heraus gegeben hätte.

Am wenigsten hatte sie gegen ihre eigene Mitglieder Verdacht: aber gleichwohl trug sie den Verräther in ihrem eigenen Busen. Furetiere, dieser sinnreiche und angenehme Schriftsteller, dieser mit allen geschickten Männern seiner Zeit in Verbindung stehende schöne Geist, dieser epicurische Philosoph, der nur für die Vergnügungen gemacht war, ließ sich durch den Reiz eines schändlichen Gewinnsts verleiten. Er hatte sich noch weiter durch nichts einen Namen gemacht, als durch seine Eigenschaften eines liebenswürdigen Menschen, durch seinen bürgerlichen Roman und einige kleinern Stücke in Versen. Man hielt ihn auch für geschickt in den bürgerlichen und canonischen Rechten. Da er aus einem Advocaten ein Abt geworden war, so erhielt er bald die

Abtey

Abtey Chalivol und das Priorat Chuines; diese Titel aber entschuldigen den Füretiere um so viel weniger. Er faßte den Entschluß, die Academie um eine Arbeit von funfzig Jahren zu bringen.

Die Art, mit welcher er es angriff, war sicher; der Abt Tallemant erzählt sie in einem Briefe. Ich wundere mich, daß weder der Abt Goujet in seiner französischen Bibliothec, noch der Abt d'Olivet in seiner Geschichte der Academie derselben Meldung gethan. „Füretiere, „sagt der Abt Tallemant, der mit dem Herrn de „la Chambre in das Haus des Mezeray, der „seit kurzem gestorben, gegangen war, bemächtig- „te sich, ohne daß es der Herr de la Chambre „gewahr ward, aller Papiere, die der Herr de „Mezeray sich von dem Buchhändler Petit, wenn „sie abgedruckt waren, zurück hatte geben lassen.„ Der Abt Tallemant setzt hinzu, daß man schon bis auf den Buchstaben M gedruckt hatte, und daß Füretiere aus diesen abgedruckten Bogen, aus den Handschriften des Mezeray und aus dem Wörterbuche der Künste des Margane, ein Universalwörterbuch zusammen zu schreiben vermeynte.

Mit diesen Hülfsmitteln versehen, brachte der Abt von Chalivol nicht länger als sechs Jahr mit dem großen Werke zu, das er unternahm. Es war aber damit nicht genug, daß er es zu Stande brachte, sondern es mußte auch an den Tag gebracht und die Erlaubniß zum Drucke gegeben werden.

werden. Der Abt wendete sich demnach zuerst an den Kanzler, und zeigte ihn den Titel seines Wörterbuchs. Der Kanzler schickte den Verfasser zum Charpentier, der damals der Examinator und Censor neuer Bücher war. Der Abt gieng zu ihm, und sprach mit ihm von seinem Wörterbuche der Künste und Wissenschaften, und bat ihn um ein Certificat, damit er ein Privilegium erhielte. Charpentier wollte das Buch selbst sehen; der Abt aber, der Weitläuftigkeiten besorgte, antwortete, um ihn abzuschrecken: „Es ist eine ungeheure Arbeit; aber bestimmen Sie nur einen Tag; Sie sollen bey „mir speisen, uud mein Wörterbuch zu lesen be„kommen, da Sie denn sehen werden, daß nichts „als Kunstwörter darinne vorkommen„, Der Tag ward angesetzt. Füretiere bat zween seiner Freunde dazu, mit denen er schon alles abgeredet hatte. Man ist lustig über der Tafel; hierauf giebt man dem Gaste, den man hintergehen wollte, große dicke Bände von zusammengehesteltem unnützen Papiere, oben darauf aber einige Hefte von Kunstwörtern. Charpentier sieht die obersten Blätter, wie sie ihm zuerst in die Hände fallen, an, und findet darauf in der That einige Wörter aus der Anatomie und Chirurgie. Er sieht andere Blätter an, und findet wieder Wörter, die zu den Wassern und Wäldern gehören. Es fiel ihm nun weiter kein Verdacht ein; er war sogar der erste, der alles mit seinem Beyfalle beehrte. Man stimmt ihm bey; die Gesellschaft wird

wird munter; man fängt an, einander lustige Historchen zu erzählen. Nachdem man sich satt gelacht und nun aus einander gehen wollte, überreicht man dem Charpentier mit vieler Höflichkeit einen Bogen Papier, und bittet ihn, seine Approbation darauf zu schreiben. Er besinnt sich nicht lange, und schreibt ein Certificat über ein Wörterbuch bloß der Künste und Wissenschaften nieder.

Das war dem Füretiere schon genug. Er legte hierauf ein Privilegium zur Untersiegelung vor, in welches er eine Zeile wider den Inhalt des Certificats gesetzt hatte. Der Titel war so gegeben: Universalwörterbuch, worinne alle, sowohl alte als neue Wörter der Sprache, der Künste und Wissenschaften enthalten sind. Er hängt dem Privilegio das Certificat an; man legt es dem Kanzler vor; dieser fragt, ob das Certificat des Charpentier da sey; man antwortet ihm mit Ja, und der Kanzler unterschreibt das Privilegium.

Dadurch ward das Privilegium der Academie unnütz. Füretiere, der über das seinige voller Freuden war, eilte, sein Wörterbuch bald heraus zu geben; man erfuhr aber seinen listigen Streich, während daß das Werk unter der Presse war. Die Buchhändler sprachen unter einander davon, und der Verleger der Academie gerieth darüber in große Besorgniß. Die Hausirer zu Paris wußten sogar, daß Füretiere alles in sein Wörterbuch gebracht habe, was in dem von der Academie stand. Die Academie aber wollte es zur

Zeit

mit einer ganzen Gesellschaft.

Zeit noch nicht glauben; es giengen ihr über die Untreue eines ihrer Mitglieder nicht eher die Augen auf, als bis die ersten Bogen des Füretiere zum Vorschein kamen, und sie sich in einer Zueignungsschrift an den König, in der Vorrede, und in den hier und da eingestreuten Anmerkungen sehr gemishandelt fand.

Sie stellte hierauf im J. 1685 eine außerordentliche Versammlung an, wo Füretiere, wegen der Beschwerden, die man wider ihn hatte, zur Verantwortung gezogen werden sollte; er erschien dabey aber nicht, so wie auch, da diese Versammlung zum zweyten Mal angestellt ward. Der Herr de Novion, damaliger Director der Academie und erster Präsident des Parlements, hatte ihm selbst gerathen, nicht zu erscheinen. Der Herr de Novion wollte diese Sache selbst auf die leichteste Art beylegen; er hatte sogar den Füretiere schon so weit gebracht, daß er ihm gutwillig sein Privilegium und den ersten Buchstaben seines Manuscripts übergab; das Wenige aber, was man von dem Wörterbuche gedruckt gesehen hatte, verdarb alles.

Die Academie, die auf das ihrige eifersüchtig war, wollte von einem Schriftsteller Rede und Antwort haben, der allem Ansehen nach, es ihr weggenommen hatte. Es ward darüber eine wichtige Conferenz bey eben dem Herrn de Novion gehalten; die Academie schickte ihre Abgeordnete dazu, und Füretiere war in Person dabey.

Das

Das erste, was man that, war, daß die beyden Privilegia abgelesen wurden. Der Abt behauptete, daß das seinige nach allen Regeln richtig sey. Charpentier nahm hierauf das Wort, und sagte, daß seine Approbation sich nur auf die Kunstwörter, nicht aber auf alle Wörter der Sprache erstrecke. Die beyden Academiker geriethen hierbey an einander. Man untersuchte hierauf beyde Manuscripte in verschiedenen Artickeln, und die Aehnlichkeit fiel überall in die Augen. Eben die Ordnung, eben die Definitionen, eben die Redensarten; wenigstens fanden es die Anhänger der Academie also. Die Abweichungen waren so unbeträchtlich, daß dadurch die Betrügerey des Füretiere noch mehr bestätigt ward. Es war ihm auch, setzt man hinzu, während dieser Untersuchung sehr übel zu Muthe; die Abgeordneten der Academie selbst hatten Mitleiden mit ihm, und meynten, daß es eine Grausamkeit wäre, wenn sie die Conferenz länger fortsetzten.

Man hob diese demnach auf, um drey Tage darnach eine andere anzustellen. Racine, Despreaux, la Fontaine und alle Freunde des Füretiere, machten sich diese Zwischenzeit zu Nutze, um ihn zu besuchen und zu trösten, wozu sie von der Academie selbst die Erlaubniß hatten. Sie fanden ihn aber mehr als iemals wider dieselbe aufgebracht, und weder Vorschläge, Vermahnungen noch Bitten konnten ihn auf andere Gedanken bringen. In der neuen Conferenz, die man

deß-

mit einer ganzen Gesellschaft.

deßwegen anstellte, und die eben so unnütz was als alle übrige, sagte endlich der Herr de Movion zu ihm, daß er weder als Richter, noch als Mitglied der Academie, noch als Freund sich versagen könnte, ihn zu verdammen. Und von der Zeit an, war die Academie gegen den Füretiere so aufgebracht, daß sie die fürchterlichsten Flüche wider ihn aussprach. Sie stieß ihn den 22 Januar 1685 aus ihrer Gesellschaft, deren Mitglied er seit drey und zwanzig Jahren gewesen war.

Da sie aber nichts ohne Einwilligung ihres Beschützers thun kann, so machte sie sogleich davon einen Bericht an den König. Der Monarch wollte die Sache auf dem ordentlichen Wege der Gerechtigkeit untersucht haben. Der Proceß ward vor dem königlichen Rathe geführt, und dieser unterdrückte das Privilegium des Füretiere. Es ist dieses die größte Strafe; denn er ward nicht wieder in die Academie aufgenommen, und konnte aufs neue keine Stimmen erhalten.

Die Widerrufung des Privilegii brachte den Füretiere zur Verzweifelung. Seine Vertheidigungsschriften belustigten die ganze Stadt. Er verwies darinne der Academie ihre Langsamkeit in Herausgebung ihres Wörterbuchs, indem, wie er anmerkt, die lebenden Sprachen sich ohn Unterlaß verändern. „Es geht der Academie, „sagte er, wie dem Barbier des Martial, der „so lange über einer Seite des Barts schor, „daß

„daß unterdeſſen auf der andern ein neuer her-
„vor wuchs.„

Darf man der Beſchreibung glauben, die er
von der Art, die Zeit in den Verſammlungen zuzubringen, macht? „Der, der am ärgſten ſchreyen
„kann, ſagt er, iſt es, der das meiſte Recht hat.
„Jeder hält über die geringſte Kleinigkeit eine
„lange Rede; der zweyte wiederholt, gleich einem
„Echo, das, was der erſte geſagt hat, und oft re-
„den drey oder vier zu gleicher Zeit. Wenn eine
„Verſammlung von fünf bis ſechs Perſonen ge-
„halten wird, ſo lieſt einer vor, der andere ſagt
„ſeine Meynung darüber, zween ſitzen und plau-
„dern, einer ſchläft, und einer lieſt zum Zeitver-
„treibe in einem Wörterbuche, das von ungefähr
„auf dem Tiſche liegt. Wenn der zweyte nun
„ſeine Meynung ſagen ſoll, ſo muß man ihm die
„Artickel wieder vorleſen, weil er das erſte Mal
„nicht drauf gehört hat. Das iſt die Art, wie
„man mit dem Werke eilt; es gehen nicht zwo
„Zeilen vorbey, daß man nicht eine lange Aus-
„ſchweifung dabey macht, eine luſtige Geſchichte
„oder etwas aus den Zeitungen erzählt, von
„Staatsgeſchäfften oder von Verbeſſerungen in
„der Regierung ſpricht.„

Iſt vielleicht auch folgende Geſchichte nur zum
Zeitvertreibe erfunden? „Der Abt Tallemant
„und Charpentier geriethen einſt mit Worten an
„einander, und nachdem ſie einander allerhand
„Schimpfreden angehangen, warf Tallemant dem
„Charpentier das Wörterbuch des Nicot, und

„dieſer

„dieser jenem das Dictionnaire des Monet an den Kopf. Sie antworteten einander noch durch „andere dicke Bände, ehe man sie von einander „bringen konnte. Cordemol, der Director, ver- „glich sie endlich, nach langen Ueberlegungen, „wieder mit einander. Sie mußten hierauf ein- „ander umarmen, ohne daß dadurch die Fortse- „ßung ihres Hasses einigen Nachtheil erlitten ha- „ben sollte. Man bat sie, die Sache geheim zu „halten, weil, wenn sie ausgebrochen wäre, die „ganze Academie verdient hätte, aus dem Lou- „vre verjagt zu werden, wegen der wenigen Ehr- „furcht, die man gegen einen Saal, auf wel- „chem der König Rath hält, wenn er zu Pa- „ris ist, und gegen das Bildniß Sr. Ma- „jestät, welches an der obern Wand hängt, „bezeugte.„

Den reichsten Mitgliedern der Academie wird in diesem Stücke vorgeworfen, daß sie nur nach den Schaumünzen gelüsteten, und diesen kleinen Gewinnst weit lieber hätten, als das Wachsthum der Sprache; daß sie sogar verschiedenen Perso- nen ihre Stimmen versagt hätten, weil sie be- sorgten, daß diese sie durch ihren Fleiß um den Profit bringen möchten. Die Mitglieder der Academie, die diese Schaumünzen (jettons) gern annehmen, werden jettonniers genennt. a)

P 2 Fürt-

a) Man will, nach dem Tode des Dübose, in einem Winkel seines Cabinets, auf zwanzig tau- send solche Schaumünzen gefunden haben. Man that

228 Streitigkeiten einzelner Personen

Füretiere mengt überall in seinen Vertheidigungsschriften Spöttereyen und Grobheiten durch einander; sie wurden daher durch eine Polcey-verordnung vom 24 December 1686 verboten. Sie enthielten besonders sehr harte Dinge gegen den berühmten a) la Fontaine; einen Mann, der am wenigsten gemacht war, Feinde zu haben, und der noch außerdem lange Zeit gut Freund mit dem Füretlere gewesen war.

La Fontaine und Quinault sind die einzigen berühmten Schriftsteller, wider welche sich Füretiere erboßte. Die andern, mit denen er anband, sind Franz und Paul Tallemant, Charpentier, Regnier, Leclerc, Boyer, Schriftsteller, die man heut zu Tage lächerlich oder mittelmäßig findet. Er war wenigstens so vorsichtig, daß er einen Unterschied unter den academischen Mitgliedern machte, und die berühmten Männer unter ihnen, welche die Ehre der Nation waren, nicht mit denen vermengte, für welche er nicht die geringste Achtung hatte. Eine Gerechtigkeit, die man auch dieser Gesellschaft überhaupt muß wiederfahren lassen, ist, daß sie sich nicht in gewisse privat Zänkereyen mengte, die mit Gassenliedern,

Sinn-

that der Academie den Vorschlag, diese Schaumünzen in ordentliche Medaillen, mit dem Bildnisse des Königs, zu verwandeln.

a) Der Autor erzählt hier einen Streit zwischen diesen beyden Männern, der, nebst den beyden Sinngedichten, die hier angeführt werden, schon in den Anecdoten Th. II S. 13 steht.

Sinngedichten, Mährchen, ungezognen Briefen und lächerlichen Drohungen geführt wurden. Charpentier machte eine Devise auf die Ausstoßung eines der Mitglieder der Academie. Die Erfindung derselben ist so beschaffen, daß sie nur auf der Straße Dubois oder in den Zoten des Rabelais eine Figur machen würde, ab ejecto corporis sanitas.

Die Mitglieder der Academie schoben die Schuld der Verzögerung ihres berüchtigten Wörterbuchs auf die dringenden Geschäffte, die ein ieder in seinem Stande zu besorgen hatte, oder auf andere Werke, die sie zugleich schrieben. Sie führten die Academie della Crusca zum Beyspiele an, welche vierzig Jahr zubrachte, ehe sie ihr Wörterbuch das erste Mal heraus gab, und mehr als dreyßig Jahr, ehe sie es durchaus verbesserte.

Aber weder Füretiere noch das Publicum waren mit diesen Entschuldigungen zufrieden. Füretiere wollte immer noch Recht haben, ob ihn gleich der königliche Rath verdammt, und die Policey seine Schriften verboten hatte. Er wandte sich bald an den Kanzler, bald an den König selbst, um die Erlaubniß zum Druck seines Wörterbuchs zu erhalten. Er behauptete, daß beyde Wörterbücher, ob sie gleich aus einer Quelle geflossen, einander dennoch nicht ähnlich wären; daß es ihm leid seyn würde, wenn das seinige in Ansehung der Zahl der Artickel, der Richtigkeit, der Gelehrsamkeit, der Annehmlichkeit, der Veränderung und der Wichtigkeit in den Materien nicht einen

Vorzug vor dem andern haben sollte. Er ließ endlich den Academikern durch den Mund des Publici sagen: „Entweder gebt uns ein Wörterbuch, oder laßt uns eins von andern geben." Er verglich die Academie mit einer Frau in Kindesnöthen, und sagte, daß deßwegen, weil sie so lange zubrächte, die Geburt um nichts besser seyn würde.

Er führte besonders zum Grunde an, daß das Privilegium der Academie der Freyheit der Gelehrten, der Nacheiferung und dem Wachsthume der Künste zuwider sey. Füretiere aber mochte sagen, was er wollte; alle seine Vorstellungen beym Kanzler und beym Könige halfen ihm nichts. Er ärgerte sich darüber zu Tode; und dieser Mann, der ein angenehmeres Leben führen konnte, starb vor Verdruß zu Paris, den 14 May 1688, im acht und sechzigsten Jahre. Sein Wörterbuch ward erst nach seinem Tode gedruckt; der Academie ihres kam im J. 1694 zum Vorschein, es erfüllte aber bey weitem die Hoffnung nicht, die man sich von demselben gemacht hatte. Racine hatte es voraus gesehen, daß der Beyfall nicht gar groß seyn würde. Man sagt wenigstens, daß, als er einst einige Artickel im Manuscript durchsahe, er in der öffentlichen Versammlung ausgerufen habe: „Liebster Gott! wohin werden wir uns verkriechen, wenn das Buch zum Vorschein kommen wird? Das Publicum wird uns steinigen!"

Lud-

Ludwig XIV hatte sein Vergnügen an den lustigen Einfällen des Füretiere. So einen grossen Abscheu er auch vor dem Burlesquen hatte, so las er diese doch eben so gern als das Publicum. Jedermann machte sich auf Rechnung der französischen Academie lustig. Man trieb es so weit, daß man insgemein sagte, man müsse sie den Wissenschaften nützlich zu machen suchen, so wie der Abt de Saint-Pierre die Ducs und Pairs dem Staate nützlich zu machen suchte. Andere, die weniger streng waren, meynten zwar nicht, daß man sie ganz unterdrücken, sondern vielmehr mit andern Academien vereinigen sollte, die einen wichtigern und bestimmtern Gegenstand zu ihrem Endzwecke haben; eine Meynung, welche nicht die richtigste ist; denn es ist immer für die Sprache allein eine Academie nöthig. Die Engländer haben diese Nothwendigkeit eingesehen. Pope, Dryden, Congreve gehörten nicht zur königlichen Gesellschaft zu London. Es würde gewiß in dieser Stadt sich eine besondere Gesellschaft für die Sprache, nach Art der unsrigen befinden, wenn nicht England, in den letzten Jahren der Königinn Anna, in so viele Factionen zertheilt gewesen wäre. Die Wighs drohten, die ernannten Beschützer der künftigen Academie hängen zu lassen, welches, wie man sich leicht vorstellen kann, alle entworfene Plans zu dieser neuen Einrichtung rückgängig machte.

Man tadelte besonders an unsern französischen Academikern ihre allzugroße Neigung zu lobenben. Verschiedene Schriftsteller haben bemerken wollen, daß das Publicum nicht so große Achtung für die französischen als für die Academie der Wissenschaften habe. Es ist wahr, daß es mehr Spötter der erstern giebt; dieses kömmt aber daher, daß die meisten Leute sich im Stande zu seyn glauben, von ihren Arbeiten urtheilen zu können. Außerdem zeigen auch die meisten Schriftsteller eine große Gleichgültigkeit gegen diese Gesellschaft, so lange sie dieselbe als ein Ziel ansehen, welches sie nie zu erreichen hoffen; sie ändern aber die Sprache, wenn sie dieselbe ihren Augen näher sehen. Kurz, Neid und Bosheit mögen sagen, was sie wollen, es ist ausgemacht, daß der Armstuhl der Academie das Ordensband der Gelehrsamkeit, oder das Tabouret der schönen Geister sey. Daher kömmt es, daß sich selbst verschiedene Mitglieder der Academie der Wissenschaften Mühe gegeben haben, diese Ehre zu erlangen. Die Verse des Fontenelle sind bekannt: a) „Wenn wir vierzig voll „sind, so spottet man über uns; sind wir aber „neun und dreyßig, so fällt man vor uns auf die „Knie nieder.„

a) Quand nous sommes quarante, on se moque de nous,
Sommes-nous trente-neuf, on tombe à nos genoux.

Der Pater Norbert
ein Capuciner,
und
die Jesuiten.

Und du, mein Brutus, bist auch dabey! a) Mit diesen Worten, sagt der Abt Desfontaines, hätten die Jesuiten den P. Norbert anreden können. Beyde Orden hatten stets in der besten Vertraulichkeit mit einander gelebt. Beyde waren aus Venedig verbannt; beyde hiengen den Decreten des römischen Hofes an; sie hatten beyde den Haß gegen die Ketzer, Zänkereyen, Gefahren und Glück mit einander gemein. Dem P. Norbert war es vorbehalten, eine so schöne Eintracht zu stören. Er trat auf die Seite der Feinde, welche die Jesuiten allenthalben haben. Europa und Asia erschallten von ihren Streitigkeiten.

Pondichery war der Wahlplatz. Der P. Norbert, der seine Provinz Lothringen für seinen grossen Eifer zu klein fand, brannte für Begierde, über das Meer zu gehen und Indien zu sehen. Seine Brüder zu Pondichery, die mit Vergnügen die Zahl der Arbeiter in dem Weinberge des Herrn zunehmen sahen, nahmen ihn aufs Beste auf.

---

a) Tu quoque, mi Brute!

auf. Der neue Apostel erfuhr bald nach seiner Ankunft, daß die Capucinermissionarien mit den Missionarien der Jesuiten daselbst im Streite lagen, wegen der Gebräuche und Gewohnheiten der malabarischen Völker. Er ergriff diese Gelegenheit, um sich hervor zu thun; er fachte das Feuer der Zwietracht an, und gab endlich im J. 1744 zwey Bände in Quart unter dem Titel heraus: Historische Nachrichten des P. Norbert, eines Capuciners aus Lothringen, an den Pabst Benedict XIV.

Man sehe zuerst das Gemälde, das der Verfasser von den malabarischen Gebräuchen macht. Diese Gebräuche bestehen in einer Vermischung heidnischer Ceremonien und eines lächerlichen Aberglaubens; sie sind unter den Völkern auf der Küste Coromandel und den benachbarten Königreichen im Gebrauch. Diese Völker beobachten, mit einer gewissenhaften Genauigkeit, alle diese Cärimonien, die sie als einen wesentlichen Theil ihres Götzendienstes ansehen.

Die Zahl ihrer Götzen ist unermeßlich. Es sind aber immer einige mehr als die andern. Drey sind darunter die vornehmsten: das Feuer, das Wasser und die Erde. Dieser letzte Götze, den sie Brachma oder Brama nennen, hat den Vorzug vor allen andern. Seine Priester, welche Brachmanen oder Braminen genennt werden, unterlassen nichts, um das Volk in dieser Einbildung zu erhalten. Sie sind unwissend und dabey sehr aufgeblasen. Da man sie für Ab-

kömm-

: mit einer ganzen Gesellschaft. 235
kömmlinge des Gottes Brama hält, so stehen sie
in vorzüglicher Achtung, und man sieht sie als
eine besondere Gattung von Menschen an. Sie
machen eine privilegirte Zunft zusammen aus, und
werden für den vornehmsten Adel gehalten; sie
haben, dem zu Folge, einen allgemeinen Abscheu
vor allem, was man Parreas, Bürger oder Pöbel nennt. Die armen Parreas sind von allen
Aemtern und Würden ausgeschlossen. Man
achtet sie nicht würdig, etwas mit den Adelichen
weder in den geringsten Religionsübungen noch
im bürgerlichen Leben gemein zu haben.
    Die Einwohner dieses Theils von Indien sind
Pythagoräer in Ansehung der Seelenwanderung,
und daher kömmt ihre große Hochachtung gegen
die Thiere. Die Kuh ist bey ihnen ein Gegenstand der Anbetung. Der Staub ihres Kothes
reinigt von Sünden, und macht die Leute geschickt,
sich ihren Götzen würdig zu nahen. Ein Mensch,
der das Fleisch dieser Thiere äße, würde von allen verabscheuet werden.
    Die Sorge, den Pöbel in diesem Chaos des
Aberglaubens zu erhalten, ist unsern stolzen Braminen überlassen, und sie schicken sich vollkommen
wohl dazu. Sie haben außerdem noch ein sehr
sonderbares Amt: sie müssen nämlich, mit dem
Schall der Trompeten begleitet, die ersten Kennzeichen der Mannbarkeit eines Mägdchens, im
Triumphe herumtragen und ausrufen.
    Die Unenthaltsamkeit ist bey diesem Volke ge-
heiligt. Die jungen Bräute würden für einfäl-
tig

tig angesehen werden, wenn sie nicht die Figur
des Poullear oder Pulleyar, des indianischen
Priapus, am Halse trügen.. Ich schreibe dieses alles dem P. Norbert nach, welcher, um in
diesen Dingen nichts verschweigen zu dürfen, sich
sogleich im Anfange seines Werks als einen Mann
beschreibt, der nichts zu sagen glaubt, wenn man
nicht deutlich begreift, was er sagt.

Es ist fast alles Aberglauben bey den Malabaren. Gewisse Libationen reinigen die Seele, und
andere beflecken sie. Es ist ein Verbrechen,
Wein zu trinken. Man würde es für eine Gottlosigkeit ansehen, wenn einer von dem Fleische
irgend eines Thieres äße. Man fürchtet sich,
den geringsten Wurm todt zu schlagen, weil man
die Wanderung der Seelen mit großer Ueberzeugung glaubt. Ein ehrlicher Malabare würde
eher Hungers sterben, als von einer Speise essen,
die er nicht selbst oder einer seiner Hausgenossen
zugerichtet hätte.

Die Ehre der Familien ist es, worauf man
am meisten eifersüchtig ist. Es würde eine unauslöschliche Schande seyn, wenn einer von edler
Familie eine von bürgerlichem Stande heirathen
wollte. Den Speichel können alle Malabaren
gar nicht sehen, und wenn sie sterben, halten sie
es für ein sonderbares Glück, einen Kuhschwanz
in der Hand zu halten.

Sie sind der Meynung, daß die Seele, wenn
sie den menschlichen Körper verläßt, in eine Kuh
fährt, um sich da zu reinigen, oder mit der Gottheit,

heit, die sie in diesem Thiere wohnend glauben, in Gesellschaft zu leben. Da sie glauben, daß beym Sterben die Seele nur aus einem Körper in einen andern fährt, so legen sie sogleich, wenn jemand gestorben ist, den Leichnam auf ein Parabebette, und stellen ihm einen Spiegel vor die Augen, damit er darinne seine neue Gestalt besehen könne. Wenn man ihn in das Grab senkt, so giebt man ihm einen guten Vorrath von Speisen mit, wenn ihm etwan die Lust zu essen wieder ankommen möchte. So ausschweifend die Malabaren auch sind, so thun sie doch den Europäern die Ehre an, daß sie dieselben sehr verachten. Auch dieses sagt uns der P. Norbert als eine Gewißheit.

Die Capuciner waren noch eher als die Jesuiten nach Pondichery gekommen. Ihre Mission befand sich in blühenden Umständen. Sie hatten ihren Neubekehrten nie die Gebräuche ihres Landes zugelassen. Die Jesuiten, die eine entgegengesetzte Gewohnheit beobachteten, und den Neubekehrten der andern Missionen ihre Gewohnheiten größten Theils erlaubten, kamen in eben dieser Stadt an, und wollten zu Pondichery eben dieselbe Weise beobachten. Dieses war augenblicklich die Gelegenheit zum Kriege unter allen Missionarien.

Die Capuciner warfen den Jesuiten vor, daß sie ein abgöttisches Gemische mit den Gebräuchen der christlichen Religion und den indianischen des Heidenthums machten. Die Jesuiten vertheidigten bigten sich, und nahmen den Capucinern die malabarische Parochie Ponbichery weg. Es waren damals zwo Kirchen in der Stadt, welche zwo besondere Religionen zu haben schienen. Man nannte einen Theil Capucinerchristen, und den andern Jesuiterchristen. Die Neubekehrten, die ihre Rechnung bey den letztern besser fanden, liefen den Capucinern häufig davon, und wandten sich zur Kirche der Jesuiten.

Die Jesuiten thaten noch mehr. Sie baueten zween Tempel; einen für die Edlen, und den andern für das gemeine Volk. Von der Zeit an hatten beyde Classen der Indianer, weder in Ansehung der Tauf- und Hochzeitceremonien, noch der Beichte und Communion, nichts mehr mit einander gemein. „Man jagte die Parreas „oder Unedlen schimpflich aus dem Tempel der „Edlen fort; die Priester durften nicht zu ihnen „ins Haus gehen, um ihnen die Sacramente zu „reichen, sondern man mußte die Sterbenden auf „die Thürschwelle legen, wenn ihnen dieser geistliche Dienst wiederfahren sollte. Man erlaubte, daß Kinder von sieben Jahren einander heirathethen, so wie auch daß die Zeichen der Mannbarkeit eines Mägdchens öffentlich herum getragen wurden. Mit einem Worte, es war fast „nicht mehr möglich, einen Unterschied unter den „Heirothen der Christen und der Heiden zu finden. Ein Crucifix, ein Bild der heil. Maria, „das man an den Ort stellte, wo dergleichen Ce„remonien vorgenommen wurden, war fast der „ganze

„ganze Unterschied. Die christlichen Bräute „trugen eben so, wie die heidnischen, die Figur des „Götzen Pulleyar am Halse." Aber sollten die Jesuiterchristen wohl noch andere Merkmaale haben, an denen man sie erkennen kann? Der P. Norbert wenigstens sagt es.

Man erkannte sie an der ganz neuen Art, die Sacramente auszutheilen; an den Namen der falschen Gottheiten, die man ihnen bey ihrer Taufe gegeben hatte; an ihren halb nackenden Leibern, wenn man sie auf der Gasse sahe, und an ihrem verdeckten Angesichte in Gegenwart des hell. Sacraments; an ihrer mit Asche vom geheiligten Kothe der Kuh beschmierten Stirn; an einigen kurzen Gebetern, die sie in den Bädern thaten, die bey den Indianern so sehr im Gebrauch sind; an ihrem Widerwillen, mit gewissen Personen gewisse Speisen zu essen, die in ihren Ländern verabscheuet werden; an ihrem Stolze, ihren Vorurtheilen und allerhand Arten von Abscheu. Die Capucinerchristen waren hingegen gute Christen, die durch ihr bescheidenes und anständiges Wesen von andern leicht zu unterscheiden waren.

Diese Verschiedenheit gereichte der Religion nicht zum Vortheile; was sollten aber die Capuciner bey dergleichen Umständen thun? Sie stellten dem hell. Stuhle, in aller Unterthänigkeit vor, daß die Missionarien der Jesuiten Abgötter, oder nicht weit davon wären. Die Jesuiten erfuhren es sogleich, und suchten sich zu rächen. Aergerniß und Uneinigkeit riß unter allen Missionasionarien ein, und die christliche Religion litt darunter sehr.

Der Capuciner Norbert kömmt, nachdem er die Jesuiten so abgemalt hat, auf den heil. Franciscus Xaverius, den er ziemlich zurückhaltend lobt; er geht hierauf zu dem P. Robert a Nobili, einem der würdigsten Missionarien in Indien, fort. Er wirft ihm vor, daß er die Franciscaner vom Platze vertrieben, die sich in diesem Lande schon fest gesetzt hatten, und nicht glaubten, daß sie die Natur durch allzu strenge Bußübungen erschrecken müßten. Er macht es ihm zum Verbrechen, daß er sich in dem Königreiche Maduras als ein Bramine gekleidet, und daselbst ein strengeres Leben geführt, als die Braminen selbst. Ein solcher Vorwurf, in dem Munde eines Capuciners, klingt ein wenig fremd. Vielleicht sieht er die Strenge der Lebensart und das Sonderbare in der Kleidung für ein Vorrecht seines Ordens an.

Aber sind auch alle Vorstellungen, die der P. Norbert seinen Lesern macht, gegründet? Sollten es wohl Gespenster und Ungeheuer seyn, die er selbst erschafft, um sie zu bestreiten? Ist es gewiß, hat man ihn gefragt, daß die malabarische Religion alle diese Gebräuche vorschreibt? Vergrößert er nicht selbst etwan das Gemälde derselben? Sind diese Gewohnheiten wirkliche Gebräuche? Ein Muselmann könnte so den Namen eines Gebrauchs unserm Johannisfeuer, dem gemästeten Ochsen, den man beym Beschluß des Carnevals auf den Straßen herum führt, unsern

Maske-

Maskeraden, dem Geschrey: der König trinkt, u. s. w. geben. Alles dieß sind Gewohnheiten und keine Gebräuche.

Aber man hat, sagt der Capuciner, eine besondere Kirche für die adelichen Christen, und eine besondere für die Parreas. Man antwortet ihm darauf: Haben die Cartheuser nicht auch ein besonderes Chor für die Patres, und ein anderes für die gemeinen Brüder? Es ist nicht zu besorgen, daß die abgesonderte Kirche die Adelichen stolz machen werde, weil sie alle Christen sind, und sich daher auch alle als Brüder anzusehen haben.

Man hat bisher gesehen, wie der historische Theil des P. Norbert beschaffen gewesen; man sehe nun auch, wie er sich gegen gewisse Personen aufführt. „Die Jesuiten, sagt er, sind Rebel„len, in Ansehung der Aussprüche des römischen „Hofes wegen der malabarischen Gebräuche; sie „sind die einzige Ursache der Folgen dieser un„glücklichen Begebenheit. Die Widerspenstig„keit gegen die Befehle des heil. Stuhls kömmt „nur von ihnen her; der Samen der Zwietracht „wird nur durch sie ausgestreut u. s. w.

Fast das ganze Werk des P. Norbert ist, nach der Vorstellung seiner Widersacher, ein bloßes Gewebe von Unrichtigkeiten. Bosheit und Rachgier haben seine Feder geführt, so daß sie die bitterste Galle ausschüttet. Seine Schreibart ist voller Feuer, aber nicht rein und noch weniger bescheiden. Der P. Patouillet widerlegte ihn. Die Sache der Jesuiten war in guten Händen.

gel. Streit. IV Th.   Q   Er

Er behielt, indem er seinen Orden vertheidigte, für die Capuciner alle Achtung und Bescheidenheit, die ein Orden noch allemal verdient, wenn er auch einige unwürdige Mitglieder unter sich begreift.

Der Jesuit griff bloß den P. Norbert an. Er setzte Zeugnisse gegen Zeugnisse, und brachte eine Menge ärgerlicher Anecdoten bey. Den Capuciner schilderte er nach dem Bilde, das die Obern seines Ordens von ihm gemacht hatten, und nach dem Zeugnisse des ehrwürdigen Paters Thomas von Poitiers, Custodis und Generalsuperiors der Capuciner zu Madras, der sich dreyßig Jahre an diesem Orte aufgehalten hatte. Sein Zeugniß scheint um so viel stärker zu seyn, da der P. Custos nicht zweifelte, daß man einst von seinen Schilderungen Gebrauch würde machen können.

Das Bild, das er von dem P. Norbert, in einem Schreiben an den Herrn Dumas, damaligen Gouverneur zu Pondichery, macht, stellt diesen Missionar als einen Betrüger vor. Es wäre sehr unvorsichtig gewesen, wenn er dieses ohne Beweis gesagt hätte: man sehe demnach die Beweise, die er uns vorlegt, und wie man die Geschichte insgemein erzählt. Der P. Norbert hielt in der Stadt Pondichery dem Bischof Visdelou, einem Exjesuiten, die Trauerrede, und machte zugleich eine Satyre auf alle Jesuiten. Es entstanden darüber von ihrer Seite große Klagen. Um sie nun zum Schweigen zu nöthigen, kam er auf den Einfall, sein Manuscript

von

mit einer gantzen Gesellschaft. 243

von angesehenen Personen unterschreiben zu lassen. Es unterschrieben es wirklich verschiedene; die wichtigste Unterschrift für den Capuciner aber war die vom Herrn de Lollieres, Bischof zu Juliopolis, und diese konnte der P. Norbert nicht erhalten. Er machte sie daher selbst nach, und durch dieses Mittel ward die Trauerrede gedruckt und überall ausgebreitet. Der Bischof, den es verdroß, daß sein Name dieser Schmähschrift auf die Jesuiten zum Freybriefe diente, ließ den P. Norbert zu sich fordern, und dieser mußte ihm einen Revers ausstellen, worinne er als falsch erkannte, daß der Bischof zu Jullopolis seinen Namen auf das Original der Trauerrede gesetzt habe.

Eben dieser P. Custos schreibt in einem andern Briefe an den Herrn Dümas: „Ich bin eben so, „wie Sie, der Ausschweifungen unsers P. Nor-„berts müde, und dieses um so viel mehr, da ich „weis, daß es Ihnen Mühe und uns Verwir-„rung verursacht. Ich habe schon von der Un-„terschrift des Herrn de Lollieres gehört, dessen „Namen er unter seine Leichenrede gesetzt hat. „Er hat noch andere Reden gemacht und gehal-„ten, die nicht besser sind als diese." Man setzt hinzu, daß alle Klöster und Städte, in welchen sich der P. Norbert aufhielte, sich an ihm ärgerten; daß er bald mit seines Gleichen, bald mit seinen Obern Händel und Verdrüßlichkeiten habe; daß er bald diese bald jene verläumdete, und sie gern an einander hetzte; daß er die Reden, die

Q 2   er

er wider die Jesuiten führte, auf die Rechnung
der Capuciner schriebe, und sich dabey noch für
sehr zurückhaltend ausgäbe, indem er nicht alles
Anzügliche, was ihm sein Orden zu sagen auftrüge, sagen möchte. Wenn dieses alles sicher
und gewiß wäre, was für eine Meynung müßte
man nicht vom P. Norbert haben? Man würde
gewiß keinen strafbarern Mönch gefunden haben.
Man findet nicht eine einzige Stelle zu seinem Lobe in allen Nachrichten und Originalbriefen, die
der seraphische Orden den Jesuiten ausliefern
wollte. „Wir müssen uns diesen Zänker vom
„Halse schaffen, schrieb einer seiner Obern an den
„Gouverneur zu Pondichery. Was können wir
„uns von einem Menschen versprechen, der sich
„in den Kopf kommen läßt, und ganz ungescheut
„sagt, daß er keinen Obern, er sey geistlichen oder
„weltlichen Standes, über sich erkennt? Weil
„er nun keinen Obern geistlichen Standes über
„sich annehmen will, so müssen Sie die Gütig-
„keit haben, ihm zu zeigen, daß er einen weltli-
„chen Obern hat. Der P. Norbert ist ein Zän-
„ker, ein böser Mann, ein Eingebildeter, der den
„Verstand verloren hat. Er würde uns alle an
„einander hetzen, wenn er in Indien bliebe.„

Der Bischof zu St. Thomä veruneinigte sich
mit dem hohen Rathe zu Pondichery, und daran
war der listige Norbert Schuld. Der Bischof
brachte seine Klagen bey dem Cardinal Fleury
an, und bat denselben, wie der P. Patouillet
sagt, „daß er einen Missionar, der dieses Namens
„so

mit einer ganzen Gesellschaft. 245

„so unwürdig sey, aus seinem Kirchspiele verja-
„gen sollte; der Bischof erhielt darüber eine
„schriftliche Erlaubniß, um Indien von diesem
„Halsstarrigen zu befreyen, der daselbst schon so
„viel Aergerniß gegeben hatte.

Norbert, der nun aus Indien vertrieben war,
ward gegen die Jesuiten noch rasender, weil er
merkte, daß sie die Ursache davon waren. Die
Rachgier trieb ihn an, wider diese Patres zu schreiben, so bald er nach Europa kam. Er war so
listig, daß er seine historischen Nachrichten
einem der größten Päbste, welche die römische
Kirche regiert haben, überreichen konnte. Es
ist dabey sehr merkwürdig, daß er den Pabst für
sich einnahm; und noch merkwürdiger ist es, daß
selbst die Schutzleistung Benedicts XIV nicht im
Stande war, ihn gegen die Verfolgung seiner
Feinde sicher zu stellen. Sein historisches Werk
ist, seiner Aussage nach, ihm bloß von Redlichkeit und Eifer eingegeben worden. Nach der
Aussage des P. Patouillet aber ist es, „dem
„Grunde nach die gehäßigste Schmäh- und
„Schandschrift, und der Einkleidung nach, das
„allerverächtlichste Werk. Der Haß dient dar-
„inne statt der Kunst, der Vernunft, der Me-
„thode und der Wahrheit.„

Der Vertheidiger der Jesuiten rechtfertigt sie
besonders wegen des so oft wiederholten Vorwurfs, daß sie sich äußerlich gegen den römischen
Stuhl sehr unterwürfig stellten, im Grunde aber

Q 3 die

die ärgſten Rebellen wären. Es iſt dieß die vorzüglichſte Stelle in dem Schreiben des P. Patouillet. Er führt verſchiedene Gründe an, wodurch er das zu entkräften ſucht, was er eine Verläumdung nennt. 1. Die Jeſuiten haben nicht alle malabariſche Gebräuche ohne Unterſchied gebilligt. 2. Die, die ſie gebilligt haben, ſind ſchon von verſchiedenen Miſſionarien anderer Orden zugelaſſen worden. 3. Sie haben ſich dieſer großen Nachſicht in keiner andern Abſicht bedient, als um alle Völker zu Gott zu bringen. 4. Sie haben ſtets verſprochen, dieſe Gebräuche ſogleich zu verdammen, als der römiſche Hof durch ein endliches Urtheil dieſelben für abergläubiſch erklären wird; ſie wußten aber, daß die Entſcheidungen Roms in dieſer Sache nur vorläufig und bedingungsweiſe waren, angeſehen verſchiedene Päbſte, und namentlich Benedict XIII und Clemens XII, ihre Decrete eingeſchränkt hatten. 5. So oft, während des Streits, entweder von dem Legaten oder dem Pabſte ſelbſt, ein Urtheil iſt geſprochen worden, ſo haben ſich die Jeſuiten ſtets darnach gerichtet; ſie hielten ſogar am römiſchen Hofe um die Unterſuchung ihrer Sache, und Entſcheidung ihres Proceſſes an. 6. Da ſie nunmehro endlich den Proceß verloren, und der heil. Stuhl ein Definitivurtheil geſprochen hat, rechnen ſie ſichs zur Ehre, ſich zu unterwerfen, und die theuren Eide zu halten, die ſie deßwegen abgelegt haben.

Unter

mit einer ganzen Gesellschaft. 247

Unter diesem Definitivurtheile verstehet der Wertheidiger der Jesuiten die Bulle a) Benedicts XIV, vom 1 September 1744. Diese Bulle schreibt den Missionarien eine gewisse Zeit zur Beobachtung gewisser Artickel vor, worauf ihnen befohlen wird, wieder nach Europa zurück zu kommen, wenn sie dieselben nicht beobachten.

Eben dieser Apologist der Jesuiten glaubt sich auf diese Unterwerfung etwas zu gute thun zu dürfen, die er seinen Mitbrüdern vielleicht allzu freygebig beylegt; er redet ihre Widersacher folgender Gestalt an: „Ihr werft uns vor, daß wir „die Urheber der Bullen sind, und dem heil. Stuh„le Breven und Decrete in die Feder dictiren. „Ihr sucht dadurch ihre Gültigkeit zu verrin„gern. Aber sehet hier eine Reihe von Decre„ten, für deren Urheber ihr uns nicht ausgeben „werdet. Schämt euch wegen eurer bisherigen „Unwahrheiten! lernet, daß wir nur Kinder der „Kirche, und nicht Beherrscher derselben sind; „daß wir ihr dienen und gehorchen, nicht aber sie „regieren; lernet euch auch ihrem Joche zu un„terwerfen!„ Er wirft dem P. Norbert vor, daß er mehr einem Jansenisten ähnlich sähe, da er so gern Lügen rede und ein abgesagter Feind der Jesuiten sey; daß die Jesuiten ihm an Hartnäckigkeit selbst nicht gleich kämen, und daß der Indianische Zeitungsschreiber ein Anhänger des Zeitungsschreibers der Jansenisten sey.

Q 4   Der

a) Omnium sollicitudinem.

Der P. Norbert war über diesen letztern Vorwurf sehr empfindlich; er zeigte sich sehr hitzig in einer Angelegenheit, in welche er sich zu mengen nicht nöthig gehabt hätte. Man schonte ihn daher auch mit Spöttereyen nicht; einige davon fielen dem Abt Desfontaines in die Hände, der sie in seine Blätter einrücken ließ. Es wäre bald ein heftiger Krieg darüber entstanden. Der Abt Desfontaines aber, der es für allzu gefährlich hielt, sich in dergleichen Händel zu mischen, blieb bey seinen gelehrten polemischen Anmerkungen, und wollte sich keine neuen Feinde zuziehen.

Die Jesuiten, ob sie gleich zu Rom verdammt wurden, waren dem ungeachtet dem Urheber ihrer Verdammung noch fürchterlich. Sie verfolgten ihn allenthalben, und nöthigten ihn, nach London zu fliehen. Er hatte sich lange in dieser Stadt aufgehalten, und daselbst die Aufsicht über eine Tapetenfabrik gehabt. Er veränderte seine Religion nicht, ob er gleich seinen geistlichen Habit veränderte. Man hat ihn mit dem berüchtigten P. Courrayer a) verglichen, der eben so, wie

---

a) Diese Vergleichung ist für den Capuciner sehr rühmlich. Courrayer war ein gelehrter, und dabey rechtschaffener Mann. Ich habe keinen bessern Ordensmann gehabt, sagte der Abt zu Sainte-Genevieve öfters von ihm. Die Ursache zur Flucht des P. Courrayer war die Bastille, mit welcher man ihm drohete, wenn er nicht seine Meynung in Ansehung der Gültigkeit der

mit einer ganzen Gesellschaft. 249

wie er, sein Vaterland meiden mußte. Der P. Norbert hat nach der Zeit England wieder verlassen. Nachdem er sich einige Zeit in Lothringen, seinem Vaterlande, aufgehalten hatte, ist er nach Portugal gegangen, wo er, unter dem Schutze der Regierung, an der Fortsetzung seiner Nachrichten wider die Jesuiten arbeitet. Er macht sich ohne Zweifel den Haß zu Nutze, in welchen sie in diesem Königreiche verfallen sind, um sich wegen der Verfolgungen zu rächen, die sie unter der vorigen Regierung wider ihn erregt hatten. Man kann den P. Norbert unter die Zahl der seraphischen Schriftsteller b) setzen,

die der Verordnungen in der anglicanischen Kirche widerrufen würde. Er lebte zu Orford und genoß eine Pension vom Hofe. Im letzten Kriege brauchte man ihn zum Unterhändler zwischen Frankreich und Engelland. Er hätte Bischof werden können, wenn er zur englischen Kirche hätte übertreten wollen. In seiner übersetzten Geschichte des Concilii zu Trident nennet er die Transsubstantiation eine tumme Lehre. Es schrieb ihm deswegen ein Freund: Sie haben alle Fenster eingeworfen, und Courrayer antwortete: Es mag sie wieder machen lassen, wer da will. Seine Briefe unterschreibt er: Courrayer, regulirter Canonicus, ehemaliger Bibliothecarius zu St. Genevieve, Doctor zu Orford.

a) Die Capuciner leben heut zu Tage nicht mehr in der großen Unwissenheit, die man ihnen so lange Zeit vorgeworfen hat. Sie legen sich fleißig auf die gelehrten Sprachen. Man kennet

die das Geheimniß gefunden haben, daß sie vom Publico mit einer Art von Vergnügen gelesen werden.

Der Abt de Prades
und
die Sorbonne.

De Prades fieng sein Studieren zu Montauban an, wo er geboren war, und vollendete es zu Paris. Er trat, in Hoffnung sein Glück zu machen, in den geistlichen Stand; erst in dem Seminario zu St. Sulpice, hernach zu St. Nicolaus, und der guten Kinder.

Alle, die ihn in diesen Häusern gekannt haben, wissen, daß man ihn weder für einen großen, noch für einen kleinen Geist hielt. Man muß eben so sehr gegen seine Bewunderer, als gegen seine Verdächter und Feinde, auf der Hut seyn. Die einen halten ihn für den Adler der Gottesgelahrheit, und die andern trauen ihm nicht einmal einen vernünftigen Schluß zu, oder daß er zwey lateinische Worte habe sagen können, ohne in die Bar-
baren

net die hebräisirenden Capaciner auf der St. Honoriusstraße, und die Widerlegung in Prosa und Versen des Gedichts: die natürliche Religion, die einer dieser Väter gemacht hat.

baren, gewisser Jahrhunderte zu gerathen. Das Mittelmäßige scheint den eigenthümlichen Character des Abts de Prades auszumachen, so daß er nicht gemacht war, eine große Rolle zu spielen. Der Zufall hat ihn bloß hervor gezogen, und man würde nie von ihm gesprochen haben, wenn er nicht den Titel eines Encyclopädisten, und die Gnade eines großen Prinzen gehabt hätte.

Er gieng alle gewöhnlichen Uebungen der Schule durch. Den 23 November 1745 legte er seine Probe in der Sorbonne ab, welches er den 27 Julius 1750 noch einmal that. Niemand merkte bey beyden Gelegenheiten einen unruhigen und kühnen Geist an ihm; aber er änderte sich nach der Zeit gar sehr. Man will ihn, in der Zwischenzeit seiner beyden Disputationen, bisweilen Gespräche haben führen hören, deren Bedeutung man nicht eher, als lange darnach, eingesehen hat. Er soll gesagt haben, daß er sich bey der Erlangung der Licentiatenwürde gewiß hervorthun wolle; daß alle andern Baccalaurei weit hinter ihm bleiben sollten, und daß keiner von ihnen eine solche Disputation vertheidigen würde, als er, die in Ansehung der Materie, der kühnen Sätze und der prächtigen Schreibart einen großen Vorzug haben sollte.

Die erwünschte Zeit kam endlich herbey. Der Abt de Prades hielt seine Disputation den 18 November 1751, welche nach der gewöhnlichen Art approbirt und unterschrieben war. Man hört, man giebt ihm Beyfall, man greift ihn an, man

sucht

sucht zu verschiedenen Malen seine Meynung zu verdrehen: er aber vertheidigt sich stets mit Nachdruck. Der Triumph des Abtes schien gewiß zu seyn, als ein dickblütiger Doctor ihn über dem Artikel der Wunderwerke angreift und zuruft: a) Ich vertheidige nicht meine Sache, sondern die Sache Jesu Christi.

Die Mine, der Ton, die Geberden, die Vernunftschlüsse des Doctors öffneten allen, die zugegen waren, die Augen. Verschiedene Baccalaurei hatten ihm Dinge wider die Religion in seiner Disputation zeigen wollen; niemand aber bildete sich ein, daß sich wirklich dergleichen darinne fänden. Der Doctor schrie so heftig, daß man beynahe glaubte, er möchte Recht haben. Man las, und las die Disputation noch einmal, und einige fanden lauter abscheuliche Irrthümer darinne, da hingegen andere dergleichen gar nicht fanden. Die Versammlung fieng an sich zu veruneinigen, und ganz Paris ward voll davon. Die Sorbonne, die dabey ins Gedränge kam, versammelte sich und stellte Berathschlagungen an. Das Parlement, das über diesen Streit in Bewegung geräth, will sich von der Sache unterrichten lassen, und läßt den Syndicus der Sorbonne rufen.

Dieser Mann, wenn er sich nicht eine strafbare Nachsicht vorzuwerfen hatte, war doch wenigstens einer Nachläßigkeit zu beschuldigen. Er
erschien

a) Non meam, sed Christi causam defendo.

mit einer ganzen Gesellschaft. 253

erschien den 22 December 1751 im Parlemente, um von seinem Verfahren Rede und Antwort zu geben. Noch da er von dem Verhör zurück kam, und in dem Fiscalzimmer war, setzte er folgendes zu seiner Vertheidigung auf.

Gnädige Herren,

„Ich habe es für meine Schuldigkeit gehalten,
„Sie von dem Lärmen und Aergerniß zu benach-
„richtigen, welches, seit einiger Zeit, eine in der
„theologischen Facultät, von einem Baccalaureus,
„Namens de Prades, den 18 November dieses
„Jahrs vertheidigte Disputation verursachet hat.
„Da diese Disputation, die ihrer Länge wegen
„mehr ein Buch als eine Disputation ist, mit
„vieler Kunst, in einer erhabenen Schreibart und
„gutem Latein geschrieben ist, so habe ich bey der
„ersten Durchlesung derselben nichts anders, als
„gute Gesinnungen gegen die Religion darinne zu
„finden vermeynt, und sie daher meiner Appro-
„bation würdig erachtet. Ich habe aber nach ei-
„ner genauern Untersuchung gefunden, daß der
„Verfasser zu kühne und unproportionirte Ausdrü-
„cke brauche, und verschiedene Sätze vortrage, die
„unsere Religion beleidigen. Ich verdamme deß-
„wegen diese Disputation. Dieß ist meine Mey-
„nung und die Meynung der Facultät, als wel-
„che, nachdem sie zur Untersuchung dieser Dispu-
„tation Deputirte ernannt, und sich darüber ein-
„berichten lassen, dieselbe in einer außerordentlich
„deßwegen gehaltenen Versammlung verdammt
„hat;

„hat; und der Baccalaureus ist von allen einem
„licentiaten zuständigen Verrichtungen ausge-
„schlossen worden. Dieß ist meine Erklärung.
„Dugard, Syndicus der theologischen Facultät
„zu Paris."

Es ward hierauf beschlossen, daß die Sache
an den Hof berichtet werden sollte. Da die Sorbonne sahe, daß das Parlement so eifrig in der
Sache war, säumte sie auch nicht. Sie legte
ihre andern Streitigkeiten indeß auf die Seite,
und verdammte den 27 Januar 1752 die Disputation und ihren Verfasser.

Zehn Sätze aus dieser sonderbaren Disputation wurden besonders der Censur unterworfen.
Diese Sätze betrafen das Wesen der Seele, die
Begriffe des Guten und Bösen, den Ursprung
der Gesellschaft und des natürlichen Gesetzes, die
geoffenbarte Religion, die Kennzeichen einer wahren Offenbarung, die Gewißheit historischer Begebenheiten, die Chronologie, die mosaische Staats-
verfassung, die Natur der Wunderwerke, die Vergleichung des Aesculaps mit Jesu Christo, und
endlich das Ansehen der Kirchenväter. Diese
Sätze wurden alle verworfen, worüber sich der
Abt de Prades sehr verwunderte; es war dieses
aber nicht die einzige Strafe, die er leiden mußte.

Die Sorbonne strich ihn aus dem Verzeich-
nisse der Baccalaureen aus, und verfuhr hernach
gegen die drey Doctoren, die seine Disputation
unterschrieben hatten, nämlich den Syndicus, den

Era-

mit einer ganzen Gesellschaft. 255

Examinator und den Präses. Ihre Unterschrift war nicht zu entschuldigen, ob sie gleich alle dreye widerrufen und die Disputation verworfen hatten. Sie mochten aus Uebereilung, oder mit vorbedachtem Rathe unterschrieben haben, so war doch das Aergerniß in gemeinen Wesen einerley. Man mußte nun auf eine ihrem Versehen gemäße Strafe denken. Der Syndicus kam dem Urtheile der Sorbonner zuvor, indem er sein Amt niederlegte. Die beyden andern, Delangle und Hook, erwarteten den Ausspruch, und wurden mit vielem Bedauern ihrer Mitbrüder vor der ganzen Versammlung beschimpft. Der Professor Hook verlor nach der Zeit seinen Lehrstuhl, aber bloß auf Anstiften des Cardinals de Tencin.

So langsam die Sorbonne gewesen war, den Abt de Prades zu verdammen, so geschwind war sie, die Censur der Disputation bekannt zu machen. Der abgegangene Syndicus schickte selbst ein Exemplar davon an den König in Polen. Dieser tugendhafte Monarch beehrete ihn mit dieser Antwort:

Mein Herr,

„Ich kannte die theologische Facultät zu Paris, „und ihren Eifer, die Reinigkeit des Glaubens „und der Sittenlehre zu erhalten, zu gut, daß ich „die Censur nicht hätte erwarten sollen, die Sie „mir mittheilen, und die sie wider die Disputa„tion eines ihrer Baccalaureen hat ergehen lassen. „Ich kann Ihnen die Freude nicht genug zeigen,
„die

„die ich gehabt habe, als ich mit meinen Augen
„das sahe, was ich gewiß glaubte, daß es gesche„hen würde. Ihre Gefälligkeit, mir dieses Ge„druckte zuzuschicken, vermehrt die Hochachtung,
„die ich für sie habe. Sie haben an dieser Hoch„achtung allen Antheil, den Sie verdienen, und
„ich bin mit vieler Aufrichtigkeit Ihr ergebener
„Stanislaus, König. Lüneville den 7 Febr.
„1752.„

Die Facultät zu Caen schrieb gesellschaftlich an die zu Paris, um ihr wegen ihres Eifers für die Religion Glück zu wünschen. Nie ist ein Lobspruch so mit sonderbaren und gesuchten Ausdrücken angefüllt gewesen. De Prades gerieth über alle diese seiner Censur ertheilten Lobsprüche in Verzweifelung.

Da er aus der Sorbonne gestoßen war, so ward er nun auch von verschiedenen Prälaten verfolgt. Der Erzbischof zu Paris entzieht ihm seine Gerechtsame, trägt seinem Promotor auf, ihn zu verfolgen, und erfüllt die ganze Stadt mit dem Namen des Baccalaurei und den gottlosen in seiner Disputation enthaltenen Sätzen. Der Bischof zu Montauban, in dessen Kirchspiel er gehörte, widerruft das ihm gegebene Exeat, vergießt Thränen über dieses Kind des Verderbens, und befiehlt ihm, in ein Seminarium zu gehen. Der Bischof zu Auxerre widerlegt in einem sehr langen Pastoralschreiben alles, was der Baccalaureus gesagt oder sagen wollen. Das Parlement tritt auch wieder auf, und giebt den
Befehl

Befehl zu gefänglicher Einziehung wider ihn. Der Abt de Prades sieht sich überall verurtheilet; er hält sich aber deßwegen nicht für strafbarer.

Er ruft Himmel, Freunde, Lehrmeister und alle, die ihn hören wollen, zu Zeugen seiner Unschuld an. Er schreibt Briefe über Briefe, bald an den Referendarium der Sorbonne, Tampo‍net, bald an den Bischof zu Mirepoix, bald an den Erzbischof in Paris. „Man greift mich we-„gen meines Glaubens an, schreibt er an den letz-„tern ganz trotzig; ich vertheidige mich damit, daß „ich mich weisen lasse, und fordere meine Gegner „heraus, daß sie auch meine Sitten angreifen." Aber alle diese Briefe rechtfertigten ihn nicht. Man sprach von ihm nicht anders, als von einem Ungeheuer, davon man die Erde befreyen müßte. „a) Man stoße ihn hinaus, und übergebe ihn „dem Schwerdte der bürgerlichen Gesetze!" rief einer von diesen barmherzigen Doctoren in einer Versammlung der Facultät aus.

Die Gemüther waren so in Bewegung, daß ein Kupferstich zum Vorschein kam. Jerusalem war darauf in der Ferne vorgestellt, und am äusersten Horizonte sahe man den Berg Golgatha; auf demselben stand eine Säule, und auf dieser das Bild der Wahrheit; zu den Füßen stand der Erzbischof von Paris und wandte sich an dieselbe. Vorwärts war die Religion, auf die Bundeslade gestützt,

a) Ejiciatur et tradatur mactandus gladio civili gel. Streit. IV Th.

258 Streitigkeiten einzelner Personen

gestützt, vorgestellt, wie sie den König ansahe, der einen Drachen, das Zeichen der Gottlosigkeit, unter die Füße trat. Man las darüber die Worte: a) Ludwig, Erhalter und Rächer des Glaubens.

Mitten unter diesen Stürmen, die sich auf allen Seiten wider den Baccalaureus erhoben, sahe er sich nach einem sichern Aufenthalte um. Und damit man ihm diesen nicht abschneiden möchte, nahm er eine Verkleidung zu Hülfe. Durch dieses Mittel erreichte er eine von den abendländischen Provinzen, gieng weiter nach Holland, und von da nach Preußen, wo ihn der Monarch sehr gnädig aufnahm. Der Lärm, den er in Frankreich gemacht hatte, diente ihm zu einer nachdrücklichern Empfehlung, als alle Briefe, die er mitbrachte. Die Franzosen, die in Berlin etwas vermochten, nahmen sich seiner an. Es glückte ihm endlich, daß er die Gnade des Königs gewann, ob er gleich nicht an seiner Tafel zu speisen die Ehre hatte. a)

Man

a) Fidei Lodoix assertor et ultor.
b) Dieser Vorzug, der ihm abgeschlagen ward, war ein Vortheil mehr für ihn. Es geschieht insgemein über der Tafel, daß die Gelehrten, um den König zu vergnügen, einander mit allerhand Spöttereyen und falschen Vorwürfen angreifen, oder freye und ungesittete Gespräche führen; woraus zum öftern Erbitterung und Haß entsteht, oder sie bey dem Könige in Ungnade fallen.

mit einer ganzen Gesellschaft.

Man erhielt in Frankreich bald die Nachricht von dem Glück des verwägenen Baccalaurei. Die Encyclopädisten freueten sich ungemein. Eins ihrer Häupter sagte damals: „Ich will im Namen der französischen Philosophen an die preußischen Philosophen schreiben, um ihnen für die gute Aufnahme des neuen Proselyten zu danken."

Der Abt de Prades, den man in Frankreich nicht hatte anhören wollen, war kaum in Berlin angekommen, als er eine Vertheidigungsschrift für sich heraus gab; niemand aber wollte glauben, daß er sie selbst gemacht habe. Man schrieb sie, so wie seine Disputation, auf die Rechnung eines gewissen Schriftstellers, dessen Art zu denken und sich auszudrücken man kannte. Man überlegte aber nicht, daß ein Mensch im Affecte sich stets übertrifft, und Einfälle hat, die ihm bey ruhigem Geblüte nicht in die Gedanken gekommen wären.

Diese Vertheidigungsschrift ist in drey Theilen verfaßt. Der erste enthält die Geschichte der Disputation und der Unruhe, die sie im Königreiche verursacht hatte. Der zweyte ist eine Vertheidigung dieser Disputation, welche der Apologist nicht als eine gottlose Schrift, sondern als ein System der Lehren des Herrn de Bethlehem, le Rouge, Melchior Canus, Bossuet und selbst der Sorbonne angesehen haben will, die Chronologie ausgenommen; als einen prächtigen, zusammenhängenden und in allen seinen Theilen wohl verbundenen Plan der Religion, „so wie man ihn ausführen müßte, wenn man die Gott-

„losigkeit, die von Tag zu Tage, durch die ohn-
„mächtigen Pfeile, die ein unwissender Eifer wi-
„der sie verschießt, noch frecher wird, beschämen
„wollte.„ Der dritte Theil ist die Widerlegung
einiger wider die Dissertation gemachten Verordnungen.

Dieser letzte Theil ist der hitzigste. Der Apologist beschwert sich darinne, daß man ihm nicht
erlauben will, vom Richterstuhle des Glaubens
an den Richterstuhl der Vernunft zu appelliren,
gleich als ob die Menschen in den Schooß des
Christenthums so eintreten müßten, wie eine
Heerde Vieh in einen Stall geht; daß man
aus Unwissenheit oder mit Vorsatz die Theiste-
rey mit der Deisterey verwechselt habe; zwey
Dinge, die einander so wenig gleichen, da die
Theisten, nebst einem ursprünglichen Wesen, die
Unsterblichkeit der Seele, Strafen und Belohnungen einräumen, und die Deisten dagegen zwar
einen Gott glauben, aber alles Uebrige läugnen;
er beschwert sich ferner, daß ein Priester, in seiner Begeisterung von dem Buche des P. Pichon,
das er seinen Schülern zu lesen befiehlt, nicht so
gutherzig gewesen sey, eine in seiner Diöces unbekannte Dissertation unbekannt zu lassen, sondern
dieselbe als ein Werk von der Hölle eingegeben
bekannt gemacht habe; daß endlich einer von den
hartnäckigsten appellirenden Bischöfen auf die Seite der Vertheidiger der Bulle getreten sey, um
die Welt zu bereden, daß er auch ein Vertheidiger des Glaubens wäre. Es ist keine Spötterey,
die

mit einer ganzen Gesellschaft. 261

die ꝛc. sich nicht gegen den Bischof von Auxerre erlaubt. „Ich würde, sagt er zu ihm, hundert-„mal gottloser seyn; als Sie glauben, und als „man die Appellanten nicht mehr für katholisch „halten wird. ... In Wahrheit, mein Herr, man „könnte sagen, daß Sie an dem heil. Augustinus „alles fänden, ausgenommen die Unterwerfung „unter die Gebote der Kirche.„

Die Stelle wider die Jansenisten, womit die Apologie beschließt, ist sehr heftig. „Wenn der „Religionsspötter, sagt der Autor, die päbstliche „Crone, die bischöflichen Müßen und Hüte mit „Füßen tritt, so seyd ihr es, die ihr ihn so kühn „gemacht habt. Was können so viele Schmäh-„schriften, Satyren, ärgerliche Erzählungen, be-„leidigende Kupferstiche, schändliche Gassenlieder, „Stücke, worinne die Geheimnisse der Gnade „und die Heiligthümer der Sacramente in eine „burleske Sprache eingekleidet sind, für einem „andern Endzweck haben, als Gott, die Priester „und den Altar zu schänden? Ihr Elenden! der „Erfolg hat eure Hoffnungen übertroffen. Wenn „der Pabst, die Bischöfe, die Priester, die Mön-„che, die Gläubigen der Kirche und die Kirche „selbst, wenn die Geheimnisse, die Sacramente, „die Tempel, die Ceremonien und die ganze Re-„ligion in Verachtung gerathen sind, so seyd ihr „Schuld daran.„

Nach diesem Ausfalle auf die Jansenisten sollte man glauben, daß die Gesellschaft, ihre Feindinn, verschont würde; aber keinesweges. Sie theilt

theilt mit ihnen die Galle des Verfassers. „Und „jene Jesuiten, die nur darum so hitzig ihren „Eifer gezeigt haben, weil sie wirklich keinen Ei- „fer haben, und die nur darum zuerst und so „laut geschrieen haben, weil sie, da sie wirklich „nicht beleidigt waren, doch den Schein anneh- „men mußten, als ob sie beleidigt wären, werden „diese, mir zu gefallen, die eiserne Maske able- „gen, die sie seit so langer Zeit tragen, daß sie ih- „nen, so zu sagen, ans Gesicht gewachsen ist?„

Diese ganze Apologie ist so hitzig und unverschämt, daß sie nicht so wohl eine Vertheidigung des Abts de Prades, als vielmehr seiner Feinde zu seyn scheint.

Man hatte ihm vorgeworfen, daß er seine Dissertation nicht selbst geschrieben habe, und daß er nur das Echo einiger starken Geister sey, die sich seiner zur Aufführung eines Systems wider die Religion bedient hätten. Er beschwert sich darüber, und behauptet, daß die Dissertation von ihm selbst sey, und weder jenem metaphysischen Prediger, bey dem er wohnte, noch dem Encyclopädisten angehöre, ob er gleich mit ihnen arbeite, und eine Dissertation über die Gewißheit der Historie zu ihrem Wörterbuche gegeben habe. Es ist abscheulich, sagt er, eine Gesellschaft gelehrter Männer wegen einer Dissertation in Anspruch zu nehmen, von deren Daseyn sie nicht eher etwas erfahren, als vierzehn Tage darnach, da sie schon verfertigt worden war. Weil nun alles

alles Böse seiner Disputation auf ihn fällt, so
verlangt er auch, daß man ihm des Guten wegen, das sie in sich enthält, ein Compliment machen soll. Und wenn sie die größten Gottlosig-
keiten enthalten sollte, so eignet er sich dieſelben doch alle zu, wenn sie nur witzig gesagt sind.

Dergleichen Gesinnungen zeigten von keiner
Reue; unterdessen hatte der Abt de Prades sich
doch innerhalb einem Jahre sehr geändert. Bischöfe, Cardinäle, Prinzen, der Pabst selbst machten sich an ihn, um ihn mit der Kirche wieder zu
versöhnen. Der Bischof zu Breßlau war das
vornehmste Werkzeug, dessen sich die Vorsehung
bediente, um diese Aussöhnung zu bewirken.
Der Prälat berichtete Sr. Heiligkeit, daß er
einige sehr erbauliche Unterredungen mit dem Abt
de Prades gehalten; daß seine Briefe voll guter
Gesinnungen wären; daß er sich dem heil. Stuhle blindlings unterwerfe, von dessen Censur er
nichts gewußt habe, ehe er seine Apologie schrieb;
daß er entschlossen sey, die catholische Religion,
selbst vor Königen, die sie haßten, zu vertheidigen; daß er ihr schon bey verschiedenen Gelegenheiten gute Dienste geleistet, und noch ferner würde leisten können, wenn ihn Rom wieder zu Gnaden annehmen wollte.

Benedict XIV, der den Abt de Prades nur aus
seiner Verdammung, und aus einem Briefe kannte, den er zu beantworten nicht für gut befunden

hatte, freuete sich sehr über das, was ihm der Bischof von Breßlau meldete. Der Pabst fürchtete aber die Sorbonne zu beleidigen, wenn er zu väterlich mit dem Abte verführe. Er fand demnach für gut, nichts ohne sie zu thun. Er schrieb den 12 December 1753 an den Cardinal de Tencin, und erklärte in diesem Schreiben dem Cardinale, als Provisorn der Sorbonne, seine Meynung. Er sagte, daß man auf die Umstände sehen müsse; daß im Falle der Abt de Prades eine Formul unterschriebe, die er der Facultät in Abschrift beylegte, und wenn er seine Unterwerfung durch eine öffentliche von ihm unterzeichnete Versicherung darthäte, es sodann möglich wäre, ihn von der Censur zu absolviren, und ihn fähig zu machen, geistliche Pfründen zu genießen, zu denen er in den Staaten des Königs von Preußen zu gelangen hoffte.

Der Cardinal theilte geschwind das Schreiben des Pabstes der Sorbonne mit. Diese billigte die Absicht des Pabstes sehr, nach welcher der Abt de Prades von der Censur befreyet, und doch auch die Ehre derer geschont werden sollte, die sie wider ihn hatten ergehen lassen. Die Facultät verlangte nur eine einzige Sache; daß nämlich der Abt drey Exemplare von seinem Widerruf, wovon eine an den Syndicus, das andere an den Erzbischof zu Paris, und das dritte an den Bischof zu Montauban, einsenden, und zugleich einen eigenhändigen Brief an alle drey schreiben sollte, worinne er seine tiefe Unterwerfung

mit einer ganzen Geſellſchaft. 265

fung und eine wahre Reue wegen ſeiner Diſpu-
tation bezeugte, um das gegebene Aergerniß wieder gut zu machen, und nicht andern ein böſes
Beyſpiel gegeben zu haben. Man ſetzte eine
Antwort auf, wie man ſie an den Pabſt ſchicken
wollte; es fehlte darinne an Complimenten gegen Se. Heiligkeit, und an Dankſagungen für
die Complimente, die Sie ihnen gemacht hatten,
gar nicht. Die Facultät ſchätzte ſichs für eine
allzugroße Ehre, von einem Oberhaupte der Geiſt-
lichkeit zu Rathe gezogen zu werden, da daſſelbe
das Recht hätte zu befehlen. Die Antwort ward
den 22 Jan. 1754 an den Pabſt geſchickt.

Sobald der Pabſt ſie erhalten hatte, that er
dem Abt de Prades zu wiſſen, um welchen Preis
er wieder mit der Kirche ausgeſöhnt werden
ſollte. Der bußfertige Abt machte gar keine
Schwürigkeit. Er faſſete ſeinen Widerruf nach
der Vorſchrift ab, die ihm von Rom war zuge-
ſchickt worden. Er bekennet darinne, daß er ſich
an Gott, an der römiſchen Kirche, an der Facultät, am Publico, das er geärgert, und an ſich
ſelber verſündigt habe, weil er auf Irrwege gerathen, und mehr als ein Leben nöthig habe, um
ſeine vergangene Aufführung zu bereuen, und Jeſu Chriſto wegen der Gnade zu danken, die ihm
ſein Statthalter auf Erden anbietet. Dieſer
Widerruf war den 6 April 1754 unterzeichnet:
Ich, Johann Martin de Prades, Prieſter
von Montauban. Er ſchickte drey Exemplare an die ihm benannten Männer; zugleich
ſchrieb

schrieb er an den Bischof zu Montauban und an den Erzbischof zu Paris. Der Brief an den letztern lautete folgender Gestalt:

Monseigneur,

„Ich schicke Ihnen hier den Widerruf, wel„chen ich in einem Briefe versprochen habe, den „ich die Ehre hatte, Ihnen zu schreiben. Er ist „völlig nach dem Muster, das mir der Pabst „durch den Fürstbischof zu Breßlau einhändigen „lassen, und stimmt vollkommen mit demjenigen „überein, den ich an Se. Heiligkeit schicke. Ich „bitte, Monseigneur, von der Aufrichtigkeit der Ge„sinnungen überzeugt zu seyn, die darinne ausge„drückt sind, und von der tiefen Verehrung, mit „welcher ich die Ehre habe zu seyn u. s. w.

Der Erzbischof gab eine Verordnung, daß der Abt de Prades wieder aufgenommen werden sollte; der Bischof zu Montauban that desgleichen, doch mit dem Unterschiede, daß er, auf eine emphatische Art, die glückliche Zurückkehrung desjenigen feyerte, dem der Pabst den Beynamen des zu berüchtigten gab. Es ist kein gemeiner Mann, der Buße thut: „es ist Achan, „der Ehre dem Gotte Israels giebt; es ist Da„vid, der sein Verbrechen bekennt; es ist Ma„nasses, der die Götzenaltäre verläßt; es ist Sau„lus, der die Kirche nicht mehr verfolgt.

Der Abt, der nun wieder ein geliebtes Kind der Kirche geworden war, wollte auch in alle Rechte eines Baccalaurei wieder eingesetzt seyn.

In

Indem er dem Pabste wegen der ersten Gnade
Dank abstattete, so bat er zugleich, ihm zur zweyten wieder zu verhelfen. Der Pabst schrieb deßwegen an den Cardinal de Tencin; denn alle
Briefe und Antworten von beyden Seiten werden
an ihn zur Besorgung geschickt. Die Facultät,
die auf diese Correspondenz mit dem heil. Stuhle
stolz war, hätte gern alles sogleich gethan: aber
die Arrets des Parlements wider den Abt de
Prades verursachten Schwierigkeiten. Man
schrieb deßwegen an den Hof, welcher damals zu
Compiegne war. Der König that seinen Willen dem Syndicus durch den Herrn d'Argenson
den 27 Julius 1754 zu wissen. Hier ist der
Brief des Ministers:

„Mein Herr,

„Da dem Könige berichtet worden, daß der
„Pabst an die theologische Facultät zu Paris ge-
„schrieben, und um die Wiederherstellung des
„Abts de Prades, in Ansehung seines gethanen
„Widerrufs, angehalten habe, so haben Se.
„Majestät mir befohlen, Ihnen zu melden, wie
„Sie für gut befinden, daß, der Befehle un-
„geachtet, die Sie an den Abt de Prades erge-
„hen lassen, sich aus der Stadt Paris zu entfer-
„nen, die Facultät, dem Verlangen und der Em-
„pfehlung des Pabsts zu Folge, benannten de
„Prades sogleich in seine Rechte wieder einsetzen,
„und ihm gestatten möge, sich gehörigen Orts
„zu melden, um alle Hindernisse zu heben, die

„ihm

„ihm den Genuß aller mit seiner Wiedereinse-
„ßung verbundenen Vorzüge streitig machen
„könnten„

Die Facultät, die von Seiten des Hofes nichts
mehr zu befürchten hatte, antwortete sogleich dem
Pabste, daß der Abt de Prades wieder hergestellt sey; sie setzte hinzu, daß es dem Abte zur
besondern Ehre gereiche, einen solchen Mittler
zu haben und von einem Pabste empfohlen zu werden, dessen Regierung der merkwürdigste Zeitpunct des achtzehnten Jahrhunderts sey.

Benedict der XIV bezeigte seine Zufriedenheit
über diese Antwort in folgendem Schreiben an
den Cardinal de Tencin: „Wir haben mit Jh-
„rem Schreiben vom 27 August zugleich einen
„Brief von der theologischen Facultät zu Paris
„erhalten. Wir sind damit sehr zufrieden ge-
„wesen, und bitten Sie sehr angelegentlich, bey
„Gelegenheit besagter Facultät unsere aufrichti-
„ge und lebhafte Erkenntlichkeit wegen dessen, was
„sie für den Abt de Prades auf unsere Empfeh-
„lung gethan, zu bezeugen. Ein Sünder, der
„seine Missethat herzlich bereuet, muß mit offe-
„nen Armen aufgenommen werden.„

So endigt sich die Geschichte des Abts de
Prades. Seine Disputation hätte traurige
Folgen haben können. Die größten Unruhen
der Kirche haben öfters einen noch geringern
Anfang gehabt. Arius, Luther und Calvinus
sind

sind nicht so vermögen gewesen; aber die Vermögenheit allein macht auch keinen zum Anführer einer Partey geschickt. Ein starker Enthusiasmus, weniger Gelehrsamkeit als Geist, ein Gemische von Biegsamkeit und Hartnäckigkeit, eine Neigung zu reformiren, zu verfolgen und Verwirrung anzurichten, machen eigentlich einen Häresiarchen. Es blickt allenthalben ein heimlicher Stolz an ihm hervor, und der Abt de Prades hat gewiß nichts als die flüchtige Eitelkeit gehabt, sich einen Namen in der Welt zu machen.

Ende des vierten und letzten Theils.

Inhalt

Inhalt
des vierten Theils.

Fortsetzung des ersten Abschnitts.

Streitigkeit des Oratorii mit den Jesuiten   S. 3
— — der auswärtigen Missionarien mit eben
       denselben   51
— — der Aerzte mit andern Aerzten   76
— — der Aerzte mit den Wundärzten   84
— — der Encyclopädisten und Antiencyclopä-
       disten   108

Zweyter Abschnitt.

Streitigkeit des Clemens Marot mit der Sorbonne
   137
— — des Buchanan mit den Franciscanern
   147
— — des Tasso mit der Academie della Crusca
   157
— — des Gabriel Naudäus mit den Benedicti-
       nern   173
— — des Renaudot mit der medicinischen Fa-
       cultät zu Paris   180
— — des Abts de la Trappe mit den Benedi-
       ctinern   190
— — des P. Mabillon mit dem römischen
       Hofe   198
— — des Santeuil mit den Jesuiten   206
— — des Furetiere mit der französischen Aca-
       demie   216
— — des P. Norbert mit den Jesuiten   233
— — des Abts de Prades mit der Sorbonne
   250

www.ingramcontent.com/pod-product-compliance
Lightning Source LLC
Chambersburg PA
CBHW031944290426
44108CB00011B/667